Auslegung von Zusagen der betrieblichen Altersversorgung

Schriften zum deutschen und europäischen Recht der Arbeit und der Sozialen Sicherheit

Herausgegeben von
Stefan Greiner, Gregor Thüsing und Raimund Waltermann

Band 16

PL ACADEMIC RESEARCH

Luca Rawe

Auslegung von Zusagen der betrieblichen Altersversorgung

Zugleich ein Beitrag zu den Entwicklungen im Betriebsrentenrecht anhand einer Rechtsprechungsanalyse

PL ACADEMIC RESEARCH

Bibliografische Information der Deutschen Nationalbibliothek
Die Deutsche Nationalbibliothek verzeichnet diese Publikation in der Deutschen Nationalbibliografie; detaillierte bibliografische Daten sind im Internet über http://dnb.d-nb.de abrufbar.

Zugl.: Bonn, Univ., Diss., 2016

D 5
ISSN 1861-678X
ISBN 978-3-631-72884-0 (Print)
E-ISBN 978-3-631-73094-2 (E-PDF)
E-ISBN 978-3-631-73095-9 (EPUB)
E-ISBN 978-3-631-73096-6 (MOBI)
DOI 10.3726/b11604

PL Academic Research ist ein Imprint der Peter Lang GmbH.

Peter Lang – Frankfurt am Main · Bern · Bruxelles · New York · Oxford · Warszawa · Wien

Diese Publikation wurde begutachtet.

www.peterlang.com

Luca Rawe

Auslegung von Zusagen der betrieblichen Altersversorgung

Zugleich ein Beitrag zu den Entwicklungen im Betriebsrentenrecht anhand einer Rechtsprechungsanalyse

PL ACADEMIC RESEARCH

Bibliografische Information der Deutschen Nationalbibliothek
Die Deutsche Nationalbibliothek verzeichnet diese Publikation in der Deutschen Nationalbibliografie; detaillierte bibliografische Daten sind im Internet über http://dnb.d-nb.de abrufbar.

Zugl.: Bonn, Univ., Diss., 2016

D 5
ISSN 1861-678X
ISBN 978-3-631-72884-0 (Print)
E-ISBN 978-3-631-73094-2 (E-PDF)
E-ISBN 978-3-631-73095-9 (EPUB)
E-ISBN 978-3-631-73096-6 (MOBI)
DOI 10.3726/b11604

PL Academic Research ist ein Imprint der Peter Lang GmbH.

Peter Lang – Frankfurt am Main · Bern · Bruxelles · New York · Oxford · Warszawa · Wien

Diese Publikation wurde begutachtet.

www.peterlang.com

Vorwort

Die Rechts- und Staatswissenschaftliche Fakultät der Universität Bonn hat die vorliegende Arbeit im Wintersemester 2016/2017 als Dissertation angenommen. Literatur und Rechtsprechung sind bis März 2016 berücksichtigt.

Allen voran gebührt ein besonderer Dank meinem Doktorvater Herrn Prof. Dr. Gregor Thüsing, LL.M, für die Anregung zu dieser Arbeit sowie die unterstützende und ermutigende Betreuung während ihrer Durchführung. Herrn Prof. Dr. Raimund Waltermann danke ich für die zügige und gründliche Erstellung des Zweitgutachtens.

Wesentliche Teile dieser Arbeit sind während meiner Zeit als Wissenschaftlicher Mitarbeiter in der Praxisgruppe Arbeitsrecht der Kanzlei Freshfields Bruckhaus Deringer LLP in Köln entstanden. Ich möchte mich ganz herzlich bei den dortigen Kollegen, insbesondere Herrn Dr. Ulrich Sittard und Herrn Dr. Thomas Granetzny, bedanken. Sie haben durch ihre Bereitschaft zur wissenschaftlichen Diskussion und die Einräumung entsprechender Freiräume zum erfolgreichen und zügigen Gelingen dieser Arbeit beigetragen.

Sehr verbunden bin ich zudem Herrn Dr. Benjamin Müller, der sich mit großer Sorgfalt der Durchsicht und Korrektur meiner Arbeit angenommen hat und mir stets ein interessierter Gesprächspartner war.

Den größten Dank möchte ich allerdings meiner Ehefrau Ana Arroyo Ivancic, meinen Eltern Franz Josef und Heike Rawe sowie meiner Schwester Frederike Rawe aussprechen. Auf dem teils steinigen und zeitintensiven Weg zur Fertigstellung dieser Arbeit waren ihr Vertrauen und ihr Rückhalt mein ständiger Antrieb. Ihnen ist diese Arbeit gewidmet.

Köln, im Juli 2017 | Luca Rawe

Inhaltsverzeichnis

Abkürzungsverzeichnis

a.A.	Andere(r) Ansicht
a.E.	am Ende
a.F.	alte Fassung
Abs.	Absatz
AcP	Archiv für die civilistische Praxis, Zeitschrift
AG	Die Aktiengesellschaft, Zeitschrift
AGB	Allgemeine Geschäftsbedingungen
AGBG	Gesetz zur Regelung des Rechts der Allgemeinen Geschäftsbedingungen
AGG	Allgemeines Gleichbehandlungsgesetz
AktG	Aktiengesetz
AltEinkG	Gesetz zur Neuordnung der einkommensteuerrechtlichen Behandlung von Altersvorsorgeaufwendungen und Altersbezügen (Alterseinkünftegesetz)
Anh.	Anhang
Anm.	Anmerkung
AP	Arbeitsrechtliche Praxis, Nachschlagewerk des Bundesarbeitsgerichts
ArbGG	Arbeitsgerichtsgesetz
Art.	Artikel
AT	Allgemeiner Teil
ATG	Altersteilzeitgesetz
Aufl.	Auflage
AVB	Allgemeine Versicherungsbedingungen
AVmG	Gesetz zur Reform der gesetzlichen Rentenversicherung und zur Förderung eines kapitalgedeckten Altersvorsorgevermögens (Altersvermögensgesetz)
BaFin	Bundesanstalt für Finanzdienstleistungsaufsicht
BAG	Bundesarbeitsgericht
BAGE	Entscheidungen des Bundesarbeitsgerichts
bAV	Betriebliche Altersversorgung
BB	Betriebs-Berater, Zeitschrift
Bd.	Band
Beil.	Beilage
BetrAV	Betriebliche Altersversorgung, Zeitschrift
BetrAVG	Gesetz zur Verbesserung der betrieblichen Altersversorgung (Betriebsrentengesetz)
BetrVG	Betriebsverfassungsgesetz
BFH	Bundesfinanzhof
BGB	Bürgerliches Gesetzbuch

BGBl.	Bundesgesetzblatt
BGH	Bundesgerichtshof
BGHZ	Entscheidungen des Bundesgerichtshofs in Zivilsachen
Bl.	Blatt
BMAS	Bundesministerium für Arbeit und Soziales
BMF	Bundesministerium der Finanzen
BPersVG	Bundespersonalvertretungsgesetz
BSG	Bundessozialgericht
bspw.	beispielsweise
BStBl.	Bundessteuerblatt
BT-Drucks.	Bundestags-Drucksache
BVerfG	Bundesverfassungsgericht
BVerfGE	Entscheidungen des Bundesverfassungsgerichts
bzw.	beziehungsweise
CTA	Contractual Trust Arrangement
d.h.	das heißt
DB	Der Betrieb, Zeitschrift
ders.	derselbe
DStR	Deutsches Steuerrecht, Zeitschrift
Einl.	Einleitung
ErfK	Erfurter Kommentar zum Arbeitsrecht
EStG	Einkommensteuergesetz
EU	Europäische Union
EWG	Europäische Wirtschaftsgemeinschaft
f. / ff.	(fort)folgende
Fn.	Fußnote
FS	Festschrift
gem.	gemäß
GG	Grundgesetz
GK-BetrVG	Gemeinschaftskommentar zum Betriebsverfassungsgesetz
GmbHG	Gesetz betreffend die Gesellschaften mit beschränkter Haftung
Gms-OBG	Gemeinsamer Senat der obersten Gerichtshöfe des Bundes
grds.	grundsätzlich
GS	Großer Senat
GVG	Gerichtsverfassungsgesetz
h.M.	herrschende Meinung
Hdb	Handbuch
HGB	Handelsgesetzbuch
hrsg.	Herausgegeben
Hrsg.	Herausgeber(in)
i.E.	im Ergebnis
i.S.d.	im Sinne des; im Sinne der
i.S.v.	im Sinne von
InsO	Insolvenzordnung

JA	Juristische Arbeitsblätter
JURA	Juristische Ausbildung
juris	Juristisches Informationssystem für die Bundesrepublik Deutschland, Informationsdienstleister
JuS	Juristische Schulung
JZ	JuristenZeitung
Kap.	Kapitel
krit.	kritisch
KSchG	Kündigungsschutzgesetz
LAG	Landesarbeitsgericht
m.w.N.	mit weiteren Nachweisen
MüAH	Münchener Anwaltshandbuch
MüHdbArbR	Münchener Handbuch zum Arbeitsrecht
MüKoBGB	Münchener Kommentar zum Bürgerlichen Gesetzbuch
MüKoGmbHG	Münchener Kommentar zum Gesetz betreffend die Gesellschaften mit beschränkter Haftung – GmbHG
MüKoInsO	Münchener Kommentar zur Insolvenzordnung
MüKoVVG	Münchener Kommentar zum Versicherungsvertragsgesetz
MüKoZPO	Münchener Kommentar zur Zivilprozessordnung
NachwG	Gesetz über den Nachweis der für ein Arbeitsverhältnis geltenden wesentlichen Bedingungen
NJOZ	Neue Juristische Online-Zeitschrift
NJW	Neue Juristische Wochenschrift
NJW-RR	Neue Juristische Wochenschrift – Rechtsprechungs-Report Zivilrecht
NJW-Spezial	Neue Juristische Wochenschrift – Spezial
NK	NomosKommentar
Nr.	Nummer
NZA	Neue Zeitschrift für Arbeitsrecht
NZA-Beil.	NZA-Beilage
NZG	Neue Zeitschrift für Gesellschaftsrecht
NZS	Neue Zeitschrift für Sozialrecht
öAT	Zeitschrift für das öffentliche Arbeits- und Tarifrecht
OLG	Oberlandesgericht
PSV / PSVaG	Pensions-Sicherungs-Verein auf Gegenseitigkeit e.V.
RAG	Reichsarbeitsgericht
RAGZ	Entscheidungen des Reichsarbeitsgerichts
RdA	Recht der Arbeit, Zeitschrift
Rn.	Randnummer(n)
RV	Rentenversicherung
S.	Seite
s.	siehe
s.a.	siehe auch

SGB IV	Viertes Buch Sozialgesetzbuch – Gemeinsame Vorschriften für die Sozialversicherung
SGB VI	Sechstes Buch Sozialgesetzbuch – Gesetzliche Rentenversicherung
sog.	sogenannte(r)
SprAuG	Gesetz über Sprecherausschüsse für leitende Angestellte (Sprecherausschussgesetz)
St. Rspr.	Ständige Rechtsprechung
TVG	Tarifvertragsgesetz
UmwG	Umwandlungsgesetz
v.	von/vom
VAG	Versicherungsaufsichtsgesetz
VersR	Versicherungsrecht, Zeitschrift
vgl.	vergleiche
Vorb.	Vorbemerkung
VVG	Versicherungsvertragsgesetz
z.B.	zum Beispiel
ZfA	Zeitschrift für Arbeitsrecht
ZIP	Zeitschrift für Wirtschaftsrecht
zit.	zitiert
ZÖD	Zusatzversorgung des öffentlichen Dienstes
ZPO	Zivilprozessordnung
ZTR	Zeitschrift für Tarifrecht
ZZP	Zeitschrift für Zivilprozess

Literaturverzeichnis

Allgaier, Antonius: Tarifvertragliche Zusagen in der betrieblichen Altersversorgung – Teil 1 in: NZA 2011, 786.

Allgaier, Antonius: Tarifvertragliche Zusagen in der betrieblichen Altersversorgung – Teil 2 in: NZA 2011, 899.

Annuß, Georg: AGB-Kontrolle im Arbeitsrecht – Wo geht die Reise hin? in: BB 2002, 458.

Annuß, Georg: Tarifbindung durch arbeitsvertragliche Bezugnahme? in: ZfA 2005, 405.

Bamberger Kommentar zum BGB: Hrsg. von *Heinz Georg Bamberger* und *Herbert Roth* 3. Aufl. 2012.

Bauer, Jobst-Hubertus, Baeck, Ulrich, von Medem, Andreas: Altersversorgung und Übergangsgeld in Vorstandsanstellungsverträgen in: NZG 2010, 721.

Bayreuther, Frank: Die Rolle des Tarifvertrages bei der AGB-Kontrolle von Arbeitsverträgen – Ein Beitrag zur Herausbildung normativer Beurteilungsmaßstäbe bei der Angemessenheit von allgemeinen Geschäftsbedingungen in Arbeitsverträgen in: RdA 2003, 81.

Beck, Charlotte: Sieht eine vor 2008 entstandene Versorgungsordnung eine Altersrente mit 65 Jahren vor, ist dies als Verweis auf die gesetzliche Regelaltersgrenze auszulegen in: ArbRAktuell 2012, 315.

Beck, Charlotte: Auslegung einer Versorgungsordnung kann ergeben, dass Altersteilzeitmitarbeiter bei der Berechnung der Betriebsrente nicht wie Teilzeitmitarbeiter zu behandeln sind in: ArbRAktuell 2012, 404.

Belling, Detlev W., Hartmann, Christian: Die Rechtswirkungen einer gegen § 77 III BetrVG verstoßenden Betriebsvereinbarung in: NZA 1998, 673.

Bieder, Marcus: Grundfragen der Auslegung arbeitsrechtlicher Willenserklärungen in: RdA 2011, 142.

Biehl, Björn: Grundsätze der Vertragsauslegung in: JuS 2010, 195.

Birnbaum, Christian: Was sind die „im Arbeitsrecht geltenden Besonderheiten?“ in: NZA 2003, 944.

Blomeyer, Wolfgang, Rolfs, Christian, Otto, Klaus: Kommentar zum Betriebsrentengesetz 6. Aufl. 2015.

Böhm, Verena, Ulbrich, Mathias: Versorgungszusagen mit gespaltener Rentenformel auf dem Prüfstand in: BB 2010, 1341.

Bormann, Malte: Außerplanmäßige BBG-Erhöhung: Ergänzende Auslegung von Versorgungszusagen mit gespaltener Rentenformel? in: BetrAV 2011, 596.

Canaris, Claus-Wilhelm; Grigoleit, Hans Christoph: Lehrbuch des Schuldrechts Bd. I: Allgemeiner Teil 14. Aufl. 2014.

Cisch, Theodor B., Hock, Rainer: Konzernbetriebsvereinbarungen zur betrieblichen Altersversorgung im Lichte eines Share Deal in: BB 2012, 2113.

Cisch, Theodor B., Kruip, Dirk: Die Auswirkungen der Anhebung der Altersgrenzen in der gesetzlichen Rentenversicherung auf die betriebliche Altersversorgung in: BB 2007, 1162.

Cisch, Theordor, Bleeck, Christine: BB-Rechtsprechungsreport zur betrieblichen Altersversorgung 2009/2010 in: BB 2010, 1215.

Clemenz, Susanne, Kreft, Burghard, Krause, Rüdiger: Kommentar zum AGB-Arbeitsrecht Aufl. 2013.

Cziupka, Johannes: Die ergänzende Vertragsauslegung in: JuS 2009, 103.

Däubler, Wolfgang: Kommentar zum Tarifvertragsgesetz 3. Aufl. 2012.

Däubler, Wolfgang: Verschlechternde Ablösung einer Gesamtzusage durch Betriebsvereinbarungen in: RdA 2004, 305.

Däubler, Wolfgang: Die Auswirkungen der Schuldrechtsmodernisierung auf das Arbeitsrecht in: NZA 2001, 1329.

Däubler, Wolfgang, Bonin, Birger, Deinert, Olaf: AGB-Kontrolle im Arbeitsrecht – Kommentar zu den §§ 305 bis 310 BGB 4. Aufl. 2014.

Dieterich, Thomas: Betriebsverfassungsrecht und betriebliche Altersversorgung in: NZA 1984, 273.

Diller, Martin: Korrektur des „BBG-Sprungs" in der bAV? – Zwei Landesarbeitsgerichte gegen das BAG in: NZA 2012, 22.

Diller, Martin, Beck, Charlotte: Konzernzusagen – ohne die Fesseln des BetrAVG? in: NZA 2015, 274.

Dresp, Friedhelm, Fabian, Rainer, Fath, Ralf, Schwind, Joachim, Wolf, Stefan: Pensionskassen – Grundlagen und Praxis Aufl. 2011.

Drochner, Sabine: 69. Jahrestagung der aba Arbeitsgemeinschaft für betriebliche Altersversorgung e.V. in: RdA 2007, 378.

Erfurter Kommentar zum Arbeitsrecht: Hrsg. von *Rudi Müller-Glöge, Ulrich Preis* und *Ingrid Schmidt* 16. Aufl. 2016.

Erman Kommentar zum Bürgerlichen Gesetzbuch: Hrsg. von *Harm-Peter Westermann* und *Barbara Grunewald* 14. Aufl. 2014.

Fitting, Karl: Kommentar zum Betriebsverfassungsgesetz 28. Aufl. 2016.

Förster, Wolfgang, Cisch, Theodor B., Karst, Michael: Kommentar zum Betriebsrentengesetz 14. Aufl. 2014.

Furtmayr, Heinz L., Wagner, Christian: Die Zusatzversorgung im öffentlichen Dienst – der heimliche Abschied von der Gesamtversorgung in: NZS 2007, 299.

Gamillscheg, Franz: Kollektives Arbeitsrecht Bd. I Aufl. 1997.

Gamillscheg, Franz: Kollektives Arbeitsrecht Bd. II Aufl. 2008.

Gamillscheg, Franz: Die Grundrechte im Arbeitsrecht in: AcP 164, 385 (1964).

Gemeinschaftskommentar zum Betriebsverfassungsgesetz: Hrgs. von *Günther Wiese, Peter Kreutz, Hartmut Oetker, Thomas Raab, Christoph Weber, Martin Franzen, Martin Gutzeit* und *Matthias Jacobs* Bd. I und II 10. Aufl. 2014.

Germelmann, Claas-Hinrich, Matthes, Hans-Christoph, Prütting, Hanns: Kommentar zum Arbeitsgerichtsgesetz 8. Aufl. 2013.

Giesen, Richard: Die „alternde Arbeitswelt“ vor arbeits- und sozialrechtlichen Herausforderungen in: NZA 2008, 905.

Goldbacher, Rainer, Odenberger, Thomas: Die betriebliche Altersversorgung nach dem Betriebsrentengesetz 3. Aufl. 2013.

Gotthardt, Michael: Arbeitsrecht nach der Schuldrechtsreform Aufl. 2002.

Gotthardt, Michael: Der Arbeitsvertrag auf dem AGB-rechtlichen Prüfstand in: ZIP 2002, 277.

Graf von Westphalen, Friedrich: AGB-Recht im Jahr 2002, Allgemeiner Teil, Transparenzgebot und Generalklausel in: NJW 2003, 1635.

Graf von Westphalen, Friedrich, Thüsing, Gregor: Vertragsrecht und AGB-Klauselwerke 35. Aufl. 2014.

Grobys, Marcel, Panzer, Andrea: Stichwortkommentar Arbeitsrecht – Alphabetische Gesamtdarstellung 2. Aufl. 2014.

Grunsky, Wolfgang, Waas, Bernd, Benecke, Martina, Greiner Stefan: Kommentar zum Arbeitsgerichtsgesetz 8. Aufl. 2014.

Hanau Peter, Arteaga, Marco: Wie die Betriebsrentenreform gelingen kann – Diskussionstand und notwendige Anpassungen im Reformentwurf des BMAS – in: DB 2015, 2447.

Hanau, Peter: Die Rechtsprechung des BAG zur arbeitsvertraglichen Bezugnahme auf Tarifverträge – Wem sie nützt, wem sie schadet und wie man das ändern kann in: NZA 2005, 489.

Hassold, Gerhard: Wille des Gesetzgebers oder objektiver Sinn des Gesetzes – subjektive oder objektive Theorie der Gesetzesauslegung in: ZZP, 94, 192 (1981).

Hauck-Scholz, Peter: Rechtskontrolle von Dienstvereinbarungen in: öAT: 2014, 68.

Heck, Philipp: Gesetzesauslegung und Interessenjurisprudenz Aufl. 1914.

Henssler, Martin, Moll, Wilhelm, Bepler, Klaus: Der Tarifvertrag, Handbuch für das gesamte Tarifrecht Aufl. 2013.

Henssler, Martin, Moll, Wilhelm: AGB-Kontrolle vorformulierter Arbeitsbedingungen Aufl. 2011.

Henssler, Martin,, Willemsen, Heinz Josef, Kalb, Heinz-Jürgen: Arbeitsrecht Kommentar 6. Aufl. 2014.

Hirsch, Günther: Auf dem Weg zum Richterstaat? in: JZ 2007, 853.

Hirsch, Günther: Weder Diener des Gesetzes, noch Komponist in: ZRP 2009, 253.

Höfer, Reinhold: Rechtsprechungswandel zur gespaltenen Rentenformel bei Betriebsrenten in: DB 2013, 2150.

Höfer, Reinhold, Reinhard, Barbara, Reich, Torsten: Kommentar zum Betriebsrentengesetz Bd. I: Arbeitsrecht Stand: August 2015.

Höfer, Reinhold, Witt, Barbara, Kuchen, Norbert: Die Anpassung betrieblicher Versorgungsregelungen an die neuen Altersgrenzen der gesetzlichen Rentenversicherung in: BB 2007, 1445.

Hölscher, Carsten, Janker, Sabine: Die gespaltene Rentenformel im Lichte der neuen BAG Rechtsprechung in: BetrAV 2010, 141.

Hönn, Günther: Kompensation gestörter Vertragsparität, Habilitation Aufl. 1982.

Hönn, Günther: Aktuelle Problematik.- Angemessene Berücksichtigung der im Arbeitsrecht geltenden Besonderheiten.- Arbeitnehmer als Verbraucher?- Zur Einordnung der Gesamtproblematik. in: ZfA 2003, 325.

Höpfner, Clemens, Temming, Felipe: „Arbeitsrecht und Methode" – Kölner Konferenz am 1. und 2.10.2010 in: NZA-Beil. 3/2011, 97.

Höpfner, Clemens: Nochmal: Vertrauensschutz bei Änderung der Rechtsprechung zu arbeitsvertraglichen Bezugnahmeklauseln in: NZA 2009, 420.

Hromadka, Wolfgang: Die ablösende Betriebsvereinbarung ist wieder da! in: NZA 2013, 1061.

Hromadka, Wolfgang, Maschmann, Frank, Wallner, Frank: Der Tarifwechsel Aufl. 1996.

Hümmerich, Klaus: Der Verbraucher-Geschäftsführer – Das unbekannte Wesen in: NZA 2006, 709.

Hümmerich, Klaus, Boecken, Winfried, Düwel, Franz Josef: Nomos Kommentar Arbeitsrecht 2. Aufl. 2010.

Jacobs, Matthias, Krause, Rüdiger, Oetker, Hartmut, Schubert, Claudia: Tarifvertragsrecht 2. Aufl. 2013.

Jauernig, Othmar: Kommentar zum BGB 16. Aufl. 2015.

Kamanabrou, Sudabeh: Die Auslegung tarifvertraglicher Entgeltfortzahlungsklauseln – zugleich ein Beitrag zum Verhältnis der Tarifautonomie zu zwingenden Gesetzen in: RdA 1997, 22.

Kemper, Kurt, Kisters-Kölkes, Margret, Berenz, Claus, Huber, Brigitte: Kommentar zum Betriebsrentengesetz 6. Aufl. 2014.

Kempf, Eberhard, Schilling, Hellen: Revisionsrichterliche Rechtsfortbildung in Strafsachen in: NJW 2012, 1849.

Kempter, Michael: Verweisungsklauseln – alles neu nach Alemo-Herron? in: BB 2014, 1785.

Kirchhof, Paul: Kommentar zum Einkommensteuergesetz 14. Aufl. 2015.

Klebeck, Ulf: Unklarheiten bei arbeitsvertraglichen Bezugnahmeklausel – Zur angekündigten Anwendbarkeit des § 305c II BGB auf arbeitsvertragliche Bezugnahmeklauseln in: NZA 2006, 15.

Koch, Robert: Die Auslegung von AVB in: VersR 2015, 133.

Kohte, Wolfgang: Teleologische Tarifauslegung und Transformationsrecht in: AuR 1996, 125.

Kreikebohm, Ralf: Kommentar zum SGB VI · Sozialgesetzbuch – Gesetzliche Rentenversicherung 4. Aufl. 2013.

Laars, Reinhard: Kommentar zum Versicherungsaufsichtsgesetz 2. Aufl. 2013.

Langohr-Plato, Uwe: Betriebliche Altersversorgung 6. Aufl. 2014.

Larenz, Karl, Canaris, Claus-Wilhelm: Methodenlehre der Rechtswissenschaft 3. Aufl. 1995.

Larenz, Karl: Methodenlehre der Rechtswissenschaft 6. Aufl. 1991.

Larenz, Karl, Wolf, Manfred: Allgemeiner Teil des Bürgerlichen Rechts 8. Aufl. 1997.

Leuering, Dieter, Rubner, Daniel: Die Aufhebbarkeit von Pensionszusagen mit Witwer- und Waisenrente in: NJW-Spezial 2015, 15.

Lingemann, Stefan: Allgemeine Geschäftsbedingungen und Arbeitsvertrag in: NZA 2002, 181.

Löwe, Walter: Keine ergänzende Vertragsauslegung zur Aufrechterhaltung unwirksamer Klauselregelung in: BB 1983, 2014.

Löwisch, Manfred: Regelungen der betrieblichen Altersversorgung in Richtlinien nach § 28 SprAUG? in: BB 1990, 1631.

Löwisch, Manfred, Rieble, Volker: Kommentar zum Tarifvertragsgesetz 3. Aufl. 2012.

Maunz, Theodor, Dürig, Günther: Kommentar zum Grundgesetz Stand: Mai 2015.

von Maydell, Bernd Baron, Ruland, Franz, Becker, Ulrich: Sozialrechtshandbuch 5. Aufl. 2012.

Mayer, Markus, Dietrich, Michael: Pensionsrückstellungen im Lichte des BAG-Urteils vom 15.5.2012 – Zugleich eine Replik zum Entwurf des BMF-Schreiben in: DStR 2015, 136.

Melin, Patrick: Gesetzesauslegung in den USA und in Deutschland, Dissertation Aufl. 2005.

Moll, Wilhelm: Münchener Anwalthandbuch Arbeitsrecht 3. Aufl. 2012.

Morgenroth, Sascha, Leder, Tobias: Die Besonderheiten des Arbeitsrecht im allgemeinen Zivilrecht in: NJW 2004, 2797.

Münchener Handbuch zum Arbeitsrecht: Hrsg. von *Reinhard Richardi, Hellmut Wißmann, Otfried Wlotzke* und *Hartmut Oetker* 3. Aufl. 2009.

Münchener Kommentar zum Bürgerlichen Gesetzbuch: Hrsg. von *Franz-Jürgen Säcker* und *Roland Rixecker* Bd. I: §§ 1–240 7. Aufl. 2015.

Münchener Kommentar zum GmbHG.. Hrsg. von *Holger Fleischer* und *Wulf Goette* Aufl. 2012.

Münchener Kommentar zum Versicherungsvertragsgesetz: Hrsg. von *Theo Langheid* und *Manfred Wandt* Bd. II Aufl. 2001.

Neufeld, Tobias, Flockenhaus, Patrick, Schemmel, Frank: Abschlagsfreie Rente mit 63 – Auswirkungen des RV-Leistungsverbesserungsgesetzes für Recht und Praxis in: BB 2014, 2741.

Nomos-Kommentar BGB: Hrsg. von *Thomas Heidel, Rainer Hüßtege, Heinz-Peter Mansel* und *Ulrich Noack* Bd. I 2. Aufl. 2011.

Nomos-Kommentar BGBHrsg. von *Barbara Dauner-Lieb* und *Werner Langen* Bd. II 2. Aufl. 2012.

Oberthür, Nathalie, Seitz, Stefan: Betriebsvereinbarungen Aufl. 2014.

Palandt, Otto: Kommentar zum BGB 75. Aufl. 2016.

Picker, Eduard: Tarifautonomie – Betriebsautonomie – Privatautonomie in: NZA 2002, 761.

Plüm, Joachim: Aussetzung bis zur normativen Neuregelung? – Ein Beitrag zur ergänzenden Tarifauslegung in: ZTR 1991, 504.

Preis, Ulrich: Grundfragen der Vertragsgestaltung im Arbeitsrecht Aufl. 1993.

Preis, Ulrich: Der Arbeitsvertrag – Handbuch der Vertragsgestaltung 4. Aufl. 2011.

Reichel, Christian, Schmandt, Ernst: Betriebliche Altersversorgung bei Unternehmenskauf und Umstrukturierung Aufl. 2006.

Reichel, Hans: Gesetz und Richterspruch – zur Orientierung über Rechtsquellen- und Rechtsanwendungslehre der Gegenwart Aufl. 1915.

Reinecke, Gerhard: Hinweis-, Informations- und Beratungspflichten im Betriebsrentenrecht nach der Reform des Versicherungsvertragsgesetzes in: RdA 2009, 13.

Reinecke, Gerhard: Hinweis-, Aufklärungs- und Beratungspflichten im Betriebsrentenrecht in: RdA 2005, 129.

Reinecke, Gerhard: Betriebliche Hinterbliebenenversorgung in der Rechtsprechung des BAG in: BB 2012, 1025.

Reinecke, Gerhard: Die Rechtsprechung zum Betriebsrentenrecht 2014/2015 in: BetrAV 2016, 5.

Reinhard, Barbara, Hoffmann-Remy, Till: Keine „abschlagsfreie Rente mit 63(65)" in der betrieblichen Altersversorgung! in: NZA 2015, 1159.

Reinhard, Barbara, Hoffmann-Remy, Till: Gestalterische Möglichkeiten im Hinblick auf den kollektiven Bezug einer betrieblichen Altersversorgung in: NZA-Beil. 3/2012, 79.

Richardi, Reinhard: Gestaltung der Arbeitsverträge durch Allgemeine Geschäftsbedingungen nach dem Schuldrechtsmodernisierungsgesetz in: NZA 2002, 1057.

Richardi, Reinhard: Kommentar zum Betriebsverfassungsgesetz mit Wahlordnung 15. Aufl. 2016.

Richardi, Reinhard, Bayreuther, Frank: Kollektives Arbeitsrecht 2. Aufl. 2012.

Richardi, Reinhard, Dörner, Hans-Jürgen, Weber, Christoph: Kommentar zum Bundespersonalvertretungsrecht 4. Aufl. 2012.

Rische, Herbert, Thiede, Reinhold: Die Zukunft der gesetzlichen Rentenversicherung in: NZS 2013, 601.

Rolfs, Christian: Auswirkungen der „Rente mit 67" auf betriebliche Versorgungssysteme in: NZA 2011, 540.

Rolfs, Christian: Betriebliche Versorgungszusagen im Konzern in: NZA 2015, 213.

Ruland, Franz: Das OLG Celle und die Fehler des Gesetzgebers – zur Gleichartigkeit i.S. des § 18 Abs. 1 VersAusglG von Renten und Pensionen – Besprechung von OLG Celle, Beschluss vom 11.1.2012 – 10 UF 194/11 in: FamFR 2012, 123.

Rüßmann, Helmut: Die „ergänzende Auslegung" von Allgemeinen Geschäftsbedingungen in: BB 1987, 843.

Rüthers, Bernd: Rechtswissenschaft ohne Recht? in: NJW 2011, 434.

Rüthers, Bernd: Wozu auch noch Methodenlehre? Die Grundlagenlücken im Jurastudium in: JuS 2011, 865.

Rüthers, Bernd, Fischer, Christian, Birk, Axel: Rechtstheorie mit Juristischer Methodenlehre 8. Aufl. 2015.

Sachs, Michael: Kommentar zum Grundgesetz 7. Aufl. 2014.

Savigny, Friedrich Carl von: System des heutigen Römischen Rechts Bd. III Aufl. 1840.

Schaub, Günter: Arbeitsrechts-Handbuch 16. Aufl. 2015.

Schaub, Günter: Auslegung und Regelungsmacht von Tarifverträgen in: NZA 1994, 597.

Schindele, Friedrich: Die Rente mit 63 in: ArbRAktuell 2014, 379.

Schlewing, Anja: Fortgeltung oder Nachwirkung gekündigter Betriebsvereinbarungen über Leistungen der betrieblichen Altersversorgung? in: NZA 2010, 529.

Schlewing, Anja: Buchbesprechung zu: Auslegung und Rechtsfortbildung im Arbeitsrecht von *Rolf Wank* in: NZA 2014, 8.

Schlewing, Anja: Vertragsgestaltung – Auslegung, Unklarheitenregel, geltungserhaltende Reduktion, blue-pencil-Test, ergänzende Vertragsauslegung und Verweisungsklauseln in: NZA Beil. 2/2012, 33.

Schlewing, Anja: Hinausgeschobenes Entgelt: Mitarbeiterbindung durch betriebliche Altersversorgung? in: NZA-Beil. 2/2014, 127.

Schlewing, Anja: Aktuelle Rechtsprechung des BAG zur betrieblichen Altersversorgung unter Berücksichtigung europäischer Entwicklungen in: NZA 2/2015, 59.

Schmidt, Ingrid: Die Beteiligung der Arbeitnehmer an den Kosten der beruflichen Bildung in: NZA 2004, 1002.

Schnitker, Elmar, Grau, Timon: Fixkostenblock betriebliche Altersversorgung? in: NZA-Beil. 2/2010, 68.

Schnitker, Elmar, Sittard, Ulrich: Wie frei ist der Arbeitgeber? Betriebliche Altersversorgung und Mitbestimmung in: NZA 2011, 331.

Schoppmeyer, Heinrich: Juristische Methode als Lebensaufgabe – Leben, Werk und Wirkungsgeschichte Philipp Hecks Auflage 2011.

Singer, Reinhard: Arbeitsvertragsgestaltung nach der Reform des BGB in: RdA 2003, 194.

Soergel, Hans Theodor: Großkommentar zum Bürgerlichen Gesetzbuch Bd. II: Allgemeiner Teil 2. §§ 104–240 13. Aufl. 1999.

Staudinger von, Julius,: Kommentar zum Bürgerlichen Gesetzbuch Bd.: §§ 90–103; §§ 104–124; §§ 130–133 Bd.: §§ 139–163 Neubearbeitung 2013/2015.

Steinau-Steinrück von, Robert, Hurek, Chistoph,: Die im Arbeitsrecht geltenden Besonderheiten – Der Nebel lichtet sich! in: NZA 2004, 965.

Stoffels, Markus: AGB-Recht 3. Aufl. 2015.

Stoffels, Markus: Grundfragen der Inhaltskontrolle von Arbeitsverträgen in: ZfA 2009, 861.

Stoffels, Markus: Gesetzlich nicht geregelte Schuldverträge: Rechtsfindung und Inhaltskontrolle Aufl. 2001.

Sutschet, Holger: Tradition und Moderne – Schuldrecht und Arbeitsrecht nach der Schuldrechtsreform – Festschrift für Horst Ehmann zum 70. Geburtstag Aufl. 2005.

Thüsing, Gregor: AGB-Kontrolle im Arbeitsrecht Aufl. 2007.

Thüsing, Gregor: Geltung und Abdingbarkeit des BetrAVG für Vorstandsmitglieder einer AG in: AG 2003, 484.

Thüsing, Gregor, Lambrich, Thomas: Arbeitsvertragliche Bezugnahme auf Tarifnormen – Verbandsaustritt, Verbandswechsel, Betriebsübergang in: RdA 2002, 193.

Thüsing, Gregor, Lambrich, Thomas: AGB-Kontrolle arbeitsvertraglicher Bezugnahmeklauseln – Vertragsgestaltung nach der Schuldrechtsreform in: NZA 2002, 1361.

Thüsing, Gregor: Statische Rechtsprechung zur dynamischen Bezugnahme in: NZA 2003, 1184.

Thüsing, Gregor: Tarifkonkurrenz durch arbeitsvertragliche Bezugnahme – Warum schon Nipperdey Recht hatte und der 4. Senat dem 10. hätte folgen sollen in: NZA 2005, 1280.

Thüsing, Gregor: Was sind die Besonderheiten des Arbeitsrecht? in: NZA 2002, 591.

Thüsing, Gregor: Rechtsfolgen unwirksamer AGB – Zur Möglichkeit einseitiger Nachbesserungen durch den Verwender und richtigere Wege – in: VersR 2015, 927.

Thüsing, Gregor, Braun, Axel: Handbuch Tarifrecht Aufl. 2011.

Thüsing, Gregor, Granetzny, Thomas: Zur Abdingbarkeit des BetrAVG bei Organmitgliedern in: NZG 2010, 449.

Trinkner, Reinhold: Schließung einer durch Unwirksamkeit einer Klausel entstandenen Vertragslücke durch ergänzende Auslegung des gleichen Inhalts? in: BB 1983, 2014.

Tschörpe, Ulrich: Anwalts-Handbuch Arbeitsrecht 8. Aufl. 2013.

Uckermann, Sebastian, Fuhrmanns, Achim: Die Rechtsbegründungsakte der betrieblichen Altersversorgung in: NZA 2011, 138.

Uckermann, Sebastian, Fuhrmanns, Achim, Ostermayer, Franz, Doetsch, Peter A.: Das Recht der betrieblichen Altersversorgung Aufl. 2014.

Uffmann, Katharina: Die Unzumutbarkeitsschwelle als neue Voraussetzung einer ergänzenden Vertragsauslegung im Arbeitsrecht? in: RdA 2011, 154.

Uhlenbrock, Wilhelm, Hirte, Heribert, Vallender, Heinz: Kommentar zur Insolvenzordnung 14. Aufl. 2015.

Ulmer, Peter, Brandner, Hans Erich, Hensen, Horst-Diether: AGB-Recht Kommentar 11. Aufl. 2011.

Wacke, Andreas: Ambiguitas contra stipulatorem in: JA, 1981, 666.

Walldörfer, Mark, Wilhelm, Bernd: Anhebung der Regelaltersgrenze in der gesetzlichen Rentenversicherung – Auswirkungen auf die betriebliche Altersversorgung nach der BAG-Rechtsprechung in: BB 2012, 3137.

Waltermann, Raimund: Die betriebliche Übung in: RdA 2006, 257.

Waltermann, Raimund: Entwicklungslinien der Tarifautonomie in: RdA 2014, 86.

Waltermann, Raimund: Zu den Grundlagen der Tarifautonomie in: ZfA 2000, 53.

Waltermann, Raimund: Arbeitsrecht 17. Aufl. 2014.

Wank, Rolf: Methodenehrlichkeit im Arbeitsrecht – Am Beispiel der betrieblichen Übung in: NZA-Beil 3/2011, 126.

Wank, Rolf: Die Auslegung von Tarifverträgen in: RdA 1998, 71.

Weber, Nicole: Versorgungszusagen nach außerordentlicher Erhöhung der Beitragsbemessungsgrenze der gesetzlichen Rentenversicherung in: DB 2010, 1642.

Wenzel, Joachim: Die Bindung des Richters an Gesetz und Recht in: NJW 2008, 345.

Wiedemann, Herbert: Kommentar zum Tarifvertragsgesetz 7. Aufl. 2007.

Wiedemann, Heribert: Richterliche Rechtsfortbildung in: NJW 2014, 2407.

Willemsen, Heinz Josef, Grau, Timon: Geltungserhaltende Reduktion und „Besonderheiten des Arbeitsrechts" – Zu den Rechtsfolgen unzulässiger Klauseln in Formulararbeitsverträgen in: RdA 2003, 321.

Willemsen, Heinz Josef, Hohenstatt, Klaus-Stefan, Schweibert, Ulrike, Seibt, Christoph H.: Umstrukturierung und Übertragung von Unternehmen 4. Aufl. 2011.

Witt, Alexander: Keine AGB-Kontrolle tariflicher Regelungen in: NZA 2004, 135.

Wolf, Manfred, Neuner, Jörg: Allgemeiner Teil des Bürgerlichen Rechts 10. Aufl. 2012.

Zeppenfeld, Guido, Rößler, Nicolas: Pensionsfonds: verbesserte Rahmenbedingungen für nationale und internationale Arbeitgeber und Anbieter in: BB 2006, 1221.

Zöllner, Wolfgang: Das Wesen der Tarifnormen in: RdA 1964, 443.

Zundel, Frank: Die neue Flexibilität im Arbeitsrecht durch das BAG in: NJW 2006, 2304.

A. Einleitung

I. Einführung

„Hermeneutik ist die Kunst, aus einem Text herauszukriegen, was nicht drin steht: Wozu – wenn man doch den Text hat – brauchte man sie sonst?“[1] Mit diesen Worten leitete der deutsche Philosoph *Odo Marquard* seinen Essay über die allgemeine Auslegung ein. In der einschlägigen Enzyklopädie wird die Auslegung als „die Interpretation von Urkunden, Schriften und Rechtssätzen“[2] umschrieben. Die Auslegung umschreibt folglich abstrakt eine Methode zum sinnhaften Erfassen von schriftlich fixierten oder mündlich ausgesprochenen Aussagen.

Diese Vorgehensweise ist zweifelsohne keine rein juristische Methodik. Sie ist vielmehr sämtlichen Geisteswissenschaften – so etwa auch der Theologie oder der Literaturwissenschaft – gemein.[3] Nichtsdestotrotz haben sich innerhalb der einzelnen Disziplinen unterschiedliche Prinzipien und Grundsätze zur Inhaltsermittlung herausgebildet. Die anzuwendende Methodik wird dabei durch die Eigenarten der jeweiligen Disziplin determiniert. Dies gilt auch und insbesondere für die juristische Auslegung.

Das Wesen der juristischen Auslegung umschreibt der in der Rechtsdogmatik verdiente *Karl Larenz* in seinem Werk *Methodenlehre der Rechtswissenschaft* sehr anschaulich wie folgt: „Auslegen ist ein vermittelndes Tun, durch das sich der Auslegende den Sinn eines Textes, der ihm problematisch geworden ist, zum Verständnis bringt. Worin besteht dieses vermittelnde Tun? Der Auslegende vergegenwärtigt sich, dass die verschiedenen Bedeutungen eines Ausdrucks oder einer Wortfolge und fragt sich, welche hier die richtige sei. Zu diesem Zwecke befragt er den Textzusammenhang, seine eigene Kenntnis von der Sache, von der im Text die Rede ist, prüft die Situation, die den Anlass zu dem Text oder der Rede gegeben hat, sowie andere hermeneutisch bedeutsame Umstände, die sich als Indizien für die gesuchte Bewertung verwerten lassen. Der Schluss, zu dem er gelangt, ist kein logisch zwingender Schluss, sondern eine durch hinreichende Gründe motivierte Wahl zwischen verschiedenen Deutungsmöglichkeiten. Einen Text auslegen, heißt also, sich für eine unter mehreren Deutungen aufgrund von Überlegungen zu entscheiden, die gerade diese Deutung als die im konkreten Fall zutreffende erscheinen lassen.“[4]

Die juristische Auslegung zeichnet sich mithin dadurch aus, dass der Auslegende unter Rückgriff auf verschiedene Kriterien, die sog. Auslegungskriterien, die hinter einer Rechtsquelle stehende inhaltliche Bedeutung zum Vorschein bringt, indem er sich aufgrund des mit der Auslegung angestrebten Ziels für eine konkrete

---

1 *Marquard*, Abschied vom Prinzipiellen, S. 117.
2 Vgl. Brockhaus Enzyklopädie, 17. Aufl. 1967, Bd. II, S. 108.
3 MüKoBGB/*Busche*, § 133 Rn. 3.
4 *Larenz*, Methodenlehre, S. 204.

Deutungsweise entscheidet. Als Ausdruck der Methodenehrlichkeit muss das präferierte Auslegungsergebnis dabei stets unter der Prämisse ausgewählt werden, dass sowohl die Heranziehung der einzelnen Auslegungskriterien als auch das avisierte Auslegungsziel richtiger sind als andere in Betracht kommende Methoden und Verständnisse und insoweit der Wahrheit – als Sinnbild für das am besten geeignete Auslegungsergebnis für den Sachverhalt – am nächsten kommt.[5] Der Auslegende ist daher an die „allgemein, anerkannten Auslegungsregeln“[6] gebunden. Dieses Gebot zur methodenehrlichen Rechtsanwendung ist unmittelbar aus der Verfassung, insbesondere dem Rechtsstaatsprinzip und dem Gebot der Rechtsklarheit und Rechtssicherheit (Art. 20 Abs. 3, 28 Abs. 1 S. 1 GG), abzuleiten.[7]

Um es mit den Worten *Wanks* zu halten: Der Auslegende muss auf zwei Schlachtfeldern kämpfen.[8] Er muss zunächst begründen, dass seine gewählte Methode richtig ist und sodann darlegen, dass diese konkrete Methode in der praktischen Anwendung zu einem bestimmten Auslegungsresultat führt.[9] Insbesondere Ersteres ist für den Auslegenden keine leichte Aufgabe, da die Methodik der Auslegung vom Gesetzgeber nur in einem überschaubaren Umfang durch einfachgesetzliche Vorschriften konkretisiert worden ist.

Im Recht der betrieblichen Altersversorgung ist die Auslegung der Versorgungszusage regelmäßig die absolute Kernfrage der gerichtlichen Streitigkeit. Erst die Auslegung der Versorgungszusage entscheidet dabei darüber, ob dem vermeintlichen Versorgungsberechtigten der geltend gemachte Versorgungsanspruch zusteht bzw. in welcher Höhe der Arbeitgeber zur Zahlung der betrieblichen Altersversorgung verpflichtet ist. Die Auslegung der Versorgungszusage kann im Einzelfall aber auch ergeben, dass der Leistungsanspruch des Versorgungsberechtigten nur noch gekürzt besteht oder gänzlich erloschen ist. Aber nicht nur im Rahmen der gerichtlichen Klärung von betriebsrentenrechtlichen Streitigkeiten ist die Auslegung der ausschlaggebende Umstand. Auch bei der rechtlichen Risikobewertung von Versorgungsverpflichtungen im Rahmen einer Due-Diligence-Prüfung bei Unternehmenskäufen oder internen Umstrukturierungen kommt der Auslegung eine hervorgehobene Funktion zu.

Im Streitfall ist der Auslegende zumeist der Richter, dem die Auflösung der inhaltlichen Unklarheiten letztendlich vorbehalten ist. Die richterliche Auslegung entscheidet nicht nur hinsichtlich des Einzelfalls. Insbesondere die höchstrichterlichen Entscheidungen beeinflussen das Betriebsrentenrecht stets auch in materiell-rechtlicher Hinsicht. Der von *Gamillscheg* geprägte Satz, „[d]er Richter ist der eigentliche Herr des Arbeitsrechts”[10], beansprucht gerade für den Zeitraum vor dem

---

5 *Wank*, NZA-Beil. 3/2011, 126, 127.
6 Vgl. nur BAG v. 22.10.2009 – 8 AZR 865/08, AP BGB § 133 Nr. 57.
7 *Hassold*, ZZP 94, 192, 208, 210 (1981).
8 *Wank*, NZA-Beil. 3/2011, 126, 127.
9 *Wank*, NZA-Beil. 3/2011, 126, 127.
10 *Gamillschleg*, AcP 164, 385, 388 (1964).

Inkrafttreten des BetrAVG umfassende Geltung. So ist nicht zu verkennen, dass viele der in der höchstrichterlichen Rechtsprechung entwickelten Auslegungsregeln im Laufe der Zeit vom Gesetzgeber rezipiert worden sind. War die Ausgestaltung der betrieblichen Altersversorgung bis in das Jahr 1974 hinein noch umfassend in die Hände der Arbeitsvertragsparteien und damit bei Streitigkeiten in die Hände des Richters gelegt, hat der Gesetzgeber unter vielfacher Berufung auf die Rechtsprechung des BAG mit der Verabschiedung des BetrAVG einige zwingende Mindeststandards für die Leistungen der betrieblichen Altersversorgung positiv-rechtlich festgelegt. Hauptziel des BetrAVG ist der Schutz und die Sicherung von bestehenden Versorgungsanwartschaften und -leistungen. Aber auch nach der Kodifikation des BetrAVG hat die Rechtsprechung des BAG – vorrangig die des 3. Senats, dem die betriebliche Altersversorgung (einschließlich der Versorgungsschäden) übertragen ist – das Betriebsrentenrecht in erheblichem Maße geprägt. Zwar ist aufgrund der zunehmenden gesetzgeberischen Tätigkeiten im Bereich der betrieblichen Altersversorgung zu konstatieren, dass die Bedeutung des materiellen Richterrechts nach und nach schwindet.[11] Die methodisch (saubere) Durchdringung des Versorgungsversprechens bleibt im Streitfall jedoch weiterhin die zentrale Aufgabe des Richters.

Vor diesem Hintergrund muss sich der Auslegende stets darüber bewusst sein, dass das Instrument der Auslegung bei der Entscheidungsfindung selbst begrenzt ist. Die Auslegung muss die methodischen, einfachgesetzlichen und verfassungsrechtlichen Implikationen beachten und vor dem Hintergrund der Methodenehrlichkeit diese immanenten Begrenzungen ernst nehmen. Denn nur wenn diese Grenzen ernst genommen werden, ist das (Betriebsrenten-)Recht nicht der Willkür des Auslegenden ausgesetzt.

II. Ziel der Untersuchung

Es gibt im Recht der betrieblichen Altersversorgung eine kaum zu überschauende Kasuistik, die sich mit der Auslegung von Versorgungszusagen beschäftigt. Zu den einzelnen Auslegungsfragen gibt es punktuell zudem eine breite Diskussion in der betriebsrentenrechtlichen und arbeitsrechtlichen Literatur. Ein Werk, das losgelöst von einzelnen inhaltlichen Fragen, die Methode der Auslegung im Recht der betrieblichen Altersversorgung analysiert und systematisiert, gibt es – soweit ersichtlich – noch nicht. Dies zu ändern, ist Ziel der hiesigen Untersuchung.

Vor dem Hintergrund der signifikanten Bedeutung der Auslegung für das Recht der betrieblichen Altersversorgung sollen im Rahmen dieser Untersuchung die methodischen Regeln und Grundsätze an der betriebsrentenrechtlichen Wirklichkeit gespiegelt werden. Dabei sollen vor dem Hintergrund der Verpflichtung zur Methodenehrlichkeit zunächst die geltenden Auslegungsgrundsätze herausgearbeitet werden. Dabei erschöpft sich der methodische Teil nicht in der Demonstration der Methodik, also den Fragen, welches Ziel der Auslegende mit der Auslegung der

---

11 *Reinecke*, NZA 2004, 753, 760.

Versorgungszusage verfolgt bzw. zu verfolgen hat und unter Rückgriff welcher Kriterien dieses Ziel erreicht werden kann. An gebotener Stelle soll das Instrument der Auslegung vielmehr von andersartigen methodischen Instrumenten abgegrenzt bzw. sein vorrangiger Geltungsanspruch gegenüber diesen behauptet werden.

Im Rahmen der Analyse der Rechtsprechung des BAG und dabei vorrangig des 3. „Betriebsrentensenats“[12] sollen die methodischen Grundsätze mit inhaltlichen Fragen des Betriebsrentenrechts verknüpft werden. Es ist der Anspruch dieser Untersuchung die – vielmals abstrakten – methodischen Grundsätze durch Heranziehung von höchstrichterlichen Entscheidungen an der betriebsrentenrechtlichen Wirklichkeit zu überprüfen.

Zugleich zielt die Untersuchung darauf ab, den Umgang mit Zusagen betrieblicher Altersversorgung durch eine saubere Methodik zu erleichtern und gegebenenfalls eine rechtssichere Anpassung und Ausgestaltung der Versorgungszusagen mit Hilfe dieses juristischen „Handwerkszeug“[13] zu gewährleisten. Darüber hinaus soll sich dem materiell-rechtlichen Gehalt der Auslegung im Betriebsrentenrecht gewidmet werden, da, wie bereits angedeutet, kaum ein Rechtsgebiet in den vergangenen Dekaden durch eine solche Vielzahl von höchstrichterlichen Entscheidungen vergleichbar geprägt worden sind, deren Grundlage stets die einfache Methodenanwendung war. Im Rahmen dieser einfachen Methodenanwendung hat die Rechtsprechung das Betriebsrentenrecht stetig fortentwickelt. In Fokus dieser Untersuchung stehen dabei insbesondere die praxisrelevante Entscheidung des BAG zur Betriebsvereinbarungsoffenheit von Gesamtzusagen[14], die Entscheidung des BAG zum entsprechenden Mitwandern der Regelaltersgrenze in Versorgungszusagen nach der Anhebung des gesetzlichen Renteneintrittsalters[15], der Rechtsprechungswandel des BAG im Bereich der gespaltenen Rentenformel[16] sowie die Auslegungspraxis des BAG bei Bezugnahmen auf satzungsrechtliche Kürzungsvorbehalte eines externen Versorgungsträgers[17]. Diese Entscheidungen sollen an geeigneter Stelle aufgrund der mit ihr verbundenen methodischen Fragestellung diskutiert werden.

III. Gang der Untersuchung

Die Untersuchung gliedert sich in sechs Abschnitte. Der in die Thematik einleitende Abschnitt B. beschäftigt sich dabei mit der sozioökonomischen Bedeutung der betrieblichen Altersversorgung, um die gesellschaftliche Relevanz der Thematik herauszuarbeiten und zu verdeutlichen. Zugleich sollen auch die betrieblichen und

---

12 *Roth*, NZA 2009, 1400.
13 *Schlewing*, NZA 2014, 18.
14 Dazu unter E. III. 7. b) aa) (1).
15 Dazu unter F. III. 4. b).
16 Dazu unter F. IV. 3. c).
17 Dazu unter G. III. 4.

unternehmensinternen Aspekte einer betrieblichen Altersversorgung kurz beleuchtet werden, da die Beweggründe des Arbeitgebers für die Inhaltsermittlung von besonderer Bedeutung sind und bei der zweckorientierten Auslegung stets in die Überlegungen miteinbezogen werden müssen.

Sodann wird sich in Abschnitt C. den arbeitsrechtlichen Grundlagen der betrieblichen Altersversorgung zugewandt. Im Mittelpunkt der Überlegungen stehen die verschiedenen Rechtsbegründungsakte, auf die der Arbeitgeber im Zuge der Begründung eines Versorgungsverhältnisses zurückgreifen kann bzw. dies teilweise sogar muss. Dabei ist aufgrund der typischen Zweiteilung des Arbeitsrechts zwischen individual- und kollektivrechtlich begründeten Versorgungszusagen zu differenzieren.

Nach einem kurzen einleitenden Abschnitt D., der die typischen Gründe für die Anfälligkeit von Zusagen der betrieblichen Versorgungszusagen aufzeigt, befasst sich der Abschnitt E. dieser Untersuchung ausschließlich mit der Auslegung und Lückenfüllung im Anwendungsbereich der klassisch individualrechtlichen Begründungsakte. Eine ausführliche methodische Auseinandersetzung mit den besonderen arbeitsrechtlichen Mechanismen der betrieblichen Übung und des Gleichbehandlungsgrundsatzes kann diese Untersuchung nicht leisten. Es wird insoweit auf die umfassende (betriebsrentenrechtliche) Literatur[18] und Kasuistik[19] zu diesen Themenkomplexen verwiesen. Bei der methodischen Auseinandersetzung mit solchen Versorgungszusagen, die zwischen dem Arbeitgeber und dem Versorgungsberechtigten im Einzelnen ausgehandelt werden, wird sodann zwischen der erläuternden und der ergänzenden Auslegung differenziert und der jeweilige Anwendungsbereich dieser Instrumentarien abgesteckt. Auch wenn die ausgehandelte Versorgungszusage den praktischen Ausnahmefall darstellt, sind die geltenden Auslegungsgrundsätze insbesondere für vertragliche Einheitsregelungen und Gesamtzusagen von Bedeutung und bedürfen daher einer konkreten Betrachtung. Bezüglich der vorgenannten Rechtsbegründungsakte werden sodann die Modifikationen thematisiert, die mit der Öffnung des AGB-Rechts für das Arbeitsrecht im Rahmen der Schuldrechtsmodernisierung verbunden sind. Dabei wird versucht, die Praxistauglichkeit der geltenden methodischen Grundsätze soweit wie möglich anhand höchstrichterlicher Entscheidungen zu überprüfen.

Der Abschnitt F. dieser Untersuchung beschäftigt sich mit der Auslegung von kollektivrechtlich begründeten Versorgungszusagen. Der Fokus der Untersuchung ist auf die in der Praxis relevanteste Begründungsform einer betrieblichen Altersversorgung durch die Instrumentarien des Tarifvertrages und der Betriebsvereinbarung

---

18 Vgl. etwa *Zwanziger*, BetrAV 2015, 195 ff.; *ders.* BetrAV 2011, 201 ff.; *Reinecke*, BetrAV 2015, 201 ff.; *ders.*, BetrAV 2014, 687 ff; *ders.*, BetrAV 2014, 3 ff.; *Hellkamp/Rinn*, BetrAV 2008, 442.

19 Zur betrieblichen Übung etwa BAG v. 11.11.2014 – 3 AZR 849/11, AP BetrAVG § 2 Nr. 74; v. 10.12.2013 – 3 AZR 832/11, NZA-RR 2014, 375, 380; zum Gleichbehandlungsgrundsatz BAG v. 12.2.2013 – 3 AZR 414/12; AP BetrAVG § 1 Ablösung Nr. 61; v. 18.5.2010 – 3 AZR 97/08, AP BetrAVG § 5 Nr. 52.

gerichtet. Dabei wird sich einführend mit der diffizilen Frage nach den geltenden Auslegungsgrundsätzen im Bereich der Kollektivvereinbarungen beschäftigt. Dazu bedarf es einer vertieften Auseinandersetzung mit den Auslegungsgrundsätzen, die für Gesetz und Rechtsnormen gelten. Im Zusammenhang mit dieser Frage ist es unumgänglich, sich im gebotenen Umfang mit der bis dato geführten Methodendiskussion zur Gesetzesauslegung zu beschäftigen, um einen möglichst methodenehrlichen Auslegungsgrundsatz für die Auslegung von versorgungsrechtlichen Kollektivvereinbarungen zu bestimmen. Nach der Formulierung des Auslegungsziels soll sich sodann den einzelnen Auslegungskriterien in concreto zugewandt werden. Dabei müssen die Auslegungskriterien stets vor dem Hintergrund der methodischen Zielsetzung verstanden werden. Ein wichtiger Aspekt der versorgungsrechtlichen Interpretation ist sodann der sich anschließende Gesichtspunkt der Lückenfüllung im Bereich der Kollektivvereinbarungen. Auch wenn es in diesem Bereich viele Überschneidungen zur ergänzenden Vertragsauslegung gibt, können die Grundsätze zur rechtsgeschäftlichen Auslegung aufgrund der besonderen Eigenarten der Kollektivvereinbarungen nicht unüberlegt übertragen werden.

Der siebte und inhaltlich letzte Abschnitt G. der Untersuchung setzt sich schließlich mit methodischen Fragen im Zusammenhang mit der Einschaltung eines externen Versorgungsträgers auseinander. Die mittelbare Durchführung der betrieblichen Altersversorgung hat praktisch eine besondere Bedeutung, da heute fast jede zweite Versorgungszusage auf diesem Weg erbracht wird. Dabei wirft der Rückgriff auf den externen Versorgungsträger insbesondere vor dem Hintergrund der Einstandspflicht des § 1 Abs. 1 Satz 3 BetrAVG einige methodische Problemstellungen auf. Es soll das Zusammenspiel von arbeitsrechtlicher Grundverpflichtung und externer Ausfinanzierung anhand zweier Fallbeispiele zu den praktisch bedeutsamsten Durchführungswegen der Direktversicherung und Pensionskasse erläutert werden.

Der abschließende Abschnitt H. fasst die Ergebnisse der Untersuchung – dem Aufbau der Untersuchung entsprechend – thesenhaft zusammen und zieht ein Fazit.

B. Die sozioökonomische Bedeutung der betrieblichen Altersversorgung

I. Die drei Säulen der Alterssicherung

Das System der Alterssicherung beruht in Deutschland auf dem sog. Drei-Säulen-System[20]. Die betriebliche Altersversorgung, deren erste Vorfahren bereits weit vor der Einführung der gesetzlichen Rentenversicherung zum 1.1.1889 existierten[21], stellt in diesem System der Einkommenssicherung für das Alter nach den öffentlich-rechtlichen Pflichtsystemen und der privaten Altersvorsorge die dritte Säule dar.[22] Während die erste Säule der öffentlich-rechtlichen Pflichtsysteme insbesondere die gesetzliche Rentenversicherung und die Beamtenversorgung[23] umfasst, sind in der zweiten Säule sämtliche Formen der privaten Vorsorge zusammengefasst, wobei vor allem aus steuerlichen Gründen zwischen staatlich geförderter – etwa der Riester-Rente[24] – und staatlich nicht geförderter Vorsorge – etwa Fondsparplänen – unterschieden wird[25]. Bei den öffentlich-rechtlichen Versorgungen handelt es sich um ein gesetzliches Pflichtsystem. Demgegenüber ist dem deutschen Vorsorgesystem eine vergleichbare Pflicht des Arbeitnehmers zur privaten Vorsorge[26] bzw. eine Pflicht des Arbeitgebers[27] zur Einrichtung einer betrieblichen Altersvorsorge fremd.

---

20 Die arbeits- und betriebsrentenrechtliche Kommentarliteratur umschreibt das System der Alterssicherung als „Drei-Säulen-System“, vgl. Schlewing/Henssler/Schnipp/Schnitker/*Cisch/Karst*, BetrAVG, Teil 1A Rn. 3 ff. Aus steuerrechtlicher Sicht wird das System der Alterssicherung auch als „Drei-Schichten-System“ bezeichnet, das die unterschiedlichen Renten je nach einkommenssteuerrechtlicher Behandlung in unterschiedliche Schichten einteilt, vgl. etwa Kirchhof/*Fischer*, EStG, § 10 Rn. 19.

21 Schlewing/Henssler/Schipp/Schnitker/*Cisch/Karst*, BetrAVG, Teil 1A Rn. 1.

22 Vgl. nur Thüsing/Braun/*Thüsing*, Tarifrecht, Kap. 2 Altersversorgung Rn. 1. Teilweise wird die betriebliche Altersversorgung auch als zweite Säule der Alterssicherung bezeichnet. Diese Einordnung hat jedoch keine Auswirkungen.

23 Die Beamtenversorgung ist als sog. bifunktionales System ausgestaltet, das Regelsicherung und (betriebliche) Zusatzversorgung in einem einheitlichen Versorgungswerk vereint, vgl. etwa *Ruland*, FamFR 2012, 123, 124.

24 Die Riester-Rente ist eine durch staatliche Zulagen und durch Sonderausgabenabzug geförderte, privat finanzierte Rente, ausführlich hierzu etwa Schaub/*Vogelsang*, ArbR-Hdb, § 84 Rn. 72.

25 Vgl. hinsichtlich der steuerlichen Förderung der privaten Altersvorsorge und der betrieblichen Altersversorgung das Schreiben des BMF v. 11.11.2004, IV C 3 – S 2257 b – 47/04, BStBl. I S. 1061.

26 Von der damaligen Arbeitsministerin *Ursula von der Leyen* gab es im Jahr 2012 den Vorstoß, Selbstständige zur privaten Altersvorsorge gesetzlich zu verpflichten. Dieser Vorschlag hat sich jedoch nicht durchgesetzt.

27 Vgl. zur Freiwilligkeit der Einführung einer betrieblichen Altersversorgung C. II.

II. Der Wandel im Drei-Säulen-System

Während sich die Einkünfte aus den öffentlich-rechtlichen Versorgungssystemen in ihrer über 110 Jahre alten Vergangenheit zum Hauptbestandteil der Alterssicherung entwickelt haben[28], dienten die Bezüge aus der zweiten und dritten Säule bislang zumeist nur als Ergänzungen. Diese Verteilung in den Alterssicherungssystemen hat sich in den vergangenen Jahren in seiner bisherigen Gewichtung jedoch verschoben. Die Leistungsfähigkeit der gesetzlichen Rentenversicherung ist geschwunden und leidet insbesondere unter den Folgen des demographischen Wandels: Die Geburtenzahlen in Deutschland steigen seit dem Höchsttief im Jahre 1995 zwar wieder leicht an[29], der Anstieg ist nichtsdestotrotz zu gering, um langfristig die gestiegene Lebenserwartung[30] und die damit einhergehende Verlängerung der Rentenlaufzeiten zu kompensieren. Das auf dem sog. Generationenvertrag[31] basierende Umlageverfahren, durch das die gesetzliche Rentenversicherung im Wesentlichen finanziert wird (§ 153 Abs. 1 SGB VI), ist nicht in der Lage, die finanziellen Lasten dieser Entwicklung ausreichend aufzufangen. Dies zeigt sich auch am aktuellen Rentenniveau, das in den vergangen zwei Dekaden bereits spürbar rückläufig war.[32] Eine gesetzgeberische Reaktion auf diese Entwicklungen war die Anhebung der Altersgrenzen in der gesetzlichen Rentenversicherung durch das RV-Altersgrenzenanpassungsgesetz[33] vom 20.4.2007. Dieses Gesetz stellt ein Signal gegen die demografischen

---

28 Schlewing/Henssler/Schipp/Schnitker/*Cisch/Karst*, BetrAVG, Teil 1A Rn. 6; *Giesen*, NZA 2008, 905.

29 Laut statistischem Bundesamt nimmt die gemessene Geburtenhäufigkeit seit 1995 wieder leicht zu. Im Jahr 2014 betrug die Geburtenziffer für Deutschland insgesamt nach Angaben der Geburtenstatistik 1,47 Kinder je Frau (Quelle: https://www.destatis.de, Stand: Januar 2016).

30 Laut statistischem Bundesamt ist die Lebenserwartung im Zeitraum von 2006–2012 bei Männern durchschnittlich um 2 Jahre auf 74,2 Jahre und bei Frauen durchschnittlich um 0,9 Jahre auf 81,3 gestiegen (Quelle: https://www.destatis.de, Stand: Januar 2016).

31 Der Generationenvertrag ist ein unausgesprochener und nicht schriftlich festgelegter Vertrag zwischen der beitragszahlenden (jungen) und der rentenempfangenen Generation, also ein rein gesellschaftliches Übereinkommen (Quelle: http://www.bmas.de/DE/Service/Rentenlexikon/, Stand: Januar 2016). Zur derzeitigen Problematik des Generationenvertrags Kreikebohm/*Kreikebohm*, SGB VI, Einleitung Rn. 7.

32 Als Beleg hierfür kann insbesondere das sinkende gesetzliche Nettorentenniveau herangezogen werden, das als Rechengröße die Versorgung von Rentnern nach 45 Jahren durchschnittlicher Beitragszahlung im Vergleich zum Durchschnittseinkommen der aktiven Arbeitnehmer darstellt. Während das Nettorentenniveau im Jahr 1985 noch 57 Prozent betrug, ist es seitdem kontinuierlich gesunken und soll im Jahr 2030 lediglich noch bei 43 Prozent liegen. Zur Zukunft der gesetzlichen Rentenversicherung jüngst *Rische/Thiede*, NZS 2013, 601 ff.

33 Gesetz zur Anpassung der Regelaltersgrenze an die demografische Entwicklung und zur Stärkung der Finanzierungsgrundlagen der gesetzlichen Rentenversicherung vom 20.4.2007, BGBl. I. 2007 S. 554 ff.

Entwicklungen dar. Es bietet aber keine langfristige Lösung an, da die Verschiebung des Eintrittsalters in der gesetzlichen Rentenversicherung das Grundproblem der mangelnden Nachhaltigkeit des Umlageverfahrens nur für einen überschaubaren Zeitraum aufschieben kann.

III. Betriebliche Altersversorgung im Fokus der Alterssicherung

Unter den geschilderten Gegebenheiten wird die gesetzliche Rentenversicherung ohne gesetzgeberische Reformen in Zukunft deutlich dezimiert sein und nicht mehr als tragende Säule der Alterssicherung fungieren können, so dass sich der Fokus schon heute zwangsläufig auf die private und betriebliche Altersvorsorge richtet. Die demographischen Prognosen bis 2050 unterstreichen die Notwendigkeit dieser Verschiebung.[34] Dieser Wandel hat bereits stückweise begonnen. Insbesondere seit der Rentenreform 2001 durch das AVmG[35], das auf die Entlastung der gesetzlichen Rentenversicherung zielte, hat laut Alterssicherungsbericht 2012 und der von TNS Infratest Sozialforschung im Jahr 2012 durchgeführten Trägerbefragung die Verbreitung der betrieblichen Altersversorgung erheblich zugenommen: Die Zahl der aktiven Anwartschaften ist von 14,6 Mio. im Jahr 2001 auf 19,6 Mio. im Jahr 2011 angestiegen, was einen Zuwachs von rund 34 Prozent bedeutet.[36] Diese Statistik zeigt, welche signifikante Rolle die betriebliche Altersversorgung schon heute im System der Alterssicherung spielt und warum die betriebliche Altersversorgung zu Recht nach ihrem Umfang und Gewicht als die „bedeutendste Sozialleistung des Arbeitgebers“[37] angesehen wird. Die hervorgehobene Bedeutung der betrieblichen Altersversorgung für die Alterssicherung zeigt sich auch in dem aktuellen Bestreben der Bundesregierung, durch eine umfassende Reform die Verbreitung der betrieblichen Altersversorgung noch weiter zu fördern.[38]

34 Vgl. die koordinierte Bevölkerungsvorausberechnung des statistischen Bundesamtes „Bevölkerung Deutschland bis 2050“ (abrufbar unter: https://www.destatis.de, Stand: Januar 2016).

35 Gesetz zur Reform der gesetzlichen Rentenversicherung und zur Förderung eines kapitalgedeckten Altersvorsorgevermögens vom 26.6.2001, BGBl I. 2001 S. 1310.

36 Vgl. den Alterssicherungsbericht 2012: Entwicklung der Zahl der aktiven bAV-Anwartschaften nach Durchführungswegen von 2001 bis 2011 (einschl. Mehrfachanwartschaften) (abrufbar unter: http://www.aba-online.de, Stand: Januar 2016).

37 Tschöpe/*Schipp*, AHB ArbeitsR, Teil 2 E Rn. 1.

38 Vgl. die Begründung zum 2. Referentenentwurf zum sog „Neuen Sozialpartnermodell Betriebsrente“ des BMAS vom 26.1.2015, abrufbar etwa unter: http://www.sozialpolitik-aktuell.de/tl_files/sozialpolitik-aktuell/_Politikfelder/ Alter-Rente/ Dokumente/BMAS_Sozialpartnermodell_Betriebsrente.pdf, Stand: Januar 2016).

Die sozioökonomische Bedeutung der betrieblichen Altersversorgung ist vor dem Hintergrund des demografischen Wandels[39] in Deutschland nicht zu unterschätzen. Die derzeitige Bevölkerungsentwicklung ist mit tiefgreifenden Einschnitten in das derzeitige Alterssicherungssystem verbunden. Aufgrund der damit einhergehenden Belastungen für die jüngere Generationen proklamierte der ehemalige Staatssekretär im Bundesministerium für Arbeit und Soziales *Jörg Asmussen* im Jahr 2015 nicht zu Unrecht, dass sich eine starke betriebliche Altersversorgung für alle Seiten auszahlt.[40] Idealiter wird die Versorgung im Alter daher in Zukunft von allen drei Säulen gemeinsam getragen.[41] Dies setzt aber zwingend voraus, dass neben der staatlichen Pflichtabsicherung die Arbeitnehmer aus tatkräftiger Eigeninitiative zur privaten Vorsorge bereit sind und auch von Seiten der Arbeitgeber Verantwortung für die Alterssicherung der Beschäftigten übernommen wird.[42]

IV. Betriebliche Altersversorgung als soziales Gestaltungsinstrument

Die Einführung einer betrieblichen Altersversorgung auf Seiten des Arbeitgebers kann personalpolitisch, sozialpolitisch und/oder steuerlich motiviert sein. Während der Arbeitgeber die betriebliche Altersversorgung auf der einen Seite als langfristiges Lohnmittel einsetzen kann, kann er mit der Einrichtung eines Versorgungswerkes auf der anderen Seite aber auch soziale Zwecke im Betrieb erfüllen, etwa durch die Schaffung einer zusätzlichen Absicherung für das Rentenalter der Beschäftigten und ihrer Hinterbliebenen. Die betriebliche Altersversorgung stellt für den Arbeitgeber insoweit in vielerlei Hinsicht ein soziales Gestaltungsinstrument dar.

Die Beweggründe für den Arbeitgeber sind jedoch selten rein altruistischer Natur. Im Regelfall sollen die Arbeitnehmer mittels Versorgungszusage langfristig an das Unternehmen gebunden werden, da durch einen dauerhaften Verbleib der Arbeitnehmer fachliches Know-how im Unternehmen gesichert werden kann. Zugleich können nicht zu unterschätzende Fluktuationskosten vermieden werden. Insbesondere Letztere können aufgrund einer längeren Einarbeitungsphase und gegebenenfalls notwendiger Qualifikationsmaßnahmen mit erheblichen finanziellen

---

39 Nach derzeitigen Schätzungen der Bundeszentrale für politische Bildung wird die Bevölkerung in der Bundesrepublik bis zum Jahr 2050 um rund sieben Millionen Menschen auf insgesamt 75 Millionen schrumpfen (abrufbar unter: http://www.bpb.de/politik/innenpolitik/demografischer-wandel, Stand: Januar 2016).

40 Vgl. etwa *Asmussen*, Beitrag zur 15. Handelsblatt Jahrestagung „Betriebliche Altersversorgung" im März 2015 (Quelle: http://www.handelsblatt-bav.de, Stand: Januar 2016).

41 Schlewing/Henssler/Schipp/Schnitker/*Cisch/Karst*, Arbeitsrecht der betrieblichen Altersversorgung, Teil 1A Rn. 7; Uckermann/Fuhrmanns/Ostermayer/Doetsch/*Uckermann*, BetrAVG, Kap. 1 Rn. 26.

42 Schlewing/Henssler/Schipp/Schnitker/*Cisch/Karst*, Arbeitsrecht der betrieblichen Altersversorgung, Teil 1A Rn. 8.

Einbußen einhergehen. Eine langjährige Bindung an das Unternehmen kann der Arbeitgeber im Wege der betrieblichen Altersversorgung fördern, indem er die Leistungen an eine beträchtliche – etwa 15 bis 20-jährige – Wartezeit koppelt. Auf diese Weise wird zumindest psychologisch ein Bindeeffekt erreicht. Vor dem Hintergrund des sinkenden gesetzlichen Rentenniveaus kann der Arbeitnehmer zudem motiviert werden, langfristig für das Unternehmen tätig zu werden, wenn die von dem Arbeitgeber gewährte betriebliche Altersversorgung wirtschaftlich attraktiver und effizienter ist als eine auf dem freien Markt abgeschlossene private Alterssicherung.[43] Dies ist insbesondere in Zeiten eines dauerhaften Niedrigzinsenumfeldes für Arbeitnehmer interessant. Durch die Übernahme sozialer Verantwortung kann der Arbeitgeber überdies die Identifikation seiner Arbeitnehmer mit dem Unternehmen fördern und auf diesem Weg deren Einsatzbereitschaft und Produktivität erhöhen. In der Vergangenheit hat auch der Gesetzgeber versucht, durch gesetzliche Privilegierungen[44] Anreize zur Implementierung einer betrieblichen Altersversorgung zu schaffen und ihre Flexibilität zu erhöhen. Letzteres ist auch die Intention der EU-Mobilitäts-Richtlinie, die durch das Gesetz zur Umsetzung der EU-Mobilitäts-Richtlinie[45] vom 21.12.2015 in deutsches Recht umgesetzt worden ist.[46]

---

43 Vgl. etwa auch *Drochner*, RdA 2007, 378, 378.

44 So sind – unabhängig davon, ob es sich um eine arbeitgeber- oder arbeitnehmerfinanzierte betriebliche Altersversorgung handelt – für die mittelbaren Durchführungswege einer Pensionskasse, eines Pensionsfonds und einer Direktversicherung pro Kalenderjahr bis zu vier Prozent der Beitragsbemessungsgrenze der gesetzlichen Rentenversicherung steuerfrei, § 3 Nr. 63 EStG. Bis zur selben Höhe sind diese Beiträge von der Sozialversicherungspflicht befreit.

45 BGBl. I 2015, S. 2553 ff.

46 Vgl. in Einzelnen zur Reform des Betriebsrentenrechts und der Umsetzung der EU-Mobilitätsrichtlinie 2014/50/EU vom 16.4.2014 die Zusammenfassung von *Frank*, BB 2015, 1973 ff.

C. Arbeitsrechtliche Grundlagen der betrieblichen Altersversorgung

I. Einordnung des Betriebsrentenrechts

Das Recht der betrieblichen Altersversorgung stellt kein eigenständiges Sonderprivatrecht dar. Aufgrund seiner rechtlichen Eigenart ist es vielmehr in die allgemeine Kategorie des Arbeitsrechts einzuordnen. Zwar ist das Betriebsrentenrecht auch eng mit dem Sozialrecht – insbesondere dem Recht der gesetzlichen Rentenversicherung (SGB VI) – verzahnt, nichtsdestotrotz handelt es sich bei der Zusage einer Altersleistung um eine Leistungspflicht aus dem arbeitsrechtlichen Grundverhältnis. Auch die Vielzahl an steuerrechtlichen Überschneidungen[47] bewirkt keine anderweitige Einordnung. Nicht zu verkennen ist jedoch, dass es insbesondere im Bereich der Durchführung der betrieblichen Altersversorgung erhebliche Verzahnungen mit dem Versicherungsrecht gibt, wo sich insbesondere im Teil 4 des VAG zu den Einrichtungen der betrieblichen Altersversorgung versicherungsaufsichtsrechtliche Sonderregelungen finden.

Die enge Verknüpfung des Betriebsrentenrechts mit dem Arbeitsrecht zeigt sich insbesondere in der Legaldefinition der betrieblichen Altersversorgung in § 1 Abs. 1 Satz 1 BetrAVG. Nach dieser ist das Bestehen eines Arbeitsverhältnisses zwischen Zusagendem und Versorgungsberechtigten der betrieblichen Altersversorgung begriffsimmanent. Ein in Vollzug gesetztes Arbeitsverhältnis ist somit Grundvoraussetzung für die Zusage einer betrieblichen Altersversorgung im Sinne des BetrAVG. Auch der persönliche Geltungsbereich des BetrAVG ist gem. §§ 17, 1 BetrAVG auf das Verhältnis von Arbeitgeber und Arbeitnehmer zugeschnitten. Lediglich deklaratorischen Charakter hat daher die in § 1b Abs. 1 Satz 4 BetrAVG aufgenommene Feststellung, wonach Verpflichtungen aus einer Versorgungszusage solchen Versorgungsverpflichtungen gleichstehen, die auf betrieblicher Übung oder dem Grundsatz der Gleichbehandlung beruhen.[48]

Das Recht der betrieblichen Altersversorgung ist folglich klassisches Arbeitsrecht. Diese Klarstellung hat nicht nur Bedeutung für die Geltung der arbeitsrechtlichen Grundlagen, sondern ist auch bezüglich solcher Besonderheiten zu beachten, die beim Zusammenspiel von Arbeitsrecht und AGB-Recht zu beachten sind.[49]

---

47 Vgl. zu den verschiedenen Durchführungswegen und den steuerrechtlichen Auswirkungen Blomeyer/Rolfs/Otto/*Otto*, BetrAVG, Steuerrechtliche Vorschriften Rn. 1 ff.

48 Vgl. dazu ausführlich C. IV. 1 c) und d).

49 Dazu ausführlich E. II. 3.

II. Freiwilligkeit der betrieblichen Altersversorgung

Ein wesentliches Element der betrieblichen Altersversorgung ist die Freiwilligkeit ihrer Zusage.[50] Damit ist zunächst einmal gemeint, dass auf die Zusage einer betrieblichen Altersversorgung kein Anspruch besteht, sondern die Einrichtung vielmehr allein dem Arbeitgeber obliegt. Die Gewährung einer Betriebsrente ist folglich kein zwingender Bestandteil eines Arbeitsvertrages. Derartige Leistungen müssen vom Arbeitgeber vielmehr eigenständig zugesagt werden, § 1 Abs. 1 Satz 1 BetrAVG. Auch die Einführung des Betriebsrentengesetzes im Jahr 1974 und die fortlaufenden Änderungen dieses Gesetzes haben daran im Grundsatz nichts geändert. Die Freiwilligkeit des Arbeitgebers umfasst dabei nicht nur die Einführung einer betrieblichen Altersversorgung (Entschlussfreiheit), sondern auch deren inhaltlichen Ausgestaltung (Gestaltungsfreiheit). Der Gestaltungsfreiheit des Arbeitgebers ist bei der Ausgestaltung der Leistungen der betrieblichen Altersversorgung lediglich bei solchen Regelungen Grenzen gesetzt, die vom BetrAVG zulasten des Arbeitnehmers abweichen.[51]

Kehrseitig führt die unternehmerische Entschlussfreiheit jedoch dazu, dass der Arbeitgeber an einen einmal gefassten Entschluss zur Begründung einer Versorgungszusage bzw. eines Versorgungswerkes gebunden ist. Er kann eine zugesagte Versorgungsleistung durch einen erneuten Entschluss nicht ohne Weiteres wieder einseitig beseitigen. Die arbeitgeberseitige Entschlussfreiheit führt nicht dazu, dass der Arbeitgeber über eingegangene Versorgungsverpflichtungen frei disponieren kann; vielmehr ist er nach erfolgtem Versprechen zur Erfüllung verpflichtet. Es greift unabhängig von der Art der rechtlichen Begründung in diesen Fällen der privatrechtliche Grundsatz pacta sunt servanda[52]. Aufgrund dieses Vertrauensgrundsatzes kann der Arbeitgeber nur unter sehr engen Voraussetzungen in bereits erdiente Versorgungsanwartschaften eingreifen.[53]

Eine gewisse Einschränkung hat der Freiwilligkeitsgrundsatz durch das AVmG[54] mit der Einführung der sog. Entgeltumwandlung enthalten.[55] Nach § 1a BetrAVG kann der Arbeitnehmer vom Arbeitgeber nun verlangen, dass ein gewisser Teil[56] seines Gehalts zur Einrichtung einer betrieblichen Altersversorgung verwendet

50 Förster/Cisch/Karst/*Cisch*, BetrAVG, § 1 Rn. 7; MüKoVVG/*Heiss/Mönnich*, Vorb. §§ 150–171 Rn. 57; Uckermann/Fuhrmanns/Ostermayer/Doetsch/*Uckermann*, BetrAVG, Kap. 2 Rn. 21.

51 Uckermann/Fuhrmanns/Ostermayer/Doetsch/*Uckermann*, BetrAVG, Kap. 2 Rn. 23; dazu noch ausführlich unter E. III. 8. c) aa).

52 Zu diesem grundlegenden Prinzip im Zivilrecht etwa Staudinger/*Olzen*, BGB, Einl. zum Schuldrecht Rn. 65.

53 Dazu ausführlich *Schnitker/Sittard*, NZA 2011, 331, 333.

54 Gesetz zur Reform der gesetzlichen Rentenversicherung und zur Förderung eines kapitalgedeckten Altersvorsorgevermögens vom 26.6.2001, BGBl I. 2001 S. 1310.

55 Uckermann/Fuhrmanns/Ostermayer/Doetsch/*Uckermann*, BetrAVG, Kap. 2 Rn. 22.

56 Der Arbeitnehmer kann vom Arbeitgeber verlangen, dass von seinen künftigen Entgeltansprüchen bis zu 4 % der jeweiligen Beitragsbemessungsgrenze für den Aufbau einer betrieblichen Altersversorgung verwendet werden.

wird. Die Entgeltumwandlung beschränkt die privatautonome Entscheidungsmacht des Arbeitgebers insoweit auf zwei Ebenen. Zum einen wird durch den Anspruch des Arbeitnehmers auf Entgeltumwandlung die Entschlussfreiheit des Arbeitgebers eingeschränkt, da er durch Geltendmachung des Anspruchs zur Einrichtung eines – wenn auch arbeitnehmerfinanzierten – Versorgungswerkes verpflichtet werden kann. Zum anderen kann es hinsichtlich der inhaltlichen Ausgestaltung zu gewissen Restriktionen kommen. So kann der versorgungsberechtigte Arbeitnehmer vom Arbeitgeber verlangen, dass die Durchführung der Entgeltumwandlung durch eine Vereinbarung geregelt werden soll (§ 1a Abs. 1 Satz 2 BetrAVG). Dieses Mitspracherecht geht soweit, dass der Arbeitnehmer vom Arbeitgeber auch einen bestimmten Durchführungsweg verlangen kann, vgl. § 1a Abs. 1 Satz 3 BetrAVG.

III. Voraussetzungen der betrieblichen Altersversorgung

Jedoch stellt nicht jede freiwillige Leistung des Arbeitgebers, die er seinen Arbeitnehmer aufgrund des Übergangs in die Rentenphase bzw. als Sozialleistung im Falle eines Unglücksfalles gewährt, eine betriebliche Altersversorgung im Sinne des BetrAVG dar. Betriebliche Altersversorgung liegt nach der Legaldefinition des § 1 Abs. 1 Satz 1 BetrAVG vielmehr nur vor, wenn einem Arbeitnehmer Leistungen[57] der Alters-, Invaliditäts- oder Hinterbliebenenversorgung aus Anlass seines Arbeitsverhältnisses vom Arbeitgeber zugesagt worden sind.[58] Auf eine von den Parteien gewählte Bezeichnung kommt es nicht an.[59]

1. Versorgungszweck

Die entscheidende Voraussetzung für die Anwendbarkeit des BetrAVG auf eine vom Arbeitgeber gewährte Leistung ist die Zweckgerichtetheit der Zusage. Sie darf nicht mit der Motivation[60] des Arbeitgebers zur Zusage der betrieblichen

---

57 Hinsichtlich der inhaltlichen Voraussetzungen ist es für die Annahme einer betrieblichen Altersversorgung grds. nicht entscheidend, welche Art von Leistung dem Arbeitnehmer gewährt wird (Förster/Cisch/Karst/*Cisch*, BetrAVG, § 1 Rn. 6). Auch Sach- und Nutzungsleistungen können Leistungen der betrieblichen Altersversorgung darstellen, wenn im Übrigen die gesetzlichen Voraussetzungen des § 1 Abs. 1 Satz 1 BetrAVG erfüllt sind (vgl. Merkblatt des PSVaG 300/M 4, Ziff. 1.2 Stand: 3.12.2012).

58 In der Regel sind Leistungen der betrieblichen Altersversorgung Geldleistungen, die entweder in Form von laufenden Leistungen und/oder einmaligen Kapitalzahlungen bzw. ratenweise ausgezahlter Kapitalleistungen gewährt werden (BAG v. 30.9.1986 – 3 AZR 22/85, NZA 1987, 456). Den Begriff der laufenden Leistungen hat der Gesetzgeber etwa in § 7 Abs. 3 Satz 1 bzw. in § 6 Abs. 1 BetrAVG bemüht, um damit periodisch wiederkehrende Leistungen zur Altersversorgung zu umschreiben (vgl. Blomeyer/Rolfs/Otto/*Rolfs*, BetrAVG, § 1 Rn. 10).

59 BAG v. 25.6.2013 – 3 AZR 219/11, NZA 2013, 1421, 1423; v. 18.2.2003 – 3 AZR 81/02, NZA 2004, 98, 100.

60 Dazu bereits B. IV.

Altersversorgung verwechselt werden. Die gewährte Leistung muss dem Zweck dienen, den Arbeitnehmer oder seine Hinterbliebenen wegen des Eintritts eines biologischen Ereignisses abzusichern, so dass durch die Leistung der Lebensstandard des Versorgungsberechtigten nach dem Ausscheiden aus dem Berufs- oder Erwerbsleben erhalten bleibt.[61] Die Leistung des Arbeitgebers muss folglich Versorgungs- bzw. Absicherungscharakter haben.[62] Dies setzt nicht voraus, dass im Zeitpunkt der Zusage auf Seiten des Arbeitnehmers ein tatsächlicher Versorgungsbedarf besteht. Entscheidend ist allein, dass der Arbeitgeber durch die Zusage das Risiko eines arbeitnehmerseitigen Einkommensausfalls abdeckt (sog. Versorgungsrisiko[63]). Aufgrund der einseitig zwingenden Rechtsnatur der Vorschriften des BetrAVG erfolgt die Beurteilung der Zweckrichtung allein anhand objektiver Kriterien.[64]

2. Biologisches Ereignis

Leistungen der betrieblichen Altersversorgung setzen weiter voraus, dass die Gewährung der Leistung durch einen der in § 1 Abs. 1 Satz 1 BetrAVG genannten biologischen Faktoren – Alter, Invalidität oder Tod – ausgelöst wird, wobei es aufgrund der alternativen Formulierung nicht erforderlich ist, dass die Versorgungszusage sämtliche Risiken abdeckt. Die Kumulierung der zuvor genannten Ereignisse in einer Versorgungszusage ist in der Praxis aber nicht selten. Es ist jedoch ausreichend, dass die Versorgung durch eines dieser biologischen Ereignisse ausgelöst wird.

Der Gesetzgeber hat es im BetrAVG unterlassen, die den Versorgungsfall auslösenden Ereignisse weiter zu konkretisieren. Daher steht es dem Arbeitgeber im Grundsatz frei, zu entscheiden, welche Altersgrenze eine Altersversorgung bedingt, wann eine Invalidität die Versorgung auslösen soll und wer Hinterbliebener sein kann.[65] Der Gestaltungsfreiheit des Arbeitgebers sind aber da Grenzen gesetzt, wo die Ausgestaltung der einzelnen Versorgungsfälle nicht mehr den Versorgungszweck erfüllt.[66] So kann bspw. nicht jedes Lebensalter eine Altersversorgung auslösen,

---

61 BAG v. 3.11.1998 – 3 AZR 454/97, NZA 1999, 594, 595; v. 8.5.1990 – 3 AZR 121/89, NZA 1990, 931, 932.

62 Kemper/Kisters-Kölkes/Berenz/Huber/*Kemper/Kisters-Kölkes*, BetrAVG, § 1 Rn. 68; Förster/Cisch/Karst/*Cisch*, BetrAVG, § 1 Rn. 11.

63 Blomeyer/Rolfs/Otto/*Rolfs*, BetrAVG, § 1 Rn. 17.

64 Blomeyer/Rolfs/Otto/*Rolfs*, BetrAVG, § 1 Rn. 14.

65 Ausführlich zu der Konkretisierung und den Grenzen der biologischen Ereignisse Blomeyer/Rolfs/Otto/*Rolfs*, BetrAVG, § 1 Rn. 20 ff.; Kemper/Kisters-Kölkes/Berenz/Huber/*Kemper/Kisters-Kölkes*, BetrAVG, § 1 Rn. 52 ff.; Förster/Cisch/Karst/*Cisch*, BetrAVG, § 1 Rn. 50.

66 BAG v. 10.8.1993 – 3 AZR 69/93, NZA 1994, 757.

vielmehr muss es sich um ein „Ruhestandsalter“[67] handeln. Eine solche Altersgrenze wird im Allgemeinen angenommen, wenn das 60. Lebensjahr erreicht wird.[68]

Auch im Bereich der Hinterbliebenenversorgung stehen dem Arbeitgeber gewisse Gestaltungsfreiheiten zu. Auch wenn der Gesetzgeber den Begriff der Hinterbliebenen in den § 46 SGB VI (Witwenrente und Witwerrente) und § 48 SGB VI (Waisenrente) konkretisiert hat, bleibt es dem Arbeitgeber insoweit unbenommen, den Kreis der Versorgungsberechtigten in der Versorgungsordnung enger oder weiter zu bestimmen.[69]

3. Arbeitsverhältnis als Anlass für die betriebliche Altersversorgung

Die Regelungen des BetrAVG finden zudem nur Anwendung, wenn die betriebliche Altersversorgung aus Anlass eines Arbeitsverhältnisses zugesagt worden ist. Entsprechendes gilt nach § 17 Abs. 1 Satz 2 BetrAVG für Personen, die nicht Arbeitnehmer sind, wenn ihnen Leistungen der betrieblichen Altersversorgung aus Anlass eines Dienst- oder anderen Vertragsverhältnisses erteilt werden, womit der Gesetzgeber insbesondere Vertreter der freien Berufe und gewerbliche Handelsvertreter sowie Organmitglieder[70] in den Anwendungsbereich des BetrAVG einbezogen hat.[71]

Mit der Formulierung „aus Anlass“ ist klargestellt, dass zwischen der Zusage und dem Arbeitsverhältnis ein ursächlicher Zusammenhang bestehen muss.[72] Die Versorgungszusage muss durch das Arbeitsverhältnis veranlasst sein.[73] Ein bloßer mitursächlicher Zusammenhang reicht nicht aus.[74] Nicht miteinbezogen sind daher solche Zusagen, die vorwiegend aus anderen Gründen erteilt werden, etwa wegen der Beteiligung an einer Gesellschaft als Unternehmer[75]. Ebenso nicht aus Anlass des Arbeitsverhältnisses erteilt, sind Zusagen aus verwandtschaftlichen, ehelichen oder freundschaftlichen Gründen.[76]

67 Zum ausfüllungsbedürftigen Begriff des „Ruhestandsalters“ und seiner Konkretisierung vgl. etwa Blomeyer/Rolfs/Otto/*Rolfs*, BetrAVG, § 1 Rn. 20 ff; zur Altersgrenze für die steuerliche Anerkennung vgl. D. I. 1.

68 Kemper/Kisters-Kölkes/Berenz/Huber/*Kemper/Kisters-Kölkes*, BetrAVG, § 1 Rn. 49.

69 Zur Einschränkung der gesetzlichen Möglichkeiten etwa BAG v. 18.11.2008 – 3 AZR 277/07, NZA-RR 2009, 153, 156.

70 Zu den Einschränkungen bei einem GmbH-Gesellschafter-Geschäftsführer ausführlich C. IV. 1. a).

71 Blomeyer/Rolfs/Otto/*Rolfs*, BetrAVG, § 17 Rn. 79; Kemper/Kisters-Kölkes/Berenz/Huber/*Huber*, BetrAVG, § 17 Rn. 3.

72 BAG v. 25.1.2000 – 3 AZR 769/98, NZA 2001, 959.

73 Kemper/Kisters-Kölkes/Berenz/Huber/*Kemper/Kisters-Kölkes*, BetrAVG, § 1 Rn. 49.

74 Blomeyer/Rolfs/Otto/*Rolfs*, BetrAVG, § 1 Rn. 30.

75 BAG v. 25.1.2000 – 3 AZR 769/98, NZA 2001, 959.

76 Blomeyer/Rolfs/Otto/*Rolfs*, BetrAVG, § 1 Rn. 30.

Die Erfüllung der Voraussetzung ist an keine zeitliche Komponente geknüpft. Für das Vorliegen einer betrieblichen Altersversorgung ist somit unerheblich, ob die Zusage des Arbeitgebers vor Beginn, während oder nach Ende des Arbeitsverhältnisses erfolgt ist. Entscheidend ist allein, dass zwischen Arbeitnehmer und Arbeitgeber tatsächlich ein Arbeitsverhältnis zustande gekommen und in Vollzug gesetzt worden ist. Folglich ist es ohne Weiteres möglich, einem aus dem Erwerbsleben ausgeschiedenen Rentner nachträglich eine Versorgungszusage i.S.d. BetrAVG zu erteilen.[77]

In einer jüngeren Entscheidung hat das BAG die Anforderungen an diese Voraussetzung dahingehend präzisiert, dass die Zusage auf Alters- Invaliditäts- oder Hinterbliebenenversorgung stets vom Vertragsarbeitgeber des Arbeitnehmers zugesagt worden sein muss.[78] Das BetrAVG ist insoweit nur auf solche Zusagen anzuwenden, die von dem Arbeitgeber versprochen worden sind, der vom Arbeitnehmer aufgrund des Arbeitsvertrages auch die Arbeitsleistung verlangen kann. Nicht ausreichend ist daher, dass dem Zusagenden die Arbeitsleistung des Arbeitnehmers nur wirtschaftlich zugute kommt.[79] Insbesondere ist § 17 Abs. 1 Satz 2 BetrAVG aufgrund des eindeutigen Wortlauts („Tätigkeit für ein Unternehmen") in derartigen Konstellationen nicht einschlägig.[80] Das hat zur Folge, dass eine Versorgungszusage einer Konzernmutter, die nicht zugleich Arbeitgeberin ist, insbesondere in der Ansparphase nicht den Schutzmechanismen des BetrAVG zur Unverfallbarkeit (§ 1b BetrAVG) unterliegt und auch die Plichten zur Prüfung und Anpassung nach § 16 BetrAVG in der Leistungsphase keine Anwendung finden.[81] Zudem besteht für derartige Zusagen keine gesetzlicher Insolvenzschutz nach den §§ 7 ff. BetrAVG.

IV. Begründung von Versorgungszusagen

Erfüllt eine Leistung des Arbeitgebers die vorgenannten Kriterien, so ist hinsichtlich der Begründung, Ausgestaltung und Ausfinanzierung des Versorgungsverhältnisses im Grundsatz zwischen drei voneinander losgelösten Elementen zu unterscheiden: Das jeweilige Versorgungsverhältnis erhält sein individuelles Gepräge durch die Wahl des jeweiligen Rechtsbegründungsaktes[82], des jeweils ausgewählten Durchführungsweges[83] und des auf die Belange des Unternehmens bzw. der Versorgungsberechtigten zugeschnittenen Leistungsplans[84].

---

77 Kemper/Kisters-Kölkes/Berenz/Huber/*Kemper/Kisters-Kölkes*, BetrAVG, § 1 Rn. 50.

78 BAG v. 20.5.2014 – 3 AZR 1094/12, NZA 2015, 225, 227.

79 BAG v. 20.4.2004 – 3 AZR 297/03, NZA 2005, 927, 929.

80 *Rolfs*, NZA 2015, 213, 214.

81 *Diller/Beck*, NZA 2015, 274 ff.

82 *Uckermann/Fuhrmanns*, NZA 2011, 138.

83 Dazu ausführlich unter G. I. 2.

84 Der Leistungsplan regelt die inhaltlichen Modalitäten der Versorgungszusage. Dabei umfasst der Leistungsplan im Regelfall Regelungen zur Teilnahmeberechtigung, das vom Arbeitgeber auserwählten Leistungssystem, die Form der Leistung (insbesondere lebenslange Rente oder einmaliger Kapitalbetrag), die für die Höhe

Grundvoraussetzung ist zunächst die rechtliche Begründung des Versorgungsverhältnisses. Zur Begründung eines Versorgungsverhältnisses bedarf es eines eigenständigen Verpflichtungstatbestandes, da die Versorgungszusage[85] kein rein tatsächlicher Vorgang ist, sondern einen eigenständigen Rechtscharakter aufweist, an dessen Zustandekommen die allgemeinen zivil- und arbeitsrechtlichen Anforderungen zu stellen sind.[86] Auch wenn die gesetzgeberische Wortwahl zunächst suggeriert, dass die Versorgungszusage einen einseitig gestaltenden Rechtsakt des Arbeitgebers darstellt, so handelt es sich dogmatisch stets um eine zweiseitige Rechtsbegründung, die nach den allgemeinen Grundsätzen durch Angebot und Annahme zustande kommt. Besonderheiten gelten lediglich im Anwendungsbereich des arbeitsrechtlichen Gleichbehandlungs-grundsatzes.[87] Über die Tauglichkeit der gesetzlichen Hermeneutik lässt sich daher berechtigterweise streiten.[88]

Der Rechtsbegründungsakt ist nicht nur für die Begründung der Versorgungsverpflichtung von Bedeutung. Auch die Änderung und die Aufhebung des Versorgungsverhältnisses richten sich grundsätzlich nach den Modalitäten, die für den jeweiligen Rechtsbegründungsakt gelten.[89] Für die Begründung einer Versorgungsverpflichtung kommen sämtliche dem Arbeitsrecht bekannten Instrumentarien in Betracht. Das Versorgungsverhältnis kann daher grundsätzlich auf zwei verschiedene Vorgehensweisen initiiert werden: Zum einen durch individualrechtliche Vereinbarungen und zum anderen auf der Grundlage von kollektivrechtlichen Regelungswerken.

1. Individualrechtlich begründete Versorgungszusagen

Individualrechtlich können Versorgungszusagen etwa in Form der ausgehandelten Individualzusage, vertraglichen Einheitsregelungen oder einer Gesamtzusage erteilt werden. Letztere werden zwar rechtsgeschäftlich zugesagt, weisen aber aufgrund

---

der Versorgungszusage geltenden Bemessungsgrößen sowie allgemeine Leistungsvoraussetzungen. Bestehende Leistungspläne können etwa durch Verweise in der arbeitsrechtlichen Versorgungszusage in Bezug genommen werden.

85 Eine konkrete Definition oder eine nähere Umschreibung des Begriffs der Versorgungszusage findet sich im BetrAVG jedoch nicht. Der Begriff der Versorgungszusage ist aber allgemein dahingehend zu verstehen, dass damit das Grundverhältnis (sog. Valutaverhältnis) zwischen Arbeitgeber und Arbeitnehmer umschrieben wird. Dementsprechend heißt es in der Rechtsprechung des BAG vom 19.4.1983 (– 3 AZR 24/81, AP BetrAVG § 1 Lebensversicherung Nr. 1), dass „unter Zusage iS. des § 1 BetrAVG nämlich jede Form der Begründung einer Versorgungsanwartschaft zu verstehen [ist]."

86 Kemper/Kisters-Kölkes/Berenz/Huber/*Kemper/Kisters-Kölkes*, BetrAVG, § 1 Rn. 33; Uckermann/Fuhrmanns/Ostermayer/Doetsch/*Uckermann*, BetrAVG, Kap. 4 Rn. 1.

87 Dazu ausführlicher unter C.

88 Dagegen etwa Schlewing/Henssler/Schnipp/Schnitker/*Diller*, BetrAVG, Teil 4A Rn. 13.

89 Willemsen/Hohenstatt/Schweibert/Seibt/*Schnitker*, Umstrukturierung, Teil J Rn. 9; Blomeyer/Rolfs/Otto/*Rolfs*, BetrAVG, Anh § 1 Rn. 448.

der Art und Weise ihrer Zusage einen besonderen kollektiven Bezug auf. Eine Implementierung kann zudem über die allgemeinen Rechtsgrundsätze der betrieblichen Übung und des arbeitsrechtlichen Gleichbehandlungsgrundsatzes erfolgen. Dies hat der Gesetzgeber in § 1b Abs. 1 Satz 4 BetrAVG explizit normiert. Auch bei diesen handelt es sich um individualrechtliche Begründungsakte.[90]

a) Ausgehandelte Individualzusagen

Die ausgehandelte Individualzusage ist ein vom Arbeitgeber und dem Versorgungsberechtigten abgeschlossener Einzelvertrag über die Zusage einer betrieblichen Versorgungsleistung.[91] Sie wird aufgrund ihres individualrechtlichen Charakters und in Abgrenzung zu den sonstigen vertraglich begründeten Versorgungszusagen auch als „echte Individualzusage"[92] umschrieben. Rechtsgeschäftstypisch entfalten derartige Zusagen ihre rechtliche Wirkung ausschließlich zwischen den unmittelbar am Abschluss beteiligten Personen. Eine Ausnahme von diesem Grundsatz stellt die Zusage einer Witwen-, Witwer oder Waisenleistung dar, die im Regelfall als Vertrag zugunsten Dritter i.S.d. § 328 Abs. 1 BGB ausgestaltet ist[93] und einen eigenständigen Versorgungsanspruch eines nicht am Vertragsschluss beteiligten Dritten begründet.

Zahlenmäßig sind ausgehandelte Individualzusagen in Unternehmen von untergeordneter Bedeutung. Gegenüber der Belegschaft ist der Arbeitgeber zumeist schon aus Gründen eines gesunden Betriebsklimas daran interessiert und mitunter schon aus dem arbeitsrechtlichen Gleichbehandlungsgrundsatz verpflichtet, die Versorgungsleistung gegenüber der gesamten oder zumindest einem größeren Teil der Belegschaft zu erbringen. Einen häufigen Anwendungsbereich haben einzelvertragliche Zusagen in Unternehmen jedoch auf Führungsebene.[94] So sind ausgehandelte Versorgungszusagen insbesondere in Anstellungsverträgen leitender Angestellter anzutreffen. Seinen Hauptanwendungsfall hat die ausgehandelte Individualzusage heute bei Alters- und Invaliditätsleistungen für Mitglieder von Geschäftsleitungsorganen.[95] Zu Letzteren gehören – je nach Rechtsform der Gesellschaft – insbesondere Vorstandsmitglieder und Geschäftsführer.

Klassisches Anwendungsbeispiel ist zudem die Individualzusage gegenüber einem Gesellschafter-Geschäftsführer. Bei der vorgenannten Personengruppe ist jedoch zu berücksichtigen, dass es sich je nach Ausgestaltung der gesellschaftlichen Strukturen nicht mehr um eine betriebliche Altersversorgung im Sinne des BetrAVG

---

90 Moll/*Rengier*, MüAH Arbeitsrecht, § 36 Rn. 18; *Uckermann/Fuhrmanns*, NZA, 2011, 138, 139.

91 Kemper/Kisters-Kölkes/Berenz/Huber/*Kemper/Kisters-Kölkes*, BetrAVG, § 1 Rn. 130.

92 *Reinhard/Hoffmann-Remy*, NZA-Beil. 3/2012, 79, 80.

93 Zur Aufhebbarkeit von Pensionszusagen mit Witwen- und Waisenrente als Vertrag zugunsten Dritter *Leuering/Rubner*, NJW-Spezial, 2015, 15.

94 Uckermann/Fuhrmanns/Ostermayer/Doetsch/*Uckermann*, BetrAVG, Kap. 4 Rn. 4.

95 Moll/*Rengier*, MüAH Arbeitsrecht, § 36 Rn. 20.

handeln kann. So unterfällt eine Versorgungszusage an einen Alleingesellschafter-Geschäftsführer trotz des grundsätzlich einschlägigen[96] Wortlauts des § 17 Abs. 1 Satz 2 BetrAVG nach allgemeiner Ansicht nicht dem persönlichen Schutzbereich des BetrAVG.[97]

Ausgehandelte Individualzusagen werden zumeist entweder unmittelbar im Anstellungsvertrag geregelt oder es wird zeitgleich oder nachträglich eine zusätzliche vertragliche Vereinbarung geschlossen.[98] Das Zustandekommen einer ausgehandelten Individualzusage richtet sich unabhängig von der Vorgehensweise nach den allgemeinen Vorschriften und den geltenden Besonderheiten des Individualarbeitsrechts. Eine einzelvertragliche Versorgungszusage folgt in ihrer Begründung folglich den §§ 145 ff. BGB.[99] Daher reicht das bloße in Aussicht stellen oder die bloße Ankündigung des Arbeitgebers oder der zuständigen Organe zur Erbringung einer Versorgungsleistung während einer Vertragsverhandlung zur Begründung einer Versorgungsverpflichtung nicht aus. Insbesondere liegt noch keine einzelvertragliche Versorgungszusage vor, wenn das vertretungsberechtigte Organ des Arbeitgebers lediglich intern den Beschluss fasst, eine Versorgungszusage zu erteilen.[100]

b) Individualrechtliche Versorgungszusagen mit kollektivem Bezug

Die ausgehandelte Individualzusage ist wenig praktikabel, wenn der Arbeitgeber beabsichtigt, nicht nur einzelnen Arbeitnehmern, sondern der gesamten oder zumindest einem fest umrissenen Teil der Belegschaft Leistungen der betrieblichen Altersversorgung zuzusagen. In diesen Fällen kann der Arbeitgeber insbesondere in mitbestimmungsfreien Betrieben auf vorformulierte Versorgungsbedingungen zurückgreifen. Das BAG bezeichnet derartige Ansprüche als „vertragliche Ansprüche mit kollektivem Bezug"[101]. Dieser kollektive Bezug ist insbesondere bei der späteren Abänderung bzw. Ablösung durch eine Betriebsvereinbarung von Bedeutung.[102]

Zur Begründung stehen dem Arbeitgeber insbesondere die arbeitsrechtlichen Instrumente der vertraglichen Einheitsreglung und der Gesamtzusage zur Verfügung.

---

96 BGH v. 28.4.1980 – II ZR 254/78, NJW 1980, 2254.

97 St. Rspr. vgl. nur BGH v. 15.10.2007 – II ZR 236/06; NZA 2008, 648; Moll/*Rengier*, MüAH Arbeitsrecht, § 36 Rn. 13; *Reichel/Schmandt*, bAV bei Unternehmenskauf, Kap. B Rn. 24.

98 Willemsen/Hohenstatt/Schweibert/Seibt/*Schnitker*, Umstrukturierung, Teil J Rn. 10.

99 Blomeyer/Rolfs/Otto/*Rolfs*, BetrAVG, Anh. zu § 1 Rn. 4; Höfer/*Höfer/Reinhard*, BetrAVG, Kap. 4 Rn. 5; Uckermann/Fuhrmanns/Ostermayer/Doetsch/*Uckermann*, BetrAVG, Kap. 4 Rn. 4.

100 Dazu unter E. II. 4. b) cc) (2).

101 BAG v. 16.9.1986 – GS 1/82, AP BetrAVG § 1 Ablösung Nr. 8.

102 Zu den gestalterischen Abänderungs- und Anpassungsmöglichkeiten bei Zusagen mit kollektivem Bezug insbesondere *Schnitker/Grau*, NZA-Beil. 2/2010, 68, 71; *Reinhard/Hoffmann-Remy*, NZA-Beil. 3/2012, 79, 80; vgl. auch E. II. 7. b) aa) (3).

Es handelt sich hierbei um ein Bündel gleichstrukturierter Versorgungszusagen, die jedoch hinsichtlich der Leistungshöhe divergieren können. Sowohl vertragliche Einheitsregelungen als auch Gesamtzusagen stellen keine Begründungstatbestände eigener Art dar. Vielmehr gelten die allgemeinen Regeln für den Abschluss von zivilrechtlichen Verträgen. Allerdings sind nachfolgende Besonderheiten zu beachten.

aa) Vertragliche Einheitsregelungen

Bei der Begründung mittels vertraglicher Einheitsregelungen wendet sich der Arbeitgeber mit vereinheitlichten Versorgungsbedingungen an die Belegschaft, wobei der Abschluss des Versorgungsvertrages bewusst mit jedem einzelnen Arbeitnehmer erfolgt.[103] Der Unterschied zur ausgehandelten Individualzusage besteht vor allem darin, dass der Inhalt der vertraglichen Einheitsregelung gerade nicht mit jedem Arbeitnehmer individuell ausgehandelt worden ist. Vielmehr verwendet der Arbeitgeber gegenüber einer Vielzahl von Arbeitnehmern ein einheitliches Vertragsdokument mit dem Grunde nach identischen Versorgungsbedingungen.

Um das Versorgungsverhältnis zu begründen, muss der Arbeitnehmer das Angebot des Arbeitgebers nach den allgemeinen Grundsätzen annehmen. Allerdings ist die Besonderheit des § 151 Satz 1 BGB zu beachten, wonach die Annahme dem Erklärenden gegenüber nicht erklärt werden braucht, wenn eine solche Erklärung nach der Verkehrssitte nicht zu erwarten ist oder der Antragende auf sie verzichtet hat. Vor dem Hintergrund dieser Vorschrift nimmt die Rechtsprechung an, dass das Angebot zum Abschluss eines Vertrages über eine betriebliche Altersversorgung auch stillschweigend angenommen werden kann.[104] Diesen Standpunkt folgert das BAG aus dem Umstand, dass es nicht der Übung entspreche, „dass eine Erklärung des Dienstherrn von der in Rede stehenden Art durch den Empfänger angenommen wird“[105]. In der Literatur[106] ist die Tendenz zu erkennen, die Entbehrlichkeit damit zu erklären, dass der Zugang der Annahmeerklärung bei einem dem Angebotsempfänger lediglich vorteilhaften Geschäft zumeist nicht erwartet wird. Beide Ansichten kommen aber jeweils zu identischen Ergebnissen.

bb) Gesamtzusagen

Der Einfachheit halber bedient sich der Arbeitgeber zumeist einer Gesamtzusage, wenn er einer Vielzahl von Arbeitnehmern eine betriebliche Altersversorgung gewähren möchte. Im Grundsatz wird eine Gesamtzusage ebenfalls durch Angebot des Arbeitgebers und Annahme des Arbeitnehmers begründet. Jedoch vollzieht

---

103 Uckermann/Fuhrmanns/Ostermayer/Doetsch/*Uckermann*, BetrAVG, Kap. 4 Rn. 10; Willemsen/Hohenstatt/Schweibert/Seibt/*Schnitker*, Umstrukturierung, Teil J Rn. 13; MüKoBGB/*Müller-Glöge*, § 611 Rn. 406;.

104 BAG v. 17.5.1966 – 3 AZR 477/65, AP BGB § 242 Ruhegehalt Nr. 110.

105 BAG v. 12.6.1955 – 4 AZR 5/55, AP BGB § 242 Ruhegeld Nr. 24.

106 Förster/Cisch/Karst/*Cisch*, BetrAVG, § 1 Rn. 98; Kemper/Kisters-Kölkes/Berenz/Huber/*Kemper/Kisters-Kölkes*, BetrAVG, § 1 Rn. 130.

sich die Einigung nicht durch den Abschluss eines schriftlichen Vertrages. Vielmehr wird dem Arbeitnehmer der Abschluss eines Versorgungsverhältnisses bereits in „allgemeiner Form“[107] angetragen. Der Arbeitgeber kann das Versorgungsangebot auf verschiedene Weisen an seine Arbeitnehmer herantragen, etwa – wie dies in früherer Zeit nicht untypisch war – indem er die Versorgungsordnung am Schwarzen Brett aushängt[108], die Versorgungsordnung unmittelbar an den Betriebsrat übergibt oder gegenüber den Arbeitnehmern durch mündliche oder schriftliche Erklärung Bezug auf eine betriebliche Versorgungsordnung (bspw. auf einen bestehenden Versorgungstarifvertrag) nimmt.[109] Eine Gesamtzusage kann aber auch dadurch erteilt werden, dass innerbetrieblich auf eine Regelung verwiesen wird, in die die Arbeitnehmer jederzeit Einblick nehmen können.[110] Allerdings ist auch hier entscheidend, dass das Leistungsversprechen an die Begünstigten verbindlich bekanntgegeben wird. Akte der internen Willensbildung reichen auch im Bereich der Gesamtzusagen nicht aus.[111]

Die Annahme des in der Gesamtzusage zum Ausdruck kommenden Angebots kann durch die Arbeitnehmer ausdrücklich, aber auch stillschweigend erfolgen.[112] Nach der Rechtsprechung des BAG kann auf den Zugang der Annahmeerklärung des einzelnen Arbeitnehmers wie auch bei vertraglichen Einheitsregelungen gem. § 151 Satz 1 BGB verzichtet werden, da nach der Verkehrssitte eine ausdrückliche Annahmeerklärung des in der Gesamtzusage enthaltenen Angebots nicht zu erwarten ist.[113] Der Arbeitgeber gewährt die Versorgungszusage gerade deshalb nach einheitlichen Grundsätzen, um sich nicht an jeden einzelnen Arbeitnehmer wenden zu müssen. Es würde die Praktikabilität der Gesamtzusage konterkarieren, wenn jeder einzelne Arbeitnehmer das an ihn gerichtete allgemeine Angebot durch eine dem Arbeitgeber zugehende Erklärung annehmen müsste. Für die Annahme des in der Gesamtzusage enthaltenden Angebots reicht somit schon die bloße Entgegennahme der Leistung aus.[114]

Der 3. Senat des BAG umschreibt eine Gesamtzusage daher als eine „an alle Arbeitnehmer in allgemeiner Form gerichtete Erklärung des Arbeitgebers, zusätzliche Leistungen zu erbringen. Die Arbeitnehmer erwerben dann einen einzelvertraglichen Anspruch auf diese Leistungen, wenn sie die vom Arbeitgeber genannten

107 BAG v. 10.12.2002 – 3 AZR 92/02, AP BGB § 611 Gratifikation Nr. 249.
108 Uckermann/Fuhrmanns/Ostermayer/Doetsch/*Uckermann*, BetrAVG, Kap. 4 Rn. 12.
109 Willemsen/Hohenstatt/Schweibert/Seibt/*Schnitker*, Umstrukturierung, Teil J Rn. 14.
110 Im konkreten Fall (BAG v. 13.12.2011 – 3 AZR 852/09, AP BetrAVG § 1 Auslegung Nr. 28) handelte es sich um das Hamburgische Ruhegeldgesetzt; dazu s.a. F. II. 5. a).
111 So auch BAG v. 22.12.2009 – 3 AZR 136/08, AP BetrAVG § 1 Auslegung Nr. 7.
112 Blomeyer/Rolfs/Otto/*Rolfs*, BetrAVG, Anh. zu § 1 Rn. 15.
113 BAG. v. 10.12.2002 – 3 AZR 92/02, AP BGB § 611 Gratifikation Nr. 249.
114 A.A. *Däubler*, RdA 2004, 305, 306.

Anspruchsvoraussetzungen erfüllen. Einer ausdrücklichen Annahmeerklärung des in der Gesamtzusage enthaltenen Angebots bedarf es nicht".[115]

Auf die Rechtsverbindlichkeit des Angebots hat es jedoch keine Auswirkungen, wenn der Arbeitgeber die Versorgungszusage noch nicht in allen Einzelheiten präzisiert hat. Ein verbindliches Angebot kann auch dann vorliegen, wenn der Arbeitgeber gegenüber den potentiellen Begünstigten bekanntgeben lässt, bei ihm werde Altersversorgung gewährt, auch wenn er dabei die einzelnen Versorgungsbedingungen noch nicht konkret geregelt hat.[116] In diesen Fällen liegt eine sog. Blankettzusage vor mit der Maßgabe vor, dass der Arbeitgeber die Voraussetzungen der Versorgungsleistungen im Einzelnen noch konkret festsetzen wird.[117] Die Festsetzung hat der Arbeitgeber nach billigem Ermessen i.S.d. § 315 Abs. 1 BGB zu treffen.[118] Die vom Arbeitgeber getroffene Entscheidung unterliegt sodann der gerichtlichen Billigkeitskontrolle, § 315 Abs. 3 BGB.

c) *Betriebliche Übung*

Ein Anspruch auf eine betriebliche Altersversorgung kann in einem Unternehmen auch auf der Grundlage einer betrieblichen Übung[119] begründet werden mit der Folge, dass ein derartig begründeter Anspruch auf Leistungen der betrieblichen Altersversorgung vom Arbeitgeber nicht ohne Weiteres wieder entzogen werden kann.[120] Die Begründung mittels betrieblicher Übung setzt voraus, dass ein Leistungsanspruch nicht bereits aufgrund eines individual- oder kollektivrechtlichen Rechtsbegründungsaktes besteht.

Die betriebliche Übung umschreibt dabei die regelmäßige Wiederholung bestimmter Verhaltensweisen durch den Arbeitgeber, sei es die wiederholte Gewährung von Leistungen, sei es die wiederholte Ausübung von Rechten und Pflichten, die bei der Belegschaft oder Teilen der Belegschaft den Eindruck einer Gesetzmäßigkeit erweckt.[121] Die genaue dogmatische Einordnung der betrieblichen Übung ist umstritten.[122] Allgemein anerkannt ist jedoch, dass durch betriebliche Übung

---

115 BAG v. 10.12.2002 – 3 AZR 671/01, AP BGB § 611 Gratifikation Nr. 252.

116 BAG v. 27.6.2006 – 3 AZR 151/05, AP BGB § 242 Betriebliche Übung Nr. 76.

117 BAG v. 19.7.2005 – 3 AZR 472/04, AP BetrAVG § 1 Nr. 42.

118 Vgl. u.a. BAG v. 19.7.2005 – 3 AZR 472/04, AP BetrAVG § 1 Nr. 42; v. 19.11.2002 – 3 AZR 406/01, NZA 2003, 1424; v. 17.5.1966 – 3 AZR 477/65, AP BGB § 242 Ruhegehalt Nr. 110.

119 Eingehende Untersuchung etwa bei *Waltermann*, RdA 2006, 257 ff.

120 BAG v. 18.3.2003 – 3 AZR 101/02, AP BetrAVG § 1 Ablösung Nr. 41; v. 19.6.1980 – 3 AZR 958/79, AP BetrAVG § 1 Wartezeit Nr. 8; v. 5.2.1971 – 3 AZR 28/70, AP BGB § 242 Betriebliche Übung Nr. 10.

121 Vgl. zur st. Rspr. BAG v. 21.6.2011 – 9 AZR 203/10, NZA 2011, 1338, 1339; v. 28.6.2006 – 10 AZR 385/05, NZA 2006, 1174, 1176; v. 16.1.2002 – 5 AZR 715/00, NZA 2002, 632, 633.

122 Das BAG vertritt hierzu die sog. Vertragstheorie, wonach in dem wiederholten Verhalten des Arbeitgebers ein konkludentes Vertragsangebot auf Beibehalten

sämtliche arbeitsvertragliche Beziehungen und damit auch Fragen der betrieblichen Altersversorgungen zwischen Arbeitgeber und Arbeitnehmer gestaltet werden können.[123] Ob eine für den Arbeitgeber bindende betriebliche Übung aufgrund der Gewährung von Leistungen an seine Arbeitnehmer entstanden ist, ist danach zu beurteilen, inwieweit die Arbeitnehmer aus dem Verhalten des Arbeitgebers unter Berücksichtigung aller Begleitumstände auf einen Bindungswillen des Arbeitsgebers schließen durften. Soweit Leistungen, wie etwa eine Gratifikation für Rentner, jährlich an die gesamte Belegschaft erbracht werden, gilt die Regel, dass eine dreimalige vorbehaltlose Gewährung zu einem Rechtsanspruch des Arbeitnehmers auf die Versorgungsleistungen führt.[124] Aufgrund einer betrieblichen Übung kann etwa ein Anspruch auf Leistungen der betrieblichen Altersversorgung entstehen, wenn die tatsächlichen Praxis bei der Handhabung von zugesagten Einzelzusagen im Betrieb, bei den Arbeitnehmern der Eindruck erweckt wird, dass nach einer bestimmten – etwa 10 jährigen – Betriebszugehörigkeit eine solche erteilt werde.[125]

d) Arbeitsrechtlicher Gleichbehandlungsgrundsatz

Auch der arbeitsrechtliche Gleichbehandlungsgrundsatz kann gem. § 1b Abs. 1 Satz 4 BetrAVG den Arbeitgeber verpflichten, einem Arbeitnehmer oder einer Gruppe von Arbeitnehmern Leistungen der betrieblichen Altersversorgung zu gewähren.[126] Der arbeitsrechtliche Grundsatz der Gleichbehandlung erlegt dem Arbeitgeber die Pflicht auf, Arbeitnehmer oder Gruppen von Arbeitnehmern, die sich in einer vergleichbaren Situation befinden, bei Anwendung einer selbst gesetzten Ordnung mit kollektivem Bezug[127] auch gleich zu behandeln.[128] Eine derartige selbst gesetzte Ordnung kann auch die Gewährung von Leistungen der betrieblichen Altersversorgung darstellen.[129] Der arbeitsrechtliche Gleichbehandlungsgrundsatz gilt in räumlicher Hinsicht im Grundsatz unternehmensweit.[130] Eine Ungleichbehandlung innerhalb eines Unternehmens kann durch betriebsbezogene Gruppenbildungen

oder Fortsetzung des Verhalten in der Zukunft zu sehen ist, das vom Arbeitnehmer angenommen werden kann (vgl. nur BAG v. 20.10.2015 – 9 AZR 655/14–, juris Rn. 14). Nach der in der Literatur vorherrschenden Vertrauenstheorie beruht die Verpflichtung des Arbeitgebers auf der Schaffung eines Vertrauenstatbestandes, der den Arbeitgeber gem. § 242 BGB bindet und den er nicht wieder einseitig beseitigen kann; vgl. zum Streit ausführlich MüKoBGB/*Müller-Glöge*, § 611 Rn. 411 ff.; *Waltermann*, RdA 2006, 257, 258.

123 BAG v. 23.8.2011 – 3 AZR 650/09, AP BetrAVG § 1 Betriebliche Übung Nr. 10.

124 BAG v. 19.7.2011 – 3 AZR 383/09, AP BetrAVG § 1 Auslegung Nr. 32.

125 BAG v. 29.10.1985 – 3 AZR 462/83, AP BetrAVG § 1 Betriebliche Übung Nr. 2.

126 BAG v. 15.11.2011 – 3 AZR 804/09, AP BetrAVG § 1 Auslegung Nr. 26.

127 Willensen/Hohenstatt/Schweibert/Seibt/*Schnitker*, Umstrukturierung, Kap. J Rn. 35.

128 vgl. etwa BAG v. 27.7.2010 – 1 AZR 874/08, NZA 2010, 1369, 1370; MüKoBGB/*Müller-Glöge*, § 611 Rn. 1123.

129 BAG v. 23.4.2002 – 3 AZR 268/01, AP BetrAVG § 1 Gleichbehandlung Nr. 54.

130 Willemsen/Hohenstatt/Schweibert/Seibt/*Schnitker*, Umstrukturierung, Kap. J Rn. 37.

jedoch gerechtfertigt sein.[131] Auf der Konzernebene findet der arbeitsrechtliche Gleichbehandlungsgrundsatz grundsätzlich keine Anwendung.[132]

Der arbeitsrechtliche Gleichbehandlungsgrundsatz kommt jedoch nur in Betracht, wenn der Arbeitgeber einzelne Arbeitnehmer ohne ersichtlichen Grund von der betrieblichen Altersversorgung ausgeschlossen hat. Meldet der Arbeitgeber etwa nach einem unternehmensweiten, generalisierenden Prinzip eine bestimmte Gruppe von Arbeitnehmern bei einer Versorgungseinrichtung an, dann verlangt der allgemeine Gleichbehandlungsgrundsatz, dass diese konkrete Gruppenbildung sachlichen Kriterien entspricht.

Damit verbietet der Gleichbehandlungsgrundsatz dem Arbeitgeber folglich eine sachfremde Schlechterstellung einzelner Arbeitnehmer gegenüber anderen Arbeitnehmern in vergleichbarer Lage als auch die sachfremde Differenzierung zwischen Arbeitnehmern in einer bestimmten Ordnung.[133] Zulässig ist eine Differenzierung zwischen vergleichbaren Arbeitnehmergruppen grundsätzlich nur dann, wenn sie nach dem ureigenen Zweck der Zusatzleistung, wie etwa die Belohnung für eine besonderes langjährige Betriebstreue, gerechtfertigt ist.[134] Allerdings gilt dieses Verbot nur für Ungleichbehandlungen, die eine Vergleichsgruppe willkürlich schlechter stellt, so dass sachlich begründete Unterscheidungskriterien[135], wie etwa eine verbesserte Portabilität von bestimmten Versorgungsansprüchen[136], keinen Leistungsanspruch begründen können. Die Vielzahl an Unterscheidungskriterien, die eine Ungleichbehandlung im Einzelfall sachlich begründen können, hat zu einer umfassenden Kasuistik geführt.[137]

2. Kollektivrechtliche Rechtsbegründungsakte

Eine betriebliche Altersversorgung kann jedoch nicht nur auf individualrechtliche Weise begründet werden, sondern auch durch die Instrumentarien des Kollektivarbeitsrechts branchen-, unternehmens- oder betriebsbezogen eingeführt werden. Im Gegensatz zur Begründung von individualrechtlichen Versorgungszusagen zeichnen sich derartige Begründungstatbestände dadurch aus, dass dem Arbeitgeber nicht der einzelne Versorgungsberechtigte gegenübersteht, sondern die Versorgungsbedingungen mit der zuständigen Arbeitnehmervertretung ausgehandelt werden. In

131 BAG v. 17.11.1998 – 1 AZR 147/98, NZA 1999, 606, 608.

132 BAG v. 20.8.1986 – 4 AZR 272/85, AP TVG § 1 Tarifverträge: Seniorität Nr. 6; MüHdbArbR/*Richardi*, § 23 Rn. 27.

133 BAG v. 15.4.2008 – 1 AZR 65/07, AP BetrVG 1972 § 87 Lohngestaltung Nr. 133.

134 BAG v. 22.11.1994 – 3 AZR 349/94, NZA 1995, 733, 734.

135 Vgl. dazu etwa Kemper/Kister-Kölkes/Berenz/Huber/*Kemper/Kisters-Kölkes*, BetrAVG, § 1 Rn. 167 ff.

136 BAG v. 22.12.2009 – 3 AZR 136/08, AP BetrAVG § 1 Auslegung Nr. 7.

137 BAG v. 22.12.2009 – 3 AZR 136/08, AP BetrAVG § 1 Auslegung Nr. 7.

seltenen – hier aber zu vernachlässigenden – Fällen kann eine betriebliche Altersversorgung auch auf einer gesetzlichen Grundlage beruhen.[138]

a) Tarifvertragliche Zusagen der betrieblichen Altersversorgung

Auf tariflicher Ebene kann sich der Arbeitgeber ein Versorgungssystem entweder selber auferlegen oder sich einem bestehenden Versorgungssystem durch Beitritt zu einem Arbeitgeberverband unterwerfen, § 3 Abs. 1 TVG.

aa) Die Regelung von betrieblicher Altersversorgung durch Tarifvertrag

Grundlage von tarifvertraglichen Versorgungszusagen ist die nach Art. 9 Abs. 3 GG verfassungsrechtlich gewährleistete Tarifautonomie.[139] Als „kollektiv ausgeübte Privatautonomie"[140] berechtigt diese die Koalitionsparteien dazu, die Arbeits- und Wirtschaftsbedingungen für ihre Mitglieder zu regeln[141], was auch die Regelung der betrieblichen Altersversorgung einschließt[142]. Bei der Festlegung der maßgeblichen Versorgungsbedingungen steht den Sozialpartnern dabei ein erheblicher „Beurteilungs-, Einschätzungs-, Bewertungs- und Gestaltungsspielraum"[143] zu. Der weitgehende Ermessensspielraum wird durch die Regelung des § 17 Abs. 3 Satz 1 BetrAVG bestätigt, der den Tarifvertragsparteien explizit ermöglicht von den wichtigen Vorschriften des BetrAVG zur Entgeltumwandlung (§ 1a BetrAVG), zur Höhe der unverfallbaren Anwartschaft (§ 2 BetrAVG), zur Abfindung und Übertragung von Versorgungsanwartschaften (§§ 3 und 4 BetrAVG) und zur Anpassung von Rentenansprüchen (§ 16 BetrAVG) auch zulasten des Arbeitnehmers abzuweichen.[144] Insoweit ist im Wesentlichen lediglich der Bereich der gesetzlichen Insolvenzsicherung der Regelungskompetenz der Tarifvertragsparteien entzogen.

Tarifvertragliche Zusagen der betrieblichen Altersversorgung sind insbesondere im öffentlichen Dienst verbreitet und können dort auf eine lange Tradition zurückschauen. Eine wichtige tarifvertragliche Regelung im Bereich der Alterssicherung

---

138 Eine derartige Versorgungszusage ist bspw. das Hamburgische Zusatzversorgungsgesetz für die Arbeiter und Angestellten der Stadt Hamburg in der Fassung v. 7.3.1995.

139 Zur der Stellung des Tarifvertrages im Verfassungsrecht ausführlich Jacobs/Krause/Oetker/Schubert/*Krause*, Tarifvertragsrecht, § 1 Rn. 16 ff.

140 BAG v. 27.11.2002 – 7 AZR 414/01, NZA 2003, 812, 813; v. 11.3.1998 – 7 AZR 700/96, NZA 1998, 716, 718; Thüsing/Braun/*Thüsing*, Tarifrecht Kap. 1 A. II. Rn. 3; MüHdb-ArbR/*Richardi*, § 12 Rn. 26 ff.

141 BVerfG v. 24.4.1996 – 1 BvR 712/86, NZA 1996, 1157, 1158.

142 BAG v 5.10.1993 – 3 AZR 586/92, AP BetrAVG § 1 Zusatzversorgungskasse Nr. 42.

143 BAG v. 27.3.2007 – 3 AZR 299/06, NZA-RR 2008, 82, 86.

144 Im Einzelnen E. II. 8. c) aa).

ist der Tarifvertrag über die betriebliche Altersversorgung der Beschäftigten im öffentlichen Dienst, die sog. Zusatzversorgung des öffentlichen Dienstes (ZÖD)[145].

Auch bei einem Großteil der ehemaligen Staatsunternehmen wie bspw. der heutigen Deutschen Lufthansa Aktiengesellschaft (etwa die Betriebsrenten für das Boden- und Luftpersonal) oder der Deutschen Post Aktiengesellschaft (Betriebsrente Post[146]) ist die betriebliche Altersversorgung noch durch Tarifverträge geregelt. Demgegenüber sind Tarifverträge über betriebliche Altersversorgungen in kleineren und mittelständischen privatrechtlichen Unternehmen bislang eher selten, wobei in den vergangenen Jahren verstärkt branchenspezifische Tendenzen zu verzeichnen sind[147]. Insbesondere die Bauwirtschaft[148], das Bäcker- und Lackiererhandwerk[149] sowie die Land- und Forstwirtschaft[150] gehören mittlerweile zu den Branchen, in denen vermehrt auf Tarifverträge zurückgegriffen worden ist. Eine vermutete „Gewichtsverlagerung"[151] zugunsten tarifvertraglicher Regelungen aufgrund der mit dem AVmG[152] eingeführten Neuregelung in § 17 Abs. 5 BetrAVG hat sich bislang aber nicht bewahrheitet.

Gründe für die eher zurückhaltende Begründungspraxis mittels Tarifvertrag sind insbesondere die über Jahre gewachsenen betriebsindividuellen Altersversorgungen, deren Vereinheitlichung erhebliche Umsetzungs- und Abstimmungsschwierigkeiten mit sich bringen.[153] Es bleibt abzuwarten, ob das von der Bundesregierung

---

145 Die ZÖD wurde 1967 in Anlehnung an die damals geltende Beamtenversorgung – d.h. insbesondere Orientierung der Versorgungsleistungen an der Besoldung nach dem zuletzt bekleideten Amt – als Gesamtversorgungssystem eingeführt. Im Jahr 2002 wurde die ZÖD insbesondere vor dem Hintergrund des sinkenden Rentenniveaus in der gesetzlichen Rentenversicherung jedoch sodann in ein Versorgungspunktemodell überführt. Die Umwandlung des Gesamtversorgungssystem in ein Versorgungspunktemodell erfolgte dabei durch eine versicherungsmathematische Umrechnung der bis dato erdienten Anwartschaft in Versorgungspunkte. Diese Versorgungspunkte wurden den Versorgungsberechtigten sodann als sog. Startgutschrift gutgeschrieben. Dazu ausführlich *Furtmayr/Wagner*, NZS 2007, 299 ff.

146 Tarifvertrag über die Betriebliche Altersversorgung der Deutschen Post AG (Betriebsrente Post) vom 29.10.1996 zuletzt geändert durch TV Nr. 155 (Stand: Oktober 2010).

147 So auch *Allgaier*, NZA 2011, 768.

148 Tarifvertrag über eine Zusatzrente im Baugewerbe (TV TZR) in der Fassung vom 31.3.2005.

149 Etwa der Tarifvertrag zur Altersversorgung für das Bäckerhandwerk in NRW und den Regierungsbezirken Koblenz/Trier vom 14.1.2004.

150 Etwa der Tarifverträge für Auszubildende zum Forstwirt in forstwirtschaftlichen Verwaltungen, Einrichtungen und Betrieben der Länder (TVA-L-Forst) vom 16.5.2013.

151 Förster/Cisch/Karst/*Cisch*, BetrAVG, § 1 Rn. 88.

152 Gesetz zur Reform der gesetzlichen Rentenversicherung und zur Förderung eines kapitalgedeckten Altersvorsorgevermögens vom 26.6.2001, BGBl I. 2001 S. 1310.

153 Höfer/*Höfer/Reinhard*, BetrAVG, Kap. 4 Rn. 84.

geplante „Neue Sozialpartnermodell Betriebsrente“[154] den Anwendungsbereich von tarifvertraglichen Versorgungszusagen in der Praxis erweitern wird.

bb) Geltungsanspruch des Tarifvertrages

In persönlicher Hinsicht sind aus einem Tarifvertrag über betriebliche Altersleistungen gemäß § 3 Abs. 1 TVG zunächst die in einer Gewerkschaft organisierten Arbeitnehmern und der Arbeitgeber als Tarifpartner oder Mitglied des tarifvertragsschließenden Arbeitgeberverbandes berechtigt und verpflichtet.[155] Zudem ist zu verzeichnen, dass in individualrechtlichen Arbeitsverträgen häufig auf tarifvertragliche Regelungen Bezug genommen oder verwiesen wird, so dass die Geltung eines Tarifvertrages über diesen Umweg auch auf nicht organisierte Arbeitnehmer erstreckt werden kann.[156] Einen Sonderfall stellen in diesem Zusammenhang zudem solche Tarifverträge über betriebliche Altersversorgung dar, die vom BMAS für allgemeinverbindlich i.S.d. § 5 TVG erklärt worden sind. Im Bereich der betrieblichen Altersversorgung stellen derartige allgemeinverbindliche Tarifverträge aber den Ausnahmefall dar.[157] In diesem Zusammenhang ist jedoch der im Rahmen des Tarifautonomiestärkungsgesetz[158] neu in § 5 TVG eingefügte Absatz 1a zu beachten, der die Anforderungen an die Allgemeinverbindlichkeitserklärung von Tarifverträgen über betriebliche Altersversorgung (Nr. 2) nicht unerheblich herabgesetzt hat. Dies ist insbesondere vor dem Hintergrund der zugleich statuierten vorrangigen Geltung derartiger Tarifverträge nach § 5 Abs. 4 Satz 2 TVG von Relevanz.

Zu beachten ist, dass nach der Rechtsprechung des BAG von der Regelungsmacht der Tarifvertragsparteien auch die jeweiligen Betriebsrentner erfasst sind, wenn diese auch nach dem Ausscheiden aus dem Arbeitsleben gewerkschaftlich organisiert bleiben.[159] Das hat insbesondere für den Fall der späteren Abänderung

---

154 Mit dem vom BMAS geplanten Sozialpartnermodell soll den Tarifvertragsparteien exklusiv die Möglichkeit gegeben werden, über eine gemeinsame Einrichtung reine Beitragszusagen zu vereinbaren und insoweit die Haftung des Arbeitgebers auf die Finanzierungsbeiträge zu beschränken. Dafür ist die Einführung eines neuen § 17b (Gemeinsame Einrichtungen der Tarifvertragsparteien) geplant, vgl. zum Ganzen auch *Hanau/Arteaga*, DB 2015, 2447 ff.

155 BVerfG v. 11.7.2006 – 1 BvL 4/00, AP GG Art. 9 Nr. 129; v. 14.6.1983 – 2 BvR 488/80, NJW 1984, 1225; v. 24.5.1977 – 2 BvL 11/74, AP TVG § 5 Nr. 15; ErfK/*Dietrich*, Art. 9 GG Rn. 57; Löwisch/Rieble, TVG, Grundlagen Rn. 142; *Waltermann*, ZfA 2000, 53, 61.

156 Blomeyer/Rolfs/Otto/*Rolfs*, BetrVG, Anh. zu § 1 Rn. 121; Uckermann/Fuhrmanns/Ostermayer/Doetsch/*Uckermann*, BetrAVG, Kap. 4 Rn. 70.

157 Allgemeinverbindliche Tarifverträge über betriebliche Altersversorgung gibt es etwa in der Maler und Lackiererbranche, im Zeitungsverlag oder im Dachdeckerhandwerk.

158 Gesetz zur Stärkung der Tarifautonomie vom 16.8.2014, BGBl. I 2014, S. 1348 ff.

159 BAG v. 17.6.2008 – 3 AZR 409/06, NZA 2008, 1244, 1246; v. 27.2.2007 – 3 AZR 734/05, NZA 2007, 1371.

des Tarifvertrages oder einer Tarifsukzession Bedeutung. Diese Auffassung des BAG ist überzeugend, da die Betriebsrentner durch die Mitgliedschaft in der Gewerkschaft auch nach Beendigung des Arbeitsverhältnisses die Möglichkeit haben, sich auch noch im Rentenalter am Entscheidungsprozess beim Abschluss entsprechender Tarifverträge innergewerkschaftlich zu beteiligen und somit gewisse Änderungen mit durchzusetzen. Diese Auffassung der Rechtsprechung wird auch von § 18 Abs. 1 Nr. 1 AGG getragen, wonach das Verbot der Diskriminierung wegen des Alters (§ 1 Alt. 7 i.V.m. §§ 3 und 7 AGG) auch für die Mitgliedschaft oder die Mitwirkung in einer Tarifvertragspartei gilt, so dass Gewerkschaften schon rechtlich gehindert sind, Betriebsrentner von den sie betreffenden Entscheidungen in Fragen der Tarifpolitik auszuschließen.

cc) Tarifvertragliche Regelungsmodelle über betriebliche Altersversorgung

Hinsichtlich der tarifvertraglichen Begründung von Versorgungsleistungen ist zwischen unmittelbaren Versorgungstarifverträgen und bloßen Rahmentarifverträgen zu differenzieren, wobei beide Modelle in gewissem Umfang auch miteinander kombiniert werden können.[160]

Unmittelbare Versorgungstarifverträge konkretisieren den Inhalt und die Modalitäten der betrieblichen Altersversorgung ausführlich selbst, so dass sich der Versorgungsanspruch des Versorgungsberechtigten unmittelbar aus dem Tarifwerk ergibt.[161] Die Tarifparteien schaffen auf diese Weise selbst ein umfassendes Versorgungswerk und begründen insoweit eigenständige Versorgungsverpflichtungen des Arbeitgebers gegenüber seinen Arbeitnehmern. Den Tarifparteien steht es dabei frei, wie sie die Voraussetzungen und die Abwicklung der betrieblichen Altersversorgung regeln. Derartige Tarifverträge bieten sich für eine Allgemeinverbindlichkeit an, so dass alle in der betreffenden Branche beschäftigten Arbeitnehmer von den Regelungen erfasst werden können.[162] Durchgeführt werden derartige tarifliche Versorgungssysteme regelmäßig durch gemeinsame Einrichtungen der Tarifvertragsparteien im Sinne des § 4 Abs. 2 TVG.[163] So werden etwa die Versorgungen in der Bauwirtschaft schon seit 1957 durch die Zusatzversorgungskasse des Baugewerbes (ZVK) durchgeführt.[164]

Den praktisch häufigeren Fall stellen jedoch sog. Rahmentarifverträge dar.[165] Auf diese Weise können die Koalitionspartner auf die betriebliche Altersversorgung in ihrem Tarifbereich mittelbaren Einfluss ausüben, in dem sie auf tarifvertraglicher Ebene lediglich Rahmenbedingungen für die betriebliche Altersversorgung schaffen, die konkrete inhaltliche Ausgestaltung hingegen auf der betrieblichen Ebene vorgenommen

160 Däubler/*Hensche/Heuschmid*, TVG, § 1 Rn. 745; *Allgaier*, NZA 2011, 786, 788.
161 *Allgaier*, NZA 2011, 786, 788.
162 *Allgaier*, NZA 2011, 786, 788.
163 *Allgaier*, NZA 2011, 786, 788.
164 Löwisch/Rieble/*Löwisch/Rieble*, TVG, § 4 Rn. 328.
165 *Allgaier*, NZA 2011, 786, 788.

wird.[166] Bei einer derartigen Gestaltung obliegt die inhaltliche Ausgestaltung der Versorgungsbedingungen grundsätzlich dem Arbeitgeber oder den Betriebsparteien, wobei die Tarifparteien bestimmen können, inwieweit die Gestaltungsfreiheit determiniert ist.[167] Auch die Durchführung der betrieblichen Altersversorgung wird unter Berücksichtigung der bereits bestehenden Versorgungseinrichtungen zumeist den Betriebsparteien überlassen.[168] Zugleich stellt ein solches Vorgehen aber sicher, dass der Arbeitgeber zumindest gegenüber den tarifgebundenen Arbeitnehmern zur Zusage einer betrieblichen Altersversorgung verpflichtet wird.[169]

b) Betriebsvereinbarungen über betriebliche Altersversorgung

Eine betriebliche Altersversorgung kann kollektivrechtlich auch durch eine Betriebsvereinbarung erteilt werden, da Altersversorgungsleistungen zu den sozialen Angelegenheiten i.S.d § 87 BetrVG eines Betriebes gehören[170].

aa) Betriebsvereinbarungen als Gesetze des Betriebes

Betriebsvereinbarungen sind in der allgemeinen hierarchischen Ordnung zwischen versorgungsrechtlichen Tarifverträgen und individualrechtlich begründeten Versorgungszusagen einzuordnen. Das „Gegenstück“[171] zur Betriebsvereinbarung im öffentlichen Dienst ist die Dienstvereinbarung[172]. Die für das Recht der

---

166 So etwa die Gestaltung in BAG v. 18.11.2003 – 3 AZR 655/02, NZA 2004, 1296.
167 *Allgaier*, NZA, 2011, 786, 788.
168 Däubler/*Hensche/Heuschmid*, TVG, § 1 Rn. 748.
169 *Allgaier*, NZA 2011, 786, 788.
170 Vgl. nur BAG v. 16.9.1986 – GS 1/82, AP BetrAVG § 1 Ablösung Nr. 8.
171 *Hauck-Scholz*, öAT 2014, 68.
172 Nach § 130 BetrVG findet das BetrVG keine Anwendung auf Verwaltungen und Betriebe des Bundes, der Länder, der Gemeinden und sonstiger Körperschaften, Anstalten und Stiftungen des öffentlichen Rechts. Die Wahrung der kollektiven Interessen der Beschäftigten in den öffentlichen Verwaltungen und Betrieben erfolgt vielmehr durch Dienstvereinbarungen nach dem Personalvertretungsgesetz des Bundes und der Länder Denn auch das Personalvertretungsgesetz verfolgt ähnlich wie auch das Betriebsverfassungsgesetz das Ziel, „die monokratische Struktur“ (Schaub/*Koch*, ArbR-Hdb, § 262 Rn. 1) der Dienststelle zu überwinden. Nach dem § 73 Abs. 1 Satz 1 BPersVG sind Dienstvereinbarungen allerdings nur zulässig, soweit das Gesetz sie ausdrücklich vorsieht. Auf freiwilliger Basis können Dienststelle und Personalrat nur formlose Dienstabsprachen treffen, die für die Arbeitsverhältnisse jedoch keine normative Wirkung entfalten (Richardi/Döner/Weber/*Weber*, BPersVG, § 73 Rn. 55). Mit Blick auf die betriebliche Altersversorgung tritt insbesondere § 75 Abs. 3 Nr. 4 BPersVG in den Fokus. Danach steht dem Personalrat ein zwingendes Mitbestimmungsrecht in den Fragen der Lohngestaltung innerhalb der Dienststelle zu. Unter dem Begriff der Lohngestaltung ist jede vermögenswerte Gegenleistung des Arbeitgebers aus Anlass des Arbeitsverhältnisses zu verstehen (BAG v. 25.7.1996 – 6 AZR 179/95, NZA 1997, 620, 622), wozu auch

Dienstvereinbarung geltenden Grundsätze entsprechen jedoch im Wesentlichen denen für die Betriebsvereinbarung im Betriebsverfassungsrecht, so dass die nachfolgenden Erörterungen im Wesentlichen auf Dienstvereinbarungen übertragen werden können.[173]

Als „Gesetz des Betriebes"[174] werden Betriebsvereinbarungen im Regelfall zur Einführung einer betrieblichen Altersversorgung bemüht.[175] Die Gründe hierfür sind insbesondere betriebsverfassungsrechtlicher Natur, da die Ausgestaltung und Durchführung der Versorgungszusagen in mitbestimmten Betrieben zwingende Beteiligungsrechte des Betriebsrats nach § 87 Abs. 1 Nr. 8 und 10 BetrVG auslösen.[176] Im Gegensatz zu Gesamtzusagen oder vertraglichen Einheitsregelungen, die gleichfalls mitbestimmt sein können[177], bei denen der Vertragspartner jedoch der Arbeitnehmer ist, werden Betriebsvereinbarungen unmittelbar mit dem Betriebsrat vereinbart.

Für den Abschluss einer Betriebsvereinbarung über betriebliche Altersversorgung sind der Arbeitgeber und das jeweilige Pendant auf der Arbeitnehmerseite zuständig.[178] Grundsätzlich obliegt die Zuständigkeit für den Abschluss einer derartigen Betriebsvereinbarung dem örtlichen Betriebsrat.[179] Nach § 50 Abs. 1 Satz 1

---

eine betriebliche Altersversorgung ohne Weiteres zu zählen ist (BAG v. 16.2.1993 – 3 ABR 29/92, NZA 1993, 953). Der Anwendungsbereich von versorgungsrechtlichen Dienstvereinbarungen ist jedoch begrenzt, da zur flächendeckenden Vereinheitlichung der betrieblichen Altersversorgung im öffentlichen Dienst vor allem auf Tarifverträge zurückgegriffen wird, die dabei durch Verweisungsklauseln auch auf nicht organisierte Arbeitnehmer angewendet werden (Blomeyer/Rolfs/Otto/*Rolfs*, BetrAVG, § 18 Rn. 1).

173 So auch MüHdbArbR/*Germelmann*, § 277 Rn. 64.

174 *Fitting*, BetrVG, § 77 Rn. 12; *Belling/Hartmann*, NZA 1998, 673.

175 Willemsen/Hohenstatt/Schweibert/Seibt/*Schnitker*, Umstrukturierung, Kap. J Rn. 25; *Schnitker/Sittard*, NZA 2011, 331, 332.

176 Uckermann/Fuhrmanns/Ostermayer/Doetsch/*Uckermann*, BetrAVG, Kap. 4 Rn. 50; ausführlich auch *Schnitker/Sittard*, NZA 2011, 331.

177 Blomeyer/Rolfs/Otto/*Rolfs*, BetrAVG, Anh zu § 1 Rn. 432, Schaub/*Vogelsang*, ArbR-Hdb, § 84 Rn. 133.

178 Auch wenn der Wortlaut des § 77 Abs. 2 Satz 1 BetrVG bestimmt, dass die Betriebsparteien die Betriebsvereinbarung beschließen, kommt eine Betriebsvereinbarung nicht durch einen Beschluss i.S.d. § 32 BGB, sondern durch inhaltlich übereinstimmende Willenserklärungen zwischen dem Arbeitgeber und dem zuständigen Betriebsrat zustande (*Fitting*, BetrVG, § 77 Rn. 18; GK-BetrVG/*Kreutz*, § 77 Rn. 35 ff.; Richardi/*Richardi*, BetrVG, § 77 Rn. 30; Oberthür/Seitz/*Oberthür*, Betriebsvereinbarungen, Kap. A V Rn. 1). Nach § 77 Abs. 2 BetrVG bedarf die Betriebsvereinbarung für ihr Zustandekommen der Schriftform und muss im Betrieb bekanntgegeben werden. Die Bekanntgabe der Betriebsvereinbarung im Betrieb hat jedoch keine konstitutive Wirkung.

179 Oberthür/Seitz/*Oberthür*, Betriebsvereinbarungen, Kap. A III Rn. 2; Willemsen/Hohenstatt/Schweibert/Seibt/*Schnitker*, Umstrukturierung, Kap. J Rn. 27.

BetrVG ist jedoch der Gesamtbetriebsrat zuständig, wenn ein zwingendes Erfordernis für eine betriebsübergreifende Regelung besteht, wobei auf die Verhältnisse des einzelnen Unternehmens und seiner Betriebe abzustellen ist.[180] Wegen der finanziellen und steuerlichen Auswirkungen der betrieblichen Altersversorgung ist die Zuständigkeit des Gesamtbetriebsrates für die Änderung unternehmenseinheitlicher Ruhegeldrichtlinien in der Regel notwendig.[181] In diesem Fall erstreckt sich die Zuständigkeit des Gesamtbetriebsrats auch auf betriebsratslose Betriebe, § 50 Abs. 1 Satz 1 Halbsatz 2 BetrVG. Zuständig für die Einführung einer konzernweiten betrieblichen Altersversorgung ist der Konzernbetriebsrat, wenn die Einführung Konzernbezug hat und auf der Ebene des Gesamtbetriebsrats nicht sinnvoll geregelt werden kann, § 58 Abs. 1 BetrVG.[182]

Da die Entscheidung über die Einführung einer betrieblichen Altersversorgung mitbestimmungsfrei ist, geht die Initiative zum Abschluss einer Betriebsvereinbarung über betriebliche Altersversorgung im Regelfall vom Arbeitgeber aus. Dem Betriebsrat bleibt es aber unbenommen, die Einführung einer betrieblichen Altersversorgung gegenüber dem Arbeitgeber zu beantragen (§ 80 Abs. 1 Nr. 2 BetrVG) und darüber zu verhandeln (§ 74 Abs. 1 BetrVG).

bb) Geltungsanspruch der Betriebsvereinbarung

Die Gestaltung des persönlichen Geltungsbereichs obliegt grundsätzlich den Betriebsparteien. Im Regelfall erfasst der persönliche Geltungsbereich der Betriebsvereinbarung sämtliche Arbeitnehmer, die dem Betrieb des Arbeitgebers angehören.[183] Dies gebietet zumeist schon der arbeitsrechtliche Gleichbehandlungsgrundsatz.

Inwieweit eine Betriebsvereinbarung auch mit Wirkung für die bereits mit unverfallbaren Anwartschaften ausgeschiedenen Arbeitnehmer bzw. Betriebsrentner abgeschlossen werden kann, ist umstritten. Das BAG hatte eine Regelungskompetenz der Betriebsparteien in älterer Rechtsprechung stets abgelehnt und ihnen somit das Recht abgesprochen „Rechte und Pflichten derjenigen Mitarbeiter [zu] begründen oder modifizieren, die bereits aus dem aktiven Arbeitsverhältnis ausgeschieden und in den Ruhestand getreten sind".[184] Begründet wurde dies damit, dass Betriebsvereinbarungen „ihrem Begriff, ihrem Wesen und ihrem vom Gesetz

---

180 Richardi/*Annuß*, BetrVG, § 50 Rn. 19.

181 BAG v. 8.12.1981 – 3 ABR 53/80, AP BetrAVG § 1 Ablösung Nr. 1; v. 30.1.1970 – 3 AZR 44/68, AP BGB § 242 Ruhegehalt Nr. 142.

182 *Schnitker/Sittard*, NZA 2011, 331, 332; ausführlich zu den inhaltlichen Voraussetzungen *Cisch/Hock*, BB 2012, 2113.

183 Hinsichtlich der konkreten Betriebszugehörigkeit gilt der Grundsatz, dass Arbeitnehmer grds. demjenigen Betrieb zugeordnet werden, von dem aus die Leistung der Arbeitnehmer insbesondere in personellen und sozialen Fragen und die Ausübung des Direktionsrechts erfolgen vgl. dazu Oberthür/Seitz/*Oberthür*, Betriebsvereinbarungen, Kap A. VI Rn. 3.

184 BAG v. 13.5.1997 – 1 AZR 75/97, NZA 1998, 160, 161; v. 16.3.1956 – GS 1/55, NJW 1956, 1086, 1087.

gewollten Zweck nach“[185] lediglich Angelegenheiten des Betriebes regeln können, was eine Beschränkung auf die Betriebszugehörigen gebiete. An diesem zwingenden Bezug zum Betrieb fehle es aber bei Betriebsrentnern, da hier kein „die Betriebszugehörigkeit vermittelndes Arbeitsverhältnis“[186] bestehe. Das Versorgungsverhältnis, das die Beendigung des Arbeitsverhältnisses überdauert, könne einen derzeitigen Bezug nicht herstellen.[187] Zudem sei der Betriebsrat mangels aktiven und passiven Wahlrechts der Rentner nicht legitimiert, bestehende Rechte inhaltlich zu ändern.[188]

Diese Rechtsprechung des BAG ist in der Literatur auf berechtigte Kritik gestoßen.[189] Das Recht der betrieblichen Altersversorgung weist die Besonderheit auf, dass die Leistungsphase ihrem Wesen nach außerhalb des aktiven Beschäftigungsverhältnisses liegt. Das betriebliche Versorgungsverhältnis bleibt insoweit über das Ende der Beschäftigungszeit hinaus aktiv. Es verleibt insoweit auch über den Eintritt in die Rentenphase ein echtes Rechtsverhältnis zwischen den Parteien bestehen, dessen Ursprung das Arbeitsverhältnis ist. Vor diesem Hintergrund ist nicht ersichtlich, warum hinsichtlich der betrieblichen Altersversorgung zwischen aktiven Anwärtern und Betriebsrentnern differenziert werden sollte. Betriebsrentner sind über die Grundsätze des Vertrauensschutzes und der Verhältnismäßigkeit wie auch die Aktiven ausreichend geschützt, so dass eine Versteinerung des aktiven Versorgungsverhältnisses über das Arbeitsverhältnis hinaus nicht gerechtfertigt scheint.[190] Insoweit sprechen die besseren Gründe dafür, dass die Regelungskompetenz der Betriebsparteien im Bereich der betrieblichen Altersversorgung auch bereits ausgeschiedene Betriebsrentner umfasst. In jüngster Zeit hat nun auch das BAG offen gelassen[191], ob es an seiner alten Rechtsprechung festhalten will, so dass eine Kehrtwende in nächster Zeit nicht ausgeschlossen werden kann. Auswirkungen kann diese Streitfrage etwa haben, wenn eine in der Betriebsvereinbarung vorgesehene Anpassungsprüfungspflicht, die über die Anforderungen des § 16 BetrAVG hinausgeht, durch eine ablösende Betriebsvereinbarung nachträglich zulasten der Betriebsrentner geändert wird.

---

185 BAG v. 16.3.1956 – GS 1/55, NJW 1956, 1086, 1087.

186 BAG v. 16.3.1956 – GS 1/55, NJW 1956, 1086, 1087.

187 BAG v. 16.3.1956 – GS 1/55, NJW 1956, 1086, 1087.

188 BAG v. 13.5.1997 – 1 AZR 75/97, NZA 1998, 160, 161.

189 Vgl. nur *Fitting*, BetrVG, § 77 Rn. 39, GK-BetrVG/*Kreutz*, § 77 Rn. 190 m.w.N.

190 Willemsen/Hohenstatt/Schweibert/Seibt/*Schnitker*, Umstrukturierungen, Kap. J Rn. 27.

191 BAG v. 18.9.2012 – 3 AZR 431/10, NZA-RR 2013, 651, 655; v. 28.6.2011 – 3 AZR 282/09, NZA 2012, 1229, 1230; v. 10.2.2009 – 3 AZR 653/07, NZA 2009, 796, 798; v. 12.12.2006 – 3 AZR 476/05, NZA-RR 2007, 653, 656; v. 28.7.1998 – 3 AZR 100/98, NZA 1999, 444, 446.

cc) *Betriebsverfassungsrechtliche Modelle über betriebliche Altersversorgung*

Betriebsvereinbarungen über betriebliche Altersversorgung sind im Regelfall lediglich teilmitbestimmt i.S.d. § 87 Abs. 1 Nr. 8 und 10 BetrVG[192], da die Entscheidungen des Arbeitgebers, ob ein Versorgungswerk eingerichtet wird, die Höhe der zur Verfügung gestellten Mittel, die Wahl des Durchführungsweges und der Kreis der Versorgungsberechtigten mitbestimmungsfrei bleiben.[193] Nichtsdestotrotz werden in derartigen Betriebsvereinbarungen die Versorgungsbedingungen in aller Regel umfänglich und detailliert geregelt.

Rahmenbetriebsvereinbarungen innerhalb eines Betriebes, die den Sachverhalt nicht abschließend regeln, sondern lediglich Richtlinien für die künftige Vorgehensweise bestimmen, sind auf der betrieblichen Ebene eher selten. Einen häufigeren Anwendungsbereich haben derartige Rahmenbetriebsvereinbarungen auf der Ebene des Gesamt- oder Konzernbetriebsrates. Hier bilden Konzernrahmenbetriebsvereinbarung ein sinnvolles Mittel zur Harmonisierung und Verwaltungsvereinfachung der betrieblichen Altersversorgung innerhalb eines Konzerns.[194]

c) *Versorgungszusage mittels verbindlicher Richtlinien nach dem SprAusG*

Das BetrVG findet gem. § 5 Abs. 3 Satz 1 BetrVG auf leitende Angestellte keine Anwendung. Daher scheidet die Betriebsvereinbarung als Rechtsbegründungsakt für betriebliche Altersversorgung für diesen Teil der Belegschaft aus. Grundlage einer betrieblichen Altersversorgung für leitende Angestellte kann aber eine Vereinbarung zwischen Arbeitgeber und Sprecherausschuss sein.[195]

Nach § 28 Abs. 1 SprAuG können Arbeitgeber und Sprecherausschuss Richtlinien über den Inhalt, den Abschluss oder die Beendigung von Arbeitsverhältnissen der leitenden Angestellten schriftlich vereinbaren. Zugleich bestimmt § 28 Abs. 2 SprAuG in Anlehnung an die Regelungen des BetrVG, dass der Inhalt der Richtlinie für die Arbeitsverhältnisse unmittelbar und zwingend gilt. Im Gegensatz zu Tarifverträgen und Betriebsvereinbarung wirken die Richtlinien nach dem SprAuG jedoch nach Abschluss nicht ohne Weiteres normativ auf die dem Geltungsbereich unterfallenden Arbeitsverhältnisse der leitenden Angestellten ein.[196] Nach § 28 Abs. 2 SprAuG bedarf es hierzu vielmehr einer zusätzlichen Vereinbarung zwischen Arbeitgeber und Sprecherausschuss. Nur wenn der Vereinbarung ein solcher Wille entnommen werden kann, entfaltet die Richtlinie ihre Wirkung nach denselben

---

192 Oberthür/Seitz/*Oberthür*, Betriebsvereinbarungen Kap. A. II Rn. 4.
193 BAG v. 26.4.1988 – 3 AZR 168/86, NZA 1989, 219, 220.
194 Vgl. etwa BAG v. 12.12.2006 – 3 AZR 476/05, NZA-RR 2007, 653, 654.
195 Blomeyer/Rolfs/Otto/*Rolfs*, BetrAVG, Anh zu § 1 Rn. 113; ErfK/*Oetker*, § 28 SprAuG Rn. 3; Kemper/Kisters-Kölkes/Berenz/Huber/*Kemper/Kisters-Kölkes*, BetrAVG, § 1 Rn. 149.
196 Uckermann/Fuhrmanns/Ostermayer/Doetsch/*Uckermann*, BetrAVG, Kap. 4 Rn. 79.

Grundsätzen wie eine Betriebsvereinbarung.[197] Eine derartige Vereinbarung muss jedoch „nicht notwendig gesondert getroffen oder in einer von der Vereinbarung nach § 28 Abs. 1 SprAuG getrennten Urkunde niedergelegt werden“[198]. Erforderlich ist lediglich, dass sich der Wille zur normativen Wirkung der Richtlinie aus der unterzeichneten Urkunde eindeutig und zweifelsfrei ergibt.[199]

Der Rückgriff auf Richtlinien nach dem SprAuG zur Implementierung einer betrieblichen Altersversorgung ist in der Praxis eher von untergeordneter Bedeutung, so dass sich höchstrichterliche Rechtsprechung zu Versorgungszusagen auf dieser Rechtsgrundlage nur in einem begrenzten Umfang findet.[200] Die Regelung der betrieblichen Altersversorgung durch Richtlinien nach dem SprAuG erfreut sich keiner großen Beliebtheit bei leitenden Angestellten. Gründe hierfür sind insbesondere die erleichterten Möglichkeiten der nachträglichen inhaltlichen Ablös- und Abänderbarkeit von Richtlinien nach dem SprAuG. Denn im Gegensatz zum Abschluss einer einzelvertraglichen Versorgungszusage können Vereinbarungen nach dem SprAuG mit einer Frist von 3 Monaten vom Arbeitgeber gegenüber dem Sprecherausschuss gem. § 28 Abs. 1 Satz 4 SprAuG erleichtert gekündigt und ersetzt werden.[201]

3. Formelle Anforderungen an Versorgungswerke

Das BetrAVG sieht für die Begründung einer Versorgungszusage keine gesonderten Formvorschriften vor. Nichtsdestotrotz wird der Großteil der Arbeitsverträge und der Pensionszusagen in Deutschland mittlerweile schriftlich abgefasst.[202] Das hat insbesondere einen beweisrechtlichen Hintergrund. Zudem sind bei der Abfassung von kollektivrechtlichen Versorgungszusagen stets die Formvorschriften für den jeweiligen Rechtsbegründungsakt zu beachten, § 1 Abs. 2 TVG, § 77 Abs. 2 BetrAVG und § 28 Abs. 1 SprAuG, auf deren Bedeutung an späterer Stelle noch einzugehen sein wird.[203]

Die Einhaltung der Schriftform ist darüber hinaus aus steuerbilanziellen Erwägungen geboten.[204] Einen besonders praxisnahen Hintergrund hat dabei die Vorschrift des § 6a Abs. 1 Nr. 3 EStG.[205] Danach kann eine den steuerpflichtigen Gewinn mindernde „Pensionsrückstellung“ i.S.d. EStG für eine Versorgungsverpflichtung nur dann gebildet werden, wenn diese schriftlich erteilt worden ist, wobei die

---

197 BAG v. 17.1.2012 – 3 AZR 135/10, AP BetrAVG § 1 Auslegung Nr. 30.

198 BAG v. 10.2.2009 – 1 AZR 767/07, AP SprAuG § 28 Nr. 1.

199 BAG v. 10.2.2009 – 1 AZR 767/07, AP SprAuG § 28 Nr. 1.

200 Vgl. etwa BAG v. 17.1.2012 – 3 AZR 135/10, AP BetrAVG § 1 Auslegung Nr. 30; v. 14.12.2010 – 3 AZR 939/08, AP BetrAVG § 1 Auslegung Nr. 11.

201 Ausführlich *Löwisch*, BB 1990, 1631.

202 Wilhelmsen/Hohenstatt/Schweibert/Seibt/*Schnitker*, Umstrukturierung, Teil J Rn. 11.

203 Vgl. F. II. 4. d).

204 So auch Moll/*Rengier*, MüAH Arbeitsrecht, § 36 Rn. 21.

205 Willemsen/Hohenstatt/Schweibert/Seibt/*Schnitker*, Umstrukturierung, Teil J Rn. 11.

schriftliche Zusage dabei eindeutige Angaben zur Art, den Voraussetzung und der Höhe der in Aussicht gestellten künftigen Leistungen enthalten muss.

Eine weitere Besonderheit hinsichtlich der formellen Anforderungen gelten aufgrund des Nachweisgesetzes[206], wonach der Arbeitgeber spätestens einen Monat nach dem vereinbarten Beginn des Arbeitsverhältnisses die wesentlichen Vertragsbedingungen schriftlich niederzulegen, die Niederschrift zu unterzeichnen und dem Arbeitnehmer auszuhändigen hat. Dabei sind nach § 2 Abs. 1 Nr. 6 NachwG in die Niederschrift unter anderem die Zusammensetzung und die Höhe des Arbeitsentgeltes einschließlich der Zuschläge, der Zulagen, Prämien und Sonderzahlungen sowie andere Bestandteile des Arbeitsentgelts und deren Fälligkeit aufzunehmen, worunter auch die Leistungen der betrieblichen Altersversorgung als Bestandteile des Arbeitsentgelts zu fassen sind.[207] Allerdings entfällt die zusätzliche Verpflichtung zur Aushändigung einer derartigen Niederschrift nach § 2 Abs. 4 NachwG, soweit der Arbeitgeber dem Arbeitnehmer einen schriftlichen Arbeitsvertrag bzw. wie im Regelfall eine schriftliche Versorgungszusage ausgehändigt hat.

206 Gesetz über den Nachweis der für ein Arbeitsverhältnis geltenden wesentlichen Bedingungen vom 20.7.1995, BGBl. I 1995 S. 946.

207 Henssler/Willemsen/Kalb/*Kliemt*, § 2 NachwG Rn. 29; ErfK/*Preis*, § 2 NachwG Rn. 17.

D. Die Illusion von eindeutigen und prospektiven Versorgungszusagen

Wenn sich der Arbeitgeber zur Zusage einer betrieblichen Altersversorgung entschlossen hat, kann er diese auf die unterschiedlichste Art und Weise begründen und ausgestalten. So kann der Arbeitgeber mit einzelnen Versorgungsberechtigten etwa einen individuellen Versorgungsplan abstimmen. Aufgrund von Arbeitskämpfen oder der betriebsklimatischen Stimmung kann er aber auch gezwungen sein, für die Einführung eines umfassenden Versorgungswerkes auf kollektivrechtliche Rechtsbegründungsakte auszuweichen. Idealiter wird der Wortlaut der Versorgungszusage so eindeutig und prospektiv gestaltet, dass im Nachhinein keine Zweifel über den Inhalt und die Handhabung der Versorgungszusage aufkommen. Dies stellt jedoch nicht den Regelfall dar. Inhaltliche Unklarheiten und Lücken in den Versorgungszusagen führen regelmäßig zu Differenzen zwischen dem verpflichteten Arbeitgeber und den jeweiligen Versorgungsberechtigten. Versorgungszusagen sind nicht nur aufgrund ihrer Einbettung in das dynamische und komplexe System des Betriebsrentenrechts für Unklarheiten und Lücken anfällig. Auch die Langlebigkeit von Versorgungszusagen sowie die unvermeidbaren Schwächen des menschlichen Sprachsystems führen wiederkehrend zu inhaltlichen Streitigkeiten. Dabei sind einige der nachfolgenden Umstände besonders häufig ursächlich für betriebsrentenrechtliche Streitigkeiten.

I. Veränderungen im Betriebsrentenrecht

Ausgangspunkt für betriebsrentenrechtliche Streitigkeiten sind nicht selten Veränderungen in den rechtlichen Rahmenbedingungen.

1. Gesetzliche Veränderungen

Im Betriebsrentenrecht sind hier insbesondere die Änderungen des BetrAVG zu nennen. Allein seit dem Jahr 2000 sind 19 Änderungen im BetrAVG vorgenommen worden. Teilweise handelt es sich lediglich um redaktionelle Anpassungen, teilweise aber auch – wie etwa beim RV-Altersgrenzenanpassungsgesetz[208] – um weitreichende Änderungsgesetze. Versorgungsrechtliche Folgefragen können aber auch durch Neuerungen in der steuerrechtlichen Behandlung von Pensionsverpflichtungen durch die Finanzverwaltung hervorgerufen werden. So verlangt die Finanzverwaltung für Versorgungszusagen, die nach dem 1.1.2012 erteilt werden, aufgrund der Anhebung des gesetzlichen Rentenalters von 65 auf 67 Jahre für die steuerliche Anerkennung von Versorgungszusagen mittlerweile ein Mindestalter von 62

---

208 Vgl. dazu F. III. 4. b).

Jahren.[209] Die steuerliche Geltendmachung der Versorgungsverpflichtungen ist aus bilanziellen Gründen aber nicht selten ein wichtiger Aspekt bei der Ausgestaltung der betrieblichen Altersversorgung[210], so dass auch derartige Änderungen in der Verwaltungspraxis zu auslegungsrelevanten Unklarheiten bzw. und Lückenhaftigkeiten in der Versorgungszusage führen können. Darüber hinaus können auch Modifikationen und Novellierungen in der Sozialgesetzgebung von Relevanz sein. Insbesondere in den nicht seltenen Fällen der Verzahnung von betrieblicher und gesetzlicher Altersvorsorge führen Änderungen der Sozialgesetzgebung zwangsläufig auch bei betrieblichen Versorgungssystemen zu Anpassungsfragen.[211]

2. Änderungen in der betriebsrentenrechtlichen Rechtsprechung

Aber nicht nur eine veränderte Gesetzeslage kann zu Unklarheiten und Lücken in einer Versorgungsordnung führen. Auch die Klärung einzelner Rechtsfragen durch die Arbeitsgerichte oder ein plötzlicher Wandel in der höchstrichterlichen Rechtsprechung können in tatsächlicher Hinsicht Folgefragen aufwerfen.[212]

II. Komplexität der betrieblichen Altersversorgung

Eine weitere Ursache für betriebsrentenrechtliche Fragestellungen ist die besondere Komplexität der betrieblichen Altersversorgung. Diese Komplexität erschwert die Gestaltung klarer und nachvollziehbarer Versorgungsbedingungen nicht unerheblich.

1. Unterschiedliche Durchführungswege und Leistungsplanstrukturen

Die besonderen Schwierigkeiten beruhen dabei insbesondere auf der Existenz von fünf unterschiedlichen Durchführungswegen[213] und drei in Betracht kommenden Zusageformen (sog. Leistungsplanstrukturen[214]). Der Rückgriff auf mittelbare Durchführungswege ist zusätzlich durch versicherungsrechtliche, steuerrechtliche und aufsichtsrechtliche Aspekte geprägt, was die Ausgestaltung nicht unerheblich erschwert. Dabei können auslegungsrelevante Fragestellungen insbesondere

---

209 Vgl. dazu BMF-Schreiben vom 24.7.2013, BStBl. I, S. 1022 Rn. 286.

210 Vgl. dazu C. IV. 3.

211 Vgl. etwa zuletzt zu den Voraussetzungen für den Bezug einer Betriebsrente ab Vollendung des 60. Lebensjahres wegen der Änderung der Altersgrenze im SGB VI BAG v. 13.1.2015 – 3 AZR 894/12, AP BetrAVG § 1 Auslegung Nr. 54.

212 Vgl. zu den praktischen Auswirkungen der Entscheidung des BAG zum Mitwandern der Altersgrenze (dazu unter F. IV. 4. b)) insbesondere *Mayer/Dietrich*, DStR 2015, 136, 138.

213 Dazu ausführlich unter G.

214 Kemper/Kisters-Kölkes/Berenz/Huber/*Kemper/Kisters-Kölkes*, BetrAVG, § 1 Rn. 14.

im Zusammenhang mit dem arbeitgeberseitigen Wunsch auf Wechsel des Durchführungsweges auftreten. Typischerweise tritt ein solches Wechselbestreben auf Seiten des Arbeitgebers im Nachgang mit einem Betriebsübergang auf, wenn der Erwerber die Durchführungswege der Einheitlichkeit und Übersichtlichkeit wegen harmonisieren möchte. Ob und in welchem Umfang ein solcher Wechsel möglich ist, hängt von der konkreten Ausgestaltung der Versorgungszusage ab.[215]

Es kann aber auch streitig sein, welche Leistungsplanstruktur vom Arbeitgeber überhaupt optiert worden ist. Hinsichtlich der in Betracht kommenden Leistungsplanstrukturen kann der Arbeitgeber etwa zwischen der klassischen reinen Leistungszusage[216], der beitragsorientierten Leistungszusage[217] (§ 1 Abs. 2 Nr. 1 BetrAVG) und der Beitragszusage mit Mindestleistung[218] (§ 1 Abs. 2 Nr. 2 BetrAVG) wählen, deren Abgrenzung per se schon schwierige Auslegungs- und Rechtsfragen aufwirft. Insbesondere die Entscheidung, ob eine beitragsorientierte Leistungszusage oder eine Beitragszusage mit Mindestleistung vom Arbeitgeber gewählt worden ist, was für die Leistungspflichten des Arbeitgebers nicht unerheblich ist, ist nicht immer vollends ersichtlich.

2. Finanzierung der betrieblichen Altersversorgung

Erschwerend kommt hinzu, dass die betriebliche Altersversorgung auf unterschiedlichen Finanzierungsgrundlagen basieren kann. Neben der rein durch den Arbeitgeber finanzierten Zusage und der arbeitnehmerfinanzierten Entgeltumwandlung kann die betriebliche Altersversorgung auch im Rahmen eines mischfinanzierten Entgeltsystems erbracht werden. Diese Finanzierungsmöglichkeiten bewirken jedoch, dass jede Versorgungszusage ein ganz eigenständiges Gepräge erhält. Insbesondere, wenn bei der Ausgestaltung eines mischfinanzierten Entgeltsystems hinsichtlich der Unverfallbarkeit nicht sauber zwischen dem Anteil des Arbeitgebers und dem Anteil aus der Entgeltumwandlung differenziert wird, kann im Falle des vorzeitigen Ausscheidens des Arbeitnehmers die Frage auftreten, welche Anwartschaften der Arbeitnehmer für sich beanspruchen kann.

---

215 BAG v. 12.6.2007 – 3 AZR 186/06, NZA-RR 2008, 537, 538.

216 Die Leistungszusage als ursprünglichste Zusageform charakterisiert sich dadurch, dass der Arbeitgeber eine konkret bestimmte Leistung erbringen muss und dabei irrelevant ist, welcher finanzielle Aufwand dafür erforderlich ist.

217 Die zum 1.1.1999 ins BetrAVG eingeführte beitragsorientierte Leistungszusage zeichnet dadurch aus, dass der Arbeitgeber lediglich bestimmte Beiträge in eine Versorgunganwartschaft umwandeln muss, wobei hierfür zunächst ein nach versicherungsmathematischen Grundsätzen berechneter Aufwand festgelegt wird mittels derer die Versorgungsleistung sodann bestimmt wird, vgl. § 1 Abs. 2 Nr. 1 BetrAVG.

218 Bei einer Beitragszusage mit Mindestleistung hat der Arbeitgeber lediglich für die Zahlung der Beiträge einzustehen. Er haftet insoweit lediglich für einen Mindestbetrag, der sich aus der Summe der Beiträge abzüglich eines Abschlags für die versicherten Risiken ergibt.

3. Verwendung von Verweisungs- und Bezugnahmeklauseln

Eine Ursache, die ebenfalls wiederkehrend zu Unklarheiten und Streitigkeiten zwischen dem Arbeitgeber und dem Versorgungsberechtigten führt, ist zudem die vielfache Verwendung von Verweisungs- und Bezugnahmeklauseln im Bereich der betrieblichen Altersversorgung. Nicht selten werden in der Versorgungszusage vielfach bereits bestehende Versorgungsordnungen von mittelbaren Trägern, gemeinsamen Einrichtungen oder externen Versorgungssystemen (etwa die Versorgungsbedingungen des *Essener*[219] oder *Bochumer Verbands*[220]) in Bezug genommen, die ihrerseits teilweise wiederum auf auf eigenständige Ruhestandspläne oder Satzungen verweisen. So können regelungsbedürftige Lücken auftreten, wenn die von einer in Bezug genommenen Versorgungsregelung selbst in Bezug genommenen Versorgungsbedingungen geändert werden.[221]

III. Reale Veränderungen im Umfeld des Arbeitgebers

Ein weiterer Grund für die Anfälligkeit von betrieblichen Versorgungszusagen ist insbesondere die Langlebigkeit von Versorgungsverhältnissen. Bei einer durchschnittlichen Bestandsdauer der Zusagen von bis zu 40 Jahren (Zeitpunkt der Zusage bis Eintritt des biologischen Ereignisses) können Regelungen zu bestimmten Problemkomplexen in den Versorgungsverhältnissen vollständig fehlen, weil sich tatsächliche Umstände seit dem Zustandekommen der Zusagen gewandelt haben.

1. Unbedachte Krisenszenarien

Insbesondere die unvorhersehbaren Entwicklungen auf den nationalen und internationalen Finanzmärkten[222] haben etwa in der jüngeren Vergangenheit dazu geführt, dass kapitalmarktzinsabhängige Versorgungszusagen immer wieder Änderungs- bzw. Anpassungsbegehren von Seiten des Arbeitgebers ausgesetzt waren,

---

219 Der *Essener Verband* ist ein sog. Konditionenkartell, das einheitliche Richtlinien für die Altersversorgung der leitenden Angestellten der Eisen- und Stahlindustrie erlässt und an die der Arbeitgeber als Mitglied sodann gebunden ist. Das bedeutet, der Arbeitgeber bleibt zwar Träger der betrieblichen Altersversorgung, sagt seinen leitenden Angestellten jedoch Leistungen nach den jeweils geltenden einheitlichen Richtlinien des Verbandes zu.

220 Auch der *Bochumer Verband* ist ein Konditionenkartell der betrieblichen Altersversorgung, das nach eigenen Angaben derzeitig knapp 17.000 Versorgungsberechtigte überwiegend aus dem Bereich des Bergbaus und der Energiewirtschaft betreut (vgl. dazu http://www.bochumer-verband.de/site/verband/verband.php, Stand: Januar 2016).

221 So etwa der Fall in BAG v. 17.4.2012 – 3 AZR 803/09, AP BetrAVG § 16 Nr. 83.

222 Der Kapitalmarktzins in Deutschland ist im Jahr 2014 auf ein Niedrigtief gefallen. Lag er im Jahr 1990 noch bei durchschnittlich 8,83 %, ist er im Jahr 2014 auf 1,16 % gesunken, vgl. http://de.statista.com (Stand: Januar 2016).

die häufig zu auslegungsrelevanten Fragestellungen geführt haben. Auch Krisensituationen wie die wirtschaftliche Schieflage oder eine drohende Unternehmensinsolvenz werden bei der inhaltlichen Ausgestaltung einer Versorgungszusage von den Beteiligten häufig nicht hinreichend berücksichtigt und können im Krisenfall zu inhaltlichen Streitfragen führen.[223]

2. Wechsel oder Austausch der Vertragspartner

Aber auch ein Austausch in der Position des Arbeitgebers kann bewirken, dass es über den Inhalt der Versorgungszusage zu Streitigkeiten kommt. Gemeint sind Fälle, in denen der Arbeitgeber, der die Versorgungszusage erteilt hat, und der Arbeitgeber, der aus der Versorgungszusage schlussendlich zur Leistung verpflichtet ist, personenverschieden sind. Diese Divergenz hat zur Folge, dass bei Eintritt in die Leistungsphase – und nicht selten findet erst ab diesem Zeitpunkt eine erste ernsthafte Auseinandersetzung mit dem Inhalt der Versorgungszusage statt – der ursprüngliche Sinn der Versorgungszusage oftmals nicht einwandfrei rekapituliert werden kann und daher der tatsächliche Wille nur unter erschwerten Bedingungen zu ermitteln ist. Die Gründe für einen Austausch auf Seiten des Arbeitgebers sind vielfältig. So kann der ursprüngliche Arbeitgeber im Wege eines Betriebsübergangs (§ 613a BGB) oder aufgrund eines umwandlungsrechtlichen Vorgangs (§ 1 Abs. 1 UmwG) als Inhaber eines Betriebes oder eines ganzen Unternehmens ausgetauscht worden sein. Die Beweggründe für einen derartigen Inhaber- und Rechtsträgerwechsel sind umfassend. Zumeist sind sie Folge von umfassenden Unternehmensveräußerungen, konzerninternen Umstrukturierungen, steuerlichen Optimierungsüberlegungen oder teilweise auch von kartellrechtlichen Notwendigkeiten.[224]

Zu auslegungsrelevanten Versorgungsstreitigkeiten kann es aber auch kommen, wenn es zu einem in der Versorgungszusage angelegten Wechsel auf Seiten des Versorgungsberechtigten kommt. Regelmäßig ist das der Fall, wenn der Arbeitnehmer verstirbt und sodann die Witwe oder die Waisen des Verstorbenen die Ansprüche gegen den Arbeitgeber geltend machen. Da diese jedoch weder beim Abschluss der Versorgungszusage zugegen waren noch die Praktiken des Betriebes kennen, entstehen in diesen Fällen nicht selten Auseinandersetzungen über den Inhalt der Versorgungszusage.

IV. Die Schwächen des menschlichen Sprachsystems

Ein nicht nur auf das Betriebsrentenrecht beschränkter Grund für auftretende Diskrepanzen ist zudem die Anfälligkeit und Schwächen des menschlichen

223 Vgl. F. IV. 2. b) aa).
224 Willemsen/Hohenstatt/Schweibert/Seibt/*Willemsen*, Umstrukturierungen, Kap. B Rn. 138 ff.

Sprachsystems.[225] In vielen Fällen verwenden die Vertragsparteien eine unpräzise Sprache, so dass der Inhalt nicht oder nicht zweifelfrei bestimmt werden kann.[226] Dabei darf jedoch nicht verkannt werden, dass – etwa im Gegensatz zur Logik der Mathematik – der Sprache ein beständiger und unzweifelhafter Begriffsinhalt an sich fehlt.[227] Der semantisch zum Ausdruck gebrachte Inhalt ist von vielen verschiedenen Faktoren (gesellschaftlicher Hintergrund der Anwesenden, das Sprachvermögen des Erklärenden und der Wissensstand des Erklärungsempfängers) abhängig und daher stets elastisch und somit auch für Mehrdeutigkeiten empfänglich.[228]

V. Die methodischen Instrumente des Rechts bei Mehrdeutigkeiten und Lückenhaftigkeiten

Die vorstehende Auflistung darf nicht abschließend verstanden werden. Insbesondere erhebt sie aufgrund der Vielseitigkeit der Gestaltungsmöglichkeit in der betrieblichen Altersversorgung keinen Anspruch auf Vollständigkeit. Die voranstehenden Gründe zeigen aber, dass Versorgungszusagen zu jeder Zeit in besonderem Maße der Gefahr der Mehrdeutigkeit bzw. der Lückenhaftigkeit ausgesetzt sind. In diesen Fällen müssen die aufkommenden Diskrepanzen über den Inhalt der Versorgungszusage mit denen zur Verfügung stehenden methodischen Instrumentarien aufgelöst werden. In den Mittelpunkt der Auflösung solcher Konflikte drängen sodann vorrangig die rechtsdogmatischen Instrumente der Auslegung und der Lückenfüllung.

1. Trennung nach dem jeweiligen Rechtsbegründungsakt

Dabei ist jedoch zu beachten, dass bei der methodischen Herangehensweise grundsätzlich zwischen den unterschiedlichen Rechtsbegründungsakten zu differenzieren ist. Dies liegt darin begründet, dass für die Rechtsbegründungsakte aufgrund ihrer jeweiligen Rechtsnatur unterschiedliche Auslegungsgrundsätze gelten und gewählt werden müssen bzw. aufgrund ihrer Eigenarten Modifikationen zu berücksichtigen sind. Das deutsche Recht kennt als Rechtsbegründungsquellen im klassischen Sinne das Rechtsgeschäft und die Rechtsnorm. Im Arbeitsrecht kommen noch die gewohnheitsrechtlich anerkannten Rechtsquellen der betrieblichen Übung und des Allgemeinen Gleichbehandlungsgrundsatzes hinzu, deren methodische Behandlung in der hiesigen Untersuchung jedoch keine Berücksichtigung findet.

---

225 Nach Larenz/ *Wolf*, BGB AT, § 28 Rn. 1 ist diese Anfälligkeit dem Wesen der Sprache als „eines sich wandelenden, anpassungsfähigen, nicht selten auch mehrdeutigen Ausdrucksmittels" immanent.

226 Konkret für eine Versorgungszusage und hinsichtlich der Frage, ob eine erdiente Anwartschaft wertgesichert sei BAG v. 13.11.2007 – 3 AZR 636/06, NZA-RR 2008, 457; allgemeiner *Larenz*, Methodenlehre, S. 347.

227 *Larenz*, Methodenlehre, S. 312.

228 Wolf/*Neuner*, Allgemeiner Teil, § 35 Rn. 1.

Für die Interpretation von Willenserklärungen und Verträgen hat der Gesetzgeber zumindest teilweise einen Auslegungsauftrag formuliert. Dieser befindet sich im BGB im Allgemeinen Teil und wird durch die Vorschriften der §§ 133, 157 BGB konkretisiert. In Abweichung dazu befinden sich im Anwendungsbereich von rechtsgeschäftlichen Versorgungszusagen für einseitig vorformulierte Vertragsbedingungen im AGB-Recht (§§ 305 ff. BGB) methodische Modifikationen, die wiederum nur für diese gelten.

Für den Bereich der normativen Auslegung bzw. der Gesetzesauslegung fehlt es in Deutschland allerdings – anders als etwa in der Schweiz[229] – gänzlich an einem einfachen Methodengesetz.[230] Mangels einfachgesetzlicher Vorgaben besteht daher in Deutschland eine althergebrachte Kontroverse über das Ziel der Auslegung von Gesetzen und Rechtsnormen, innerhalb derer sich methodische, aber auch verfassungsrechtliche und rechtstheoretische Ansätze gegenüberstehen. Die Auseinandersetzung um Auftrag und Ziel der Gesetzesauslegung geht zurück bis in die Aufklärung. Insbesondere während der rechtstheoretischen Epoche der „Historischen Rechtsschule" *Savignys* im 19. Jahrhundert und dem sich anschließenden Kodifikationsstreit zwischen der Begriffs- und der Interessenjurisprudenz wurde die Methodik der Auslegung und der Rechtsfortbildung thematisiert und fortentwickelt.[231] Die Einflüsse dieser Epochen prägen die methodische Diskussion bis heute. An gegebener Stelle ist daher zu vertiefen, inwieweit die Aspekte dieser Entwicklungen für die Untersuchung von Bedeutung sind. Dabei darf jedoch nicht verkannt werden, dass aus der methodischen Diskussion allein noch keine zwingenden Grundsätze abgeleitet werden können.[232] Zwingende Bestimmungen können sich mangels einfachgesetzlicher Regelung daher nur aus den Wertungen der Rechts- und Verfassungsordnung ergeben.

2. Terminologische Unterscheidung

Terminologisch ist hinsichtlich der Inhaltsinterpretation bzw. der Lückenfüllungsfunktion wie folgt zu unterscheiden. Im Anwendungsbereich der individualrechtlich begründeten Versorgungszusagen ist zwischen der erläuternden Auslegung und der ergänzenden Auslegung zu differenzieren. Während die erläuternde Auslegung insbesondere den Fall der Beseitigung von Unklarheiten und Mehrdeutigkeiten ins

229 In Art. 1 Abs. 2 und 3 des schweizerischen Zivilgesetzbuches (ZGB) heißt es: Kann dem Gesetz keine Vorschrift entnommen werden, so soll das Gericht nach Gewohnheitsrecht und, wo auch ein solches fehlt, nach der Regel entscheiden, die es als Gesetzgeber aufstellen würde. Es folgt dabei bewährter Lehre und Überlieferung.

230 *Rüthers/Fischer/Birk*, Rechtstheorie, 4. Kap. Rn. 704.

231 Vgl. hierzu die übersichtliche Zusammenfassung der historischen Entwicklung bei *Melin*, Gesetzesauslegung, S. 175 ff.

232 *Wank*, Grenzen richterlicher Rechtsfortbildung, S. 251.

Auge fasst, befasst sich die ergänzende Auslegung mit den Fällen, in denen das Versorgungswerk eine Lückenhaftigkeit aufweist.

Aufgrund des zuvor Gesagten wird in dieser Untersuchung auch im Anwendungsbereich von kollektivrechtlichen Rechtsbegründungsakten bei der Auflösung von Unklarheiten und Mehrdeutigkeiten von erläuternder Auslegung gesprochen. Demgegenüber wird im Anwendungsbereich der Lückenfüllung im Kollektivarbeitsrecht die gewählte Methodik nicht einheitlich umschrieben. So wird in diesem Zusammenhang teilweise unter Bezugnahme auf die Gesetzesinterpretation allgemein von sog. Rechtsfortbildung gesprochen, im Anwendungsbereich von kollektivrechtlichen Rechtsbegründungsakten wird teilweise aber auch auf die Bezeichnung der ergänzenden Auslegung zurückgegriffen.[233] Auch die Rechtsprechung verwendet letztere Umschreibung im Bereich der Auslegung von versorgungsrechtlichen Tarifverträgen und Betriebsvereinbarungen.[234] Mit der begrifflichen Umschreibung ist i.E. kein unterschiedliches Rechtsverständnis verbunden. Sämtlichen Ansätzen ist gemein, dass sie die Lücke durch eine angemessene, dem mutmaßlichen Parteiwillen der Normurheber entsprechende Regelung schließen wollen. Ein Perspektivwechsel ist mit dem jeweiligen Ansatz nicht verbunden. Aufgrund des konträren Rechtscharakters der versorgungsrechtlichen Kollektivvereinbarungen wird in dieser Untersuchung – wie auch von *Wank*[235] angeregt – der allgemeinere Begriff der Fortbildung bemüht.

---

233 Jacobs/Krause/Oetker/Schubert/*Krause*, Tarifvertragsrecht, § 4 Rn. 1193; *Plüm*, ZTR 1991, 504.

234 Für Tarifverträge etwa BAG v. 3.11.1998 – 3 AZR 432/97, NZA 1999, 999, 1000; für Betriebsvereinbarungen und Richtlinien nach dem SprAuG etwa zuletzt BAG 23.4.2013 – 3 AZR 512/11, AP BetrAVG § 1 Auslegung Nr. 40.

235 Wiedemann/*Wank*, TVG, § 1 Rn. 1035.

E. Die Auslegung von individualrechtlich begründeten Versorgungszusagen

I. Auslegung von ausgehandelten Individualzusagen

Die ausgehandelte Individual- bzw. Einzelzusage stellt den klassischen Anwendungsfall der individualrechtlich begründeten Versorgungszusage dar. Auch wenn ausgehandelte Individualzusagen eher den unternehmerischen Einzelfall darstellen, nehmen sie auf der Unternehmensseite aufgrund ihres finanziellen Volumens einen nicht unerheblichen Stellenwert ein. Eine derartige Zusage wird im Regelfall nur mit Organmitgliedern oder vergleichbaren Führungskräften (etwa mit Top-Händlern im Banken- oder Versicherungssektor) vereinbart.[236] Im Regelfall handelt es sich insoweit um Versorgungszusagen gegenüber „Besserverdienern“[237]. Bei ausgehandelten Individualzusagen treten Auslegungsstreitigkeiten insbesondere dann auf, wenn dem Versorgungsberechtigten im Rahmen eines sog. Offer Letters lediglich die Aufwendung eines bestimmten Betrages für die Altersversorgung zugesagt wird.[238] Es stellt sich nämlich dann die Frage, ob eine betriebliche Altersversorgung i.S.d. BetrAVG zugesagt worden ist oder ob es lediglich um eine reine Beitragszusage (defined contribution) handelt, die nicht in den Anwendungsbereich des BetrAVG fällt.

1. Besonderheiten von ausgehandelten Individualzusagen

Es darf nicht verkannt werden, dass auf Seiten der „Besserverdiener“ zumeist ein gesteigertes Bedürfnis nach Leistungen der betrieblichen Altersversorgung besteht, da sie nicht oder nur begrenzt an den öffentlichen Rentenversicherungssystemen partizipieren. Für die methodische Herangehensweise an diese Zusagen ist dabei von Bedeutung, dass diese Versorgungsberechtigten ihre Interessenlage aufgrund ihrer ebenbürtigeren Verhandlungsposition zumeist auch bei der Aushandlung der Versorgungsbedingungen nachdrücklich vertreten können.

---

236 Bei dem Versuch eine Führungskraft aus einem anderen Unternehmen abzuwerben oder einen bestehenden Anstellungsvertrag zu verlängern sind Unternehmen nicht selten bereit, sich auch auf opulente Leistungen der betrieblichen Altersversorgung einzulassen.

237 Nach der Auffassung des BAG gilt man als „Besserverdiener“, wenn man aus seiner abhängigen Beschäftigung ein Entgelt oberhalb der Beitragsbemessungsgrenze der gesetzlichen Rentenversicherung erzielt (vgl. BAG v. 22.2.2012 – 5 AZR 765/10, NZA 2012, 861, 863).

238 *Reichel/Schmandt*, bAV bei Unternehmenskauf, Kap. B Rn. 64.

a) *Das Bedürfnis nach zusätzlicher Altersversorgung bei „Besserverdienern"*

Auf Seiten der „Besserverdiener" bezweckt die zusätzliche betriebliche Altersvorsorge überhaupt erst, ein dem Lebensstandard entsprechendes Einkommensniveau für das Rentenalter zu garantieren. Nicht selten sichern gerade die betrieblichen Versorgungsleistungen den Großteil der späteren Altersversorgung ab.[239]

Dies gilt insbesondere für Vorstandsmitglieder einer Aktiengesellschaft. Denn obwohl Vorstandsmitglieder bei ihrer Aktiengesellschaft in einem sozialversicherungspflichtigen Beschäftigungsverhältnis i.S.v. § 7 SGB IV stehen, unterfällt ihr Beschäftigungsverhältnis nach § 1 Satz 3 SGB VI nicht der gesetzlichen Rentenversicherungspflicht. Die Zeiten als Vorstandsmitglied gelten insoweit nicht als sozialversicherungsrechtlich relevante Beitragsjahre mit der Folge, dass die Vorstandsmitglieder für diese Zeiten mit erheblichen Einbußen bei den gesetzlichen Rentenleistungen leben müssen. Aber auch für Geschäftsführer einer GmbH oder andere Leistungsträger in Unternehmen ist die gesetzliche Rentenversicherung nur von bedingter Attraktivität. Zumeist werden sie mit einem Einkommen vergütet, das (weit) oberhalb der Beitragsbemessungsgrenze[240] in der gesetzlichen Rentenversicherung liegt mit der Folge, dass sich ihre Vergütungsstruktur in der gesetzlichen Rentenversicherung nur bis zur Höhe der jeweils geltenden Beitragsbemessungsgrenze leistungssteigernd auswirkt. Diese Leistungen der gesetzlichen Rentenversicherung reichen dabei aber zumeist nicht aus, um den gewohnten Lebensstandard auch in die Rentenphase zu übertragen. Es liegt für diese Beschäftigen daher nahe, mit den Gehaltsüberschüssen aus der Erwerbsphase, die sich sozialversicherungsrechtlich nicht mehr auswirken, eine private oder betriebliche Altersversorgung (mit-)zu finanzieren.

b) *Vertragsparität im Bereich der ausgehandelten Individualzusagen*

Die Auslegung von ausgehandelten Versorgungszusagen ist, wie auch die Auslegung von kollektivrechtlichen Versorgungsbedingungen, von der Grundidee durchzogen, dass sich die Vertragspartner auf Augenhöhe begegnen, d.h. insbesondere gleich stark sind und hinsichtlich ihrer vertretenen Positionen die gleiche Durchsetzungsfähigkeit besitzen und diese bei der Abfassung des Vertragswerkes auch durchsetzen können. Inwieweit dieses Verständnis bei Einzelzusagen der betrieblichen Altersversorgung der Realität im Unternehmen entspricht, hängt in tatsächlicher Hinsicht jedoch von der Stellung des jeweiligen Versorgungsberechtigten in der Unternehmenshierarchie ab.[241] Nicht jede Zusage gegenüber einem einzelnen Arbeitnehmer ist eine ausgehandelte Versorgungszusage mit der Folge, dass sich hieran

239 Schlewing/Henssler/Schipp/Schnitker/*Cisch/Karst*, Arbeitsrecht der betrieblichen Altersversorgung, Teil 1 A Rn. 3.

240 Ausführlich zur Beitragsbemessungsgrundlage unter F. IV. 2. c) aa).

241 Höfer/*Höfer*, BetrAVG, Kap. 7 Rn. 8.

die gerechte Verteilung von Risiken auftretender Missverständnisse anschließt[242]. Ausgehandelte Individualzusagen zeichnen sich dadurch aus, dass keine der Vertragsparteien die Formulierungshoheit einseitig für sich beansprucht hat, so dass auch verbliebene Unklarheiten nicht zum Nachteil einer Partei gereichen können.

Das BAG unterstellt in seiner jüngeren Rechtsprechung bei Organmitgliedern das Vorliegen einer derartigen Vertragsparität und geht insoweit von einem grundsätzlichen Strukturgleichgewicht der Parteien in den Verhandlungen über die Versorgungsregelung aus.[243] So nimmt das BAG bei Versorgungszusagen zwischen einem Unternehmen und einem Organmitglied in der Regel an, dass die Verhandlungspositionen der Beteiligten den Verhandlungspositionen von Tarifvertragsparteien entsprechen. Die Organmitgliedschaft des Versorgungsberechtigten lasse insoweit vermuten, dass die Versorgungszusage nicht einseitig durchgesetzt worden sei.[244] Praktisch hat dies zur Folge, dass in den Ruhegehaltsvereinbarungen von den Schutzbestimmungen des BetrAVG in dem Umfang abgewichen werden kann, wie es ansonsten nach § 17 Abs. 3 Satz 1 BetrAVG allein den Tarifvertragsparteien vorbehalten ist.[245]

Diese Möglichkeit der partiellen Abdingbarkeit von den gesetzlichen Regelungen des BetrAVG aufgrund einer bestehenden Vertragsparität wird in der höchstrichterlichen Rechtsprechung jedoch nicht vollumfänglich durchgeführt. Der BGH hält auch gegenüber Organmitgliedern ein Abweichen von den unabdingbaren Vorschriften des BetrAVG generell für unzulässig mit der Folge, dass abweichenden Regelungen in einer Versorgungszusage mit einem Organmitglied jedenfalls nach § 134 BGB nichtig sind.[246] Entscheide sich das Unternehmen ersichtlich für ein Versorgungsversprechen, das dem Anwendungsbereich des BetrAVG unterfiele, so müssten auch die zwingenden Vorschriften dieses Gesetzes Anwendung finden.[247]

Das jeweilige Verständnis der höchsten Gerichte hat erhebliche Konsequenzen für die methodische Herangehensweise an derartige Zusagen für den Fall der Unklarheiten im Streitfall. Nach der Auffassung des BAG muss im Streitfall nämlich das Organmitglied selbst darlegen und beweisen, dass es sich bei den Versorgungsbedingungen seitens der Gesellschaft um einseitig vorformulierte handelt, für die zu seinen Gunsten die Besonderheiten des AGB-Rechts nach den §§ 305 ff. BGB gelten[248]. Nach dem Verständnis des BGH muss die Gesellschaft wiederum darlegen und beweisen, dass es sich um ausgehandelte Versorgungszusagen handelt, auf die die Schutzmechanismen des AGB-Rechts gerade keine Anwendung finden.

---

242 Staudinger/*Singer*, BGB § 133 Rn. 2.

243 So auch MüKoGmbHG/*Jaeger*, § 35 Rn. 344.

244 BAG v. 21.4.2009 – 3 AZR 285/07, AP BetrAVG § 1 Beamtenversorgung Nr. 20.

245 BAG v. 21.4.2009 – 3 AZR 285/07, AP BetrAVG § 1 Beamtenversorgung Nr. 20; zur Abdingbarkeit des BetrAVG bei Organmitgliedern *Thüsing*, AG 2003, 484 ff.; *Thüsing/Granetzny*, NZG 2010, 449.

246 BGH v. 3.7.2000 – II ZR 381/98, NZA 2001, 612, 613; v. 16.3.2009 – II ZR 68/08, NZA 2009, 613, 614.

247 BAG v. 3.7.2000 – II ZR 381/98, NZA 2001, 612, 613.

248 Dazu ausführlich D. III. 4. b) bb).

Für das Verständnis des BGH spricht insbesondere, dass der Gesetzgeber die vermutete Parität zwischen den Abschlussparteien in § 17 Abs. 3 Satz 1 BetrAVG ausschließlich für die Tarifvertragsparteien normiert hat, obwohl ihm die besondere Situation von Organmitgliedern, wie dies die Regelung in § 17 Abs. 1 Satz 1 BetrAVG ausdrücklich zeigt, bewusst war. Aus diesem Grund ist es vorzugswürdig, dass das Unternehmen die Darlegungs- und Beweislast dafür trifft, dass es sich um eine echte ausgehandelte Versorgungszusage zwischen den Parteien handelt.

Auch in den sonstigen Anwendungsfällen von einzelvertraglichen Zusagen – etwa gegenüber einzelnen verdienten Mitarbeitern oder leitenden Angestellten – kann nur in Ausnahmefällen von einem echten vertragsparitätischen Zustandekommen gesprochen werden. Ein solches Zustandekommen muss aber auch in diesen Fällen von Seiten des Arbeitgebers im Einzelfall dargelegt und bewiesen werden. Bei einzelvertraglichen Zusagen schlägt – wie von *Höfer* griffig formuliert – das Auslegungspendel daher in der Rechtsprechung heute auch zumeist zugunsten des Versorgungsberechtigten aus.[249] Pauschalisierte Aussagen verbieten sich indes. Abzustellen sind immer auf die Umstände des Einzelfalls. Je höher der Versorgungsberechtigte jedoch in der Unternehmenshierarchie angesiedelt ist, desto eher ist die Frage des paritätischen Zustandekommens der Versorgungsbedingungen und die damit einhergehende Frage der Anwendbarkeit der AGB-rechtlichen Schutzvorschriften nach den §§ 305 ff. BGB zu seinen Gunsten zu erörtern.

2. Der geltende Auslegungsgrundsatz nach §§ 133, 157 BGB

Handelt es sich tatsächlich um ausgehandelte Versorgungszusagen, weisen diese in ihrer Ausgangslage einen hervorgehobenen Individualcharakter auf, der die ausgehandelte Individualzusage als echten Individualvertrag präsentiert. Dieser, auf die individuelle Interesselage zugeschnittene Charakter der ausgehandelten Versorgungszusage, spiegelt sich auch in der Methodik der Auslegung wider.

Bei der Auslegung von ausgehandelten Versorgungszusagen ist sich vorrangig an den gesetzlichen Auslegungsaufträgen zu orientieren. Dabei ist zunächst anzumerken, dass das BetrAVG trotz der besonderen Bedeutung der Auslegung im Anwendungsbereich des Betriebsrentenrechts selbst keine speziellen methodischen Vorschriften normiert. Da die ausgehandelte Individualzusage jedoch ein klassisches Rechtsgeschäft zwischen Arbeitgeber und Versorgungsberechtigten darstellt, das nach den allgemeinen zivilrechtlichen Grundsätzen[250] begründet wird, finden bei der Auslegung von ausgehandelten Individualzusagen die Vorschriften der §§ 133, 157 BGB Anwendung.[251]

Nach § 133 BGB muss bei der Auslegung stets der wirkliche Wille erforscht werden. Im Mittelpunkt steht die Suche nach dem empirischen Willen der am

249 Höfer/*Höfer*, BetrAVG, Kap. 7 Rn. 8.
250 Vgl. dazu bereits B. IV 1. a).
251 Uckermann/Fuhrmanns/Ostermayer/Doetsch/*Uckermann*, BetrAVG, Kap. 2 Rn. 47.

Vertragsschluss Beteiligten.[252] Nach § 157 BGB sind Verträge so auszulegen, wie es Treu und Glauben mit Rücksicht auf die Verkehrssitte erfordern. Dieser generalklauselartig formulierte Auslegungsauftrag orientiert sich an allgemeinen Wertungskriterien, die eine Korrektivfunktion für den Einzelfall haben.[253] Dieser – eher normative[254] – Ansatz führt dazu, dass der Richter unter Berücksichtigung der Grundsätze von Treu und Glauben und der Verkehrssitte auf den tatsächlich festgestellten Parteiwillen gegebenenfalls selbst korrigierend einwirken muss.

Um insoweit den zwingenden Auslegungsaufträgen der §§ 133, 157 BGB vollumfänglich gerecht zu werden, ist es notwendig, dass diese Auslegungsaufträge bei der Vertragsinterpretation nicht unabhängig voneinander betrachtet werden können, sondern sich vielmehr gegenseitig ergänzen und einen einheitlichen Grundsatz der Vertragsauslegung deskribieren.[255] Auch die betriebsrentenrechtliche Rechtsprechung nimmt eine derartige Verschränkung bei der Auslegung von rechtgeschäftlichen Versorgungszusagen vor.[256]

Dabei ist mit Blick auf das Wesen der ausgehandelten Versorgungszusage als zweiseitiger Vertrag zu beachten, dass der Rechtskreis zweier Rechtssubjekte unmittelbar tangiert wird.[257] Das führt bei Unklarheiten über den Inhalt und die Bedingungen der betrieblichen Altersversorgung zu folgender Pattsituation: Der Arbeitgeber will stets nur an den subjektiv gewollten Sinn einer Regelung gebunden sein, während sich der Versorgungsberechtigte stets nur an dem von ihm tatsächlich wahrgenommenen Inhalt festhalten lassen möchte. Hier hat sich der Rechtsverkehr – auch vor dem Hintergrund der Wertungen des § 157 BGB – entschieden, dem Gesichtspunkt des Vertrauensschutzes eine vorrangige Rolle einzuräumen.[258] Der Versorgungsberechtigte muss auf den Inhalt vertrauen können, der ihm gegenüber geäußert worden ist. Nur eine derartige Prioritätensetzung kann Rechtsklarheit und somit Rechtssicherheit gewährleisten.

Insoweit muss sich der Auslegende in die passive Rolle des Versorgungsberechtigten versetzen und von dessen Horizont aus den Willen des Erklärenden erforschen.[259] Die Auslegung einer ausgehandelten Versorgungszusage kann vor dem Hintergrund der Schutzbedürftigkeit des Vertragspartners nur unter objektiven Gesichtspunkten erfolgen. Dies führt dazu, dass im Rahmen der Auslegung nicht die subjektiven Vorstellungen des Arbeitgebers zu ermitteln sind, sondern allein der

252 Schulze/*Dörner*, BGB, § 133 Rn. 6.

253 Erman/*Armbrüster*, BGB, § 157 Rn. 6; Staudinger/*Singer*, BGB, § 133 Rn. 64.

254 BGH v. 14.7.2004 – VIII ZR 164/03, NJW 2004, 2751, 2752.

255 MüKoBGB/*Busche*, § 133 Rn. 17; Staudinger/*Roth*, BGB, § 157 Rn. 1; Graf von Westphalen/Thüsing/*Thüsing*, AGB-Recht, Auslegung Rn. 1.

256 Vgl. nur BAG v. 18.5.2010 – 3 AZR 373/08, NZA 2010, 935, 937; v. 2.7.2009 – 3 AZR 501/07, NZA-RR 2010, 205, 206; BGH v. 18.5.1998 – II ZR 19/97, NJW 1998, 2966.

257 Wolf/*Neuner*, Allgemeiner Teil, § 35 Rn. 2.

258 MüKoBGB/*Busche*, § 133 Rn. 10; Graf von Westphalen/Thüsing/*Thüsing*, AGB-Recht, Auslegung Rn. 1.

259 MüKoBGB/*Busche*, § 133 Rn. 12.

sich tatsächlich nach außen manifestierte, für den Erklärungsempfänger erkennbare Wille maßgeblich ist. Dabei können aufgrund des individuellen Charakters der ausgehandelten Zusage immer nur solche Faktoren für die Willensermittlung herangezogen werden, die dem konkreten Versorgungsberechtigten hätten bekannt sein müssen. Es gilt ein objektiv-individualisierender Auslegungsgrundsatz.

3. Die Folgen eines objektiv-individualisierten Auslegungsgrundsatzes

Das mit dem objektiv-individualisierten Auslegungsgrundsatz verfolgte Ziel – das Erforschen des wirklichen, für den Vertragspartner erkennbaren Parteiwillens – hat unmittelbar Auswirkungen auf die Interpretation von ausgehandelten Versorgungszusagen. Die Bedeutung zeigt sich insbesondere beim Postulat des übereinstimmenden Willens und der Frage nach dem maßgeblichen Zeitpunkt der Auslegung.

a) Sperrwirkung des übereinstimmenden Willens

Ein Spezifikum der objektiv-individualisierten Auslegung von ausgehandelten Individualzusagen ist der Vorrang des übereinstimmenden Willens, der sich vorrangig aus der gesetzlichen Auslegungsregel des § 133 BGB ableiten lässt.[260] Der übereinstimmende Willen der Vertragsparteien genießt auch in den Fällen Vorrang, in denen der Wortlaut, die Systematik oder die Begleitumstände des Zustandekommens der Versorgungszusage auf einen anderslautenden Willen schließen lassen.[261] Dieser Vorrang ist damit zu begründen, dass eine Schutzbedürftigkeit des Vertragspartners nur für den Fall existiert, dass der Vertragsinhalt nicht von einem übereinstimmenden Willen der Vertragsparteien getragen wird.

Hat der Versorgungsberechtigte zum Zeitpunkt der Zusage folglich den tatsächlichen Willen oder die mit der Regelung beabsichtigte Wirkung erkannt und gebilligt, so ist er an dieses Verständnis gebunden. Dies gilt unabhängig davon, ob einzelne Versorgungsbedingungen entgegen des gemeinsamen Verständnisses ungenau oder unzutreffend geäußert oder formuliert worden sind. Gleiches gilt etwa auch dann, wenn der Regelungszusammenhang der Erklärung mehrere Interpretationsmöglichkeiten zulässt, die Parteien sich bei der Gestaltung der Versorgungszusage jedoch über eine konkrete Interpretationsweise einig waren. Der Vorrang des übereinstimmenden Willens hebelt insoweit die Schutzwirkung aus, die dem Erklärungsempfänger aufgrund der objektiven Auslegung gewährt wird.[262] Daher ist es dem Auslegenden in diesen Fällen verwehrt, einen feststellbaren übereinstimmenden Willen der Vertragsparteien unter dem Schutzmantel der Auslegung durch ein eigenes, bevorzugtes Ergebnis zu ersetzen.

---

260 Allgemein etwa Larenz/*Wolf*, BGB AT, § 28 Rn. 31.
261 Uckermann/Fuhrmanns/Ostermayer/Doetsch/*Uckermann*, BetrAVG, Kap. 2 Rn. 48.
262 *Larenz/Wolf*, BGB AT, § 28 Rn. 29.

Diesen Auslegungsgrundsatz hat auch der „Betriebsrentensenat" des BAG in seiner Rechtsprechung immer wieder betont. So heißt es etwa in der Entscheidung vom 13.11.2007 zur Auslegung einer Wertsicherungsklausel[263] in einer Versorgungszusage für einen leitenden Angestellten:

„Welchen Umfang die Wertsicherungsklausel hat, ist durch Auslegung nach den Regeln der §§ 133, 157 BGB zu ermitteln. Dabei ist der in der auszulegenden Erklärung verkörperte Wille der Parteien von Bedeutung. Wird der tatsächliche Wille des Erklärenden bei Abgabe einer empfangsbedürftigen Willenserklärung festgestellt, und hat der andere Teil die Erklärung ebenfalls in diesem Sinne verstanden, dann bestimmt dieser Wille den Inhalt des Rechtsgeschäfts, ohne dass es auf Weiteres ankommt. Es ist insbesondere nicht erforderlich, dass sich der Erklärungsempfänger den wirklichen Willen des Erklärenden zu eigen macht. Ausreichend ist vielmehr, dass er ihn erkennt und in Kenntnis dieses Willens das Geschäft abschließt. Haben alle Beteiligten eine Erklärung übereinstimmend in demselben Sinne verstanden, geht der wirkliche Wille der Parteien dem Wortlaut des Vertrags und jeder anderweitigen Interpretation vor und setzt sich auch gegenüber einem völlig eindeutigen Vertragswortlaut durch."[264]

Ebenso proklamiert die Entscheidung[265] des BAG vom 2.7.2009, in der eine Regelung zur vertraglichen Unverfallbarkeit einer Versorgunganwartschaft streitig war, den Vorrang des übereinstimmenden Willens. In concreto ging es um die Anrechnung von Arbeitszeiten für die Erfüllung der Unverfallbarkeitsfristen, die der Arbeitnehmer bei einem anderen Arbeitgeber abgeleistet hatte. In dieser Entscheidung konkretisierte das BAG auch die Anforderungen an die Darlegungs- und Beweislast für einen übereinstimmenden Willen. So genüge der Anspruchssteller seiner Darlegungslast hinsichtlich dieser inneren Tatsache bereits dann, wenn er „einen entsprechenden inneren Willen seines Vertragspartners behauptet und diese Behauptung nicht aufs Geratewohl aufstellt, also nicht gleichsam ins Blaue hinein macht. Dies ist der Fall, wenn er sich nicht auf die Behauptung der inneren Tatsache beschränkt, sondern weitere äußere Tatsachen ausführt, aus denen er auf das Vorhandensein des tatsächlichen Willens seines Vertragspartners schließt."[266]

b) Maßgeblicher Auslegungszeitpunkt

Gerade für Versorgungsverhältnisse, die aufgrund ihrer Eigenart zumeist eine sehr lange Bestandsdauer haben, ist zudem der Zeitpunkt, auf den sich die Auslegung einer ausgehandelten Versorgungszusage beziehen muss, von Bedeutung.

---

263 Eine Wertsicherungsklausel in der Versorgungszusage bewirkt, dass die Höhe der zu leistenden Betriebsrentenzahlung an einen währungs- oder kaufkraftabhängigen Index, etwa das Grundgehalt in einer bestimmten Besoldungsgruppe, gekoppelt wird.

264 BAG v. 13.11.2007 – 3 AZR 636/06, AP BetrAVG § 1 Nr. 50.

265 BAG v. 2.7.2009 – 3 AZR 501/07, AP BetrAVG § 1b Nr. 9.

266 BAG v. 2.7.2009 – 3 AZR 501/07, AP BetrAVG § 1b Nr. 9.

aa) Zeitpunkt des Vertragsschlusses

Für eine objektiv-individualisierte Auslegung, die den beabsichtigten Willen der Parteien ermitteln soll, kann es allein auf den Zeitpunkt der Zusage, also auf den Zeitpunkt des Vertragsabschlusses, ankommen. Wenn es dem Auslegenden obliegt, den für den Inhalt einer ausgehandelten Versorgungszusage ursprünglichen Willen der Vertragsparteien zu erforschen und zu bestimmen, kann damit nur der Wille gemeint sein, der im Zeitpunkt des Vertragsschlusses zur Begründung der Versorgungszusage geführt hat. Daher sind auch nur solche Umstände bei der Auslegung zu berücksichtigen, die für den Empfänger zur Zeit der Zusage erkennbar waren.[267] Dass Zusagen der betrieblichen Altersversorgung besonders langlebige Verpflichtungen sind und zwischen ihrer Begründung und dem Eintritt der Leistungspflicht mehrere Jahre oder gar Jahrzehnte liegen können, bleibt hingegen außer Betracht. Es liegt in der Natur der betrieblichen Altersversorgung, dass die Ermittlung des ursprünglichen Willens bei derartigen Versorgungsbedingungen gegebenenfalls zu darlegungs- und beweisrechtlichen Schwierigkeiten führen kann. Davon zu trennen ist jedoch die Frage, welche Umstände Rückschlüsse auf den tatsächlichen Willen bzw. das tatsächliche Verständnis zulassen.[268]

Dieses Verständnis entspricht auch der herrschenden Auffassung in der Rechtsprechung. Die Rechtsprechung unterstreicht ihr Verständnis vom maßgeblichen Zeitpunkt für die Auslegung dabei insbesondere durch den grammatikalischen Rückgriff auf die Vergangenheitsform des Präteritums, mit der abgeschlossene Handlungen und Ereignisse in der Vergangenheit umschrieben werde. So heißt es in ständiger Rechtsprechung des BAG, dass „für die Auslegung einer empfangsbedürftigen Willenserklärung nach §§ 133, 157 BGB maßgebend ist, wie diese vom Erklärungsempfänger nach Treu und Glauben und nach der Verkehrsauffassung verstanden werden musste".[269]

bb) Berücksichtigung von tatsächlichen Veränderungen

Grundsätzlich keine Beachtung finden tatsächliche Veränderungen wie etwa eine wirtschaftliche Schieflage des Arbeitgebers oder gesetzliche Änderungen im Betriebsrenten- oder im Sozialrecht, die erst (weit) nach Vertragsschluss eingetreten und nicht regulatorisch in das Versorgungsverhältnis aufgenommen worden sind. Auf solche Veränderungen kann der Richter im Regelfall lediglich mittels ergänzender Vertragsauslegung[270] bzw. dem Rechtsinstitut der Störung der Geschäftsgrundlage (§ 313 BGB)[271] reagieren.

Von nachträglichen tatsächlichen Veränderungen sind jedoch solche Anpassungen am Vertragswerk zu unterscheiden, die von den Vertragsparteien während

267 BGH v. 24.6.1988 – V ZR 49/87, NJW 1988, 2878.
268 Vgl. dazu E. I. 4. b) aa).
269 BAG v. 2.7.2009 – 3 AZR 501/07, NZA-RR 2010, 205, 206.
270 Zur ergänzenden Vertragsauslegung unter D. IV.
271 Zum Institut der Störung der Geschäftsgrundlage E. IV 3. b).

des bestehenden Versorgungsverhältnisses vorgenommen worden sind. Wenn eine inhaltliche Regelung der Arbeitsvertragsparteien durch eine nachträgliche Vereinbarung verändert bzw. angepasst worden ist, sind diese Modalitäten Bestandteil des Vertrages. Hierbei handelt es sich nicht um sich wandelnde Tatsächlichkeiten, sondern um rechtserhebliche Vereinbarungen zwischen den Parteien. Ein Rückgriff auf diese ist dem Richter in keiner Weise verschlossen. Als Bestandteil des Vertrages sind sie sogar zwingend zu berücksichtigen. Allerdings müssen auch derartige Änderungen stets den rechtsgeschäftlichen Anforderungen genügen.[272]

Dabei ist zu beachten, dass das Schweigen des Versorgungsberechtigten nicht als Annahme angesehen werden kann, wenn der Arbeitgeber dem Versorgungsberechtigten eine ablösende – im Regelfall verschlechternde – Versorgungszusage anbietet. Es entspricht der überzeugenden Rechtsprechung des BAG, dass ein Schweigen auf ein arbeitsvertragliches Verschlechterungsangebot nicht als Zustimmung gewertet werden darf.[273] Dieser Grundsatz gilt nicht nur für Arbeitnehmer, sondern auch für Organmitglieder. Eine rechtserhebliche Änderung setzt stets voraus, dass sich der Versorgungsberechtigte mit der Änderung ausdrücklich oder zumindest konkludent einverstanden erklärt hat.[274] Dabei sind hinsichtlich derartiger Änderungen stets formelle Gesichtspunkte zu beachten, in etwa, ob die Versorgungszusage eine qualifizierte Bestimmung enthält, wonach Änderungen und Ergänzungen zu ihrer Wirksamkeit der Schriftform bedürfen[275].

Einseitige Änderungen des Arbeitgebers kommen dagegen grundsätzlich nur in Betracht, wenn der Arbeitgeber einen wirksamen[276] Änderungs- oder Widerrufsvorbehalt mit dem Versorgungsberechtigten vereinbart hat.[277] Inhalt und Reichweite des Änderungs- bzw. Widerrufsvorbehaltes sind dabei mittels Auslegung zu ermitteln. Eine weitere Möglichkeit ist der Ausspruch einer Änderungskündigung[278],

---

272 Hümmerich/Boecken/Düwell/*Vienken*, Arbeitsrecht, § 1 Rn. BetrAVG 113.

273 Es entspricht dem allgemeinen Rechtsverständnis, dass Schweigen gegenüber einem Angebot auf Verschlechterung eines Vertrages grds. keine Annahme eines solchen Angebots darstellt, vgl. etwa BAG v. 26.03.1997 – 10 AZR 612/96, AP BGB § 242 Betriebliche Übung Nr. 50; v. 25.11.2009 – 10 AZR 779/08, NZA 2010, 283, 285.

274 Insbesondere steht § 17 Abs. 3 Satz 3 BetrAVG einer einvernehmlichen Änderung der Versorgungszusage nicht entgegen, vgl. etwa BAG v. 16.9.1986 – GS 1/82, AP BetrAVG § 1 Ablösung Nr. 8.

275 Es muss sich dabei jedoch um eine qualifizierte Schriftformklausel handeln, da einfache Schriftformklauseln, wonach Änderungen und Ergänzungen der Versorgungszusage zur ihrer Gültigkeit der Schriftform bedürfen, jederzeit konkludent und formlos aufgehoben werden können, vgl. BAG v. 15.5.2012 – 3 AZR 610/11, AP BetrAVG § 1b Nr. 13.

276 Bei der Aufnahme eines Änderungs- und Widerrufsvorbehalts ist hinsichtlich vorformulierter Versorgungszusagen die strenge Rechtsprechung des BAG zu beachten. Dazu ausführlich Blomeyer/Rolfs/Otto/*Rolfs*, BetrAVG, Anh. zu § 1 Rn. 553 ff.

277 Zu den in Betracht kommenden Widerrufsgründen insbesondere Blomeyer/Rolfs/Otto/*Rolfs*, BetrAVG, Anh. zu § 1 Rn. 486 ff.

278 Blomeyer/Rolfs/Otto/*Rolfs*, BetrAVG, Anh. zu § 1 Rn. 548.

die wiederum den Anforderungen des § 2 KSchG genügen muss. Im Regelfall wird der Arbeitgeber einen verschlechternden Eingriff aufgrund der von der Rechtsprechung herangezogenen Entgelttheorie in der betrieblichen Altersversorgung mittels Änderungskündigung daher kaum[279] erreichen können, es sei denn, der Arbeitgeber wahrt bei der nachträglichen Änderung der Versorgungsbedingungen die Grundsätze nach dem dreistufigen Prüfungsschema, die das BAG für Eingriffe in Anwartschaften formuliert hat.[280]

4. Methodische Vorgehensweise bei der erläuternden Auslegung

Die Deutung des Inhaltes einer ausgehandelten Versorgungszusage ist nicht dem Gutdünken des Auslegenden überlassen. Vielmehr folgt der Rückgriff auf die unterschiedlichen Auslegungskriterien einer Vorgehensweise, die durch einfachgesetzliche Vorgaben und die anerkannten Grundsätze der Rechtsprechung determiniert ist.[281] Hier hat sich für die erläuternde Auslegung eine methodisch-formale Vorgehensweise herauskristallisiert, deren Ausgangspunkt der objektiv-individualisierte Empfängerhorizont ist.

a) Objektiv-individualisierter Empfängerhorizont

Der objektiv-individualisierte Auslegungsauftrag bei ausgehandelten Individualzusagen inkludiert zunächst einen objektiv-individualisierten Empfängerhorizont. Für die Auslegung ist folglich der Empfängerhorizont des konkreten Versorgungsberechtigten maßgeblich. Dabei kommt es im Rahmen der Auslegung darauf an, wie der Versorgungsberechtigte die Erklärung als redlicher Vertragspartner mit seinem ihm eigenen Erfahrungsschatz verstehen musste.[282] Dabei sind hinsicht-

---

279 Blomeyer/Rolfs/Otto/*Rolfs*, BetrAVG, Anh. zu § 1 Rn. 548 bemängelt insbesondere die Praktikabilität von Änderungskündigungen im Bereich der betrieblichen Altersversorgung aufgrund des weitreichenden Mitbestimmungsrecht des Betriebsrats. *Reinhard* und *Hoffmann-Remy* sind der Auffassung, dass die Änderungskündigung aufgrund der strengen Rechtsprechung des BAG zu einseitigen Eingriffen in Versorgungszusagen im Regelfall eine Änderung ohnehin „nicht durchsetzen" kann (NZA-Beil. 3/2012, 79, 80).

280 Das dreistufige Prüfungsschema des BAG für Eingriffe in – verfallbare oder unverfallbare –Versorgungsanwartschaften besagt, dass in erdiente Versorgungsanwartschaften nur bei Vorliegen zwingender Gründe und in die sog. zeitanteilig erdiente Dynamik (das ruhegehaltsfähige Einkommen) nur bei Vorliegen triftiger Gründe eingegriffen werden kann, während bei den noch nicht erdienten Zuwachsraten bereits sachlich-proportionale Gründe ausreichen, vgl. nur BAG v. 10.9.2002 – 3 AZR 635/01, AP BetrAVG § 1 Ablösung Nr. 37; v. 11.12.2001 – 3 AZR 128/01, NZA 2003, 1407.

281 Wolf/*Neuner*, Allgemeiner Teil, § 35 Rn. 52.

282 LAG Hamburg v. 3.6.2004 – 7 Sa 114/03–, juris Rn. 119.

lich des Empfängerhorizonts die Besonderheiten des Einzelfalls sowie sämtliche Vorstellungen und das Sonderwissen der Vertragsparteien in die Auslegung miteinzubeziehen.

Haben die Parteien etwa ausführlicher als in der Versorgungszusage angelegt, über die Anrechnung von Nebenverdiensten auf die versorgungsrechtlichen Ansprüche während der Bezugsphase verhandelt, dann müssen diese Aspekte – vorausgesetzt sie können hinreichend dargelegt und bewiesen werden – bei der Auslegung einer vertraglichen Anrechnungsklausel stets berücksichtigt werden. Gleiches kann gelten, wenn dem Versorgungsberechtigten – wie in der Praxis nicht selten – Leistungen der betrieblichen Altersversorgung aufgrund mehrerer Rechtsbegründungsakte zugesagt worden sind. Inwieweit hier eine Anrechnung vorzunehmen ist, bedarf einer konkreten Betrachtung des Einzelfalls. Für die Ermittlung des Parteiwillens können insoweit sämtliche Äußerungen und Korrespondenzen herangezogen werden, die den Inhalt der Versorgungszusage(n) geprägt haben.

b) Methodisch-formale Auslegungskriterien

Dem Willen der Vertragsparteien als Auslegungsziel muss sich über methodisch-formale Auslegungskriterien angenähert werden. Mit den methodisch-formalen Auslegungskriterien wird ein bestimmtes Auslegungsverfahren umschrieben, das bei der methodischen Entscheidungsfindung zu Grunde zu legen ist. Diese gibt jedoch selbst kein konkretes Auslegungsergebnis vor. Es ist insoweit nur Mittel zum Zweck.[283] Die zu beachtenden Auslegungskriterien knüpfen zwar an die gesetzlichen Grundlagen an, schreiben jedoch selbst kein zwingendes Verfahren vor.

Exemplarisch dafür ist etwa die Zusammenfassung in den Entscheidungsgründen des BAG vom 18.5.2010 zur Auslegung einer rechtsgeschäftlichen Versorgungszusage. Darin heißt es hinsichtlich der anerkannten Auslegungsgrundsätze:

„Nach §§ 133, 157 BGB sind Verträge so auszulegen, wie die Parteien sie nach Treu und Glauben unter Berücksichtigung der Verkehrssitte verstehen mussten. Dabei ist vom Wortlaut auszugehen, zur Ermittlung des wirklichen Willens der Parteien sind jedoch auch die außerhalb der Vereinbarung liegenden Umstände einzubeziehen, soweit sie einen Schluss auf den Sinngehalt der Erklärung zulassen. Vor allem sind die bestehende Interessenlage und der mit dem Rechtsgeschäft verfolgte Zweck zu berücksichtigen. Im Zweifel ist der Auslegung der Vorzug zu geben, die zu einem vernünftigen, widerspruchsfreien und den Interessen beider Vertragspartner gerecht werdenden Ergebnis führt."[284]

Es hat sich insoweit unter Orientierung an dem allgemein anerkannten Auslegungskanon eine bestimmte Vorgehensweise für die Sinnermittlung von Individualverträgen etabliert, wobei für die Ermittlung des parteilichen Willens zunächst auf den Wortlaut und den Regelungszusammenhang der Versorgungszusage

283 Wolf/*Neuner*, Allgemeiner Teil, § 35 Rn. 52.
284 BAG v. 18.5.2010 – 3 AZR 373/08, NZA 2010, 935.

zurückzugreifen ist. Darüber hinaus müssen aber auch auf historische Erwägungen sowie die bestehende Interessenlage und den mit der Versorgungszusage verfolgte Gesamtzweck abgestellt werden. Aufgrund der ausdrücklichen Anordnung in § 157 BGB sind bei der rechtsgeschäftlichen Auslegung ferner die allgemeinen Grundsätze von Treu und Glauben sowie die herrschende Verkehrssitte zu beachten. Grundsätzlich muss der Wille der Vertragsparteien dabei aus der Gesamtheit dieser Auslegungskriterien abgeleitet werden. Es muss bei der Inhaltsermittlung von ausgehandelten Individualzusagen ein interessengerechter Ausgleich hergestellt werden.[285] Dabei darf nicht verkannt werden, dass die Auslegung einer ausgehandelten Individualzusage stets eine Einzelfallentscheidung darstellt, die insoweit zuvörderst der tatrichterlichen Würdigung unterliegt.

aa) Wortlaut

Der Wortlaut einer ausgehandelten Versorgungszusage bildet bei der Deutung des Erklärungstatbestands im Regelfall den Ausgangspunkt der Auslegung. Dies ist mangels einer vorgeschriebenen Vorgehensweise nicht zwingend, aber vor dem Hintergrund, dass der von den Parteien schriftlich niedergelegte Inhalt zumeist auch ihrem parteilichen Willen entspricht, naheliegend. Dahinter steckt das Verständnis, dass sich die einem Kultur- und Rechtskreis angehörenden Personen zur Regelung ihrer Angelegenheiten bestimmten Sprachregeln unterworfen haben und deren Verbindlichkeit für sich akzeptiert haben (Normativität und Akzeptanz von Sprachregeln[286]). Es ist jedoch zu beachten, dass der Wortlaut zwar Ausgangspunkt, aber nicht Mittelpunkt der Auslegung ist. Der gesetzliche Auslegungsauftrag des § 133 BGB gibt insoweit vor, dass der Auslegende bei der Interpretation eines Textes nicht am buchstäblichen Sinn des Ausdrucks haften darf.[287]

Haben die Vertragsparteien den Inhalt der Versorgungszusage i.S.d. § 416 ZPO urkundlich festgelegt, spricht nach der zuzustimmenden Auffassung des BAG jedoch eine tatsächliche Vermutung dafür, dass diese Privaturkunde die rechtlich relevanten Willenserklärungen der Vertragsparteien „vollständig und richtig"[288] wiedergibt. Diese Vermutungsregel hat jedoch vorrangig Bedeutung für die Darlegungs- und Beweislast. Aufgrund der Indizwirkung des Wortlauts muss die Partei, die sich auf eine abweichende Individualabrede beruft, den Inhalt der Privaturkunde erschüttern.[289] Gelingt ihr der Nachweis eines abweichenden Willens, setzt sich dieser auch gegen einen eindeutigen Urkundstext durch.

---

285 Allgemein Staudinger/*Singer*, BGB, § 133 Rn. 2.
286 Staudinger/*Singer*, BGB, § 133 Rn. 45.
287 Ausführlich unter E. I. 4. b) cc) (1).
288 BAG v. 2.7.2009 – 3 AZR 501/07, NZA-RR 2010, 205, 207.
289 BAG v. 2.7.2009 – 3 AZR 501/07, NZA-RR 2010, 205, 207.

Die Deutung des Wortlauts[290] selbst kann bereits einen überwiegend klaren Rückschluss auf den Willen der Vertragsparteien zulassen. Umgekehrt kann der Wortlaut einer Versorgungszusage aufgrund der gewählten Begrifflichkeiten aber auch unterschiedlichste Interpretationsmöglichkeiten eröffnen. Ob der Wortlaut einer Versorgungszusage überwiegend deutlich ist, d.h. ein anderweitiger Wortsinn aller Wahrscheinlichkeit nach nicht anzunehmen ist, kann selbst nur mit Hilfe der Auslegung beantwortet werden.[291] Die Feststellung der Eindeutigkeit einer Erklärung kann insoweit erst nach der erfolgten Auslegung des Wortlauts getroffen werden. Sie ist das Ergebnis „der Ermittlung des maßgeblichen Sinngehalts von Erklärungen und ihres Verständnisses".[292] Liegen demnach schon mehrere Deutungsvarianten vor, kann sich eine Vertragspartei von vorherein nicht auf die Eindeutigkeit des Wortlauts berufen.[293]

Findet sich in dem Arbeitsvertrag eines leitenden Angestellten etwa die Klausel, dass der Arbeitgeber „beabsichtigt", im Verlaufe eines Jahres eine zusätzliche Alters- und Invaliditätsversorgung einzurichten, dann kann aus dieser Formulierung kein unmittelbarer Anspruch des leitenden Angestellten hergeleitet werden.[294] Der Arbeitgeber bringt mit einer solchen Formulierung lediglich zum Ausdruck, dass er die Einführung einer betrieblichen Altersversorgung überdenkt, sich aber noch nicht abschließend entschlossen hat. Erteilt der Arbeitgeber in der Folgezeit keine separate Zusage, wird auch keine Versorgungsverpflichtung begründet. Ein anderes Ergebnis wäre mit dem Grundsatz der Freiwilligkeit der betrieblichen Altersversorgung[295] nicht zu vereinbaren.

bb) Regelungszusammenhang

Der Rückgriff auf den Regelungszusammenhang der Versorgungszusage als weiteres methodisches Auslegungskriterium kann ebenfalls aus dem Auslegungsauftrag des § 133 BGB hergeleitet werden. Der Auslegende darf im Rahmen der Auslegung nicht nur am buchstäblichen Sinn haften, sondern muss auch berücksichtigen, dass ein Begriff je nach Stellung im Vertragswerk oder seiner Verknüpfung mit anderen Begriffen einen unterschiedlichen Sinn vermitteln kann. Regelungssystematisch kann bei einer Versorgungszusage dabei auch auf die Wertungen und Verwendungen von Begrifflichkeiten in der Versorgungszusage selbst oder in anderen

---

290 Hinsichtlich der einzelnen Elemente der Wortlautauslegung wird auf die umfassenderen Ausführungen zur Wortlautauslegung bei kollektivrechtlichen Versorgungswerken verwiesen, deren allgemeine Wertungen auch für individualrechtlich begründete Versorgungszusagen gelten, vgl. dazu F. III. 3. a).

291 BAG v. 13.11.2007 – 3 AZR 636/06, NZA-RR 2008, 457, 459.

292 BAG v. 10.1.1975 – 3 AZR 70/74, AP BGB § 242 Ruhegehalt-Beamtenversorgung Nr. 3.

293 Vgl. zur (Un-)Eindeutigkeit des Wortlauts ausführlich unter F. III. 3.

294 BAG v. 15.2.2011 – 3 AZR 248/09, AP BetrAVG § 1 Auslegung Nr. 18.

295 Vgl. dazu bereits C. II.

Versorgungsordnungen oder -werken des Unternehmens zurückgegriffen werden, wenn diese durch einen Verweis in Bezug genommen worden sind.[296] Die Versorgungszusage muss insoweit stets als systematisches Gesamtkonstrukt verstanden werden.

Das heißt zugleich, dass die Auslegung nicht bei einem vermeintlich klaren Wortlaut stehen bleiben darf. Bei einem scharf umrissenen Wortlaut muss der Gesamtzusammenhang die Vermutung der Wortlautrichtigkeit aber ernsthaft erschüttern. Ein derartiger Sachverhalt lag etwa einer Entscheidung[297] aus dem Jahr 1993 zugrunde, in der sich das BAG für die Berechnung der Betriebsrente mit einer Klausel zur Anrechnung von Vordienstzeiten zu beschäftigen hatte. Bei Renteneintritt war zwischen den Arbeitsvertragsparteien streitig, welche konkreten Zeiten für die Berechnung der Betriebsrenten zu berücksichtigen waren. Dabei war dem leitenden Angestellten von seinem damaligen Arbeitgeber eine Versorgungszusage nach der Leistungsordnung des *Essener Verbandes*[298] zugesagt worden. Beim Übergang des Arbeitsverhältnisses auf den neuen Arbeitgeber erteilte dieser dem Mitarbeiter folgende Zusage, die sich ebenfalls nach den Satzungsbestimmungen und der Leistungsordnung des *Essener Verbandes* richtete:

„Sie werden in die Pensionsregelung des *Essener Verbandes* aufgenommen, und zwar in die gleiche Gruppe, in der Sie bei der Firma ... [Anm.: dem damaligen Arbeitgeber] eingestuft sind. Die Jahre Ihrer bisherigen Zugehörigkeit zum *Essener Verband* durch die ... werden angerechnet."[299]

Während sich der neue Arbeitgeber auf den Standpunkt stellte, dass dem Schreiben eindeutig zu entnehmen sei, dass für die Berechnung der Betriebsrente lediglich die Zeiten der Zugehörigkeit des Versorgungsberechtigten zum *Essener Verband* angerechnet werden sollte, wollte der leitenden Angestellte das Schreiben so verstanden haben, dass sämtliche Vordienstzeiten bei dem damaligen Arbeitgeber zu berücksichtigen seien.[300]

Entgegen der Auffassung des Berufungsgerichts schloss sich das BAG der Auslegung des leitenden Angestellten an und griff auf die Regelungssystematik der Zusage zurück. In diesem Zusammenhang stellte das BAG fest, dass sich der auf den ersten Blick unzweifelhafte Wortlaut der Zusage („Ihrer bisherige Zugehörigkeit zum *Essener Verband*") aufgrund der Verweisung auf die Satzung und Leistungsordnung des *Essener Verbandes* und die dort zugrunde gelegten Wertungen nicht als eindeutig erwies.[301] Die Satzung des *Essener Verbandes* sah nämlich ausdrücklich vor, dass beim Übertritt eines Angestellten in den Dienst eines anderen Verbandsmitglieds die „bei dem vorherigen Mitglied verbrachten, bisher angerechneten

---

296 BAG v. 4.10.1994 – 3 AZR 215/94, NZA 1995, 788, 789.
297 BAG v. 26.1.1993 – 3 AZR 344/92–, juris.
298 Vgl. dazu etwa Fn. 219.
299 BAG v. 26.1.1993 – 3 AZR 344/92–, juris Rn. 3.
300 BAG v. 26.1.1993 – 3 AZR 344/92–, juris Rn. 6 ff.
301 BAG v. 26.1.1993 – 3 AZR 344/92–, juris Rn. 13.

Dienstjahre angerechnet werden“[302] . Weiter bestimmte die Leistungsordnung des *Essener Verbandes*, dass die Berechnung sich nach den anrechnungsfähigen Dienstjahren richte. Aus diesem Grund gab das BAG der Revision des leitenden Angestellten nach und verpflichtete den neuen Arbeitgeber dazu, bei der Berechnung der Betriebsrente sämtliche Vordienstzeiten, die der leitenden Angestellte bei seinem vorherigen Arbeitgeber verbrachte hatte, zu berücksichtigen.

cc) „Begleitumstände“

Der Auslegende ist nicht auf die Auslegungskriterien beschränkt, die sich unmittelbar aus dem Wortlaut und dem Regelungszusammenhang der Versorgungszusage ergeben. Aufgrund des einfachgesetzlichen Auslegungsauftrages und dem Ziel den wirklichen Willen zu rekonstruieren hat er vielmehr sämtliche Begleitumstände zu berücksichtigen. Der in der Rechtsprechung gewählte Terminus der „Begleitumstände“ umfasst dabei sämtliche historische Erwägungen, die zur Entstehung der Versorgungszusage beigetragen haben und den Vertragsschluss sowie die Durchführung des Vertrages geprägt haben.[303]

(1) Verbot der reinen Buchstabeninterpretation

Wegen des Verbots der reinen Buchstabeninterpretation[304] bei individualrechtlich begründeten Versorgungszusagen müssen sämtliche Umstände und Anknüpfungspunkte beachtet werden, die außerhalb des Wortlauts und des Regelungszusammenhangs liegen und Rückschlüsse auf den zugrunde liegenden und gegebenenfalls vom Wortlaut der Versorgungszusage abweichenden wirklichen Willen zulassen. Dabei ist nicht nur das Verhalten der Parteien bei Vertragsschluss einzubeziehen, sondern sämtliche in der Vergangenheit liegenden Begleitumstände sind zu berücksichtigen[305], sofern sie für den Versorgungsberechtigten erkennbar sind[306].

Ein wesentlicher Umstand der Versorgungszusage sind die Hintergründe der Entstehung. Zur Entstehungsgeschichte der Versorgungszusage gehört insbesondere der Inhalt von vertraglichen Vorverhandlungen.[307] Häufig lassen Vertragsentwürfe oder Notizen einen Rückschluss auf den Willen der Vertragsparteien zu. Dabei ist jedoch darauf zu achten, dass die vorvertragliche Willensübereinstimmung auch bis zum tatsächlichen Vertragsschluss Bestand haben müssen. Anderenfalls muss diese Willensübereinstimmung als überholt angesehen werden. Weicht der Wortlaut der

302 BAG v. 26.1.1993 – 3 AZR 344/92–, juris Rn. 13.
303 LAG Rheinland-Pfalz v. 26.11.2009 – 11 Sa 417/09–, juris Rn. 82.
304 MüKoBGB/*Busche*, § 133 Rn. 58.
305 BAG v. 13.12.2007 – 6 AZR 145/07, NJW 2008, 1243, 1244; v. 12.1.1994 – 5 AZR 41/93, NJW 1994, 3372, 3373; v. 5.2.1971 – 3 AZR 28/70, AP BGB § 242 Betriebliche Übung Nr. 10.
306 BGH v. 9.12.2010 – VII ZR 189/08, NJW-RR 2011, 309, 310; v. 17.12.2009 – VII ZR 172/08, NJW 2010, 1592, 1593.
307 BGH v. 8.7.1999 – III ZR 5/98, NJW 1999, 3191; MüKoBGB/*Busche*, § 133 Rn. 48.

erteilten Versorgungszusage von früheren Entwürfen ab, so kann auch hieraus ein Indiz für die Abkehr von einem bestimmten Regelungswillen geschlossen werden. Es können aber auch aufgezeichnete Korrespondenzen oder überarbeitete Versionen zu strittigen Verhandlungspunkten herangezogen werden, wenn sie auf einen bestimmten Inhalt der Versorgungszusage schließen lassen. Weiter gehören zu den Hintergründen der Entstehung auch die während der Vertragsverhandlungen getätigten Aussagen der Parteien. Zu Beweiszwecken können dafür etwa auch Aussagen von Zeugen – nicht selten werden die Verhandlungen durch einen Rechtsbeistand begleitet – Bedeutung haben, wenn diese bei den Verhandlungen oder beim Vertragsabschluss anwesend waren.[308]

Auch zeitlich nach dem Vertragsschluss liegende Umstände können einbezogen werden. Zwar tangieren diese nicht mehr den objektiven Inhalt der Versorgungszusage, sie können jedoch für die Ermittlung des tatsächlichen Willens bzw. des tatsächlichen Verständnisses von Bedeutung sein. So kann etwa bei der Auslegung eines Änderungsvertrages ein später abgeschlossener Abfindungsvertrag zu berücksichtigen sein, wenn dieser Rückschlüsse auf den Inhalt des Änderungsvertrages zulässt.[309]

(2) Gremienentscheidungen bei Zusagen gegenüber Organen

Bei einer Versorgungszusage, die einem Organ durch das zuständige Gremium erteilt wird, sind die Umstände bei Abschluss oder Änderung eines Versorgungsvertrages von besonderer Bedeutung, da die Zusage einer betrieblichen Altersversorgung nicht selten auch einen personalpolitischen Hintergrund hat. So ist etwa zu berücksichtigen, dass Versorgungszusagen Organmitgliedern häufig gewährt werden, um diese langfristig an ein Unternehmen zu binden. Um die Vorteile der betrieblichen Altersversorgung zu nutzen, können dabei individuelle Sonderzahlungen, wie sie bei Vorständen und Geschäftsführern die Regel sind, in Versorgungsleistungen umgewandelt werden, so dass bei der Auslegung die Besonderheiten, die mit der Sonderzahlungszusage verbunden sind, wie etwa die gewollte Abhängigkeit von der individuellen und unternehmerischen Zielerreichung, zu berücksichtigten sind.

Aussagekräftig können auch die Beschlüsse der zuständigen Vereins- oder Gesellschaftsorgane sein, die einer Versorgungszusage zugrunde liegen. Dabei ist immer zwischen dem Beschluss des zuständigen Organs als Akt der internen Willensbildung und der schlussendlichen Versorgungszusage, durch die das Unternehmen verpflichtet wird, zu unterscheiden. So ist die bloße interne Willensbildung des Aufsichtsrats einer AG bezüglich eines Ruhegeldes noch keine Versorgungszusage an den Vorstand.[310] Der Beschluss kann jedoch indizieren, wie der Aufsichtsrat eine später zugesagte Versorgungsleistung verstanden haben wollte. Zu beachten ist jedoch, dass die Beschlüsse von Vereins- oder Gesellschaftsorganen Rechtsgeschäfte

308 BAG v. 2.3.1973 – 3 AZR 265/72, BetrAV 1973, 204.
309 BGH v. 16.3.2009 – II ZR 68/08, NZA 2009, 613, 614.
310 BAG v. 19.1.1999 – 9 AZR 667/97–, juris Rn. 26.

eigener Art sind, die einen verbandsrechtlichen Charakter aufweisen.[311] Daher kann zur Sinnermittlung nicht auf den Willen der einzelnen am Beschluss beteiligten Mitglieder abgestellt werden. Vielmehr ist der Beschluss des Organs als einheitliches Werk objektiv auszulegen.[312]

dd) Interessenlage und Gesamtzweck

Als weitere Auslegungskriterien sind die zum Zeitpunkt der Versorgungszusage bestehenden Interessenlagen der Arbeits- bzw. Dienstvertragsparteien sowie der mit einzelner Regelungen oder dem gesamten Versorgungsvertrag beabsichtigte Zweck heranzuziehen. Dabei können diese Kriterien für ein Auslegungsergebnis, das sich aufgrund des Wortlauts oder des Regelungszusammenhangs erwiesen hat, bestärkende oder erschütternde Wirkung haben.

Dabei sind auf Arbeitgeberseite insbesondere Aspekte wie die Bindung des Mitarbeiters an das Unternehmen[313] oder die Kopplung der eigenen Versorgungszusage an die Ziele des Unternehmens zu berücksichtigen[314]. Letzteres kann etwa der Fall sein, wenn die Vergütung des Versorgungsberechtigten als Grundlage für die Versorgungszusage dient und diese sowohl aus festen als auch aus variablen Bestandteilen besteht.

Bei ausgehandelten Versorgungszusagen kann auch zu berücksichtigen sein, ob es sich bei der Versorgungszusage zweckmäßig allein um eine Alters- oder auch um eine Hinterbliebenenversorgung handeln soll. Dabei kann etwa von Bedeutung sein, ob der Arbeitgeber die Erbringung der Hinterbliebenenversorgung von zusätzlichen Voraussetzungen abhängig machen wollte.[315]

Bei der Reichweite von Anrechnungsklauseln hinsichtlich der Anrechenbarkeit bestimmter Leistungen kann zudem entscheidend sein, ob der Arbeitgeber die Altersversorgung als Gesamtversorgungssystem[316] oder als Versorgungspunktemodell[317] ausgestaltet hat, da bei einer Gesamtversorgungszusage die Anrechenbarkeit von Leistungen einen systemimmanenten Faktor darstellen.

Daneben können bei der Auslegung jedoch auch allgemeine Gesichtspunkte zu berücksichtigen sein. Insoweit gilt in der Rechtsprechung außerhalb der §§ 305 ff. BGB der allgemeine Grundsatz, dass im Zweifel der Auslegung der Vorzug zu geben ist, die zu einem vernünftigen, widerspruchsfreien und den Interessen beider Vertragspartner gerecht werdenden Ergebnis führt.[318] Bei der Entscheidungsfindung nach dem Telos einer Bedingung muss sich die Auslegung folglich von den

---

311 MüKoBGB/*Busche*, § 133 Rn. 39.
312 MüKoBGB/*Busche*, § 133 Rn. 39.
313 Vgl. dazu etwa ausführlich *Schlewing*, NZA-Beil. 2/2014, 127 ff.
314 Uckermann/Fuhrmanns/Ostermayer/Doetsch/*Uckermann*, BetrAVG, Kap. 4 Rn. 4.
315 BAG v. 19.12.2000 – 3 AZR 186/00, NZA 2001, 1260, 1261.
316 Vgl. zum Gesamtversorgungssystem Fn. 621.
317 Vgl. zum Versorgungspunktemodell Fn. 145.
318 Vgl. etwa BAG v. 2.7.2009 – 3 AZR 501/07, NZA-RR 2010, 205, 206.

Gesichtspunkten der Vernunft, der Logik und der parteilichen Interessenlage leiten lassen. Aus diesem Grund hat etwa der BGH ein vorinstanzliches Urteil hinsichtlich der Auslegung einer Einzelzusage für den Vorstand einer Genossenschaft aufgehoben und zurückverwiesen, nachdem das OLG Frankfurt[319] zuvor zu einem Ergebnis gekommen war, das zur Folge hatte, dass sich die vertragliche Regelung als (teilweise) sinnlos erwies.

Nach der dem Fall zugrunde liegenden Versorgungszusage sollte sich die Ausgangsbasis der Versorgungsbezüge entsprechend prozentual erhöhen, „wenn tarifliche Gehaltserhöhungen bei dem der Besoldung bzw. den Versorgungsbezügen des Versorgungsberechtigten zugrundeliegenden Tarif erfolgten“[320]. Nach dem vorzeitigen Ausscheiden des Vorstands aus den Diensten der Genossenschaft kam es zwischen den Parteien zum Streit, in welchem Umfang der Vorstand noch an der tariflichen Dynamisierung der Gehälter partizipiere. Das OLG Frankfurt hatte die entsprechende Vertragsbestimmung dahingehend ausgelegt, dass die Dynamisierungsregel erst nach Eintritt des Versorgungsfalles seine Wirkung entfalte.[321]

Der BGH kam abweichend zu dem Ergebnis, dass die Versorgungsbezüge des Vorstands umfassend, d.h. sowohl hinsichtlich der Besoldung als auch hinsichtlich der Versorgungsbezüge, an der tariflichen Dynamik teilnehmen.[322] Die Notwendigkeit dieses Schlusses führte der BGH darauf zurück, dass die eigenständige Nennung des Besoldungsbegriffes ansonsten sinnentleert wäre, da der Berechtigte während seiner Zeit im Anstellungsverhältnis ohnehin an den tariflichen Gehaltserhöhungen teilnehmen würde.[323] Die Bestimmung hätte insoweit keinen eigenständigen Regelungsgehalt. Nach der allgemeinen Lebenserfahrung sei aber anzunehmen, „dass eine vertragliche Bestimmung nach dem Willen der Parteien einen bestimmten rechtserheblichen Inhalt haben solle“[324].

ee) Berücksichtigung von Wertungsgesichtspunkten

Wie bereits angesprochen hat der Richter bei der Auslegung einer ausgehandelten Versorgungszusage zudem stets die Wertungen des § 157 BGB zu berücksichtigen.[325] Seinen vorrangigen Anwendungsbereich hat § 157 BGB zwar im Anwendungsbereich der ergänzenden Auslegung.[326] Im Einzelfall können seine Wertungsgesichtspunkte ein Auslegungsergebnis aber auch im Rahmen der erläuternden Auslegung erschüttern. Es stellt sich jedoch die berechtigte Frage, wie eine Auslegung in concreto auszusehen hat, die bei der Deutung einer Versorgungszusage

319 OLG Frankfurt v. 6.12.1996 – 25 U 50/96, als Vorinstanz in NJW 1998, 2966.
320 BGH v. 18.5.1998 – II ZR 19/97, NJW 1998, 2966.
321 OLG Frankfurt v. 6.12.1996 – 25 U 50/96, als Vorinstanz in NJW 1998, 2966.
322 BGH v. 18.5.1998 – II ZR 19/97, NJW 1998, 2966.
323 BGH v. 18.5.1998 – II ZR 19/97, NJW 1998, 2966, 2967.
324 BGH v. 18.5.1998 – II ZR 19/97, NJW 1998, 2966, 2967.
325 Vgl. dazu E. I. 2.
326 Vgl. dazu E. III.

diese gesetzgeberischen Vorgaben berücksichtigt. Zur praktischen Handhabung dieser Auslegungsvorschrift muss dafür einleitend geklärt werden, welche Bedeutung den unbestimmten Rechtsbegriffen von Treu und Glauben sowie der Verkehrssitte bei der Auslegung von Verträgen im Allgemeinen zukommt.

(1) Grundsatz von Treu und Glauben

Es entspricht dem allgemeinen Verständnis, dass der in § 242 BGB wurzelnde Grundsatz von Treu und Glauben im Rahmen der Auslegung Einzelfallgerechtigkeit garantieren soll.[327] Eine allgemeine begriffliche Erfassung des Prinzips von Treu und Glauben ist daher nur schwer möglich. Das Fehlen einer positiven Definition erschwert die praktische Handhabung dieses Grundsatzes nicht unerheblich. Aufgrund der mannigfaltigen Kasuistik kann sich dem Gehalt von Treu und Glauben insoweit vor allem über ein negatives Verständnis angenähert werden, das festlegt, wann ein Auslegungsergebnis jedenfalls nicht mit dem Grundsatz von Treu und Glauben in Einklang steht. Es haben sich insbesondere zwei Fallgruppen herauskristallisiert. Danach widerspricht eine Auslegung dem Grundsatz von Treu und Glauben zum einen, wenn das gefundene Auslegungsergebnis derartig widersprüchlich ist, dass die Regelung selber als sinnwidrig erscheint bzw. den gesamten Vertragszweck konterkariert.[328]

Zum anderen soll ein Auslegungsergebnis mit dem Grundsatz von Treu und Glauben unvereinbar sein, wenn sich das Auslegungsergebnis als einseitige Interessendurchsetzung darstellt und dadurch eine Partei übermäßig bevorteilt (Gebot der interessengerechten Auslegung[329]). Das hat zur Folge, dass bei der Auslegung von ausgehandelten Versorgungszusagen insbesondere die bestehenden Parteiinteressen umfassend zu würdigen und gegebenenfalls abzuwägen sind.[330] Dabei ist jedoch zu beachten, dass die bestehende Interessenlage ein Auslegungsergebnis nur insoweit erschüttern kann, als dass sie der anderen Vertragspartei auch tatsächlich bekannt geworden ist.

So hat etwa das BAG bei der Auslegung einer Versorgungszusage im Jahr 1960 einen Verstoß gegen den anerkannten Grundsatz von Treu und Glauben erwogen, da der Versorgungsberechtigte bei einer vorbehaltlos erteilten Versorgungszusage volle Zahlung des versprochenen Ruhegeldes verlangt hatte, obwohl „infolge der Neuregelung der gesetzlichen Rentenversicherung und der dadurch bedingten entscheidenden Erhöhung der gesetzlichen Altersrenten einer derjenigen Faktoren

---

327 MüKoBGB/*Roth/Schubert*, § 242 Rn. 25; NK/*Krebs*, BGB, § 242 Rn. 63.

328 BGH v. 7.3. 2005 – II ZR 194/03, NJW 2005, 2618, 2619; v. 5.4.1993 – II ZR 238/91, NJW 1993, 1976, 1978; Erman/*Armbrüster*, BGB, § 157 Rn. 7; MüKoBGB/*Busche*, § 157 Rn. 6.

329 BGH v. 27.9.2011 – II ZR 279/09; NZG 2011, 1420, 1421; v. 30.6.2011 – VII ZR 13/10, NJW 2011, 3287, 3288; v. 21.3.2002 – IX ZR 105/00, NJW 2002, 1946, 1947; v. 31.10.1995 – XI ZR 6/95, NJW 1996, 248.

330 MüKoBGB/*Busche*, § 157 Rn. 7.

grundlegend geändert worden ist, der für die Bemessung des Ruhegeldes bestimmend war."[331] Auch wenn das BAG im konkreten Fall nach Würdigung der Umstände des Einzelfalls einen derartigen Verstoß ablehnte, zeigt diese Rechtsprechung, dass der Grundsatz von Treu und Glauben im Einzelfall ein Auslegungsergebnis als Korrektiv erschüttern kann.[332]

Aufgrund der einfachgesetzlichen Kodifikation sind derartige Fälle heute aber methodenehrlicher über die Grundsätze der Störung der Geschäftsgrundlage nach § 313 BGB[333] oder das Rechtsinstitut des Missbrauchs der Rechtsausübung nach § 242 BGB aufzulösen. Letzteres kommt etwa in Betracht, wenn ein Auslegungsergebnis auf einem täuschenden Verhalten einer Vertragspartei beruht, das selbst nicht den Tatbestand der arglistigen Täuschung nach der spezielleren Vorschrift des § 123 Abs. 1 BGB unterfällt. So hat das OLG Düsseldorf die korrigierende Wirkung des § 242 BGB jedenfalls für den Fall in Betracht gezogen, in dem ein Geschäftsführer in Kenntnis einer eigenen Darlehensschuld gegenüber der Gesellschaft im Rahmen einer Aufhebungsvereinbarung eine umfassende Ausgleichsklausel unterschrieben hatte und sich danach weigerte, dass Darlehen zu tilgen.[334] Aufgrund der Umstände des Einzelfalls lehnte es eine Korrektur unter dem Gesichtspunkt von Treu und Glauben jedoch ab.

Es ist jedoch anzumerken, dass darüber hinaus keine Entscheidung ersichtlich ist, bei denen das BAG oder der BGH einem Auslegungsergebnis allein unter Berufung auf den Grundsatz von Treu und Glauben tatsächlich den Sinngehalt abgesprochen hat. De facto ist es daher eher so, dass der Grundsatz von Treu und Glauben als allgemeines Prinzip zu einer interessengerechten Auslegung anhalten soll. Damit hat der Grundsatz von Treu und Glauben neben dem Auslegungskriterium der Interessenlage jedoch keinen echten eigenständigen Anwendungsbereich. Die restriktive Anwendung dieses Grundsatzes ist vor dem Hintergrund des Gebots der Methodentrennung zwischen Auslegung und Inhaltskontrolle auch zu begrüßen.[335]

(2) Berücksichtigung der Verkehrssitte

Einen konkreteren Anwendungsbereich hat der Auslegungsgrundsatz der Verkehrssitte nach § 157 BGB bei ausgehandelten Versorgungszusagen. Jedoch stellt der Begriff der Verkehrssitte den Anwender ebenfalls vor Probleme, da dieser nicht minder konturenlos wie der Terminus von Treu und Glauben ist.

---

331 BAG v. 21.11.1961 – 3 AZR 446/60, AP BGB § 242 BGB Ruhegehalt Nr. 82.

332 Das BAG lehnte eine einseitige Interessendurchsetzung insbesondere deshalb ab, weil der Arbeitgeber in Kenntnis der gesetzlichen Änderungen nicht aktiv geworden war. Bei der Anwendung der allgemeinen Auslegungsgrundsätze hätte dieser Umstand bei der erläuternden Auslegung aber nicht berücksichtigt werden dürfen, BAG v. 21.11.1961 – 3 AZR 446/60, AP BGB § 242 BGB Ruhegehalt Nr. 82.

333 Dazu ausführlich E. IV. 3. b).

334 OLG Düsseldorf v. 9.7.1997 – 3 U 11/97, NZA-RR 1998, 1, 3.

335 Vgl. dazu auch E. II. 6. f) aa).

In der Rechtsprechung wird die Verkehrssitte allgemein verstanden als „die im Verkehr in einer größeren Zahl gleichartiger Fälle über einen gewissen Zeitraum nach einheitlicher Auffassung aller Beteiligten tatsächlich herrschende Übung“[336]. Die Verkehrssitte ist folglich nicht Rechtsnorm, sondern eine Tatsächlichkeit, die das Rechtsverhältnis prägt. Bei der Auslegung sind also die Gewohnheiten zu berücksichtigen, die das Vertragsverhältnis prägen, obwohl sie nicht selbst Bestandteil des Vertrages geworden sind. Dabei kann etwa die bisherige Handhabung der Versorgungszusage durch die Parteien eine gewisse Rolle spielen, auch wenn dies auf den ersten Blick gegen den Grundsatz verstößt, dass bei der Auslegung einer ausgehandelten Versorgungszusage stets auf den Zeitpunkt des Vertragsschlusses abzustellen ist. Es ist jedoch zu beachten, dass die Verkehrssitte selbst nicht den Inhalt der Versorgungszusage selbst beeinflusst. Sie lässt lediglich Rückschlüsse auf den tatsächlichen Willen zu. So kann die gängige Praxis zwischen den Parteien etwa relevant werden, wenn der Arbeitgeber sich in der Vergangenheit mit – vorteil- wie auch nachteilhaften – kleineren Vertragsänderungen bzw. -anpassungen stets konkludent einverstanden erklärt hat bzw. einer Verhinderung ausdrücklich widersprochen hat.[337]

Die Berücksichtigung der Verkehrssitte, die auch aus nachträglichem Verhalten abgeleitet werden kann, darf dabei aber nicht die Grundsätze verwischen, die das BAG für das Institut der gegenläufigen Übung im Betriebsrentenrecht aufgestellt hat. Im Bereich der betrieblichen Altersversorgung hat das BAG die Anwendung dieser Grundsätze während der Leistungsphase aufgrund der einseitigen Leistungspflicht des Arbeitgebers nämlich ausdrücklich abgelehnt.[338] Insoweit kann der Arbeitgeber gewährtes Weihnachtsgeld für Betriebsrentner nicht aufgrund einer gegenläufigen Übung wieder abändern bzw. aufheben.[339]

5. Auflösung von verbleibenden Unklarheiten

Nicht selten kann eine Mehrdeutigkeit trotz des Rückgriffs auf die formal-methodischen Auslegungskriterien nicht abschließend aufgeklärt werden. Es stellt sich sodann die Frage, wie mit Regelungspunkten in ausgehandelten Versorgungszusagen zu verfahren ist, bei denen es auch nach Rückgriff auf die formal-methodischen Auslegungskriterien an einem überwiegend eindeutigen Verständnis mangelt. Den (Arbeits-)Gerichten steht in diesen Fällen grundsätzlich eine Entscheidungsprärogative zu, so dass sie bei mehreren in Betracht kommenden Auslegungsergebnissen einem den Vorzug geben können. Dieses Entscheidungsrecht stellt das Kernstück der richterlichen Tätigkeit dar.[340] Bei dieser Entscheidung sind sie nur an die allgemeinen Denkgesetze, Erfahrungssätze und Verfahrensvorschriften

336 Grundlegend etwa BGH v. 30.3.1990 – V ZR 113/89, NJW 1990, 1723, 1724.
337 Schaub/*Linck*, ArbR-Hdb, § 32 Rn. 15.
338 BAG v. 16.2.2010 – 3 AZR 118/08, NZA 2011, 104, 106.
339 BAG v. 16.2.2010 – 3 AZR 118/08, NZA 2011, 104, 106.
340 BVerfG v. 8.2.2001 – 2 BvR 1/00, NJW 2001, 1048, 1052.

gebunden.[341] Diese Entscheidungsprärogative ist Ausdruck der verfassungsrechtlich legitimierten Letztentscheidungskompetenz der Gerichte.[342] Sie kann aber durch das Vorliegen von sog. inhaltlich-materialen Auslegungsregeln und -grundsätzen determiniert sein.[343]

a) Regelungsgehalt von inhaltlich-materialen Auslegungsregeln

Je nach Auslegungsfrage ist es notwendig, eine Lösung der inhaltlichen Meinungsverschiedenheit unter Rückgriff auf inhaltlich-materiale Auslegungsregeln bzw. Erfahrungswerte zu suchen. Diese Auslegungsregeln zeichnen sich dadurch aus, dass sie einem bestimmten Auslegungsergebnis den Vorzug geben, wenn sich trotz des Rückgriffs auf die methodisch-formale Auslegungsregeln abschließende Zweifel nicht ausräumen lassen.[344] Inhaltlich-materiale Auslegungsregeln haben folglich nicht die formale Vorgehensweise der Auslegung zum Gegenstand, sondern geben vielmehr für den Fall der Mehrdeutigkeit den materiell-rechtlichen Inhalt eines Auslegungsergebnisses vor. Sie haben für mehrdeutige Regelungen in ausgehandelten Individualzusagen insoweit einen geltungserhaltenden Charakter. Da der Rückgriff auf derartige Auslegungsregeln die Gefahr in sich birgt, dass der privatautonome Wille der Parteien frühzeitig durch ein vom Tatrichter bevorzugtes Rechtsempfinden ersetzt wird, darf auf eine derartige Auslegungsregel erst dann zurückgegriffen werden, wenn hinsichtlich einer inhaltlichen Fragestellung nicht auszuräumende Zweifel verbleiben. An die verbleibenden Zweifel müssen dieselben Anforderungen gestellt werden, die zur Anwendung der Unklarheitenregel nach § 305c Abs. 2 BGB führen. Es wird insoweit auf die dortigen Ausführungen verwiesen.[345] Zu beachten ist jedoch, dass völlig fernliegende Auslegungsmöglichkeiten, von denen eine Gefährdung des Rechtsverkehrs ernsthaft nicht zu befürchten ist, einen Rückgriff auf derartige richterliche Auslegungsregeln nicht rechtfertigen können und daher außer Betracht bleiben müssen.[346]

b) Das Verhältnis von inhaltlichen Auslegungsregeln zur ergänzenden Auslegung

Das Gebot der Methodenehrlichkeit macht es erforderlich, dass der Rückgriff auf inhaltlich-materiale Auslegungsregeln jedoch nicht mit dem Rechtsinstitut der ergänzenden Auslegung kollidiert. Der Rechtsanwender ist stets verpflichtet, das methodische Instrument zu wählen, das ihm bei der Ermittlung des richtigen Auslegungsergebnisses,

341 Vgl. nur BAG v. 14.2.2012 – 3 AZR 685/09, AP BetrAVG § 16 Nr. 85.
342 Für Tarifverträge etwa BAG v. 6.6.1984 – 4 AZR 218/82, AP BAT 1975 §§ 22, 23 Nr. 90; v. 23.10.1958 – 4 AZR 110/56, AP TOA § 3 Nr. 41.
343 MüKoBGB/*Busche*, § 133 Rn. 62.
344 MüKoBGB/*Busche*, § 133 Rn. 62.
345 Dazu ausführlich D. III. 7. d) bb) (1).
346 BAG v. 13.12.2011 – 3 AZR 791/09, NZA 2012, 738, 739.

d.h. dem Ergebnis, das dem übereinstimmenden Willen der Vertragsparteien am nächsten liegt, sachdienlicher ist. Es bedarf insoweit einer deutlichen Abgrenzung der Anwendungsbereiche dieser Rechtsinstitute. Auch wenn sich die ergänzende Auslegung hinsichtlich der Methodik der Lückenfüllung nur bedingt von der erläuternden Auslegung unter Rückgriff auf inhaltlich-materiale Auslegungsregeln unterscheidet, so reagieren beide Instrumente auf unterschiedliche Ausgangssituationen.

Während bei der erläuternden Auslegung unter Rückgriff auf inhaltlich-materiale Erfahrungswerte einem Auslegungsergebnis gegenüber mehreren in Betracht kommenden Auslegungsergebnissen der Vorzug gegeben wird und den Parteien insoweit eine bestimmte empirische Einigung näher gelegt wird als eine andere, zielt die ergänzende Auslegung darauf ab, eine von vornherein unvollständige Regelung zu schließen, indem an den in ihm enthaltenen Regelungsplan angeknüpft wird und hieraus unter Berücksichtigung von Treu und Glauben mit Rücksicht auf die Verkehrssitte Regelungen für offengebliebene Punkte abgeleitet werden[347]. Beide Vorgehensweisen unterscheiden sich insoweit nur in Nuancen: Die Anwendbarkeit einer inhaltlich-materialen Auslegungsregeln löst die Zweifelsfrage dahingehend auf, dass sich die Parteien bei mehreren in Betracht kommenden Auslegungsergebnissen auf ein bestimmtes Auslegungsergebnis geeinigt haben, da sich die Parteien nach der gesetzlichen Wertentscheidung bzw. der richterlichen Erfahrung stets in diesem Sinne einigen. Demgegenüber wird bei der ergänzenden Vertragsauslegung zunächst festgestellt, dass die Parteien sich nicht geeinigt haben, um unter Berücksichtigung von objektiven Wertungsgesichtspunkten die tatsächliche Lücke im Vertragswerk sodann mittels eines mutmaßlichen Parteiwillens zu schließen. Die Anwendbarkeit inhaltlich-materialer Auslegungsregeln setzt insoweit – im Gegenteil zur der ergänzenden Vertragsauslegung – eine grundsätzliche Einigung zwischen den Parteien voraus.

Aus dem Vorrang des parteilichen Willens leitet sich auch ein Rangverhältnis zwischen der erläuternden Auslegung unter Rückgriff auf inhaltlich-materiale Auslegungsregeln und der ergänzenden Auslegung ab. Letztere findet erst Anwendung, wenn die Auslegung ergeben hat, dass sich die Parteien gerade nicht geeinigt haben und sich die Regelung folglich als lückenhaft erweist. Enthält die Versorgungszusage demgegenüber zu einer Frage von Beginn an keine Regelung, so hilft die erläuternde Vertragsauslegung a priori nicht weiter und es bedarf eines Rückgriffs auf die ergänzende Auslegung.

c) Inhaltlich-materiale Auslegungsregeln

Inhaltlich-materiale Auslegungsregeln stellen insoweit Zweifelregeln dar, die sich entweder unmittelbar aus dem Gesetz ergeben oder sich als Resultat „richterlicher Erfahrung“[348] erweisen. Gesetzliche Auslegungsregeln mit einem inhaltlich-materialen

347 Grundlegend zur ergänzenden Vertragsauslegung durch den Richter insbesondere BGH v. 22.4.1953 – II ZR 143/52, NJW 1953, 937.

348 MüKoBGB/*Busche*, § 133 Rn. 63.

Gehalt finden sich in der Rechtsordnung jedoch mit einer überschaubaren betriebsrentenrechtlichen Bedeutung. Von praktischer Bedeutung für das Recht der betrieblichen Altersversorgung ist lediglich § 159 VVG, der eine solche Auslegungsregel für die Frage der Widerruflichkeit der Bezugsberechtigung beim Durchführungsweg der Direktversicherung festschreibt.[349] Das Betriebsrentenrecht ist vorrangig durch höchstrichterliche Auslegungsregeln[350] geprägt.

aa) Keine Geltung einer allgemeinen Unklarheitenregel im Bereich der Individualzusagen

Es ist zunächst anzumerken, dass bei ausgehandelten Individualzusagen die sog. Unklarheitenregel, wonach Zweifel bei der Auslegung generell zulasten einer Partei gehen, keine Anwendung findet. Diese Auffassung hat die Rechtsprechung bereits vor der Schuldrechtsreform und der gesetzlichen Normierung des § 305c Abs. 2 BGB vertreten. Es gibt keine derartige allgemeine Regel für Individualverträge.[351] Die Zweifelsregel, dass Unklarheiten zulasten der Partei gehen, die die Bedingung gestellt hat, ist nur bei der Auslegung von Formularverträgen anzuwenden[352]. Hintergrund ist, dass nur bei derartigen Formularverträgen, die eine Vertragspartei die Gestaltungsfreiheit für sich allein beansprucht hat mit der Folge, dass diese als Verwender auch das Risiko tragen muss, sich nicht klar und verständlich ausgedrückt zu haben.[353]

bb) Auslegungsregeln als Folge richterlicher Erfahrung

Wie bereits angedeutet[354], ist das Recht der betrieblichen Altersversorgung durch eine Vielzahl von Auslegungsregeln geprägt, die auf richterlichen Erfahrungswerten beruhen und eine rechtliche Bindungswirkung aufgrund ihrer eigenen Überzeugungskraft entfalten.

(1) Höchstrichterliche Erfahrungswerte als Auslegungskomponente

Im Fall von Unklarheiten bzw. Mehrdeutigkeiten obliegt die streitbeilegende Auslegung dem Richter. Insoweit sind richterliche Auslegungsregeln das Resultat der abschließenden Entscheidungskompetenz des Richters. Besteht hinsichtlich einer inhaltlichen Regelung zwischen den Parteien Streit, so ist es die Aufgabe des Richters, diesen zu entscheiden. Unter gewissen Voraussetzungen kann eine derartige richterliche Auslegung aber nicht nur den Einzelfall befrieden, sondern darüber hinaus

---

349 Vgl. dazu G. II. 1. a).
350 Dazu ausführlich unter E. I. 5. c) bb).
351 BGH v. 19.11.1970 – VII 238/68, VersR 1971, 172; v. 12.2.1952 – I ZR 96/51, BGHZ 5, 111.
352 Dazu ausführlich E. III. 7. d).
353 BGH v. 12.2.1952 – I ZR 96/51, BGHZ 5, 111.
354 Vgl. E. I. 5.

eine allgemeine Auslegungsregel etablieren. Dies ist jedenfalls dann der Fall, wenn die Auslegungsregel höchstrichterliche Bestätigung bzw. Änderung erfahren hat.

Der Anerkennung von richterlichen Auslegungsregeln liegt folgendes Verständnis zugrunde: Wenn man davon ausgehen würde, dass derartige höchstrichterliche Präjudizien – etwa auch die Klärung einer solchen durch den Großen Senat gem. § 45 Abs. 4 ArbGG – keinerlei Bindungswirkung entfalten, dann könnten die Instanzgerichte im Nachgang hinsichtlich derselben Auslegungsfrage stets abweichende Entscheidungen treffen, was stets den Instanzenzug in Gang setzen würde. Ein derartiges Vorgehen läuft allerdings dem sich aus dem Rechtsstaatsgebot ergebenden zwingenden Gebot von Rechtssicherheit durch Rechtsklarheit zu wider[355]. Auch schwindet das gesellschaftliche Vertrauen in die Justiz, wenn ein Gericht seiner Entscheidung trotz höchstrichterlicher Klärung der Auslegungsfrage ohne ersichtlichen Grund ein abweichendes Auslegungsergebnis zugrunde legt. Darüber hinaus ist zu beachten, dass die gesellschaftliche Rechtswirklichkeit – d.h. im Betriebsrentenrecht insbesondere der Arbeitgeber und der Versorgungsberechtigte – auf eine höchstrichterliche Rechtsprechung hin Maßnahmen ergreift und sich insoweit auf den Fortbestand einstellen muss. Aus diesem Grund ist es richtig eine Bindungswirkung höchstrichterlicher Auslegungsregeln anzuerkennen.

(2) Anforderungen an richterliche Auslegungsregeln

Nichtsdestotrotz darf nicht übersehen werden, dass der Richter grundsätzlich einen konkreten Einzelfall aburteilt und die Rechtskraft von Urteilen auf die am streitigen Verfahren unmittelbar beteiligten Parteien beschränkt ist.[356] Rechtsverbindliche Auslegungsregeln können aus diesen Auslegungserwägungen insoweit nur unter den nachfolgenden Voraussetzungen resultieren.

Zunächst setzt eine richterliche Auslegungsregel voraus, dass die Auslegungsfrage eine gewisse Breitenwirkung aufweist. Dies ist insbesondere dann der Fall, wenn sich die inhaltliche Fragestellung wiederkehrend und typischerweise auch in anderen Regelungswerken stellt oder weil die entscheidungserhebliche Auslegungsfrage aufgrund ihrer inhaltlichen Tragweite von grundsätzlicher Bedeutung i.S.d. § 64 Abs. 3 Nr. 1 bzw. § 72 Abs. 1 Nr. 1 ArbGG ist. Dies ist der Fall, wenn die Klärung der Frage über den Einzelfall hinaus der Fortentwicklung des Rechts oder der einheitlichen Rechtsanwendung dient.[357] Es muss insoweit zumindest ein abstraktes Interesse der Allgemeinheit an der einheitlichen Entwicklung und Handhabung des Rechts bestehen.[358]

---

355 „Rechtssicherheit erfordert ausreichende Klarheit des Bestandes und des Inhalts der Staatsakte", vgl. Maunz/Dürig/*Grzeszick*, GG, Art. 20 Rn. 51 ff.

356 Vgl. zu dieser subjektiven Rechtskraftwirkung etwa MüKoZPO/*Gottwald*, § 325 Rn. 1.

357 Grunsky/Waas/Benecke/Greiner/*Benecke*, ArbGG § 72 Rn. 13; Germelmann/Matthes/Prütting/*Müller-Glöge*, ArbGG § 72 Rn. 12.

358 BAG v. 10.7.2014 – 10 AZN 307/14, AP ArbGG 1979 § 72a Nr. 86.

Zudem muss die Auslegungsregel grundsätzlich über mehrere Jahre in der Rechtsprechung – gegebenenfalls unter Rückgriff auf Anregungen aus der rechtswissenschaftlichen Literatur – entwickelt und etwa durch in der amtlichen Sammlung des Gerichts veröffentlichte Urteile bekräftigt worden sein.[359] Aus den vorstehenden Kriterien ist im Umkehrschluss zu folgern, dass nicht jede höchstrichterliche Entscheidung als verbindliche Auslegungsregel verstanden werden kann. Es bedarf hierfür vielmehr einer gewissen Bedeutung für die Allgemeinheit sowie eine dauerhafte und beständige Anwendung der Auslegungsregel. Demnach gilt: Eine höchstrichterliche Auslegungsregel entfaltet eine Bindungswirkung insbesondere dann, wenn sie in der Rechtsprechung „seit langem und wiederholt angewandt“[360] wird. Sie kann aber auch bereits dadurch verbindliche Breitenwirkung entfalten, dass die Rechtsfrage in der zwischen den Instanzgerichten umstritten ist und mit der abschließenden Entscheidung ausdrücklich für Rechtsklarheit gesorgt wird.

Vor diesem Hintergrund hat sich die höchstrichterliche Rechtsprechung bereits ab den 1960er Jahren auf folgenden Grundsatz geeinigt: Ein oberstes Bundesgericht soll nicht von seiner bisherigen Rechtsprechungspraxis abweichen, „wenn sowohl für die eine wie für die andere Ansicht gute Gründe sprechen“[361]. Begründet wird dieses Verständnis damit, dass „in solchen Fällen [...] die Rechtswerte der Rechtssicherheit und des Vertrauensschutzes in den Vordergrund [träten].“[362] Deshalb sei an einer „eingeschlagenen Rechtsentwicklung“[363] festzuhalten. Die Kontinuität der Rechtsprechung dürfe nur dann durchbrochen werden, „wenn deutlich überwiegende oder sogar zwingende Gründe dafür sprächen“[364]. Aus dem zwingenden Gebot des Rechtsstaatsprinzips, insbesondere aus dem Grundsatz des Vertrauensschutzes aus Art. 20 Abs. 3 GG, kann insoweit eine rechtliche Bindungswirkung von höchstrichterlichen Entscheidungen gefolgert werden, die im Vergleich zur Bindungswirkung von Gesetzen jedoch abgeschwächter Natur ist.

(3) Abgeschwächte Bindungswirkung von Präjudizien

Es ist insoweit zu beachten, dass richterliche Auslegungsregeln keine gesetzesgleiche Bindungswirkung haben.[365] Diesen Standpunkt haben auch das BVerfG und

---

359 BAG v. 14.12.2005 – 4 AZR 536/04, NZA 2006, 607, 610.

360 BAG v. 14.12.2005 – 4 AZR 536/04, NZA 2006, 607, 608.

361 BAG v. 17.10.1963 – 1 ABR 1/63, AP BetrVG § 76 Nr. 13; v. 15.2.1962 – 2 AZR 322/60, AP ArbKrankhG § 1 Nr. 35.

362 BAG v. 29.3.1984 – 2 AZR 429/83, NZA 1984, 169, 171.

363 BAG v. 29.3.1984 – 2 AZR 429/83, NZA 1984, 169, 171.

364 BAG v. 29.3.1984 – 2 AZR 429/83, NZA 1984, 169, 171; so auch *Larenz*, Methodenlehre der Rechtswissenschaft, S. 417; *Bydlinski*, Juristische Methodenlehre und Rechtsbegriff, S. 501 ff.

365 An diesem Verständnis von der fehlenden gesetzesgleichen Bindungswirkung von höchstrichterlichen Entscheidungen ist vielfach Kritik geäußert worden. Stellvertretend beanstandet etwa *Höpfner*, dass die Bindung des Richters an Richterrecht faktisch stärker sei als die Bindungswirkung an gesetzliche Vorschriften (NZA

das BAG stets wiederkehrend eingenommen. So heißt es etwa in einem jüngeren Beschluss des BVerfG: „Höchstrichterliche Rechtsprechung ist kein Gesetzesrecht und erzeugt keine damit vergleichbare Rechtsbindung. [...] Die über den Einzelfall hinausreichende Geltung fachgerichtlicher Gesetzesauslegung beruht allein auf der Überzeugungskraft ihrer Gründe sowie der Autorität und den Kompetenzen des Gerichts."[366] Das BAG hatte sich zu dieser Frage insbesondere im Zusammenhang mit der Änderung der Rechtsprechung zur Auslegung von Verweisungsklauseln[367] geäußert und festgestellt, dass höchstrichterliche Rechtsprechung keine dem Gesetzesrecht vergleichbare Rechtsbindung erzeuge.[368] Richterliche Auslegungsregeln haben vielmehr eine abgeschwächte Bindungswirkung. Das bedeutet insbesondere, dass Gerichte in begründeten Situationen von der höchstrichterlichen Rechtsprechung abweichen können. Möchte auch das BAGB eine gefestigte Rechtsprechung durchbrechen, ist dem Grundsatz des Vertrauensschutz jedoch durch Bestimmungen zur zeitlichen Anwendbarkeit wie etwa Stichtagsklauseln oder Billigkeitserwägungen im Einzelfall Rechnung zu tragen.[369] Je nach gesellschaftlicher Auswirkung kann es u.U. geboten sein, dass die Rechtsprechung die Abkehr von einer gefestigten Rechtsprechung durch eine angemessene Vorlaufzeit ankündigt.[370]

cc) Restriktive Handhabung von Erledigungsklauseln

Derartige richterliche Auslegungsregeln finden sich im Betriebsrentenrecht zuhauf. Besonders praxisnahe Bedeutung hat im Bereich der ausgehandelten Versorgungszusagen die Auslegungsregeln zu der Reichweite von sog. Erledigungsklauseln in Aufhebungsverträgen.

2008, 420, 421). Ihm ist dahingehend Recht zu geben, dass ein richterliches Abweichen von eine höchstrichterlichen Rechtsprechung stets die Gefahr birgt, ein erfolgversprechendes Rechtsmittel zu begründen (*Höpfner*, NZA 2008, 420, 421). Allerdings ist diese Bindung faktischer Natur. Denn es ist gerade Ausdruck der richterlichen Unabhängigkeit, dass der Richter auch dann seine eigene Rechtsauffassung vertreten und seiner Entscheidung zugrunde legen kann, „wenn alle anderen Gerichte, auch die im Rechtszug übergeordneten den gegenteiligen Standpunkt einnehmen" (Sachs/*Detterbeck*, GG, Art. 97 Rn. 15). Insoweit ist die Abweichung von einer höchstrichterlichen Rechtsprechung im Gegensatz zu der bewussten Abweichung vom Gesetzesrecht gerade kein Verstoß gegen den Grundsatz der Gewaltenteilung. Zudem kann nicht geleugnet werden, dass abweichende instanzgerichtliche Auffassungen häufig Anstoß für eine Änderung der höchstrichterlichen Rechtsprechung sind und somit die Rechtskultur in tatsächlicher Hinsicht beleben.

366 BVerfG v. 15.1.2009 – 2 BvR 2044/07, NJW 2009, 1469.

367 Dazu ausführlich D. III. 7. e).

368 BAG v. 22.10. 2008 – 4 AZR 793/07, NZA 2009, 323, 327.

369 BVerfG v. 15.1.2009 – 2 BvR 2044/07, NJW 2009, 1469, 1475.

370 Zum gebotenen „Warnschuss" beim Abweichen von einer ständigen Rechtsprechung etwa *Kempf/Schilling*, NJW 2012, 1849.

(1) Erledigungsklauseln

In arbeitsrechtlichen Aufhebungsverträgen sind Erledigungsklauseln der absolute Regelfall. Mit ihr soll erreicht werden, dass die zwischen den Arbeitsvertragsparteien bestehenden Rechtsbeziehungen „sachlich klar und zeitlich rasch“[371] abgeschlossen werden.

(2) Reichweite von Erledigungsklauseln

Welche Ansprüche im Einzelfall von der Erledigungsklausel erfasst sind, ist stets nach den allgemeinen Auslegungsregeln zu ermitteln.[372] Dabei kann zwischen den Parteien etwa Streit darüber entstehen, inwieweit Ansprüche der betrieblichen Altersversorgung von einer Erledigungsklausel erfasst sind. Das BAG hat in mehreren Entscheidungen für ausgehandelte Individualzusagen dafür den richterlichen Erfahrungssatz aufgestellt, dass Erledigungsklauseln in Aufhebungsverträgen im Zweifel Ansprüche auf betriebliche Altersversorgung nicht umfassen.[373] Damit hat das BAG für Erledigungsklauseln im Betriebsrentenrecht das sog. Restriktionsprinzip aufgegriffen, das Ausdruck des allgemeines „Gerechtigkeitsgehalts des dispositiven Rechts“[374] ist. Nach dem Restriktionsprinzip sollen solche Klauseln eng ausgelegt werden, die die Rechte des Vertragspartners des Verwenders einschränken, welche an anderer Stelle – meist im dispositiven Recht – verankert sind, und die ohne die Einbeziehung der Klauseln Vertragsbestandteil würden.[375] Dabei setzt die Anwendung des Restriktionsprinzips stets voraus, dass sich der Inhalt der vorformulierten Bedingung nicht mittels der zur Verfügung stehenden allgemeinen Auslegungskriterien herleiten lässt.[376]

Die Anwendung des Restriktionsprinzips auf Versorgungsansprüche kann im Anwendungsbereich von ausgehandelten Versorgungszusagen überzeugen. Insbesondere hat das Restriktionsprinzip im Anwendungsbereich der ausgehandelten Individualzusagen auch einen eigenständigen Anwendungsbereich, da hier die allgemeine Unklarheitenregel keine Anwendung findet[377]. Die Versorgungsansprüche haben für Versorgungsberechtigte einen existentiellen Wert. Aus diesem Grund ist es kaum vorstellbar, dass ein Versorgungsberechtigter beim Abschluss eines Aufhebungsvertrages ohne einen besonderen Grund auf seine erdienten

---

371 Moll/*Bengelsdorf*, MüAH Arbeitsrecht, § 49 Rn. 309.

372 Hümmerich/Boecken/Düwell/*Schöne*, Arbeitsrecht, § 611 BGB Rn. 1093.

373 BAG v. 20.4.2010 – 3 AZR 225/08, NZA 2010, 883, 888; v. 27.02.1990 – 3 AZR 213/88, AP BetrAVG § 1 Vordienstzeiten Nr. 13; v. 9.11.1973 – 3 AZR 66/73, AP BGB § 242 Ruhegehalt Nr. 163.

374 Graf von Westphalen/Thüsing/*Thüsing*, AGB-Recht, Auslegung Rn. 47.

375 Staudinger/*Schlosser*, BGB, § 305c Rn. 125; Ulmer/Brandner/Hensen/*Ulmer/Schäfer*, AGB-Recht, § 305c Rn. 97; Graf von Westphalen/Thüsing/*Thüsing*, AGB-Recht, Auslegung Rn. 47.

376 Staudinger/*Schlosser*, BGB, § 305c Rn. 125.

377 Vgl. dazu bereits E. I. 5. c) aa).

Versorgungsansprüche verzichten will. Zudem ist zu beachten, dass Versorgungsansprüche regelmäßig erst mit Eintritt in das Rentenalter fällig werden. Ein Bedürfnis nach rascher und klarer Klärung besteht bei diesen Ansprüchen gerade nicht. Von diesen Erwägungen ist auch die höchstrichterliche Rechtsprechung getragen.[378]

(3) Abfindungsverbot nach § 3 BetrAVG

Es ist allerdings anzumerken, dass der Anwendungsbereich des Restriktionsprinzips mit Wirkung ab dem 1.1.2005 beschränkt worden ist. Im Zuge des AltEinkG[379] hat der Gesetzgeber die Vorschrift des § 3 BetrAVG neu gestaltet. Nach § 3 BetrAVG sind die Abfindungsmöglichkeiten im Zusammenhang mit Aufhebungsverträgen nun generell auf solche Anwartschaften beschränkt, die noch nicht unverfallbar sind. Auf laufende Leistungen und unverfallbare Anwartschaften im Falle der Beendigung des Arbeitsverhältnisses kann der Versorgungsberechtigte nur noch begrenzt und unter engen Voraussetzungen verzichten. So kommt ein Verzicht nur noch hinsichtlich solcher Versorgungsanwartschaften in Betracht, bei denen der Monatsbetrag der aus der Anwartschaft resultierenden laufenden Leistungen bei Erreichen der vorgesehenen Altersgrenze 1 vom Hundert, bei Kapitalleistungen zwölf Zehntel der monatlichen Bezugsgröße nach § 18 SGB IV nicht übersteigt (sog. Bagatellanwartschaften[380]), vgl. § 3 Abs. 2 BetrAVG. Damit verfolgt der Gesetzgeber das Ziel, aufgrund der zunehmenden Bedeutung der betrieblichen Altersversorgung für die Sicherung im Alter die Anwartschaften und laufenden Leistungen möglichst umfassend abzusichern.[381] Im Rahmen eines Aufhebungsvertrages können auf Versorgungsanwartschaften nach dem BetrAVG daher per se nicht bzw. kaum verzichtet werden.

Nimmt man demgegenüber mit dem BAG für ausgehandelte Versorgungszusagen gegenüber Organmitgliedern entsprechend den § 17 Abs. 3 BetrAVG eine Abweichungsmöglichkeit von § 3 BetrAVG an, findet diese Auslegungsregel auch weiterhin Anwendung. Einen unbestrittenen Anwendungsbereich hat das Restriktionsprinzip jedoch weiterhin für solche Ansprüche, bei denen der geschuldete Versorgungsanspruch als Schadensersatzanspruch aufgrund einer Verletzung der arbeitgeberseitigen Hinweispflichten geltend gemacht wird. Ein solcher fehlt nicht unter in den Regelungsbereich des § 3 BetrAVG. Für diesen Fall hat das BAG entschieden, dass ein solcher Schadensersatzanspruch im Zweifel ebenfalls nicht von einer Erledigungsklausel erfasst wird.[382] Hintergrund der Erweiterung des Anwendungsbereichs ist der Gedanke, dass ein solcher Schadensersatzanspruch an die Stelle des Versorgungsanspruchs tritt, der ohne die zum Schadensersatz verpflichtende

---

378 BAG v. 20.4.2010 – 3 AZR 225/08, NZA 2010, 883, 888.

379 Gesetz zur Neuordnung der einkommensteuerrechtlichen Behandlung von Altersvorsorgeaufwendungen und Altersbezügen vom 5.7.2004, BGBl. I 2004 S. 1427.

380 Blomeyer/Rolfs/Otto/*Rolfs*, BetrAVG, § 3 Rn. 45 ff.

381 BT-Drucks 15/2150, S. 52.

382 BAG v. 17.10.2000 – 3 AZR 69/99, NZA 2001, 203, 204.

Handlung entstanden wäre. Er ist insoweit das Pendant zum Versorgungsanspruch und hat für den Versorgungsberechtigten wirtschaftlich die gleiche Bedeutung wie der originäre Anspruch auf Erfüllung der Versorgungsverbindlichkeit.[383]

II. Auslegung von vorformulierten Versorgungszusagen

Auf individualrechtlicher Begründungsebene werden Zusagen der betrieblichen Altersversorgung in Unternehmen zumeist durch vorformulierte Versorgungsbedingungen oder nach einheitlichen Leistungsplänen implementiert. Die Einführung erfolgt dabei mittels vertraglichen Einheitsregelungen und Gesamtzusagen. Zwar handelte es sich bei den vorformulierten Vertragsbedingungen häufig um „ausgefeilte Bedingungswerke“[384], gleichwohl können sich auch bei derartigen Versorgungswerken aus den gewählten Formulierungen Unklarheiten und Mehrdeutigkeiten ergeben, die sodann im Rahmen der Auslegung aufzulösen sind. Die einseitige Vorformulierung durch den Arbeitgeber und die beabsichtigte Breitenwirkung machen sich dabei unmittelbar auf der Stufe der Auslegung bemerkbar.[385]

1. Unternehmerisches Interesse an einheitlichen Versorgungsstrukturen

Der Arbeitgeber hat zumeist ein gesteigertes Interesse an einer vereinheitlichten Versorgungsstruktur. Durch die Verwendung von vorformulierten Versorgungsbedingungen kann er insbesondere Rationalisierungseffekte wirksam nutzen.[386] Die Rationalisierung und Typisierung von Vertragsverhältnissen ist ein allgemein anerkanntes Ziel bei dem Einsatz von vorformulierten Vertragsbedingungen.[387] Gerade bei Konzernstrukturen und einer großen Belegschaft ist eine vereinheitlichte Versorgungsstruktur auf rechtsgeschäftlicher Gestaltungsebene ohne vorformulierte Vertragsbedingungen so gut wie unmöglich. Auf diese Weise können in nicht unerheblichem Umfang Transaktionskosten gespart und reduziert werden. Zugleich kann die Vertragsanbahnung und -abwicklung erleichtert werden.

Ein weiterer wichtiger Aspekt, der durch die Verwendung von vorformulierten Versorgungszusagen erreicht werden kann, ist die arbeitsrechtlich gebotene Gleichbehandlung der Mitarbeitergruppen. Neben der zwingenden Berücksichtigung des arbeitsrechtlichen Gleichbehandlungsgrundsatzes[388] ist eine Vereinheitlichung der betrieblichen Altersversorgung schon zumeist aus personalpolitischen

---

383 BAG v. 17.10.2000 – 3 AZR 69/99, NZA 2001, 203, 204.
384 *Stoffels*, AGB-Recht, § 12 Rn. 357.
385 Ulmer/Brandner/Hensen/*Ulmer/Schäfer*, AGB-Recht, § 305c Rn.73.
386 *Stoffels*, AGB-Recht, § 4 Rn. 67.
387 BGH v. 24.9.1980 – VIII ZR 273/79, NJW 1981, 117, 118; v. 10.1.1996 – XII ZR 271/94, NJW 1996, 988, 989; Staudinger/*Coester*, BGB, § 307 Rn. 156; *Stoffels*, AGB-Recht, § 4 Rn. 67; Clemenz/Kreft/Krause/*Krause*, AGB-Arbeitsrecht, Einf. Rn. 91.
388 Ausführlich etwa Schaub/*Vogelsang*, ArbR-Hdb, § 274 Rn. 28 ff.

Gesichtspunkten notwendig, um das Betriebsklima nicht durch eine Differenzierung zwischen einzelnen Mitarbeitern oder Mitarbeitergruppen in unnötiger Weise zu belasten.

2. Kompensation fehlender Vertragsparität

Vorformulierte Versorgungsbedingungen implizieren schon aufgrund ihres formellen Zustandekommens, dass ihre Inhalte nicht vertragsparitätisch zustande kommen. Es bleibt zu konstatieren, dass die meisten Versorgungsberechtigten den einseitig vom Arbeitgeber aufgestellten Bedingungen von vornherein ohne echte Möglichkeit der Einflussnahme gegenüberstehen.

Zur Kompensation der fehlenden Vertragsparität bei vorformulierten Vertragsbedingungen ist vom Gesetzgeber bereit im Jahr 1976 das AGBG[389] verabschiedet worden. Das AGBG war als Reaktion auf solche Vertragsbedingungen verabschiedet worden, die typischerweise von einer – zumeist der wirtschaftlich stärkeren – Vertragspartei schon vor dem Abschluss des Vertrages nach den eigenen Vorstellungen unabhängig von den Umständen des Einzelfalls und den Interessen der Vertragspartner durch vorherige Formulierung festgelegt worden waren.[390] Zum Zeitpunkt der Kodifikation des AGBG im Jahr 1976 fand sich für das Arbeitsrecht und damit auch für das Betriebsrentenrecht jedoch in § 23 Abs. 1 AGBG eine explizite Bereichsausnahme. Die Bereichsausnahme für das Arbeitsrecht wurde im damaligen Gesetzgebungsverfahren damit begründet, dass „auf dem Gebiet [...] des Arbeitsrechts ein Schutz des schwächeren Vertragspartners vor unangemessenen Vertragsbedingungen [...] durch ein dichtes Netz von zwingenden Vorschriften und durch das besondere System der kollektivrechtlichen Vereinbarung verwirklicht wird“[391]. Der sozialliberale Gesetzgeber des AGBG war der Auffassung, dass ein AGB-rechtlicher Schutz im Arbeitsrecht nicht erforderlich sei, da der Arbeitnehmerschutz allein mit den Mechanismen des Arbeitsrechts, d.h. durch Arbeitnehmerschutzgesetze sowie tarifvertragliche und betriebsverfassungsrechtliche Regelungen, zu verwirklichen sei.[392] Diese Bereichsausnahme hatte in den nachfolgenden Jahren jedoch zur Folge, dass die Auslegung und Kontrolle von arbeitsvertraglichen Regelungen zunehmend durch eine weitreichende kaum überschaubare Kasuistik geprägt wurde, die sich regelmäßig, wenn auch nicht durchgängig, an den Wertungen des AGB-Rechts orientierte.[393]

---

389 Gesetz zur Regelung des Rechts der Allgemeinen Geschäftsbedingungen vom 9.12.1976, BGBl. I 1976 S. 3317.

390 Clemenz/Kreft/Krause/*Clemenz*, AGB-Arbeitsrecht, § 305 Rn. 21.

391 BT-Drucks. 7/3919, S. 41.

392 BT-Drucks. 7/3919, S. 41.

393 Vgl. dazu MüKoBGB/*Basedow*, § 310 Rn. 94; *Thüsing*, NZA 2002, 591 m.w.N.

3. Die Auswirkungen der Schuldrechtsmodernisierung

Nichtsdestotrotz bestanden vor der Schuldrechtsmodernisierung in vielerlei Punkten Unsicherheiten, ob bzw. welche Modifikationen bei der Auslegung und der inhaltlichen Kontrolle von vorformulierten Vertrags- bzw. Versorgungsbedingungen zu beachten sind.[394] Im Rahmen des Schuldrechtsmodernisierungsgesetzes, der „weitreichendsten Änderung des BGB seit dem 1. Januar 1900"[395], wurde die bis dato geltende Bereichsausnahme für Arbeitsverträge sodann zum 1.1.2002 aufgehoben, vgl. § 310 Abs. 4 Satz 2 BGB.

a) Öffnung des AGB-Rechts für das Arbeitsrecht

Mit dieser Auflockerung der Bereichsausnahme, die von *Annuß* berechtigterweise als „Kernstück des Schuldrechtsmodernisierungsgesetzes in arbeitsrechtlicher Hinsicht"[396] bezeichnet wurde, reagierte der Gesetzgeber insbesondere auf die Kritik an der Ausnahmeregelung aus der Literatur[397]. Vor dem Hintergrund der zunehmenden Tarifflucht und der mangelnden Organisation der Arbeitnehmerschaft wurde vor der Schuldrechtsreform insbesondere in der Literatur beanstandet, dass auch das stetig mehr in den Fokus rückende Individualarbeitsrecht durch die wirtschaftliche Unterlegenheit des Arbeitnehmers gekennzeichnet sei, weshalb auch in diesem Bereich von einer grundsätzlichen „Störung der Vertragsparität" und von einer „inhaltlichen Unausgewogenheit" der getroffenen Regelungen auszugehen sei.[398] Mit der Öffnung des AGB-Rechts für das Arbeitsrecht wurde die Richtigkeit dieser Kritik zugestanden. Vorrangig handelt es sich bei den AGB-rechtlichen Vorschriften zwar um Mechanismen zur inhaltlichen Überprüfung von vorformulierten Vertragsbedingungen, die Anwendbarkeit des AGB-Rechts modifiziert und systematisiert aber auch die Auslegung derartiger Bedingungen in nicht unerheblichem Maße.

b) Keine Öffnung für kollektivrechtlich begründete Versorgungswerke

Das AGB-Recht bringt allerdings keine methodischen Modifikationen für die Auslegung von versorgungsrechtlichen Kollektivverträgen mit sich. § 310 Abs. 4 Satz 1 BGB besagt ausdrücklich, dass die §§ 305 ff. BGB auf Tarifverträge, Betriebs- und Dienstvereinbarungen keine Anwendung finden. Für verbindlich erklärte Richtlinien nach § 28 Abs. 1, Abs. 2 Satz 1 SprAuG gilt § 310 Abs. 4 Satz 1 BGB nach h.M.[399]

---

394 ErfK/*Preis*, § 310 BGB Rn. 1 f.

395 Däubler/Bonin/Deinert/*Däubler*, AGB-Kontrolle im Arbeitsrechts, Einl. Rn. 1.

396 *Annuß*, BB 2002, 458, 460.

397 Vgl. etwa *Preis*, Vertragsgestaltung im Arbeitsrecht, S. 241 ff.; MüHdbArbR/*Richardi*, § 14 Rn. 70.

398 Vgl. MüKoBGB/*Basedow*, § 310 Rn. 94.

399 Vgl. Clemenz/Kreft/Krause/*Kreft*, AGB-Arbeitsrecht, § 310 Rn. 46; Höfer/*Höfer*, BetrAVG, Kap. 7 Rn. 18; MüKoBGB/*Basedow*, § 310 Rn. 95; a.A. ErfK/*Preis*, §§ 305–310 BGB Rn. 9.

analog. Laut Gesetzesbegründung soll mit der Beibehaltung der kollektivrechtlichen Bereichsausnahme verhindert werden, dass in diesen normsetzenden Bereich eingegriffen und somit insbesondere das System der Tarifautonomie konterkariert wird.[400] Die Bereichsausnahme für das Arbeitsrecht ist insoweit nicht vollständig aufgehoben.

c) *Verweisungen auf ein kollektivrechtliches Versorgungswerk*

Praktische Relevanz hat insbesondere die Frage, nach welchen Auslegungsgrundsätzen individualrechtlich in Bezug genommene Kollektivregelungen der betrieblichen Altersversorgung auszulegen sind[401] bzw. wie vorformulierte Klauseln zu behandeln sind, die lediglich den gesamten Inhalt einer versorgungsrechtlichen Kollektivregelung reproduzieren.[402] Letztere Vorgehensweise stellt aufgrund des damit verbundenen Aufwands und der aus ihr folgenden Statik jedoch einen Ausnahmefall dar.

Eine vertragliche Bezugnahmeklausel bietet sich für den Arbeitgeber insbesondere unter administrativen Gesichtspunkten an, da er die Versorgung im Unternehmen auf diese Weise umfassend nach einheitlichen Bedingungen erbringen kann. So kann der Arbeitgeber das kollektivrechtliche Versorgungswerk auch auf Arbeitnehmer erstrecken, gegenüber denen die Kollektivvereinbarung keine normative Wirkung entfaltet, etwa, weil der Arbeitnehmer nicht tarifgebunden ist oder weil in einem Konzernverbund in bestimmten Betrieben gar kein Betriebsrat besteht. Allerdings ist anzumerken, dass die Bezugnahme auf versorgungsrechtliche Betriebs- und Dienstvereinbarungen eher den praktischen Ausnahmefall darstellt. In

---

400 BT-Drucks. 14/6857, S. 54.

401 Hinsichtlich eines Verweises auf ein kollektivrechtliches Versorgungswerk ist zwischen den folgenden Klauseltypen zu differenzieren. Heißt es in einem Arbeitsvertrag bzw. einer Versorgungszusage etwa, dass „der Tarifvertrag über betriebliche Altersversorgung XYZ in der Fassung vom [...]“ Anwendung findet, dann stellt sich ein solcher Verweis auf einen bestimmten, an einem näher definierten Stichtag gültigen Tarifvertrag als klassische *statische Verweisungsklausel* dar (*Hromadka/Maschmann/Wallner*, Der Tarifwechsel, Rn. 75 ff). Dies hat zur Folge, dass spätere Tarifsukzessionen und/oder andere Tarifentwicklungen die einmal in Bezug genommenen Versorgungsbedingungen unberührt lassen (*Kempter*, BB 2014, 1785, 1786). Davon zu unterscheiden sind Verweisungsklauseln, die eine zeitliche Dynamik aufweisen, etwa weil auf einen konkreten Tarifvertrag in der jeweils geltenden Fassung verwiesen wird, sog. kleine dynamische Verweisungsklausel (Hümmerich/Boecken/Düwell/*Friedrich*, Arbeitsrecht, § 3 TVG Rn. 90) oder weil – noch weiter – auf die betrieblich oder sachlich einschlägigen Tarifverträge in der jeweils geltenden Fassung verwiesen wird, sog. große dynamische Verweisungsklausel (Hümmerich/Boecken/Düwell/*Friedrich*, Arbeitsrecht, § 3 TVG Rn. 91 ff) oder auch Tarifwechsel-Klausel (*Kempter*, BB 2014, 1785, 1786).

402 Däubler/Bonin/Deinert/*Däubler*, AGB-Kontrolle im Arbeitsrecht, § 310 BGB Rn. 43; *Bayreuther* RdA 2003, 81, 90; *Gotthard* ZIP, 2002, 281.

der Praxis handelt es sich zumeist um in Bezug genommene Regelungen eines versorgungsrechtlichen Tarifvertrages. Im BetrAVG findet sich für diese Praxis auch ein normativer Anknüpfungspunkt. In § 77 Abs. 2 Satz 3 BetrAVG hat der Gesetzgeber explizit festgelegt, dass auch nichttarifgebundene Arbeitgeber und Arbeitnehmer die Geltung von tarifvertraglichen Bestimmungen, mit denen die Sozialpartner in zulässiger Weise von den Vorschriften des BetrAVG (§§ 1a, 2 bis 5, 16, 18a Satz 1, §§ 27 und 28) abgewichen sind, vereinbaren können. Auch wenn der Gesetzgeber in diesem Zusammenhang den Terminus der „Vereinbarung“ bemüht hat, so ist jedoch unbestritten, dass darunter nicht nur einzelvertragliche Vereinbarungen, sondern auch vorformulierte Versorgungsbedingungen wie vertragliche Einheitsregelungen und Gesamtzusagen fallen.[403]

aa) Anwendung auf vorformulierte Verweisungsklauseln

Mit der partiellen Beibehaltung der Bereichsausnahme für Kollektivverträge sind jedoch einige auslegungsrelevante Fragestellungen verbunden. Mittels einer solchen Verweisungs- oder Bezugnahmeklausel[404] auf ein Kollektivwerk wird bezweckt, dass die kollektivrechtlichen Regelungsinhalte, die aufgrund des persönlichen Geltungsbereichs für einzelne Versorgungsberechtigte keine normative Wirkung entfalten, nichtsdestotrotz umfassend (sog. Globalverweisung)[405] oder bei einer teilweisen Verweisungsklausel zumindest partiell auf das Versorgungsverhältnis Anwendung finden.[406] Im Arbeitsvertrag kann aber auch nur auf einzelne tarifliche Bestimmungen verwiesen werden. Allerdings führt die Bezugnahme auf das Kollektivwerk nicht dazu, dass die Versorgungsbedingungen selbst normative Wirkung entfalten.[407] Die Bezugnahme führt vielmehr dazu, dass die kollektivrechtlichen Bestimmungen Vertragsbestandteil werden und individualrechtlich Wirkung entfalten.[408] Eine solche Verweisungsklausel wirkt insoweit konstitutiv.[409]

Auf eine vom Arbeitgeber vorformulierte Klausel, die die Kollektivvereinbarung in Bezug nimmt, finden die AGB-rechtlichen Vorschriften mit seinen arbeitsrechtlichen Besonderheiten gem. § 310 Abs. 4 Satz 2 BGB ohne Weiteres Anwendung. Die Erstreckung der Bereichsausnahme auf die Verweisungsklausel ist weder nach

---

403 Blomeyer/Rolfs/Otto/*Rolfs*, BetrAVG, § 17 Rn. 184.

404 Die unterschiedliche Terminologie erfasst jedoch keinen unterschiedlichen Inhalt. Die Begrifflichkeiten werden vielmehr synonym verwendet, vgl. etwa Hümmerich/Bocken/Düwell/*Hümmerich/Ebeling*, Arbeitsrecht, § 305c BGB Rn. 22.

405 Clemenz/Kreft/Krause/*Kreft*, AGB-Arbeitsrecht, § 310 Rn. 69.

406 Wiedemann/*Oetker*, TVG, § 3 Rn. 260.

407 BAG v. 18.3.2009 – 4 AZR 4/08, NZA 2009, 1208; Wiedemann/*Oetker*, TVG, § 3 Rn. 285; Henssler/Willemsen/Kalb/*Henssler*, § 3 TVG Rn. 28.

408 Vgl. allgemein BAG v. 22.9.1993 – 10 AZR 207/92, AP TVG § 4 Tarifkonkurrenz Nr. 21; v. 7.12.1977 – 4 AZR 474/76, AP TVG § 4 Nachwirkung Nr. 9; vgl. bezüglich des Tarifvertrages über die zusätzliche Altersvorsorge der Beschäftigten des öffentlichen Dienstes BAG v. 13.11.2007 – 3 AZR 191/06, NZA 2008, 600, 603.

409 BAG v. 13.11.2007 – 3 AZR 191/06, NZA 2008, 600, 603.

dem Wortlaut des § 310 Abs. 4 Satz 1 BGB noch nach der Systematik des AGB-Rechts (§ 310 Abs. 4 Satz 3 i.V.m. § 307 Abs. 3 BGB, dazu sogleich) geboten.[410] Diese Feststellung hat eine besondere Relevanz hinsichtlich der Frage, ob die Verweisung auf ein Kollektivwerk als Gleichstellungsabrede oder als dynamische Verweisungsklausel zu verstehen ist.[411]

---

410 Vgl. etwa für die Verweisungsklausel auf alle im Bereich des Wach- und Sicherheitsgewerbes in Hessen jeweils geltenden Tarifverträge in BAG v. 20.4.2012 – 9 AZR 504/10, NZA 2012, 982, 985; vgl. auch BAG v. 14.3.2007 – 5 AZR 630/06, NZA 2008, 45, 46; aus der Literatur etwa Däubler/Bonin/Deinert/*Deinert*, AGB-Kontrolle, § 310 Rn. 57; *Thüsing/Lambrich*, RdA 2002, 193, 194.

411 Die Öffnung des AGB-Rechts durch die Schuldrechtsmodernisierung hatte erhebliche Auswirkungen auf die Rechtsprechung des BAG zur Reichweite von vorformulierten Verweisungsklauseln auf kollektivrechtliche Versorgungswerke. Insbesondere der mit dem Tarifrecht betraute 4. Senat war aufgrund des gegebenen Turnus Vorreiter in dieser Frage und vertrat vor der Schuldrechtsmodernisierung noch die Auffassung, dass individualvertragliche Verweise auf die jeweils einschlägigen Tarifverträge ohne eine Kopplung an eine zeitliche Komponente im Zweifel als sog. Gleichstellungsabreden auszulegen seien (BAG v. 26.9.2001 – 4 AZR 544/00, NZA 2002, 634, 635). Dies hatte zur Folge, dass der Arbeitnehmer unabhängig von seiner Tarifgebundenheit an der Tarifentwicklung des in Bezug genommenen Tarifvertrages wie ein tarifgebundener Arbeitnehmer teilnahm. Das BAG begründete seine Auffassung mit der generellen Zweckrichtung von derartigen Verweisungsklauseln. Mittels Verweisungsklauseln sollen im Regelfall die fehlende Tarifgebundenheit des Arbeitnehmers aufgrund der Nichtmitgliedschaft in der zuständigen Gewerkschaft ersetzt werden, um damit einheitliche Arbeitsbedingungen im Unternehmen sowohl für Gewerkschaftsmitglieder als auch für nicht tarifgebundene Arbeitnehmer zu realisieren (BAG v. 26.9.2001 – 4 AZR 544/00, NZA 2002, 634, 636). Diese als Gleichstellungsabrede deklarierte Auslegungsregel ist in der Literatur vielfach auf Kritik gestoßen (vgl. etwa Däubler/*Lorenz*, TVG, § 3 Rn. 256; Kempen/Zachert/*Stein*, TVG, § 3 Rn. 183 ff.; *Hanau*, NZA 2005, 489, 490; *Annuß*, ZfA 2005, 405, 421 ff.; *Hanau*, NZA 2005, 489, 490; *Thüsing*, NZA 2003, 1184; *ders*, NZA 2005, 1280; *Thüsing/Lambrich*, RdA, 2002, 193, 197; *Lambrich*, FS Ehmann, S. 169, 227). Die Rechtsprechung sah sich insbesondere der Kritik ausgesetzt, dass bei der Auslegung als Gleichstellungsabrede an einen Umstand angeknüpft werde, der im Regelfall weder dem Wortlaut noch anderweitig aus der Verweisungsklausel zu entnehmen ist. Trotz dieser Kritik verteidigte das BAG die Auslegungsregel gegenüber abweichenden Auffassungen zunächst noch umfassend (BAG v. 24.11.2004 – 10 AZR 202/04, AP BGB § 242 Betriebliche Übung Nr. 70; v. 19.3. 2003 – 4 AZR 331/02, BAGE 105, 284; v. 26.9.2001 – 4 AZR 544/00, NZA 2002, 634, 635; v. 19.1.1999 – 1 AZR 606/98, AP TVG § 1 Bezugnahme auf Tarifvertrag Nr. 9). In seiner Entscheidung aus dem Jahr 2005 rückte das BAG sodann von dieser Rechtsprechung ab und nahm die methodische Kritik aus der Literatur auf. So heißt es in der Entscheidung aus dem Dezember 2005: „Der Senat beabsichtigt, dieser Kritik Rechnung zu tragen und bei Verträgen, die nach dem 31.12.2001 abgeschlossen worden sind, für dynamische Verweisungen auf einschlägige Tarifverträge und Tarifwerke nicht mehr

bb) Reichweite von Verweisungsklauseln im Betriebsrentenrecht

Die Reichweite von vorformulierten Verweisungsklauseln spielt gerade bei Unternehmenstransaktionen eine bedeutende Rolle, da der Erwerber wissen muss, ob und inwieweit er etwa über derartige vorformulierte Verweisungsklauseln an tarifvertragliche Versorgungswerke und deren Entwicklungen gebunden ist.[412]

Bei der Auslegung von derartigen vorformulierten Verweisungsklauseln hat der 3. Senat die Auslegungsregel aufgestellt, dass derartige Klauseln im Zweifelsfall dynamisch auszulegen sind, da der Arbeitgeber die Leistungen der betrieblichen Altersversorgung nach einheitlichen Regeln erbringen wolle.[413] Das soll sogar grundsätzlich unabhängig davon gelten, ob der Verweisungsklausel ein derartiger zeitdynamischer Bezug – etwa durch die Formulierung als „Jeweiligkeitsklausel" – zu entnehmen ist.[414] Dahinter steht der Gedanke, dass der Arbeitgeber die Leistungen der betrieblichen Altersversorgung gegenüber der Belegschaft als einheitliches System, das nicht erstarren darf, und unter Einhaltung des allgemeinen Gleichheitssatzes erbringen will.[415] Daher muss ein abweichender Wille des Arbeitgebers in der Verweisungsklausel ausdrücklich zum Ausdruck kommen.[416]

---

die Auslegungsregel zu verwenden, dass sie stets als bloße Gleichstellungsklauseln zu verstehen sind, wenn es keine innerhalb oder außerhalb der Vertragsurkunde liegenden eine solche Annahme ausschließenden Anhaltspunkte gibt. Für Verträge aus der Zeit zuvor wendet der Senat aber diese Auslegungsregel aus Gründen des Vertrauensschutzes weiterhin an" (BAG v. 14.12.2005 – 4 AZR 536/04, NZA 2006, 607, 609). Das BAG differenziert aus Vertrauensschutzgesichtspunkten folglich zwischen Zusagen, die vor (sog. Altzusagen) bzw. nach (sog. Neuzusagen) dem 1.1.2002 erteilt worden sind. Altzusagen sind im Zweifel weiterhin als Gleichstellungsabreden, Neuzusagen dagegen als dynamische Verweisung auszulegen. Das BAG begründete seine Abkehr von der Gleichstellungsrechtsprechung mit den Wertungen des Rechts der Allgemeinen Geschäftsbedingungen und den allgemein anerkannten Grundsätzen der Auslegung. Insbesondere die Einführung der Unklarheitenregel in § 305c Abs. 2 BGB und das Transparenzgebot des § 307 Abs. 1 Satz 2 BGB streiten als allgemeine Rechtsgrundsätze gegen eine wohlwollende Auslegung zugunsten des Arbeitgebers „und damit auch dagegen, eine durch das Ende einer ursprünglich bestehenden Tarifgebundenheit auflösend bedingte Dynamik in Bezug genommener Tarifverträge, an die der Klauselverwender bei Vertragsschluss gedacht haben mag, als Vertragsinhalt auch dann zu erkennen, wenn sich hierfür weder im Vertragswortlaut noch in den den Vertragsschluss begleitenden Umständen ein Anhaltspunkt findet" (BAG v. 14.12.2005 – 4 AZR 536/04, NZA 2006, 607, 610).

412 *Kempter*, BB 2014, 1785.

413 BAG v. 28.7.2005 – 3 AZR 14/05, AP BetrAVG § 1 Ablösung Nr. 47.

414 BAG v. 28.7.2005 – 3 AZR 14/05, AP BetrAVG § 1 Ablösung Nr. 47.

415 BAG v. 27.6.2006 – 3 AZR 255/05, AP BetrAVG § 1 Ablösung Nr. 49.

416 BAG v. 20.8.2002 – 3 AZR 14/01, AP BetrAVG § 1 Überversorgung Nr. 9; v. 21.1.1992 – 3 AZR 21/91; AP BetrAVG § 1 Ablösung Nr. 24.

cc) *Eingeschränkte Anwendbarkeit des AGB-Rechts für das in Bezug genommene Kollektivwerk*

Problematischer ist die Anwendung der AGB-rechtlichen Besonderheiten hinsichtlich des in Bezug genommenen Kollektivwerkes. Mit Blick auf die Auslegung bleibt zunächst zu konstatieren, dass die Bereichsausnahme des § 310 Abs. 4 Satz 1 BGB nicht unmittelbar einschlägig ist, da die kollektivrechtlichen Versorgungsbedingungen individualrechtlich in das Versorgungsverhältnis einbezogen werden und somit nicht – wie dies arbeitsrechtlichen Kollektivvereinbarungen wesensimmanent ist[417] – unmittelbar und zwingend auf das Versorgungsverhältnis einwirken. Bei den in Bezug genommenen Versorgungsbedingungen handelt es sich ihrem Wesen nach vielmehr um Allgemeine Geschäftsbedingungen i.S.v. § 305 Abs. 1 Satz 1 BGB.[418]

In diesem Zusammenhang ist jedoch wiederum die Besonderheit des § 310 Abs. 4 Satz 3 BGB zu beachten. Diese ergänzt § 310 Abs. 4 Satz 1 BGB dahingehend, dass Tarifverträge, Betriebsvereinbarungen und Dienstvereinbarungen Rechtsvorschriften im Sinne von § 307 Abs. 3 BGB gleichstehen.[419] Durch diese gesetzliche Gleichstellung mit den in § 307 Abs. 3 BGB genannten Rechtsvorschriften wird verhindert, dass durch die AGB-rechtliche Kontrolle der Inhalt von Gesetzen und anderen Rechtsvorschriften durch die Anwendung des AGB-Rechts modifiziert wird.[420] Insoweit wird mit dem Verweis in § 310 Abs. 4 Satz 3 BGB vermieden, dass der Inhalt von Kollektivverträgen, die rechtsgeschäftlich in Bezug genommen werden, mittelbar einer AGB-rechtlichen Kontrolle unterzogen wird.[421] Der AGB-rechtlichen Kontrolle sollen nach dieser gesetzgeberischen Konzeption nur solche vorformulierten Vertragsbedingungen unterfallen, die von derartigen Kollektivvereinbarungen abweichende oder ergänzende Regelungen enthalten.

Keine unmittelbare Aussage ist dem Wortlaut des § 310 Abs. 4 Satz 3 BGB allerdings hinsichtlich der Frage zu entnehmen, ob die Beschränkung der AGB-rechtlichen Inhaltskontrolle auf in Bezug genommene Versorgungsbedingungen auch Auswirkungen auf die Auslegung eben dieser Versorgungsbedingungen hat. Ob diese – obwohl kollektivrechtlich ausgehandelt – methodisch als allgemeine Geschäftsbedingungen zu behandeln sind oder ob sie nach den Grundsätzen auszulegen sind, die für Kollektivvereinbarungen gelten, ist nicht ohne Weiteres ersichtlich.

Die besseren Argumente sprechen für eine Anwendung der methodischen Besonderheiten des AGB-Rechts auf Versorgungsbedingungen, die kollektivrechtlich ausgehandelt und mittels Verweisungsklausel in Bezug genommen worden sind. Für diesen Ansatz kann insbesondere die Systematik der gesetzlichen Vorschriften herangezogen werden, denn § 310 Abs. 4 Satz 3 BGB verweist lediglich auf § 307

---

417 Dazu unter F. II. 1.

418 BAG v. 25.4.2007 – 6 AZR 622/06, AP InsO § 113 Nr. 23.

419 Clemenz/Kreft/Krause/*Kreft*, AGB-Arbeitsrecht, § 310 BGB Rn. 68.

420 Zu § 6 AGBG a.F., BT-Drucks. 7/3919 S. 22

421 BT-Drucks. 14/6857, S. 54; Clemenz/Kreft/Krause/*Kreft*, AGB-Arbeitsrecht, § 310 Rn. 68; *Witt*, NZA 2004, 135, 137.

Abs. 3 BGB, der allein die Anwendung der allgemeinen Instrumente der Inhalt- und Billigkeitskontrolle – § 307 Abs. 1 und 2 sowie die §§ 308, 309 BGB – auf kollektivrechtlich ausgehandelte Versorgungsbedingungen untersagt. Im Gegensatz zur Formulierung in § 310 Abs. 4 Satz 1 BGB – „dieser Abschnitt findet keine Anwendung auf ..." – fehlt hier insofern ein vollständiger Anwendungsausschluss sämtlicher AGB-rechtlicher Vorschriften. Daraus folgt als argumentum e contrario eine grundsätzliche Anwendbarkeit der AGB-rechtlichen Vorschriften auf derartige Versorgungsbedingungen.

Auch die Gegenäußerung der Bundesregierung im Rahmen des Gesetzgebungsverfahrens zum Schuldrechtsmodernisierungsgesetz unterstreicht dieses Verständnis. So heißt es: „In Satz 3 der vorgeschlagenen Neufassung von § 310 Abs. 4 BGB-RE wird klargestellt, dass Tarifverträge, Betriebs- und Dienstvereinbarungen Rechtsvorschriften im Sinne von § 307 Abs. 3 BGB-RE gleichstehen. Daraus folgt, dass auch Einzelarbeitsverträge, die Bezug auf einen Tarifvertrag nehmen, ohne dass eine beiderseitige Tarifbindung besteht oder die mit Kollektivverträgen übereinstimmen und lediglich deren gesamten Inhalt wiedergeben, ebenfalls nicht der Inhaltskontrolle unterliegen, sondern nur am Transparenzgebot zu messen sind."[422] Zwar baut diese Stellungnahme keinen unmittelbaren Bezug zur Auslegung auf, allerdings kann ihr die Aussage entnommen werden, dass sich der Ausschluss des § 307 Abs. 3 Satz 1 BGB lediglich auf die Mechanismen der klassischen Inhaltskontrolle bezieht. Das wiederum legt den Schluss nahe, dass nach der gesetzgeberischen Intention sämtliche AGB-rechtlichen Mechanismen, die nicht explizit ausgenommen sind, Anwendung finden.

Auch das BAG neigt dazu, Vertragsbedingungen, die vor ihrer Verwendung kollektivrechtlich ausgehandelt worden sind, nach den Besonderheiten auszulegen, die für das AGB-Recht gelten. In seiner Rechtsprechung greift das BAG dabei noch den tatsächlichen Umstand auf, dass der Arbeitnehmer auch in tatsächlicher Hinsicht auf die Ausgestaltung der Vertragsbedingungen keinen Einfluss nehmen kann. So heißt es zur Auslegung vorverhandelter Vertragsbedingungen in der Entscheidung des 6. Senats vom 19.3.2009:

„Klauseln in arbeitsvertraglichen Vereinbarungen, die auf kollektivrechtlich ausgehandelte Vertragsbedingungen Bezug nehmen oder inhaltlich mit ihnen übereinstimmen, sind nach denselben Maßstäben auszulegen wie einseitig vom Arbeitgeber vorformulierte Klauseln. Auch sie weisen einen Massencharakter auf, der eine einheitliche Auslegung erforderlich macht. Die Arbeitnehmer, die solche Verträge unterzeichnen, waren zudem an der Aushandlung der Kollektivregelung nicht beteiligt und konnten sie nicht beeinflussen. Die Gründe, die zu der später in die vertragliche Vereinbarung übernommenen Kollektivnorm geführt haben, sind ihnen unbekannt. Für die Auslegung solcher Klauseln kommt es daher nicht auf das Verständnis der an den Verhandlungen über die Kollektivregelung Beteiligten, sondern gem. § 157 BGB auf die Verständnismöglichkeiten der Arbeitnehmer an,

---

422 BT-Drucks. 14/6857, S. 54.

mit denen später die darauf Bezug nehmende arbeitsvertragliche Regelung vereinbart wird [...]. Da gem. § 310 Abs. 4 Satz 1 BGB die Vorschriften der §§ 305 ff. BGB auf Tarifverträge, Betriebs- und Dienstvereinbarungen keine Anwendung finden, unterliegen in einer Vielzahl von Fällen formularmäßig verwendete Klauseln in Arbeitsverträgen, die auf eine solche Kollektivregelung Bezug nehmen oder mit ihr übereinstimmen und lediglich deren gesamten Inhalt wiedergeben, allerdings keiner Inhaltskontrolle [...]."[423]

Derartige Bedingungen stellen ihrem Zustandekommen nach Allgemeine Geschäftsbedingungen dar, die jedoch das Spezifikum aufweisen, dass ihrem Inhalt aufgrund der paritätischen Aushandlung zwischen dem Arbeitgeber(-verband) und den Interessenvertretungen eine allgemeine Richtigkeitsgewähr[424] zukommt. Diese Richtigkeitsgewähr geht durch eine arbeitsvertragliche Inbezugnahme nicht verloren. Mit der Differenzierung zwischen AGB-rechtlich zulässiger Auslegung und AGB-rechtlich unzulässiger Inhaltskontrolle[425] im Bereich dieser Vertragsbedingungen kann insoweit dem Umstand ihres tatsächlichen Zustandekommens und ihrem kollektivrechtlichen Hintergrund umfassend Rechnung getragen werden.

Der kollektivrechtliche Hintergrund einer Versorgungszusage kann sich aber nicht nur durch die Bezugnahme auf bzw. die Übernahme eines ganzen Kollektivwerkes realisieren. Einen kollektivrechtlichen Hintergrund können Versorgungsbedingungen auf betrieblicher Ebene etwa aufweisen, wenn ein Betriebsrat von vornherein auf den Abschluss einer Betriebsvereinbarung verzichtet und die wesentlichen Gesichtspunkte der betrieblichen Altersversorgung auf einer Regelungsabrede beruhen bzw. der Arbeitgeber mit dem Betriebsrat lediglich eine Betriebsrahmenvereinbarung über die Altersversorgung abgeschlossen hat, auf deren Grundlage der Arbeitgeber sodann eine Versorgungszusage unter Rückgriff auf vorformulierte Versorgungsbedingungen erteilt. Vorformulierte Versorgungsbedingungen können ferner einen kollektivrechtlichen Hintergrund dadurch erhalten, dass sich eine Betriebsvereinbarung über eine betriebliche Altersversorgung als unwirksam darstellt und diese sodann in eine Gesamtzusage umgedeutet wird.[426]

---

423 BAG v. 19.3.2009 – 6 AZR 557/07, NZA 2009, 896, 898.

424 Däubler/*Reim/Nebe*, TVG, § 1 Rn. 150; *Gamillscheg*, Kollektives Arbeitsrecht, Bd. I S. 285.

425 Hinsichtlich der Anwendbarkeit der AGB-rechtlichen Kontrollmechanismen ist umstritten, ob dies für sämtliche in Bezug genommene Tarifverträge gilt oder ob die Entbehrlichkeit der Inhaltskontrolle nur für den Verweis auf den räumlich und betrieblich-fachlich einschlägigen Tarifvertrag gilt, vgl. hierzu *Däubler*, NZA 2001, 1329, 1335; *Richardi*, NZA 2002, 1057, 1062; *Thüsing/Lambrich*, NZA 2002, 1361, 1362.

426 Eine Umdeutung einer unwirksamen Betriebsvereinbarung in eine Gesamtzusage analog § 140 BGB setzt voraus, dass besondere tatsächliche Umstände vorliegen, aus denen die Arbeitnehmer nach Treu und Glauben schließen durften, dass der Arbeitgeber über die betriebsverfassungsrechtliche Verpflichtung hinaus sich an eine bestimmte Leistung binden wollte, vgl. BAG v. 23.8.1989 – 5 AZR 391/88, NZA 1990, 69.

In diesen Sachverhaltskonstellationen sind die geltenden Versorgungsbedingungen stets nach den AGB-rechtlichen Maßstäben auszulegen. Es kann dabei keinen Unterschied machen, welchen kollektivrechtlichen Gehalt die Vorvereinbarung hat (konkrete Regelungsabrede oder abstrakte Rahmenvereinbarung). Nach dem eindeutigen Wortlaut und der Systematik des § 310 Abs. 4 Satz 1 und 3 BGB ist die noch geltende Bereichsausnahme auf solche Bedingungen beschränkt, die als Kollektivvereinbarung unmittelbar und zwingend auf die Arbeitsverhältnisse einwirken.[427] Auch finden die AGB-rechtlichen Kontrollmechanismen auf diese Versorgungsbedingungen ohne Weiteres Anwendung.

dd) Nebeneinander von unterschiedlichen Auslegungsgrundsätzen

Das zuvor Gesagte kann kollektivrechtlich erhebliche Auswirkungen haben. Wird etwa ein im Unternehmen geltender Versorgungstarifvertrag durch eine vorformulierte Klausel gegenüber einem nicht tarifgebundenen Arbeitnehmer in Bezug genommen und werfen einige dieser kollektivrechtlichen Regelungen Unklarheiten auf, kann diese aufgrund der unterschiedlichen Geltungsmechanismen für organisierte und nicht organisierte Arbeitnehmer zur Folge haben, dass die Auslegung von ein und derselben kollektivvertraglichen Regelung in demselben Unternehmen zu unterschiedlichen Auslegungsergebnissen kommen kann. Die Anwendung der Auslegungsregeln des AGB-Rechts können etwa aufgrund der geltenden Unklarheitenregel[428] des § 305c Abs. 2 BGB dazu führen, dass die nichttarifgebundenen Arbeitnehmer durch die Bezugnahme besser gestellt werden als die tarifgebundenen Arbeitnehmer. Das ist zwar auf den ersten Blick zwar verwunderlich, vor dem Hintergrund der unterschiedlichen Geltungsmechanismen jedoch überzeugend. Durch eine derartige Weichenstellung wird die fehlende Einflussmöglichkeit der nicht tarifgebundenen Arbeitnehmer auf den Inhalt der kollektivrechtlichen Vereinbarung kompensiert.

4. Geltungsbereich des AGB-Rechts im Betriebsrentenrecht

Durch die Öffnung des AGB-Rechts für das Arbeitsrecht im Rahmen der Schuldrechtsmodernisierung unterfallen auch solche individualrechtlich geltende Versorgungsbedingungen den methodischen Besonderheiten des AGB-Rechts, die allein für den Einzelfall verwendet werden. Insoweit fallen nur noch einzelne Versorgungszusagen aus dem Anwendungsbereich des AGB-Rechts heraus.

a) Erfasste Versorgungsbedingungen

Während vor der Schuldrechtsreform die Annäherung an die AGB-rechtlichen Besonderheiten durch die Rechtsprechung grundsätzlich auf die für eine Vielzahl von Fällen vorformulierte Versorgungsbedingungen beschränkt war, erstreckt sich

427 Richardi/*Richardi*, BetrVG, § 77 Rn. 236.
428 Dazu unter E. II. 3 c) dd).

der sachliche Geltungsbereich des AGB-Rechts aufgrund der Erweiterung des Anwendungsbereichs nach § 310 Abs. 3 BGB und der Verbraucherrechtsprechung des BAG mittlerweile auch auf vorformulierte Versorgungsbedingungen zur einmaligen Verwendung.[429] Für die Anwendung der AGB-rechtlichen Vorschriften im Bereich der betrieblichen Altersversorgung ist aber zunächst die einseitige Vorformulierung der Versorgungsbedingungen durch den Arbeitgeber entscheidend, vgl. § 305 Abs. 1 Satz 1 BGB.

aa) Einseitig gestellte vorformulierte Versorgungsbedingungen gegenüber einer Vielzahl von Arbeitnehmern

Im Fokus der Betrachtung steht zunächst das Begriffspaar der vorformulierten Versorgungsbedingungen. Unter dem Ausdruck der Versorgungsbedingungen sind allgemein – in Anlehnung an den Begriff der Vertragsbedingungen – sämtliche Formulierungen innerhalb eines Versorgungswerkes zu verstehen, die bezwecken, ihren Inhalt rechtsverbindlich zu gestalten.[430] Bloße deklaratorische Klauseln, die den Inhalt eines Gesetzes oder einer anderen Rechtsvorschrift wiedergeben, unterfallen dem Anwendungsbereich des AGB-Rechts daher grundsätzlich nicht.[431] Entscheidend für die Anwendbarkeit des AGB-Rechts ist der Umstand, dass die Versorgungsbedingungen vorformuliert sind. Das BAG bejaht das Kriterium der Vorformulierung bereits dann, wenn die Versorgungsbedingungen „von der einen Seite vor Vertragsschluss aufgezeichnet oder in sonstiger Weise fixiert worden sind“[432], so dass der Vertragsinhalt schon vor dem Vertragsschluss geregelt ist. Es kommt auf die einseitige Festsetzung dieser Versorgungsbedingungen vor ihrer Verwendung an.

Das Gesetz setzt weiter voraus, dass die vorformulierten Versorgungsbedingungen bei Abschluss des Vertrages durch eine Vertragspartei – im Betriebsrentenrecht im Regelfall durch den Arbeitgeber – gestellt werden. Dafür ist grundsätzlich zu ermitteln, ob die Vertragsbedingung vom Arbeitgeber einseitig festgelegt und ihre Einbeziehung dem Arbeitnehmer abverlangt wurde.[433] Unerheblich ist, ob die Versorgungsbedingungen vom Arbeitgeber selbst entworfen worden sind oder ob er sich fremde Versorgungsbedingungen zu eigen macht. Dieser Aspekt ist insbesondere bei der Bezugnahme bzw. Reproduktion von kollektivrechtlichen Versorgungsbedingungen und bei der Verweisung auf die Versorgungsbedingungen eines externen Versorgungsträgers von Bedeutung.[434] Für das Kriterium des einseitigen Stellens ist entscheidend, dass der Arbeitgeber die Einbeziehung der Versorgungsbedingungen veranlasst hat und die Arbeitnehmer über deren Inhalt nicht frei entscheiden konnten, wobei es nicht darauf ankommen kann, ob der Arbeitgeber die

429 Dazu ausführlich E. II. 4. b) bb).
430 Clemenz/Kreft/Krause/*Clemenz*, AGB-Arbeitsrecht, § 305 Rn. 6.
431 MüKoBGB/*Basedow*, § 305 Rn. 12.
432 BAG v. 18.12.2008 – 8 AZR 81/08, NZA-RR 2009, 519, 521.
433 BGH v. 29.1.1982 – V ZR 82/81, NJW 1982, 1035, 1036.
434 Dazu ausführlich G. III.

Versorgungsbedingungen rein formal bzw. technisch vorgelegt hat.[435] Ein einseitiges Stellen kann insoweit ausscheiden, wenn sich die Arbeitsvertragsparteien übereinstimmend auf die Einbeziehung bestimmter externer Versorgungsbestimmungen (z.B. die Leistungstabellen des *Essener* oder *Bochumer Verbandes*) einigen.

bb) Vorformulierung für eine Vielzahl von Fällen

Weitere Tatbestandsvoraussetzung des § 305 Abs. 1 Satz 1 BGB ist zudem, dass die Versorgungsbedingungen für eine Vielzahl von Fällen vorformuliert worden sind. Gemeint ist, dass die Versorgungsbedingungen für eine unbestimmte Zahl von Verträgen ausgearbeitet worden sind.[436] Es handelt sich um ein quantitatives Merkmal. Von einer Vielzahl von Fällen geht die Rechtsprechung erst dann aus, wenn die Bedingungen mindestens zur dreimaligen Anwendung kommen sollen.[437] Bei vertraglichen Einheitsregelungen und Gesamtzusagen, die im Betrieb oder Unternehmen erteilt werden, ist dieses Kriterium im Regelfall erfüllt.

cc) Versorgungsberechtigte als Verbraucher

Einige zusätzliche Besonderheiten hinsichtlich des Anwendungsbereichs der methodischen Besonderheiten des AGB-Rechts sind vor dem Hintergrund zu beachten, dass die Versorgungsberechtigten im Regelfall Verbraucher i.S.d. § 13 BGB sind. Für vorformulierte Versorgungsbedingungen ist insoweit insbesondere die Vorschrift des § 310 Abs. 3 Nr. 1 BGB von Bedeutung, wonach bei Verbraucherverträgen das Stellen durch den Unternehmer fingiert wird, sofern die Bedingungen nicht explizit durch den Verbraucher eingebracht worden sind.

Eine weitere Sonderregel ergibt sich durch die Qualifizierung des Versorgungsberechtigten als Verbraucher zudem aus § 310 Abs. 3 Nr. 2 BGB. Nach dieser Vorschrift finden die AGB-rechtlichen Besonderheiten – und ausdrücklich auch die Auslegungsregel des § 305c Abs. 2 BGB – auf vorformulierte Vertragsbedingungen auch dann Anwendung, wenn diese nur zur einmaligen Verwendung bestimmt sind und der Vertragspartner aufgrund der Vorformulierung keinen Einfluss auf den Inhalt nehmen konnte.[438]

---

435 Ulmer/Brandner/Hensen/*Ulmer/Habersack*, AGB-Recht, § 305 Rn. 22.

436 Staudinger/*Schlosser*, BGB, § 305 Rn. 20.

437 BAG v. 18.12.2008 – 8 AZR 81/08, NZA-RR 2009, 519; v. 1.3.2006 – 5 AZR 363/05, BAGE 117, 155.

438 Diese auf den ersten Blick „systemfremde" (Clemenz/Kreft/Krause/Kreft, AGB-Arbeitsrecht, § 310 Rn. 26) Erweiterung des Anwendungsbereichs ist vor dem Hintergrund der europäischen Richtlinie 93/13/EWG über missbräuchliche Klauseln in Verbrauchverträgen zwingend, da die Richtlinie das Kriterium der „Vielzahl" als zwingende Voraussetzung nicht kannte, sondern nach Art. 3 Abs. 1 lediglich voraussetzte, dass die Vertragsklausel „nicht im einzelnen ausgehandelt wurde". Aus diesem Grund musste der deutsche Gesetzgeber den Anwendungsbereich des

Die Verbrauchereigenschaft nach § 13 BGB kennzeichnet sich dadurch, dass eine natürliche Person ein Rechtsgeschäft zu Zwecken abschließt, die überwiegend weder ihrer gewerblichen noch ihrer selbstständigen beruflichen Tätigkeit zugerechnet werden können. Auch die Verbrauchereigenschaft des Arbeitnehmers ist in der Rechtsprechung sämtlicher Senate des BAG mittlerweile anerkannt, nachdem der 5. Senat des BAG diese Frage in seiner Entscheidung[439] vom 25.5.2005 ausdrücklich bejaht hatte. Auch der 3. Senat hat sich dieser Auffassung angeschlossen.[440]

Die Qualifizierung des Arbeitnehmers als Verbraucher entspricht auch dem Willen des Gesetzgebers. Hierzu heißt es in der Begründung zum Schuldrechtsmodernisierungsgesetz u.a.: „Die Erwähnung der beruflichen neben der gewerblichen Tätigkeit hat in erster Linie den Zweck, auch die freien Berufe zu erfassen, die traditionell nicht als Gewerbe angesehen werden (Rechtsanwälte, Steuerberater usw.). Es sollten aber nicht die Personen aus dem Verbraucherbegriff ausgenommen werden, die als abhängig Beschäftigte eine Sache zu einem Zweck kaufen, der (auch) ihrer beruflichen Tätigkeit dient, [...]. Das gilt auch für die Rechtsbeziehungen des Arbeitnehmers zu seinem Arbeitgeber."[441]

Ob auch der Abschluss von Versorgungszusagen als Verbraucherverträge i.S.d. § 310 Abs. 3 BGB einzuordnen sind, die der Arbeitgeber in vorformulierter Weise gegenüber einzelnen Organmitgliedern zusagt, war lange Zeit umstritten. Nachdem ein Großteil der Literatur[442] diese Frage für den Fremdgeschäftsführer schon frühzeitig positiv beantwortet hatte, bejahte das BAG[443] die Verbrauchereigenschaft des Fremdgeschäftsführers beim Abschluss eines Anstellungsvertrages ausdrücklich. Das BAG begründete seine Auffassung insbesondere mit dem Charakter des Fremdgeschäftsführungsverhältnisses, das gerade keine gewerbliche oder selbständige Tätigkeit, sondern vielmehr eine angestellte, d.h. unselbstständige[444] und insoweit abhängige berufliche Tätigkeit darstelle und erweiterte auf diese Weise den Anwendungsbereich des AGB-Rechts erheblich. Dies ist überzeugend, da der Fremdgeschäftsführertätigkeit wesentliche Elemente der Selbstständigkeit fehlen. Insoweit ist zu konstatieren, dass der Fremdgeschäftsführer im Rechtsverkehr bereits nicht als eigenständige Persönlichkeit auftritt. Seine Geschäftsführungstätigkeit übt er vielmehr im Namen und auf Rechnung der Gesellschaft aus und unterliegt dabei gem. § 37 Abs. 1 GmbHG den Weisungen und Beschränkungen der Gesellschafter. Dies gilt beim Abschluss eines vorformulierten Anstellungsvertrages bzw. einer

---

AGB-Rechts auch auf vorformulierte Vertragsbedingungen erweitern, die nur zur einmaligen Verwendung gegenüber einem Verbraucher bestimmt sind.

439 BAG v. 25.5.2005 – 5 AZR 572/04, NZA 2005, 1111, 1115.

440 BAG v. 14.1.2009 – 3 AZR 900/07, NZA 2009, 666.

441 BT-Drucks 14/6040, S. 241.

442 *Hümmerich*, NZA 2006, 709,710; *Schmitt-Rolfes*, FS Hromadka, 393, 396; Däubler/Dorndorf/Bonin/Deinert/*Däubler*, AGB-Kontrolle im ArbR, Einl. Rn. 47.

443 BAG v. 19.5.2010 – 5 AZR 253/09, NZA 2010, 939.

444 *Hümmerich*, NZA 2006, 709, 710.

vorformulierten Versorgungszusage umso mehr, so dass die Einstufung des Geschäftsführers als Verbraucher überzeugen kann.

Auch der Vorstand einer Aktiengesellschaft ist als Verbraucher i.S.d. § 13 BGB einzuordnen. Maßgeblich für die Einordnung einer selbstständigen Tätigkeit ist nämlich neben der weitgehenden Freiheit von Weisungen, dass die Tätigkeit im eigenen Namen, auf eigene Rechnung und im eigenen Verantwortungsbereich ausgeübt wird, so dass das wirtschaftliche Risiko der Tätigkeit unmittelbar selbst getragen wird.[445] Zwar leitet der Vorstand die Aktiengesellschaft nach § 76 Abs. 1 AktG unter eigener Verantwortung und unterliegt nicht den Weisungen des Aufsichtsrats oder der Hauptversammlung (§ 119 Abs. 2 AktG), so dass sein Amt in wesentlich größerem Maße durch eine Selbstständigkeit und Eigenverantwortung geprägt ist, dies führt jedoch nicht dazu, dass die Bestellung eines Vorstands und der Abschluss eines Anstellungsvertrages als selbstständige Tätigkeit einzuordnen ist. Dies würde nämlich weiter voraussetzen, dass er das wirtschaftliche Risiko der Tätigkeit tragen würde. Dies ist bei einem Vorstand einer Aktiengesellschaft aber gerade nicht der Fall.[446] Das wirtschaftliche Risiko bleibt auch während der Tätigkeit des Vorstands allein bei der Aktiengesellschaft.

Durch die Anerkennung der Verbrauchereigenschaft von Organmitgliedern ist der Anwendungsbereich des AGB-Rechts erheblich erweitert worden. Denn konnte das Organmitglied keinen Einfluss auf die Ausgestaltung der Versorgungsbedingungen nehmen, unterliegt der Inhalt einer solchen Zusage, auch wenn sie nur für den Einzelfall konzipiert worden ist, den Mechanismen der §§ 305 ff. BGB.

b) Explizite Ausnahme für ausgehandelte Individualzusagen

Vor dem Hintergrund des zuvor Gesagten unterfallen folglich nur solche Versorgungsbedingungen nicht dem AGB-Recht, die zwischen den Vertragsparteien im Einzelnen ausgehandelt worden sind. Dies bestimmt ausdrücklich § 305 Abs. 1 Satz 3 BGB, bei dem es sich insoweit um eine negative Begrenzung des Anwendungsbereichs handelt.[447] Mit der Regelung hat der Gesetzgeber ausgehandelte Individualzusagen folglich von vornherein aus dem Geltungsbereich des AGB-Rechts herausgenommen. Dies ist auch gerechtfertigt, denn bei diesen liegt kein Ungleichgewicht vor, das durch staatliche Schutzmechanismen aufgewogen werden muss. Derartige Versorgungszusagen zeichnen sich dadurch aus, dass die Vertragspartner bei der Verhandlung der Versorgungsbedingungen vielmehr ihre Interessen und Forderungen ausgedrückt und zur Grundlage des Versorgungsinhalts gemacht haben. Gleiches gilt auch für die Fälle, in denen die Versorgungsbedingungen zwar einseitig durch den Arbeitgeber aufgesetzt worden sind, der Inhalt der einzelnen Bedingung sodann aber von den Parteien erörtert wird. Nach allgemeiner Auffassung setzt ein

445 BAG v. 19.5.2010 – 5 AZR 253/09, NZA 2010, 939, 940.

446 OLG Hamm v. 18.7.2009 – 8 Sch 2/07, AG, 2007, 910, 912.

447 Clemenz/Kreft/Krause/*Clemenz*, AGB-Arbeitsrecht, § 305 Rn. 6.

Aushandeln dabei mehr als das bloße Verhandeln voraus.[448] Aufgrund der zwischen den Parteien getroffenen Abreden muss der Arbeitgeber den in seinen AGB enthaltenen gesetzesfremden Kerngehalt inhaltlich ernsthaft zur Disposition gestellt und dem Verhandlungspartner Gestaltungsfreiheit zur Wahrung eigener Interessen eingeräumt haben.[449] Für den Versorgungsberechtigten muss die Möglichkeit bestehen, die inhaltliche Ausgestaltung der Bedingungen zu beeinflussen.[450]

Es ist jedoch nicht erforderlich, dass der Wille des Versorgungsberechtigten auch tatsächlich Einfluss auf die schlussendlich vereinbarten Versorgungsbedingungen hatte. Nicht ausreichend ist demgegenüber, wenn der Arbeitgeber dem Versorgungsberechtigten die Versorgungsbedingungen lediglich zur Kenntnisnahme zur Verfügung stellt und dieser sich mit diesen sodann einverstanden erklärt. Erforderlich ist vielmehr, dass der Arbeitgeber die Bedingungen des anderen Teils „in seinen rechtsgeschäftlichen Gestaltungswillen“[451] aufgenommen hat.[452] Das macht erforderlich, dass er sich ernsthaft mit den Einwänden der anderen Seite auseinandergesetzt hat und diese bei der Formulierung der Versorgungsbedingungen jedenfalls gedanklich miteinbezieht.

5. Objektiv-generalisierender Auslegungsgrundsatz

Die vorgenannten Besonderheiten, die vorformulierte Versorgungsbedingungen im Gegensatz zu ausgehandelten Individualzusagen aufweisen, haben zur Folge, dass hinsichtlich der Auslegung von derartigen Bedingungen ein modifizierter Auslegungsgrundsatz gilt.

Dabei ist jedoch zu konstatieren, dass die Einordnung der vorformulierten Versorgungsbedingungen als Allgemeine Geschäftsbedingungen nichts an der Rechtsnatur der Versorgungsbedingungen an sich ändert. Es ist heute unumstritten, dass derartige Bedingungen keinen Normcharakter aufweisen.[453] Im Gegensatz zu Rechtsnormen sind die Versorgungsberechtigten den vorformulierten Versorgungsbedingungen des Arbeitgebers nicht zwangsweise ausgesetzt, da es ihnen grundsätzlich unbenommen bleibt, gegen die Geltung der vorformulierten Versorgungsbedingungen Widerspruch zu erheben. Es darf jedoch bei aller verbleibenden privatautonomen Entscheidungsfreiheit des Versorgungsberechtigten nicht verkannt werden, dass aufgrund des existentiellen Charakters der Versorgungsleistungen

---

448 BGH v. 19.5.2005 – III ZR 437/04, NJW 2005, 2543, 2544; Graf von Westphalen/Thüsing/*Graf von Westphalen*, AGB-Recht, Individualvereinbarungen Rn. 1.

449 Vgl. etwa BAG v. 12.12.2013 – 8 AZR 829/12, NZA 2014, 905, 907; v. 19.5.2010 – 5 AZR 253/09, NZA 2010, 939, 941.

450 MüKoBGB/*Basedow*, § 305 Rn. 35.

451 Clemenz/Kreft/Krause/*Clemenz*, AGB-Arbeitsrecht, § 305 BGB Rn. 44.

452 *Stoffels*, AGB-Recht, § 6 Rn. 148.

453 Vgl. nur BGH v. 8.3.1955 – I ZR 109/53, NJW 1955, 1145; Palandt/*Grüneberg*, BGB, § 305 Rn. 2; NK/*Looschelders*, BGB, § 133 Rn. 87.

für das Rentenalter die Hinnahme der vorformulierten Versorgungsbedingungen zumeist aus einem faktischen Zwang herrührt.

a) Grundsätzliche Anwendung der §§ 133, 157 BGB

Die §§ 305 ff. BGB formulieren selbst keinen eigenständigen Auslegungsauftrag für vorformulierte Vertragsbedingungen. Aufgrund ihrer rechtsgeschäftlichen Rechtsnatur sind derartige Bedingungen nach den für Rechtsgeschäfte geltenden Grundsätzen auszulegen, so dass insoweit grundsätzlich auf den allgemeinen Auslegungsauftrag der §§ 133, 157 BGB zurückzugreifen ist.[454] Für den Rückgriff auf den für Verträge geltenden allgemeinen Auslegungsauftrag der §§ 133, 157 BGB spricht auch, dass das AGB-Recht im Rahmen der Schuldrechtsmodernisierung in das Recht der Schuldverhältnisse eingegliedert worden ist und vorformulierte Arbeitsbedingungen gem. § 305 Abs. 2 BGB[455] unmittelbar Bestandteil des Vertrages werden. Insoweit verfolgt auch die Auslegung von vorformulierten Versorgungsbedingungen das grundsätzliche Ziel, den verbindlichen Sinn einer willentlichen Erklärung von einem objektiven Empfängerhorizont aus zu deuten.[456]

b) Modifikationen des objektiv-individualisierten Auslegungsgrundsatzes

Allerdings kann der allgemeine Auslegungsauftrag der §§ 133, 157 BGB nicht ohne Modifikationen auf vorformulierte Versorgungsbedingungen angewendet werden. Aufgrund ihrer besonderen Eigenart sind vorformulierte Versorgungsbedingungen vielmehr nach einem modifizierten objektiven Maßstab auszulegen.[457]

aa) Auffassung des BAG

Nach der Öffnung des AGB-Rechts für das Arbeitsrecht haben sich die Senate des BAG[458] der schon zu Zeiten des Reichsgerichts[459] vorherrschenden und vom BGH[460] übernommenen Auffassung angeschlossen, dass „für die Auslegung Allgemeiner Geschäftsbedingungen nicht der Wille und die Absicht der Parteien des Einzelgeschäfts zu erforschen [sind], vielmehr unabhängig von den Umständen des

454 Graf von Westphalen/Thüsing/*Thüsing*, AGB-Recht, Auslegung Rn. 1; *Stoffels*, AGB-Recht, § 25 Rn. 359.

455 Für das Arbeitsrecht ist jedoch die Ausnahmeregelung des § 310 Abs. 4 Satz 2 HS. 2 BGB zu beachten, wonach die Einbeziehungskontrolle gem. § 305 Abs. 2 und 3 nicht anzuwenden ist, da § 2 Abs. 1 Satz 1 NachwG die Einbeziehung von Bestimmungen in Arbeitsverträge abschließend regelt.

456 MüKoBGB/*Basedow*, § 305c Rn. 18.

457 Ulmer/Brandner/Hensen/*Ulmer/Schäfer*, AGB-Recht, § 305c Rn. 73.

458 BAG v. 20.5.2008 – 9 AZR 271/07, NZA-RR 2009, 18, 19; v. 12.12.2007 – 4 AZR 998/06, NZA 2008, 649, 650; v. 31.8.2005 – 5 AZR 545/06, NZA 2006, 324, 327.

459 Vgl. etwa RG v. 13.12.1912 – VII 228/12, RGZ 81, 117, 119.

460 Vgl. ausdrücklich BGH v. 25.10.1952 – I ZR 48/52, NJW 1953, 21.

Streitfalles allein ihr Inhalt maßgebend ist; denn die Allgemeinen Geschäftsbedingungen sind nicht für einen bestimmten Einzelfall aufgestellt, sondern bilden die vertragliche Grundlage für eine unbestimmte Vielzahl von Einzelfällen."[461] Die Auslegung von vorformulierten Versorgungsbedingungen, die gegenüber einer Vielzahl von Versorgungsberechtigten verwandt werden, erfolgt nach der höchstrichterlichen Rechtsprechung insoweit stets losgelöst von den Umständen des Einzelfalls.

Auch der „Betriebsrentensenat" des BAG wendet bei vorformulierten Versorgungsbedingungen einen derartigen objektiv-generalisierenden Auslegungsgrundsatz an. So heißt es etwa in der exemplarisch herangezogenen Entscheidung des 3. Senats vom 23.8.2011 zu den methodischen Grundsätzen: „Die Auslegung eines einseitig vom Arbeitgeber gestellten Regelungswerks erfolgt nach den Grundsätzen für die Auslegung Allgemeiner Geschäftsbedingungen. Diese sind nach ihrem objektiven Inhalt und typischen Sinn einheitlich so auszulegen, wie sie von verständigen und redlichen Vertragspartnern unter Abwägung der Interessen der normalerweise beteiligten Verkehrskreise verstanden werden, wobei die Verständnismöglichkeiten des durchschnittlichen Vertragspartners des Verwenders zugrunde zu legen sind."[462]

bb) Auffassung im Schrifttum

Die Geltung eines derartig genuinen Auslegungsmaßstabes für vorformulierte Vertragsbedingungen ist im Schrifttum grundsätzlich auf Zustimmung[463] gestoßen, teilweise aber auch abgelehnt worden[464]. In einer eingehenden Untersuchung hat sich insbesondere *Bieder* mit der Auslegung von vorformulierten Willenserklärungen im Arbeitsrecht beschäftigt.[465] Hierbei hat er sich kritisch mit dem von der allgemeinen Rechtsgeschäftslehre abweichenden objektiv-generalisierenden Auslegungsgrundsatz für vorformulierte Vertragsbedingungen auseinandergesetzt. Nach seinem Dafürhalten fehlt es an einer überzeugenden, dogmatischen Rechtfertigung für eine derartige Modifizierung. Ein objektiv-generalisierender Auslegungsgrundsatz im Arbeitsrecht widerspräche insbesondere der ratio legis des AGB-Rechts, wonach die Mechanismen des AGB-Rechts gerade die „strukturell bedingten Risiken für die Privatautonomie durch das Instrument der Inhaltskontrolle"[466] kompensieren sollten.[467] Wenn die Kontrollmittel des AGB-Rechts die missbräuchliche Inanspruchnahme der Vertragsgestaltungsfreiheit durch den Verwender verhindern solle, dann stehe

---

461 BGH v. 29.9.1960 – II ZR 25/59, NJW 1961, 212, 213.

462 BAG v. 13.1.2015 – 3 AZR 897/12, NZA 2015, 1192, 1195; v. 23.8.2011 – 3 AZR 627/09, AP BetrAVG § 1 Auslegung Nr. 24.

463 Vgl. MüKo/*Basedow*, § 305c Rn. 22; Erman/*Roloff*, BGB, § 305c Rn. 20; Palandt/*Grüneberg*, BGB, § 305c Rn. 16; *Rüßmann*, BB 1987, 843, 845.

464 Vgl. etwa Wolf/*Lindacher/Hau*, § 305c Rn. 105; Staudinger/*Schlosser*, BGB, § 305c Rn. 126 ff.

465 *Bieder*, RdA 2011, 142 ff.

466 *Bieder*, RdA 2011, 142, 144.

467 *Bieder*, RdA 2011, 142, 144.

diesem Schutzmechanismus jedoch eine objektiv-generalisierende Auslegung entgegen, da sie allein Umstände in den Vordergrund rücke, die „einseitig vom Verwender vorgegeben sind“[468]. Dadurch würde das strukturelle Ungleichgewicht zwischen den Parteien jedoch vielmehr weiter gefördert.[469] Auch sonstige Besonderheiten wie das arbeitgeberseitige Rationalisierungsinteresse und die Idee der Vereinheitlichung der Auslegungsmaxime im Privatrecht könnten nach seinem Dafürhalten eine Abweichung von den allgemeinen Auslegungsgrundsätzen nicht rechtfertigen.[470]

cc) Stellungnahme

Die vom BAG vorgenommene objektiv-generalisierende Auslegung von vorformulierten Versorgungsbedingungen ist zu befürworten. Dafür spricht zunächst, dass die Bedingungen allein vom Arbeitgeber vorformuliert werden und die Versorgungsberechtigte rein tatsächlich keine Möglichkeit haben, auf den Inhalt der Versorgungsbedingungen Einfluss zu nehmen.[471] Es handelt sich vielmehr um vom Arbeitgeber einseitig oktroyierte Versorgungsbedingungen, so dass sich das Zustandekommen gerade dadurch kennzeichnet, dass die Umstände des Einzelfalls keine Berücksichtigung finden. Eine individualisierende Auslegung geht daher schon aus praktischen Gesichtspunkten fehl.

Zuzustimmen ist *Bieder* aber dahingehend, dass ein objektiv-generalisierender Auslegungsgrundsatz den Arbeitgeber bevorteilen kann. Ein derartiger Auslegungsgrundsatz kompensiert jedoch den mit der verschärften Inhaltskontrolle nach den §§ 305 ff. BGB verbundenen Eingriff in die durch Art. 12 GG geschützte Arbeitsvertragsfreiheit[472]. Mit der Verwendung vereinheitlichter Versorgungsbedingungen will der Arbeitgeber als Verwender der Bedingungen seine Versorgung standardisieren und vereinfachen. Diesem Vorhaben würden Individualisierungstendenzen auf der Ebene der Auslegung aber widersprechen.[473] Die mangelnde Einflussmöglichkeit des jeweiligen Versorgungsberechtigten wird vielmehr durch die verstärkte Kontrolle auf der Inhaltsebene ausgeglichen, bei der sodann auch die Besonderheiten des Einzelfalls zu berücksichtigen sind. Diese Differenzierung hat der Gesetzgeber ausdrücklich in § 310 Abs. 3 Nr. 3 BGB zum Vorschein gebracht.[474] Die gesetzlichen Wertungen streiten insoweit für eine generalisierende Auslegung vorformulierter Arbeits- und Versorgungsbedingungen.

Schließlich darf nicht verkannt werden, dass Versorgungsbedingungen, über die die Parteien tatsächlich verhandelt haben und über die Einvernehmen besteht, der

468 *Bieder*, RdA 2011, 142, 144 m.w.N.
469 *Bieder*, RdA 2011, 142, 144.
470 *Bieder*, RdA 2011, 142, 143.
471 *Stoffels*, AGB-Recht, § 25 Rn. 362; Clemenz/Kreft/Krause/*Hoefs*, AGB-Arbeitsrecht, § 305c BGB Rn. 44.
472 Vgl. etwa MüHdbArbR/*Rieble/Klumpp*, § 169 Rn. 85.
473 *Stoffels*, AGB-Recht, § 25 Rn. 362.
474 Ausführlich dazu E. II. 7. b).

Auslegungsregel des § 305b BGB als Individualvereinbarung vorgehen und nach den für Individualzusagen geltenden Grundsätzen auszulegen sind. § 305b BGB stellt klar, dass vorformulierte Vertragsbedingungen echte Individualabreden weder abändern noch aushöhlen können.[475] Die kollidierenden Vertragsbedingungen werden zwar ebenfalls Bestandteil des Vertrages, sie treten jedoch gegenüber der vorrangigen Individualabrede zurück und gelten lediglich subsidiär weiter.[476]

Bei Versorgungszusagen, die ihrer Verwendung nach schon Individualisierungstendenzen aufweisen, also insbesondere bei solchen Versorgungsbedingungen zur einmaligen Verwendung (§ 310 Abs. 3 Nr. 2 BGB), nimmt die Rechtsprechung eine methodische Restriktion schon auf der Ebene der Auslegung vor und berücksichtigt – sowohl zum Vor- als auch zum Nachteil des Arbeitgebers – die Umstände des Einzelfalls.[477]

6. Methodische Besonderheiten bei der Auslegung von vorformulierten Versorgungsbedingungen

Die Anwendung des AGB-Rechts auf vorformulierte Versorgungsbedingungen führt dazu, dass hinsichtlich der methodischen Vorgehensweise einige Modifikationen zu beachten sind. Im Grundsatz bleibt es jedoch bei der Geltung der durch §§ 133, 157 BGB implizierten Auslegungsgrundsätze. Zu den Modifikationen zählen insbesondere der objektiv-generalisierende Empfängerhorizont, die Frage nach den bei der Auslegung zu berücksichtigenden Umständen und die Auslegung bei Unklarheiten zulasten des Verwenders. Im Rahmen der Schuldrechtsmodernisierung hat allerdings nur Letztere eine gesetzliche Kodifizierung erhalten.

a) Modifizierung des Empfängerhorizonts

Durch die Öffnung des AGB-Rechts für das Arbeitsrecht erfolgt die Auslegung von vorformulierten Versorgungszusagen nach einem modifizierten Empfängerhorizont. Im Gegensatz zur allgemeinen Vertragsinterpretation erhält der Verständnishorizont dadurch eine nicht unerhebliche Modifikation.

aa) Objektiv-generalisierender Empfängerhorizont

Vorformulierte Versorgungsbedingungen werden grundsätzlich nach einem objektiv-generalisierenden Empfängerhorizont ausgelegt. Dieser Empfängerhorizont besagt, dass vorformulierte Versorgungsbedingungen nach ihrem objektiven Inhalt und typischen Sinn einheitlich so auszulegen sind, „wie sie von verständigen und redlichen Vertragspartnern unter Abwägung der Interessen der normalerweise beteiligten Verkehrskreise verstanden werden, wobei die Verständnismöglichkeiten des

475 Erman/*Roloff*, BGB, § 305b Rn. 1.
476 Erman/*Roloff*, BGB, § 305b Rn. 14.
477 S. dazu ausführlich E II. 7. a) bb) und b) bb).

durchschnittlichen Vertragspartners des Verwenders zugrunde zu legen sind"[478]. Es müssen nicht die Verständnismöglichkeiten des konkreten, sondern eines durchschnittlichen Vertragspartners zu Grunde gelegt werden.[479] Die objektiv-generalisierende Auslegung abstrahiert folglich von den konkreten Vorstellungen und dem konkreten Wissensstand der Vertragsparteien.[480] Der Inhalt der vorformulierten Bedingungen muss auf der Grundlage einer rechtlichen Interessenabwägung festgestellt werden. Das hat zur Folge, dass dem Auslegenden bei der Beurteilung des Verständnishorizonts ein gewisser Beurteilungsspielraum zusteht, bei dem jedoch der Durchschnittsvertragspartner den Abwägungsmaßstab vorgibt.

Das BAG hat zudem den Grundsatz aufgestellt, dass es für den Verständnishorizont des durchschnittlichen Vertragspartners des Verwenders entscheidend auf die jeweilige Art des Geschäfts ankommt.[481] Mit Blick auf das Betriebsrentenrecht ist zu beachten, dass bei einer vorformulierten Versorgungszusage auf die Verständnismöglichkeiten eines durchschnittlichen Arbeitnehmers des konkreten Betriebes, bei unternehmensbezogenen Zusagen des konkreten Unternehmens abzustellen ist. Betriebs- und unternehmensbezogene Gegebenheiten, die den Verständnishorizont beeinflussen, sind insoweit bei der Auslegung von vorformulierten Versorgungsbedingungen stets zu berücksichtigen.[482] Das kann insbesondere bei der Verwendung von Fachausdrücken oder Abkürzungen Bedeutungen erlangen, die in dem jeweiligen Betrieb oder Unternehmen allgemein geläufig sind.

bb) Empfängerhorizont bei Versorgungsbedingungen zur einmaligen Verwendung

Ein objektiv-generalisierender Empfängerhorizont kann bei einmalig verwendeten, vorformulierten Versorgungsbedingungen gegenüber Arbeitnehmern und Organmitgliedern, die Verbraucher im Sinne des § 310 Abs. 3 Nr. 2 BGB sind[483], nicht überzeugen. Zwar ist auch hier zu konstatieren, dass diese auf die konkrete Ausgestaltung der Versorgungsbedingungen keinen Einfluss haben und sich den vorformulierten Bedingungen des Arbeitgebers beugen. Nichtdestotrotz darf nicht verkannt werden, dass der Arbeitgeber die Bedingungen auf den Einzelfall zugeschnitten hat. Zumeist gibt es einen konkreten Hintergrund für die individualisierte Zusage. Dies zeigt aber, dass für die Anwendung eines objektiv-generalisierenden Auslegungsgrundsatzes

---

478 BAG v. 31.5.2011 – 3 AZR 387/09, AP BetrAVG § 1 Auslegung Nr. 23; v. 8.3.2011 – 3 AZR 666/09, AP BetrAVG § 1 Auslegung Nr. 14; v. 19.1.2011 – 3 AZR 83/09, NZA 2012, 566, 567; v. 9.6.2010 – 5 AZR 332/09, NZA 2010, 877, 880.

479 BAG v. 25.6.2013 – 3 AZR 219/11, AP BetrAVG § 2 Nr. 69; v. 31.5.2011 – 3 AZR 387/09, AP BetrAVG § 1 Auslegung Nr. 23.

480 Däubler/Bonin/Deinert/*Däubler*, AGB-Kontrolle, § 305 c BGB Rn. 29.

481 BAG v. 31.8.2005 – 5 AZR 545/04, NZA 2006, 324, 327; Clemenz/Kreft/Krause/*Hoefs*, AGB-Arbeitsrecht, § 305 c BGB Rn. 44.

482 Graf von Westphalen/Thüsing/*Thüsing*, AGB-Recht, Auslegung Rn. 8.

483 Vgl. F. II. 4. b) bb).

weder aus der Sicht des Arbeitgebers noch der Versorgungsberechtigten ein Erfordernis besteht. Diese Wertung ergibt sich auch unmittelbar aus § 310 Abs. 3 Nr. 2 BGB. Der fehlenden Einflussmöglichkeit des Versorgungsberechtigten wird vielmehr dadurch Rechnung getragen, dass die Versorgungsbedingungen den sonstigen Schutzmechanismen des AGB-Rechts unterliegen.

Die Heranziehung eines individuellen Empfängerhorizonts bei vorformulierten Versorgungsbedingungen zur einmaligen Verwendung ist mittlerweile auch in der Rechtsprechung des „Betriebsrentensenat" aufgrund seiner Entscheidung vom 18.5.2010 anerkannt. Inhaltlich ging es um die Höhe eines Steuerzuschlags, den der Arbeitgeber seinen Arbeitnehmern neben einer Betriebsrente zahlte. In dieser Entscheidung eröffnete das BAG für ein Austrittsschreiben mit versorgungsrechtlichen Regelungen den sachlichen Anwendungsbereich des § 310 Abs. 3 BGB und führte hinsichtlich der Auslegung sodann aus:

„Geht man davon aus, dass eine individuelle Willenserklärung vorliegt, gilt Folgendes: Nach §§ 133, 157 BGB sind Verträge so auszulegen, wie die Parteien sie nach Treu und Glauben unter Berücksichtigung der Verkehrssitte verstehen mussten. [...] Hat der Arbeitgeber – wie hier – eine Regelung geschaffen, gilt ergänzend die Unklarheitenregel. Er muss bei Unklarheiten die für ihn ungünstigste Auslegungsmöglichkeit gegen sich gelten lassen. Das ergibt sich nunmehr für Verbraucherverträge aus § 310 Abs. 3 Nr. 2 i.V.m. § 305c Abs. 2 BGB, galt aber auch bereits vor deren Inkrafttreten aufgrund des Schuldrechtsmodernisierungsgesetzes."[484]

b) Vorrang des übereinstimmenden Willens

Der objektiv-generalisierende Auslegungsgrundsatz steht der Berücksichtigung von individuellen Momenten grundsätzlich entgegen. Die konkreten Vorstellungen und Anschauungen der Versorgungsberechtigten sind für die Auslegung nicht maßgeblich. Das heißt jedoch nicht, dass die Verwendung von vorformulierten Versorgungsbedingungen dem Postulat des übereinstimmenden Willens grundsätzlich widerspricht. Haben die beteiligten Parteien einer bestimmten Versorgungsbedingung einmütig eine gewisse Bedeutung zugeteilt, dann hat diese Bedeutung Vorrang vor einer objektiv-generalisierenden Auslegung.[485] Auch das BAG hat sich mit den Auswirkungen eines übereinstimmenden Willens auf vorformulierte Versorgungsbedingungen beschäftigt. Im Einklang mit dem zuvor Gesagten hat das Gericht insbesondere in seiner Entscheidung vom 15.9.2009, in der es um die Rückzahlung von Fortbildungskosten ging, den folgenden Auslegungsgrundsatz aufgestellt: „Der übereinstimmende Wille der Vertragsparteien geht nicht nur bei der Auslegung einer Individualvereinbarung, sondern auch bei der Auslegung von Allgemeinen Geschäftsbedingungen selbst einem eindeutigen Wortlaut der Vereinbarung vor."[486]

---

484 BAG v. 18.5.2010 – 3 AZR 373/08, NZA 2010, 935.

485 Graf von Westphalen/Thüsing/*Thüsing*, AGB-Recht, Auslegung Rn. 16.

486 BAG v. 15.9.2009 – 3 AZR 173/08, NZA 2010, 342.

Es würde der allgemeinen Zielsetzung der Auslegung widersprechen, wenn man in einer derartigen Konstellationen den übereinstimmenden Willen der Vertragsparteien unbeachtet lassen würde. Zudem würde sich eine Vertragspartei treuwidrig i.S.d. § 242 BGB verhalten, wenn sie sich trotz positiver Kenntnis auf ein vom gemeinsamen Verständnis abweichendes Auslegungsergebnis berufen würde.

Die Sachverhaltskonstellation des übereinstimmenden Verständnisses hinsichtlich eines Bedingungsinhalts ist streng von dem Vorrang der ausgehandelten Individualabrede zu unterscheiden. Ein übereinstimmender Wille der Vertragsparteien führt nicht dazu, dass die vertraglichen Regelungen ausgehandelt i.S.d. § 305 Abs. 1 Satz 3 BGB sind. Vielmehr behalten die vorformulierten Versorgungsbedingungen ihren Charakter als Allgemeine Geschäftsbedingungen.[487] Der übereinstimmende Wille der Vertragsparteien hinsichtlich einer Klausel genießt bei der Auslegung zwar Vorrang, ändert zugleich aber nichts an der Rechtsnatur der Versorgungsbedingung. Der letztgenannte Aspekt hat insbesondere vor dem Hintergrund einer sich anschließenden inhaltlichen Kontrolle Bedeutung. Bei der Prüfung der vorformulierten Versorgungsbedingung bleibt es insoweit bei der Anwendung der AGB-rechtlichen Mechanismen, so dass auch eine solche wegen eines Verstoßes gegen die zwingenden Inhaltsvorschriften der §§ 307–309 BGB unwirksam sein kann.

c) Maßgeblicher Zeitpunkt für die Auslegung

Vorformulierte Versorgungsbedingungen werden in der Praxis der Einfachheit halber häufig über mehrere Jahre und teilweise über ganze Dekaden ohne größere Anpassungen vom Arbeitgeber verwandt, wobei es nicht selten vorkommt, dass eine verwendete Begrifflichkeit in den Versorgungsbedingungen einen rechtlichen oder sprachlichen Wandel durchläuft. Insoweit spielt insbesondere der maßgebliche Zeitpunkt für die Auslegung eine Rolle. Es ist jedoch grundsätzlich unbestritten, dass es bei der Auslegung von vorformulierten Versorgungsbedingungen gegenüber der Auslegung von ausgehandelten Versorgungszusagen dem Grunde nach zu keinen Abweichungen hinsichtlich des maßgeblichen Zeitpunkts kommt.[488] Aufgrund von Vertrauensschutzgesichtspunkten kommt es stets auf den Bedeutungssinn in dem Zeitpunkt an, in dem die vorformulierten Klauseln erstmalig vom Arbeitgeber verwendet worden sind. Bei vorformulierten Versorgungsbedingungen zur einmaligen Verwendung kommt es demgegenüber auf den Zeitpunkt des Vertragsabschlusses an.

So hat auch das BAG hinsichtlich des maßgeblichen Zeitpunkts einer Auslegung von vorformulierten Versorgungsbedingungen wiederkehrend formuliert, dass der „[m]aßgebliche Zeitpunkt für die Auslegung der Versorgungsordnung [...] weder der Abschluss des Arbeitsvertrages noch der Beginn des Arbeitsverhältnisses, sondern die Errichtung der einzelvertraglich übernommenen Versorgungsordnung

---

487 BAG v. 15.9.2009 – 3 AZR 173/08, NZA 2010, 342, 344.

488 Graf von Westphalen/Thüsing/*Thüsing*, AGB-Recht, Auslegung Rn. 14.

[ist]"[489]. Nicht entscheidend ist daher, zu welchem Zeitpunkt die verwandten Versorgungsbedingungen aufgestellt worden sind[490] oder zu welchem Zeitpunkt der Versorgungsberechtigte in ein Arbeitsverhältnis zum Arbeitgeber getreten ist.

Das Abstellen auf einen anderen Zeitpunkt, etwa den Zeitpunkt der Auslegung selbst, würde zudem das Postulat des übereinstimmenden Willens und den objektiv-generalisierenden Auslegungsgrundsatz konterkarieren. Bei Gesamtzusagen und vertraglichen Einheitsregelungen hat der Eintritt des konkreten Versorgungsberechtigten in das Arbeitsverhältnis nur insoweit Bedeutung, als dass er sich auf eine im Rahmen des Eintritts zwischen ihm und dem Arbeitgeber abweichende Individualabrede i.S.d. § 305b BGB beruft.

d) Auswirkungen eines objektiv-generalisierenden Auslegungsgrundsatzes auf die formal-methodischen Auslegungskriterien

Die vorgenannten Modifikationen des Auslegungsgrundsatzes im Bereich der vorformulierten Versorgungszusagen gegenüber einer Vielzahl von Versorgungsberechtigten haben unmittelbare Auswirkungen auf die methodisch-formalen Auslegungsregeln. Praktisch bedeutsame Besonderheiten ergeben sich insbesondere bei der Frage, welche den Vertragsschluss begleitenden Umstände bei der Auslegung zu berücksichtigen sind. Aber auch die Gewichtung der einzelnen Auslegungskriterien verschiebt sich durch den anzulegenden Maßstab.

aa) Rückgriff auf neutrale Auslegungskriterien

Bei der methodischen Vorgehensweise der objektiven Auslegung rücken insbesondere der Wortlaut und die Regelungssystematik[491] in den Fokus.[492]

(1) Wortlaut und Regelungszusammenhang

Diese Auslegungskriterien sind dem durchschnittlichen Versorgungsberechtigten unmittelbar zugänglich und daher besonders geeignet.[493] Auch die Rechtsprechung

---

489 BAG v. 22.10.2002 – 3 AZR 496/01, AP BetrAVG § 1 Überversorgung Nr. 10; v. 27.7.1998 – 3 AZR 100/98, NZA 1999, 444, 445.

490 MüKoBGB/*Basedow*, § 305c Rn. 25.

491 Teilweise wird auch der Rückgriff auf die Regelungssystematik von vorformulierten Versorgungsbedingungen mit dem Argument abgelehnt, dass dadurch unklare oder unangemessene Bedingungen entgegen den § 305c Abs. 1 und § 307 Abs. 1 Satz 2 BGB aufrechterhalten blieben (Ulmer/Brandner/Hensen/*Ulmer/Schäfer*, AGB-Recht, § 305c Rn. 81). Dem kann jedoch nicht zugestimmt werden, da das Versorgungswerk stets als Gesamtheit betrachtet werden muss. Eine reine Klauselbetrachtung kann dem Vertragswerk als geschlossene Einheit nicht gerecht werden.

492 Clemenz/Kreft/Krause/*Hoefs*, AGB-Kontrolle, § 305c Rn. 45.

493 Palandt/*Grüneberg*, BGB, § 305c Rn. 16; *Stoffels*, AGB-Recht § 12 Rn. 360.

greift im Rahmen der Auslegung vorrangig auf diese neutraleren Auslegungskriterien zurück.[494] Mangels Erkennbarkeit und ihrer objektiv schwierigen Nachvollziehbarkeit spielt hingegen die Entstehungsgeschichte bei der Auslegung von vorformulierten Versorgungsbedingungen im Regelfall keine oder lediglich eine untergeordnete Rolle.[495] Etwas anderes kann jedoch gelten, wenn die Entstehungsgeschichte sämtlichen Vertragsparteien bekannt war.[496]

Hinsichtlich der Auslegung von Begriffen, die sich in der vorformulierten Versorgungsbedingung finden, ist wie auch bei ausgehandelten Versorgungszusagen grundsätzlich auf den allgemeinen Sprachgebrauch abzustellen.[497] Die Bedeutung eines juristischen Fachausdrucks kann nur dann berücksichtigt werden, wenn die inhaltliche Kenntnis der Begrifflichkeit innerhalb des Betriebes oder Unternehmens typischerweise vorausgesetzt werden kann.[498] Werden identische Begriffe innerhalb eines Versorgungswerkes mehrfach verwendet, dann ist die Begrifflichkeit insgesamt einheitlich auszulegen.[499]

Aber auch an dieser Stelle ist zu beachten, dass die hervorgehobene Bedeutung von Wortlaut und Regelungssystematik lediglich bei solchen Versorgungszusagen gilt, die in einer Vielzahl von Versorgungsbedingungen verwendet worden sind. Handelt es sich um vorformulierte Einmalbedingungen i.S.d. § 310 Abs. 3 Nr. 2 BGB ist weiter „vom Wortlaut auszugehen, zur Ermittlung des wirklichen Willens der Parteien sind jedoch auch die außerhalb der Vereinbarung liegenden Umstände einzubeziehen, soweit sie einen Schluss auf den Sinngehalt der Erklärung zulassen. Vor allem sind die bestehende Interessenlage und der mit dem Rechtsgeschäft verfolgte Zweck zu berücksichtigen."[500] Die Wortlautauslegung ist im Rahmen dieser Versorgungsbedingungen folglich nur eines von mehreren Auslegungskriterien.

(2) Altersteilzeitvereinbarungen und betriebliche Versorgungsleistungen

Die hervorgehobene Bedeutung des Wortlauts und Regelungszusammenhangs bei vorformulierten Versorgungsbedingungen sowie ihr Zusammenspiel zeigen sich insbesondere in der Entscheidung des BAG zur Berücksichtigung von Altersteilzeitarbeit bei der Ermittlung des rentenfähigen Arbeitsverdienstes. Das BAG hatte im Jahr 2012 eine noch vor Inkrafttreten des AltersTZG 1996[501]

---

494 BAG v. 19.11.2011 – 3 AZR 83/09, NZA 2012, 566, 568; v. 17.12.2010 – 3 AZR 380/10, AP BetrAVG § 1 Auslegung Nr. 35.

495 Ulmer/Brandner/Hensen/*Ulmer/Schäfer*, AGB-Recht, § 305c Rn. 82; Graf von Westphalen/Thüsing/*Thüsing*, AGB-Recht, Auslegung Rn. 11.

496 Ulmer/Brandner/Hensen/*Ulmer/Schäfer*, AGB-Recht, § 305 Rn. 82.

497 Graf von Westphalen/Thüsing/*Thüsing*, AGB-Recht, Auslegung Rn. 8.

498 Allgemein Ulmer/Brandner/Hensen/*Ulmer/Schäfer*, AGB-Recht, § 305c Rn. 83.

499 Graf von Westphalen/Thüsing/*Thüsing*, AGB-Recht, Auslegung Rn. 8.

500 BAG v. 18.5.2010 – 3 AZR 373/08, NZA 2010, 935.

501 Gesetz zur Förderung eines gleitenden Überganges älterer Arbeitnehmer in den Ruhestand vom 23.7.1996, BGBl. I 1996 S. 1078, das am 1.8.1996 in Kraft getreten ist.

geschaffene Versorgungsordnung hinsichtlich der Frage auszulegen, ob ein Arbeitnehmer, der Altersteilzeitarbeit leistete, von einer versorgungsrechtlichen Regelung für teilzeitbeschäftigte Arbeitnehmer erfasst wurde.[502] Die dem Fall zugrunde liegende Versorgungsordnung aus dem Jahr 1981 enthielt hinsichtlich des rentenfähigen Arbeitsverdienstes eine Ausnahmeregelung für Teilzeitbeschäftigte. Diese lautete u.a. wie folgt:

„War der Anwärter während seiner anrechenbaren Dienstzeit [...] immer oder zeitweise teilzeitbeschäftigt, so ist der rentenfähige Arbeitsverdienst für diejenige monatliche Arbeitszeit maßgebend, die dem durchschnittlichen Beschäftigungsgrad während der anrechenbaren Dienstzeit [...] entspricht. [...] Bei der Berechnung des durchschnittlichen Beschäftigungsgrades bleibt ein nicht vollendeter Kalendermonat am Anfang und am Ende der anrechenbaren Dienstzeit unberücksichtigt. Von der anrechenbaren Dienstzeit werden nur die letzten 120 vollen Kalendermonate berücksichtigt."

Der Arbeitgeber berechnete die Altersrente des zuvor in Altersteilzeit beschäftigten Arbeitnehmers unter Berücksichtigung der Sonderregel für Teilzeitbeschäftigte. Dagegen klagte der versorgungsberechtigte Arbeitnehmer. Nachdem das BAG zunächst die fehlende Eindeutigkeit des Wortlauts – in der Versorgungszusage hieß es lediglich teilzeitbeschäftigt – festgestellt hatte, stellte das Gericht sodann auf den systematischen Gesamtzusammenhang der Versorgungszusage ab. Dabei schaute sich das BAG zunächst die Grundregel zum rentenfähigen Arbeitsverdienst in der Versorgungsordnung an und kam zu dem Ergebnis, dass nach dieser für den rentenfähigen Arbeitsverdienst das Monatseinkommen maßgeblich sein sollte, das dem vollzeitbeschäftigten Arbeitnehmer ohne Vorliegen besonderer Umstände regelmäßig und stetig zufließt und das ihm zum Bestreiten seines Lebensunterhalts dauerhaft zur Verfügung steht.[503] Sodann fasste das BAG die Sonderregel für Teilzeitbeschäftigte ins Auge und schlussfolgerte, dass auch diese dazu diene, den zuletzt erreichten Lebensstandard des Versorgungsberechtigten zu sichern, wobei die Sonderregel dem Umstand Rechnung trage, dass „ein Teilzeitbeschäftigter nur einen Vergütungsanspruch pro rata temporis hat und dass der durch seinen Arbeitsverdienst geprägte Lebensstandard daher geringer ist als bei vergleichbaren Vollzeitbeschäftigten."[504] Daraus folgerte das BAG, dass eine Altersteilzeitbeschäftigung nicht unter diese Sonderregel falle.[505] Der durch das Arbeitsentgelt geprägte Lebensstandard von Altersteilzeitbeschäftigten unterscheide sich vom Lebensstandard normaler Teilzeitbeschäftigter nicht unerheblich, da die in der Versorgungszusage angelegte Proportionalität zwischen dem Beschäftigungsumfang und dem den Lebensstandard prägenden Verdienst für Altersteilzeitbeschäftigte

502 BAG v. 17.4.2012 – 3 AZR 280/10, NZA-RR 2012, 489.
503 BAG v. 17.4.2012 – 3 AZR 280/10, NZA-RR 2012, 489, 491.
504 BAG v. 17.4.2012 – 3 AZR 280/10, NZA-RR 2012, 489, 491.
505 BAG v. 17.4.2012 – 3 AZR 280/10, NZA-RR 2012, 489, 491.

aufgrund der gesetzlichen, tariflichen oder einzelvertraglichen Aufstockungsleistungen nicht gegeben sei.[506]

Den systematischen Erwägungen des BAG ist zuzustimmen. Auch wenn der Wortlaut der vorgenannten Versorgungszusage eine Subsumtion der Altersteilzeit unter den Teilzeitbegriff grundsätzlich erlaubt, steht der allgemeine Regelungszusammenhang einer solchen Auslegung entgegen. Durch das Abstellen auf das Endgehalt vor Eintritt des Versorgungsfalles soll der Lebensstandard der Betriebsrentner vor Eintritt in das Rentenalter aufrechterhalten bleiben. Bei einem Mitarbeiter in Altersteilzeit wäre dieses Zielrichtung jedoch konterkariert, wenn man bei diesem die reduzierte Altersteilzeit zugrunde legen würde. Getragen wird ein solches Verständnis zusätzlich von § 10 Abs. 1 Satz 1 ATG, wonach die Berechnungsgrundlage eines Arbeitnehmers, der aus der Altersteilzeit heraus Arbeitslosengeld nach SGB III beansprucht, auf das fiktive Vollzeitgehalt erhöht wird.[507]

bb) Berücksichtigung von Begleitumständen

Eine wesentliche Besonderheit wirft die Auslegung von vorformulierten Versorgungsbedingungen bei der Berücksichtigung der den Vertragsschluss begleitenden Umstände auf. Hierbei ist jedoch einschränkend anzumerken, dass rein individuelle Umstände bei vorformulierten Versorgungsbedingungen gegenüber einer Vielzahl von Versorgungsberechtigten in der Praxis von vornherein ein überschaubares Dasein fristen.

(1) Konkret-individuelle Begleitumstände

Bei der Auslegung von vorformulierten Versorgungsbedingungen sind konkret-individuelle Umstände grundsätzlich nicht zu berücksichtigen.[508] Diese Einschränkung der allgemeinen Auslegungskriterien ist unmittelbar aus dem Gesetz zu entnehmen. So regelt § 310 Abs. 3 Nr. 3 BGB, dass die den Vertragsschluss begleitenden Umstände lediglich bei der Beurteilung der unangemessenen Benachteiligung nach § 307 Abs. 1 und 2 BGB zu berücksichtigen sind. Das heißt, dass die Umstände des Vertragsschlusses bei der rechtlichen Bewertung von Allgemeinen Geschäftsbedingungen nicht auf der Ebene der Auslegung, sondern erst auf der nachgelagerten Ebene der Inhaltskontrolle heranzuziehen sind.[509] Diese Einschränkung ist eine zwingende Folge der objektiv-generalisierenden Auslegung, nach der es nicht auf die konkreten Vertragspartner und/oder den konkreten Einzelfall ankommt. Bei der Auslegung können daher Begleitumstände, die nur einem der Vertragspartner

---

506 BAG v. 17.4.2012 – 3 AZR 280/10, NZA-RR 2012, 489, 491.

507 *Beck*, ArbRAktuell 2012, 404.

508 Graf von Westphalen/Thüsing/*Thüsing*, AGB-Recht, Auslegung Rn. 10.

509 BAG v. 7.12.2005 – 5 AZR 535/04, BAGE 116, 267; v. 18.5.2010 – 3 AZR 373/08, NZA 2010, 935, 938; v. 15.7.2010 – 3 AZR 334/06, AP BetrAVG § 1 Lebensversicherung Nr. 31; Clemenz/Kreft/Krause/*Kreft*, AGB-Arbeitsrecht, § 310 Rn. 38; *Henssler/Moll*, AGB-Kontrolle, S. 10.

bekannt sind oder die einen konkreten Einzelfall kennzeichnen, grundsätzlich nicht berücksichtigt werden.[510]

(2) Verallgemeinerbare Begleitumstände

Begleitumstände, die nicht ausschließlich die konkrete Vertragsabschlusssituation betreffen, sondern den Abschluss einer jeden vergleichbaren vertraglichen Abrede begleiten, sind demgegenüber für die Auslegung herbeizuziehen und insoweit bedeutsam.[511] In der Rechtsprechung des BAG werden derartige Umstände als sog. „äußere Umstände“[512] gekennzeichnet. Diese Terminologie des 3. Senats ist in der Literatur jedoch auf Kritik gestoßen, da die verwendete Begrifflichkeit „nebulös“[513] und kaum praktikabel sei. Einzuräumen ist, dass die gewählte Terminologie den Kern der Aussage nicht hinreichend trifft. Die dahinterstehende Differenzierung kann aber überzeugen. Terminologisch kann man zutreffender den Begriff der verallgemeinerbaren Begleitumstände bemühen. Voraussetzung für die Berücksichtigung von derartigen Umständen ist, dass diese Umstände „auf einen verallgemeinerbaren Willen des Arbeitgebers schließen“[514] lassen, der den Versorgungsberechtigten auch kollektiv bekannt geworden ist. Erhalten Arbeitnehmer bei ihrer Einstellung etwa ein Standardschreiben zur Verbreitung und Abwicklung der betrieblichen Altersversorgung, so kann der Inhalt dieses Informationsschreibens bei der Auslegung der vorformulierten Versorgungsbedingungen zu berücksichtigen sein.[515]

(3) Ablösung von betriebsvereinbarungsoffenen Gesamtzusagen

Der praktische Hintergrund derartiger Umstände zeigt sich etwa in der Rechtsprechung des 3. Senats zur dauerhaften Ablösung von Gesamtzusagen der betrieblichen Altersversorgung durch eine Betriebsvereinbarung. Die grundsätzliche Zulässigkeit von derartigen ablösenden Gestaltungen durch den Arbeitgeber war seit der Entscheidung des Großen Senats[516] vom 16.9.1986 allgemein anerkannt. Seitdem war es ständige Rechtsprechung des 3. Senats, dass vertragliche Einheitsregelungen bzw. Gesamtzusagen als rechtsgeschäftliche Zusagen mit kollektivem Bezug unter bestimmten Voraussetzungen durch eine Betriebsvereinbarung bzw. einen Tarifvertrag abgelöst bzw. umstrukturiert werden können.[517] Das BAG hat dabei aber stets betont, dass eine für die Belegschaft negative Abänderung aufgrund der verfassungsrechtlichen Implikationen für die Arbeitnehmer erkennbar sein und sich

---

510 BAG v. 15.2.2011 – 3 AZR 35/09, AP BetrAVG § 1 Auslegung Nr. 13.
511 BAG v. 15.2.2011 – 3 AZR 35/09, AP BetrAVG § 1 Auslegung Nr. 13.
512 BAG v. 18.5.2010 – 3 AZR 373/08, NZA 2010, 935, 938.
513 *Henssler/Moll*, AGB-Kontrolle S. 10.
514 BAG v. 18.5.2010 – 3 AZR 373/08, NZA 2010, 935, 938.
515 BAG v. 15.2.2011 – 3 AZR 35/09, AP BetrAVG § 1 Auslegung Nr. 13.
516 BAG v. 16.9.1986 – GS 1/82, AP BetrAVG § 1 Ablösung Nr. 8.
517 Vgl. nur BAG v. 5.12.1995 – 3 AZR 941/94, NZA 1996, 666, 667.

in den Grenzen von Recht und Billigkeit bewegen müsste.[518] Im Laufe der Zeit sind in der Rechtsprechung daher Fallgruppen entwickelt worden, die eine solche Einschränkung rechtfertigen können. Dazu gehören neben dem kollektiven Günstigkeitsvergleich[519] auch die Grundsätze über die Störung der Geschäftsgrundlage[520].

Hinsichtlich des Ablösungsmechanismus selbst war lange Zeit anerkannt, dass eine Ablösbarkeit etwa durch eine betriebsvereinbarungsoffene Ausgestaltung von vorformulierten Versorgungszusagen sichergestellt werden kann. Damit waren solche Konstellationen erfasst, in denen sich der Arbeitgeber die Ablösung durch eine verschlechternde Betriebsvereinbarung in einer arbeitsvertraglichen Regelung wirksam vorbehalten hat. Die Betriebsvereinbarungsoffenheit der Regelung stellte sich rechtsdogmatisch insoweit als Änderungsvorbehalt dar.[521] In seiner Entscheidung vom 15.2.2011 ist das BAG einen Schritt weitergegangen und hat im Rahmen der Auslegung einer Versorgungszusage die vorbehaltene Ablösbarkeit einer Gesamtzusage durch eine Betriebsvereinbarung aus den verallgemeinerbaren Umständen des Zustandekommens der Versorgungszusage gefolgert. In der Entscheidung heißt es hierzu wie folgt:

„Ein derartiger Änderungsvorbehalt kann sich, ohne ausdrücklich formuliert zu sein, auch aus den Gesamtumständen ergeben, z. B. aus dem Hinweis, dass die Leistung auf mit dem Betriebsrat abgestimmten Richtlinien beruhe. Dies legt bei dem Erklärungsempfänger die Folgerung nahe, dass die vom Arbeitgeber zu erbringenden Leistungen in Abstimmung mit dem Betriebsrat umgestaltet werden können. [...] Hierdurch wurde klargestellt, dass der Betriebsrat in den Entscheidungsprozess eingeschaltet und an der Entscheidung beteiligt war. Es war für die Mitarbeiter somit erkennbar, dass der Beklagte keine Zusage auf Leistungen der betrieblichen Altersversorgung in der Weise erteilen wollte, dass ihnen die Versorgung unabhängig von den zwischen dem Beklagten und dem Betriebsrat abgesprochenen Bestimmungen über die betriebliche Altersversorgung zustehen sollte. Sie mussten daher damit rechnen, dass auch Änderungen der betrieblichen Altersversorgung in Absprache mit dem Betriebsrat vorgenommen werden würden und die jeweils unter den Betriebspartnern ausgehandelten Versorgungsbedingungen maßgeblich sein sollten."[522]

Daraus folgte, dass vorformulierte Versorgungsbedingungen, die in mitbestimmten Betrieben zugesagt werden, einem konkludenten Änderungsvorbehalt – gegebenenfalls auch zulasten der Versorgungsberechtigten – unterliegen, wobei jedoch nicht jeder Mitbestimmungssachverhalt die Betriebsvereinbarungsoffenheit rechtfertigen konnte. Das BAG konstatierte vielmehr, dass stets Voraussetzung sein

---

518 BAG v. 16.7.1996 – 3 AZR 398/95, NZA 1997, 533, 543.

519 Der kollektive Günstigkeitsvergleich lässt eine Ausnahme vom allgemeinen Günstigkeitsprinzip zu, wenn die Betriebsvereinbarung bei kollektiver Betrachtung für die Belegschaft bzw. die betroffenen Teile der Belegschaft insgesamt nicht ungünstiger ist, vgl. Blomeyer/Rolfs/Otto/*Rolfs*, BetrAVG, Anh § 1 Rn. 561.

520 Dazu ausführlich F. IV. 2.

521 ErfK/*Kania*, § 77 BetrVG Rn. 87.

522 BAG v. 15.2.2011 – 3 AZR 35/09, AP BetrAVG § 1 Auslegung Nr. 13.

müsste, dass diese Umstände den „Abschluss einer jeden vergleichbaren vertraglichen Abrede begleiten[523]". Es bedurfte nach dieser Rechtsprechung vielmehr einer zusätzlichen Erkennbarkeit der Beteiligung des Betriebsrats an der Ausgestaltung der Versorgungsbedingungen für die Versorgungsberechtigten. So musste der Versorgungszusage selbst oder einem etwaigen Informationsschreiben zu entnehmen sein, dass die zugesagte Altersversorgung keiner Ewigkeitsgarantie unterliegt.

In einer Entscheidung aus dem Jahr 2015 hat das BAG diesen Ansatz sodann dahingehend erweitert, dass Versorgungszusagen, die im Wege der Gesamtzusage begründet worden sind, von vornherein einem möglichen künftigen Änderungsbedarf ausgesetzt seien.[524] Dies begründet der Senat mit der Auslegung, dass der Arbeitgeber mit der Begründung mittels Gesamtzusage zum Ausdruck bringe, dass er die Leistungen der betrieblichen Altersversorgung stets nach einheitlichen Regeln erbringen wolle.[525] Daraus ist zu schließen, dass Gesamtzusagen grundsätzlich durch eine nachfolgende Betriebsvereinbarung abgelöst werden können. Diese Auslegung des Senats ist jedenfalls für das Recht der betrieblichen Altersversorgung überzeugend, da es sich bei diesen um besonders langlebige Verpflichtungen des Arbeitgebers handelt, die auch für den Versorgungsberechtigten erkennbar nach einem einheitlichen System erbracht werden sollen und insoweit einem Änderungs- und Anpassungsbedarf zugänglich sein müssen. Die Langlebigkeit von Versorgungszusagen als einer Versorgungszusage immanentes Kriterium kann daher ein derartiges Auslegungsergebnis rechtfertigen.

cc) Berücksichtigung von Begleitumständen bei Versorgungsbedingungen zur einmaligen Verwendung

Es ist nicht ohne Weiteres ersichtlich, ob die vom Gesetz vorgegebene Differenzierung zwischen konkret-individuellen und verallgemeinerbaren Umständen auch dann vorzunehmen ist, wenn die einseitig gestellten Versorgungsbedingungen nur zur einmaligen Verwendung gegenüber einem Verbraucher i.S.v. § 310 Abs. 3 Nr. 2 BGB verwendet werden sollen. Bei diesen Versorgungsbedingungen scheint die Berücksichtigung von konkret-individuellen Umständen, wie etwa erläuternde Hinweise des Arbeitgebers bei der Zusage, nach der hier vertretenen Auffassung bei der Auslegung nicht per se ausgeschlossen zu sein.

Zwar ist der die Berücksichtigung von Begleitumständen einschränkende § 310 Abs. 3 Nr. 3 BGB auch auf Verbraucherverträge anzuwenden, so dass nach der Grundkonzeption des AGB-Rechts eine Berücksichtigung grundsätzlich nur auf der Ebene der Inhaltskontrolle erfolgen soll. Allerdings wäre eine Nichtberücksichtigung von konkret-individuellen Umständen auf der Auslegungsebene bei individuellen Willenserklärungen mit der Gesamtkonzeption des allgemeinen Vertragsrechts nicht in Einklang zu bringen. Über dem AGB-Recht schwebt der

523 BAG v. 15.2.2011 – 3 AZR 35/09, AP BetrAVG § 1 Auslegung Nr. 13.
524 BAG v. 10.3.2015 – 3 AZR 56/14, AP BetrAVG § 1 Ablösung Nr. 68.
525 BAG v. 10.3.2015 – 3 AZR 56/14, AP BetrAVG § 1 Ablösung Nr. 68.

Leitgedanke der generell-abstrakten Betrachtungsweise. Dies ist dem Wesen von AGB als vorab festgelegte Bedingungen für wiederkehrende Vertragsabschlüsse geschuldet. Individualverträge sollen demgegenüber konkret-individuell ausgelegt werden, weil hier die Besonderheiten des Einzelfalls berücksichtigt werden sollen. Der Gesetzgeber hat im Rahmen der Schuldrechtsreform aber – in atypischer Weise – auch Einmalbedingungen den besonderen Schutzmechanismus des AGB-Rechts unterstellt.[526] Damit gibt es im AGB-Recht aber einen „Fremdkörper", da es sich bei § 310 Abs. 3 Nr. 2 BGB um individualisierte Willenserklärungen handelt. Aus diesem Grund ist für diese nicht nur ein objektiv-individualisierter Auslegungsgrundsatz anzulegen, sondern es sind auch konkret-individuelle Umstände bei der Auslegung zu berücksichtigen.

Diesen Standpunkt nimmt mittlerweile auch das BAG seit seiner Entscheidung vom 18.5.2010 ein, nachdem es die Frage in einer Entscheidung[527] wenige Monate zuvor noch offen gelassen hatte. So heißt es in dem amtlichen Leitsatz der Entscheidung, in der es methodisch um die Auslegung von vom Arbeitgeber vorformulierten Altersrentenbedingungen ging, wie folgt: „Bei der Auslegung vom Arbeitgeber einseitig, aber nicht für eine Vielzahl von Fällen gestellter Vertragsbedingungen, sind auch die den Vertragsschluss begleitenden Umstände heranzuziehen."[528]

Erläuternd führt der 3. Senat in den Entscheidungsgründen dazu aus, dass der Berücksichtigung von dem Vertragsschluss begleitenden Umständen insbesondere nicht § 310 Abs. 3 Nr. 3 BGB entgegenstehe: „Diese Bestimmung weist zwar die den Vertragsschluss begleitenden Umstände der Wirksamkeitsprüfung zu und steht damit ihrer Berücksichtigung bei der Auslegung entgegen. Diese Folge der Regelung betrifft aber nur Allgemeine Geschäftsbedingungen, also für eine Vielzahl von Verträgen vorformulierte Vertragsbedingungen. Nur dann sind individuelle Umstände für die Bedeutung derartiger Regelungen nicht aussagekräftig."[529]

e) Auflösung von verbleibenden Zweifeln gemäß § 305c Abs. 2 BGB

Eine bedeutsame Modifizierung der Auslegungsgrundsätze ergibt sich im Rahmen von vorformulierten Versorgungsbedingungen aus der Geltung der Unklarheitenregel des § 305c Abs. 2 BGB, nach der Zweifel bei der Auslegung von Allgemeinen Geschäftsbedingungen zulasten des Verwenders gehen. In diesem Prinzip spiegelt sich der römische Rechtsgrundsatz ambiguitas contra proferentem wider.[530] Eine erste Kodifizierung der Unklarheitenregel erfolgte durch § 5 ABGBG a.F bereits mit dem Inkrafttreten des AGBG im Jahr 1976. Im Rahmen der Schuldrechtsmodernisierung wurde dieser methodische Schutzmechanismus in das BGB eingefügt und für das Arbeitsrecht geöffnet. Weder der Inhalt noch der Umfang der Unklarheitenregel

---

526 Dazu bereits Fn. 407.
527 BAG v. 19.1.2010 – 3 AZR 191/08, NZA 2011, 520, 521.
528 BAG v. 18.5.2010 – 3 AZR 373/08, NZA 2010, 935, 937.
529 BAG v. 18.5.2010 – 3 AZR 373/08, NZA 2010, 935, 937.
530 Vgl. dazu etwa *Wacke*, JA 1981, 666 f.

haben sich durch das Schuldrechtsmodernisierungsgesetz verändert.[531] Allerdings ist zu beachten, dass die Unklarheitenregel im Arbeitsrecht und im Bereich der vorformulierten Versorgungsbedingungen bereits vor dem Inkrafttreten des Schuldrechtsmodernisierungsgesetzes als zusätzliches Arbeitnehmerschutzprinzip[532] zur Anwendung kam.[533]

aa) Zweck der Unklarheitenregel

Dem Wortlaut des § 305c Abs. 2 BGB ist dabei wie seiner Vorgängervorschrift der gesetzgeberische Wille zu entnehmen, eine Sonderregel für die Auslegung von Mehrdeutigkeiten in Formularklauselverträgen zu schaffen. Die allgemeinen Auslegungsregeln werden insoweit bei der Deutung des verbindlichen Sinnes einer vorformulierten Erklärung modifiziert.[534] Nach der Unklarheitenregel muss sich der Arbeitgeber bei der Verwendung von vorformulierten Versorgungsbedingungen folglich an einer für ihn ungünstigeren Auslegung festhalten lassen, soweit nach der Auslegung mehrere Auslegungsergebnisse in Betracht kommen.[535]

Als Auslegungshilfe führt die Unklarheitenregel dazu, dass bei objektiv mehrdeutigen Klauseln die Interessen des Verwenders hinter denjenigen der anderen Vertragspartei zurücktreten müssen[536]. Darin findet der Rechtsgedanke Ausdruck, dass diejenige Vertragspartei, die die vertragliche Gestaltungsfreiheit ganz oder überwiegend für sich in Anspruch nimmt, das Vertragswerk klar und unmissverständlich entwerfen muss.[537]

Die Notwendigkeit einer derartigen Regelung im Bereich der einseitig vorformulierten Vertragsbedingungen zeigt sich insbesondere, wenn man sich vergleichend die Rechtsfolgen einer mehrdeutigen Klausel im Bereich der Individualverträge nach den Regelungen des allgemeinen bürgerlichen Rechts vor Augen führt. Nach der Auslegungsregel des § 155 BGB führt ein unbekannt gebliebener Einigungsmangel über Punkte eines Vertrages, die keine essentialia negotii sind[538], zur Unwirksamkeit der einzelnen Bestimmungen. Eine derartige Rechtsfolge ist – ebenso wie die Nichtigkeitsfolge bei einem offenen Einigungsmangel nach § 154 BGB – aber nur dann gerechtfertigt, wenn der Vertrag auf Augenhöhe ausgehandelt worden ist, also echte Vertragsparität besteht. Denn nur in diesen Fällen sind die Parteien nicht nur in ihrer Schutzbedürftigkeit vergleichbar, sondern auch das Risiko eines fehlerfreien

---

531 So i.E. auch *Gotthardt*, ZIP 2002, 277, 281.

532 Vgl. für die Auslegung von vertraglichen Einheitsregelungen BAG v. 25.3.1973 – 3 AZR 405/72, AP BGB § 242 Ruhegehalt Nr. 160.

533 BAG v. 12.12.2006 – 3 AZR 388/05, AP BetrAVG § 1 Zusatzversorgungskassen Nr. 67.

534 Palandt/*Grüneberg*, BGB § 305c Rn. 18.

535 BAG v. 27.1.1998 – 3 AZR 444/96, NZA 1999, 267, 68.

536 ErfK/*Preis*, § 305c BGB Rn. 34.

537 Vgl. *Gotthard*, ZIP 2002, 277, 281.

538 MüKoBGB/*Busche*, § 154 Rn. 3.

Vertragsschlusses ist von beiden Seiten anteilig zu tragen. Handelt es sich demgegenüber um Vertragsbedingungen, die nur von einer Vertragsseite vorbereitet und eingebracht worden sind, um damit eine Vielzahl von Vertragsabschlüssen einheitlich und gleichförmig zu regeln, dann ist eine derartige Risikoverteilung von Einigungsmängeln nicht billig. Es gilt der Grundsatz, dass es Sache des Verwenders ist, sich klar und unmissverständlich auszudrücken.[539]

bb) Reichweite der Unklarheitenregel

Aus diesem zusätzlichen Arbeitnehmerschutzprinzip leitet sich insoweit der Grundsatz ab, dass der Arbeitgeber bei der Abfassung von Versorgungszusagen größte Sorgfalt verwenden muss.[540] Diese Sorgfaltspflicht geht nach der Rechtsprechung des BAG sogar soweit, dass den Arbeitgeber eine Belehrungs- und Aufklärungspflicht gegenüber dem Arbeitnehmer trifft, wenn die Versorgungsregelung „zu Zweifeln Anlass gibt oder nicht in sich klar und verständlich ist"[541]. Eine derartige Belehrungs- bzw. Aufklärungspflicht des Arbeitgebers kann dem Gesetz aber nicht entnommen werden. Der Gesetzgeber hat mit den § 305c Abs. 2 BGB und § 307 Abs. 1 Satz 2 BGB hinreichende Sanktionsmechanismen implementiert. Die Konstruktion einer zusätzlichen Nebenpflicht und einer daraus ggfs. resultierenden potentiellen Schadensersatzpflicht überspannen den Gesetzeszweck. Insbesondere darf diese Pflicht nicht dahingehend extensiviert werden, dass der Arbeitgeber in der Versorgungsregelung auf geltendes Recht hinweisen muss. So trifft den Arbeitgeber nach der überzeugenden Auffassung des LAG Köln zu § 5 AGBG a.F. etwa keine schadenersatzauslösende Hinweispflicht darüber, dass die Betriebsrente wegen vorzeitigen Ausscheidens nach § 2 Abs. 1 Nr. 1 BetrAVG gekürzt werden kann.[542]

cc) Voraussetzung und Rechtsfolgen der Unklarheitenregel

Die Anwendung der Unklarheitenregel setzt voraus, dass die Streitfrage nach den allgemeinen Auslegungsgrundsätzen nicht eindeutig zugunsten eines Auslegungsergebnisses beantwortet werden kann. Ein Rückgriff auf die Unklarheitenregel kommt insoweit nur dann in Betracht, wenn nach Ausschöpfung der in Betracht kommenden Auslegungskriterien Zweifel bei der Auslegung verbleiben.

(1) Mehrdeutige Auslegung

Die Anwendung der Unklarheitenregel auf vorformulierte Versorgungsbedingungen setzt voraus, dass eine Klausel trotz Anwendung der formal-methodischen Anwendungskriterien und unter Berücksichtigung der vorgenannten Besonderheiten

539 BAG v. 26.1.2005 – 10 AZR 215/04, AP BGB § 611 Gratifikation Nr. 260.
540 BAG v. 25.3.1973 – 3 AZR 405/72, AP BGB § 242 Ruhegehalt Nr. 160.
541 BAG v. 25.3.1973 – 3 AZR 405/72, AP BGB § 242 Ruhegehalt Nr. 160; v. 25.7.1969 – 3 AZR 73/69, AP BGB § 242 Ruhegehalt-Unterstützungskassen Nr. 2.
542 LAG Köln v. 14.7.2000 – 11 Sa 582/00, NZA-RR 2001, 546.

der AGB-rechtlichen Methodik zu keinem eindeutigen Ergebnis führt, sondern mindestens zwei voneinander abweichende Auslegungsergebnisse vertretbar in Betracht kommen.[543] Derartige Mehrdeutigkeiten treten häufig im Bereich der Berechnung der Höhe des konkreten Leistungsanspruchs auf.[544] Die Beantwortung der Frage, ob die Zweifel jeweils ausreichen, um den Tatbestand des § 305c Abs. 2 BGB auszulösen, ist nicht einfach und muss im Einzelfall unter Berücksichtigung des jeweiligen Empfängerhorizonts erfolgen.

Welche Anforderungen an die Zweifelhaftigkeit des Auslegungsergebnisses konkret zu stellen sind, wird innerhalb der Spruchkörper des BAG nicht einheitlich beantwortet. In einer Vielzahl von Entscheidungen haben die verschiedenen Senate das Kriterium umrissen. So hat der 10. Senat des BAG entschieden, dass die entfernte Möglichkeit, zu einem anderen Ergebnis zu kommen, für die Anwendung der Bestimmung nicht genügt, vielmehr müsse auch nach Ausschöpfung der Auslegungsmethoden ein „erheblicher" Zweifel am Auslegungsergebnis verbleiben.[545] Vom 6. Senat wird hingegen vertreten, dass die Auslegungsregel des § 305c Abs. 2 BGB bereits dann anzuwenden ist, wenn an dem gefundenen Auslegungsergebnis „vernünftige" Zweifel bestehen.[546] Der 9. Senat war wiederum der Auffassung, dass auf die Auslegungsregel nur zurückgegriffen werden darf, wenn trotz der Anwendung der Auslegungsmethoden „nicht behebbare Zweifel" verbleiben.[547]

In der Rechtsprechung des 3. Senats sind die unterschiedlichen Ansatzpunkte schließlich wie folgt zusammengefügt worden:

„Eine Unklarheit in diesem Sinne besteht nur, wenn nach Ausschöpfung aller Auslegungsmethoden ein nicht behebbarer Zweifel bleibt. Sie setzt voraus, dass die Auslegung einer einzelnen Bestimmung mindestens zwei Ergebnisse als vertretbar erscheinen lässt und von diesen keines den klaren Vorzug verdient. Es müssen erhebliche Zweifel an der richtigen Auslegung bestehen. Die entfernte Möglichkeit, zu einem anderen Ergebnis zu kommen, genügt für die Anwendung der Unklarheitenregel nicht."[548]

Damit hat der 3. Senat die Messlatte für die Anwendung der Unklarheitenregel hoch gehängt. Es reicht für die Anwendung der Auslegungsregel nicht aus, ein ermitteltes Auslegungsergebnis bloß in Frage zu stellen. Vielmehr müssen solche

543 BAG v. 13.1.2015 –3 AZR 897/12, NZA 2015, 1192, 1198; v. 29.4.2008 – 3 AZR 266/06, NZA 2008, 1417, 1490; v. 12.7.2007 – 3 AZR 83/06, NJOZ 2008, 3436; Clemenz/Kreft/Krause/*Hoefs*, AGB-Arbeitsrecht, § 305c Rn. 50.

544 Clemenz/Kreft/Krause/*Clemenz*, AGB-Arbeitsrecht, Anh. bAV Rn. 10.

545 BAG v. 23.2.2011 – 10 AZR 96/10, NZA-RR 2012, 122, 125; v. 10.12.2008 – 10 AZR 1/08, NZA-RR 2009, 576, 577.

546 BAG v. 19.7.2007 – 6 AZR 774/06, NZA 2007, 1095, 1097.

547 BAG v. 12.9.2006 – 9 AZR 675/05, NZA 2007, 218, 220; v. 17.1.2006 – 9 AZR 41/05, NZA 2006, 923, 926.

548 BAG v. 18.5.2010 – 3 AZR 373/08, NZA 2010, 935, 939.

Auslegungsalternativen vorgetragen werden, die ein Auslegungsergebnis ernsthaft[549] und in nachvollziehbarer Weise zur Disposition stellen.

(2) Rechtsfolgen der Unklarheitenregel

Welche Rechtsfolgen sich anschließen, wenn eine Unklarheit im zuvor beschriebenen Sinne vorliegt, ist nicht ohne Weiteres ersichtlich. Nach dem Wortlaut des § 305c Abs. 2 BGB haben Zweifel zur Folge, dass sie zulasten des Verwenders gehen. Jedoch ist aufgrund dieser gesetzlichen Vorgaben unklar, wie ein für den Vertragspartner des Verwenders günstigeres Auslegungsergebnis in concreto auszusehen hat. Grundsätzlich sind dafür die Auslegungsergebnisse gegenüberzustellen. Nach welchen Kriterien die Gegenüberstellung sodann zu erfolgen hat, war lange Zeit unklar. Es hat sich im Arbeitsrecht mittlerweile ein differenzierter Ansatz herauskristallisiert, wonach zwischen Klauseln unterschieden werden muss, die den Arbeitnehmer begünstigen bzw. neutral sind und solchen, die den Arbeitnehmer benachteiligen. Dieser ist auch auf das Betriebsrentenrecht zu übertragen. Bei begünstigenden oder neutralen Klauseln findet der Grundsatz der „arbeitnehmerfreundlichsten" Auslegung Anwendung mit der Folge, dass jeweils das für den Versorgungsberechtigten vorteilhaftere Auslegungsergebnis Vorrang genießt.[550] Diese Systematik kam etwa einer Witwe in einer Entscheidung des LAG Düsseldorf[551] aus dem Jahr 2013 zugute. In der Entscheidung ging es um die Frage, ob für die Versorgungsanwartschaft des verstorbenen Ehemanns eine vertragliche Unverfallbarkeit zugesagt worden war. Die streitgegenständliche Klausel hatte den folgenden Wortlaut:

„VII.
Nach Ablauf einer zehnjährigen Dienstzeit wird Herrn G. für den Fall der Erwerbsunfähigkeit, des Todes oder der Erreichung der Altersgrenze eine Alters- und Hinterbliebenenversorgungszusage in Höhe von 15% der durchschnittlichen Jahresgrundbezüge der letzten 5 Jahre erteilt."

Zwischen den Parteien war streitig, ob die Zusage einer vertraglichen Unverfallbarkeit allein voraussetze, dass der Arbeitnehmer eine zehnjährige Dienstzeit erfülle oder ob es sich hierbei lediglich um eine allgemeine Wartezeit handle. Das LAG kam durch Auslegung der vorgenannten Klausel und unter Rückgriff auf die Unklarheitenregel zugunsten der Witwe zu dem Ergebnis, dass mit Erfüllung der zehnjährigen Dienstzeit eine sofortige Unverfallbarkeit zugesagt sei. Dies begründete das Gericht wie folgt:

„Die vertragliche Abrede in Ziffer VII des Arbeitsvertrags – auf dies es maßgeblich ankommt (…) – ist in ihrer konkreten Ausgestaltung in diesem Punkt zur Überzeugung der Kammer zumindest unklar. … Es gibt insoweit in der konkreten Versorgungszusage sogar – entgegen der Ansicht der Beklagten – deutliche Anhaltspunkte

---

549 So auch etwa BAG v. 10.3.2009 – 3 AZR 199/08, AP BetrAVG § 1 Berechnung Nr. 33.
550 Clemenz/Kreft/Krause/*Hoefs*, AGB-Arbeitsrecht, § 305c Rn. 52,
551 LAG Düsseldorf v. 6.3.2013 – 12 Sa 1897/12–, juris.

für die genannte vertragliche Unverfallbarkeit. In jedem Falle ist die Regelung in dieser konkreten Ausgestaltung unklar. Etwaige verbleibende Auslegungszweifel gehen zulasten der Beklagten."[552]

Für den Fall einer benachteiligenden Klausel haben Literatur[553] und Rechtsprechung[554] demgegenüber ein zweistufiges Verfahren für die Auslegungsregel des § 305c Abs. 2 BGB entwickelt und sich dabei eines dogmatischen Kniffs bemüht. Dieser soll sicherstellen, dass Zweifel tatsächlich zulasten des Arbeitgebers gehen. Auf der ersten Stufe wird dafür das „arbeitnehmerfeindlichere" Auslegungsergebnis herangezogen und einer – quasi vorgezogenen – Inhalts- und Billigkeitskontrolle unterzogen. Hält die „arbeitnehmerfeindlichere" Auslegung der AGB-rechtlichen Inhalts- und Billigkeitskontrolle dabei nicht stand und ist die Regelung daher gem. § 307 ff. BGB unwirksam, gilt dieses Auslegungsergebnis zugunsten des Arbeitnehmers. Verstößt der Inhalt der arbeitnehmerfeindlicheren Auslegung demgegenüber nicht gegen die AGB-rechtlichen Kontrollvorschriften, dann ist für die weitere Anwendung von dem arbeitnehmerfreundlicheren Auslegungsergebnis auszugehen. Damit wird verhindert, dass die Anwendung der Auslegungsregel des § 305c Abs. 2 BGB zu einer geltungserhaltenden Reduktion zugunsten des Verwenders führt.[555] Diese „arbeitnehmerfeindlichere" Auslegung findet auch bei vorformulierten Versorgungsbedingungen zugunsten der Versorgungsberechtigten Anwendung.

f) Die Unklarheitenregel im Regelungssystem des AGB-Rechts

Die Unklarheitenregel ist aber nur einer von vielen Schutzmechanismen des AGB-Rechts, die bei der Auslegung und Kontrolle von vorformulierten Versorgungsbedingungen zu beachten sind und zugunsten des Versorgungsberechtigten wirken. Die Besonderheit der Unklarheitenregel ist darin zu sehen, dass sie sich bereits auf der Ebene der Auslegung und nicht auf der Ebene der Inhaltskontrolle auswirkt. Darüber hinaus hat die Kodifizierung der Unklarheitenregel das sog. Restriktionsprinzip obsolet gemacht.

aa) Trennung zwischen Auslegung und Inhaltskontrolle als Ausdruck einer methodenehrlichen Rechtsanwendung

Die Notwendigkeit einer Trennung von Unklarheitenregel und Transparenzgebot ergibt sich aus der Pflicht zur Methodenehrlichkeit. Das dogmatische Verhältnis der Auslegung zur inhaltlichen Kontrolle ist jedoch diffizil und nicht immer eindeutig

552 LAG Düsseldorf v. 6.3.2013 – 12 Sa 1897/12–, juris Rn. 42, 43.

553 Staudinger/*Schlosser*, BGB, § 305c Rn. 108; Palandt/*Grüneberg*, BGB, § 305c Rn. 18; Ulmer/Brandner/Hensen/*Ulmer/Schäfer*, AGB-Recht, § 305c Rn. 91; *Schlewing*, NZA-Beil. 2/2012, 33.

554 BGH v. 20.12.2007 – III ZR 144/07, NJW 2008, 987, 988; BAG v. 12.12.2006 – 3 AZR 388/05, AP BetrAVG § 1 Zusatzversorgungskasse Nr. 67.

555 Clemenz/Kreft/Krause/*Hoefs*, AGB-Arbeitsrecht, § 305c BGB Rn. 52.

zu bestimmen. Unumstritten ist jedoch im Wesentlichen, dass beide Methoden in einem strikten Rangverhältnis zueinander stehen.[556] Die inhaltliche Kontrolle des rechtsgeschäftlichen Gehalts ist immer erst die zweite Ebene der rechtlichen Bewertung. Erst auf dieser werden dem tatsächlichen Willen der Parteien rechtliche Schranken gesetzt. Die Auslegung einer Rechtsquelle muss der inhaltlichen Überprüfung denklogisch vorausgehen, denn der Inhalt einer Rechtsquelle kann nur dann auf seine rechtliche Wirksamkeit hin überprüft werden, wenn er tatsächlich feststeht.[557] Die Signifikanz einer klaren Trennung zeigt sich zudem auf Rechtsfolgenseite: Während die Auslegung eine geltungserhaltende Wirkung hat, ist die Folge der Inhaltskontrolle in der Regel die Geltungsvernichtung.[558] Die Auslegung zielt folglich auf die Feststellung des Gewollten ab. Erst auf der Ebene der Inhaltskontrolle steht die Feststellung, ob das von den Parteien Gewollte auch dem von der Rechtsordnung Gesollten entspricht.[559]

bb) Abgrenzung der Auslegung vom Transparenzgebot

Die Anwendung der Unklarheitenregel und des Transparenzgebotes unterscheiden sich lediglich in Nuancen, weshalb das Nebeneinander nicht selten zu Abgrenzungsschwierigkeiten führt. Besonderheiten gelten im Rahmen der Anwendung der Grundsätze über die „arbeitnehmerfeindlichste“ Auslegung.

(1) Das Transparenzgebot

Normativer Anknüpfungspunkt für das Transparenzgebot, das „sich als übergreifendes Prinzip der Klauselkontrolle“[560] darstellt, ist § 307 Abs. 1 Satz 2 BGB, der die Pflicht zur Gestaltung von klaren und verständlichen Bedingungen festschreibt. Auch wenn dieses Gebot erst im Zuge der Schuldrechtsmodernisierung in das Recht der Allgemeinen Geschäftsbedingungen aufgenommen worden[561], war es in der höchstrichterlichen Rechtsprechung auch schon zuvor anerkannt und aus der allgemeinen Pflicht von Treu und Glauben hergeleitet worden ist[562]. Mit der Pflicht zur transparenten Gestaltung von Vertragsbedingungen soll sowohl die

556 ErfK/*Preis*, §§ 305–310 BGB Rn. 31; Clemenz/Kreft/Krause/*Krause*, AGB-Arbeitsrecht, Vor. § 307 BGB, Rn. 25.
557 Graf von Westphalen/Thüsing/*Thüsing*, AGB-Recht, Auslegung Rn. 2; *Stoffels*, AGB-Recht, § 12 Rb. 357.
558 Vgl. MüKoBGB/*Säcker*, Einleitung Rn. 166.
559 Staudinger/*Coester*, BGB § 307 Rn. 27.
560 Clemenz/Kreft/Krause/*Klumpp*, AGB-Arbeitsrecht, § 307 BGB Rn. 77.
561 Ausführlich zur Entstehungsgeschichte des Transparenzgebotes Däubler/Bonin/Deinert/*Bonin*, AGB-Kontrolle, § 307 BGB Rn. 140.
562 Vgl. etwa BGH v. 22.11.2000 – IV ZR 235/99, NJW 2001, 1132, 1133; v. 8.10.1997 – IV ZR 220/96, NJW 1998, 454, 456; v. 10.7.1990 – XI ZR 275/89, NJW 1990, 2383, 2384.

Vertragsdurchführung als auch die Vertragsabwicklung erleichtert werden.[563] Der Verwender ist danach verpflichtet, die sich aus den vorformulierten Bedingungen ergebenden Rechte und Pflichten „durchschaubar, richtig, bestimmt und möglichst klar“[564] zu formulieren. Insoweit schließt das Transparenzgebot auch das Bestimmtheitsgebot mit ein.[565] Nach der Rechtsprechung des BAG genügt eine vorformulierte Bedingung dem Transparenzgebot in Ausgestaltung des Bestimmtheitsgebotes daher nur, wenn sie im Rahmen des rechtlich und tatsächlich Zumutbaren die Rechte und Pflichten des Vertragspartners des Verwenders so klar und präzise wie möglich umschreibt.[566] Davon ist grundsätzlich auszugehen, wenn der Vertragspartner die Voraussetzungen und Rechtsfolgen der Bedingung ohne Einholung von Rechtsrat zu erkennen vermag.[567] Die Grenze der Intransparenz ist insbesondere dann überschritten, wenn die in Betracht kommenden Auslegungsergebnisse völlig entgegengesetzt und insoweit widersprüchlich sind.[568] Aber auch ein Auslegungsergebnis, das als näher liegend erscheint als ein anderes Auslegungsergebnis, kann sich als unklar und unmissverständlich i.S.d. § 307 Abs. 1 Satz 2 BGB darstellen, insbesondere wenn für den Verwender unberechtigte, nicht nachvollziehbare Beurteilungsspielräume entstehen.[569]

Verstöße gegen das Transparenzgebot haben zur Folge, dass die Bestimmung in den vorformulierten Versorgungsbedingungen unwirksam ist, § 307 Abs. 1 Satz 2 i.V.m. Satz 1 BGB. Diese Rechtsfolge zeigt, dass die Transparenzkontrolle Teil der inhaltlichen Überprüfung der Allgemeinen Geschäftsbedingungen und im Grundsatz nachrangig zur Auslegung ist.

(2) Abgrenzungskriterien

In der Rechtsprechung ist im Allgemeinen die Tendenz zu erkennen, in Zweifelsfällen (vor-)schnell auf das Transparenzgebot zurückzugreifen und einzelne Bedingungen insoweit wegen intransparenter Ausgestaltung zu verwerfen. Dies geschieht jedoch nicht selten voreilig. Vor dem Hintergrund des Vorrangs der Auslegung vor der Inhaltskontrolle kann vom Versorgungsberechtigten hinsichtlich der einzelnen Versorgungsbedingungen grundsätzlich ein gewisses Maß an zumutbarer Auslegungsarbeit erwartet werden

Erst wenn trotz dieser Auslegungsarbeit nachvollziehbare und ernste Zweifel an der Eindeutigkeit des Auslegungsergebnisses verbleiben, sind diese unter Anwendung der Auslegungsregel des § 305c Abs. 2 BGB aufzulösen. Danach gilt bei

563 Däubler/Bonin/Deinert/*Bonin*, AGB-Kontrolle, § 307 BGB Rn. 146 ff; Ulmer/Brandner/Hensen/*Fuchs*, AGB-Recht, § 307 BGB Rn. 326 ff.
564 Däubler/Bonin/Deinert/*Bonin*, AGB-Kontrolle, § 307 BGB Rn. 154.
565 BAG v. 30.9.2014 – 3 AZR 930/12, NZA 2015, 231, 233.
566 BAG v. 31.8.2005 – 5 AZR 545/06, NZA 2006, 324, 328.
567 *Lingemann*, NZA 2002, 181, 187.
568 *Graf v. Westphalen*, NJW 2003, 1635, 1637.
569 BAG v. 31.8.2005 – 5 AZR 545/06, NZA 2006, 324, 328.

„arbeitnehmerfreundlichen" bzw. neutralen Klauseln der Vorrang der Unklarheitenregeln. Demgegenüber ist bei nachteiligen Klauseln für den Versorgungsberechtigten unter Beiziehung des Grundsatzes der „arbeitnehmerfeindlichsten" Auslegung[570] – vorgezogen – zu prüfen, ob die Grenze der Intransparenz überschritten worden ist. Ist dies der Fall, ist die Klausel gem. § 307 Abs. 1 Satz 2 BGB unangemessen benachteiligend und damit unwirksam.

(3) (In-)Transparenz von „Haupternährerklauseln"

Einer methodischen Fehleinschätzung unterliegt insoweit die Entscheidung[571] des BAG vom 30.9.2014. Inhaltlich ging es darin um eine sog. „Haupternährerklausel"[572], wonach der Ehefrau eines verstorbenen Arbeitnehmers eine eigene Witwenrente in Höhe von 60 % zustehen sollte, wenn der verstorbene Arbeitnehmer Haupternäher gewesen sei. Die Klausel lautete konkret:

„Nach Ihrem Tod gewähren wir Ihrer Ehefrau eine Witwenpension in Höhe von 60 % der in § 3 zugesagten Alterspension bzw. der nach § 4 bezogenen Berufs- bzw. Erwerbsunfähigkeitspension, wenn Sie den Unterhalt Ihrer Familie überwiegend bestritten haben."[573]

Das LAG Köln als Vorinstanz war in seiner Entscheidung im Rahmen der Auslegung noch zu dem Ergebnis gekommen, dass der maßgeblicher Zeitpunkt für die Feststellung der Eigenschaft als Haupternährer der letzte wirtschaftliche Dauerzustand vor dem Tod des Arbeitnehmers sei und dass für die Frage, nach welchen Maßstäben sich beurteilt, welcher Ehegatte den „Unterhalt der Familie überwiegend bestritten" hat, auf den in §§ 1360, 1360a BGB gesetzlich normierten Unterhaltsbegriff zurückzugreifen sei.[574] Damit wich die Kammer ausdrücklich von einer Entscheidung des BAG[575] aus dem Jahr 2000 ab, in der das BAG zur Feststellung der Eigenschaft als Haupternährer eines Arbeitnehmers nicht auf den gesetzlichen Begriff des Unterhalts nach den §§ 1360, 1360a BGB, sondern auf den Entgeltcharakter der betrieblichen Altersversorgung abgestellt und daher eine „Gesamtbetrachtung" vorgenommen hatte. Das LAG Köln berief sich indes insbesondere darauf, dass sich

570 Vgl. dazu bereits E. II. 7. d). cc) (2).

571 BAG v. 30.9.2014 – 3 AZR 930/12, NZA 2015, 231.

572 Die Frage der Rechtmäßigkeit von derartigen Haupternährungsklauseln ist zweifelhaft. Das BAG hat in einigen Entscheidungen durchklingen lasse, dass derartige Klauseln eine unzulässige Diskriminierung wegen des Geschlechts bewirken (BAG v. 26.9.2000 – 3 AZR 387/99, NZA 2002, 54; 19.11.2002 – 3 AZR 631/97, NZA 2003, 380). Auch die Literatur begegnet derartigen Klauseln krit., vgl. etwa Blomeyer/Rolfs/Otto/*Rolfs*, Anh. zu § 1 Rn. 52; *Reinecke*, BB 2012, 1025, 1027; a.A. Höfer/*Höfer*, BetrAVG, Kap. 6 Rn. 173. In der vorliegenden Entscheidung kam es auf die Frage nicht mehr an, nachdem das BAG die Unwirksamkeit der Klausel wegen eines Verstoßes gegen das Transparenzgebot festgestellt hatte.

573 BAG v. 30.9.2014 – 3 AZR 930/12, NZA 2015, 231, 232.

574 LAG Köln v. 11.9.2012 – 12 Sa 757/11–, juris Rn. 67.

575 BAG v. 26.9.2000 – 3 AZR 387/99, NZA 2002, 54.

der Arbeitgeber bei der Gestaltung der Klausel ersichtlich an der Sprache und den Wertungen des Sozialversicherungsrechts[576] orientieren wollte und griff damit den allgemeinen Auslegungsgrundsatz des BAG auf, dass bei der Auslegung der Begriffe der Berufs- und Erwerbsunfähigkeit in Versorgungsbestimmungen regelmäßig von einer Kopplung an das Sozialversicherungsrecht auszugehen sei[577].

Das BAG monierte an der Entscheidung des LAG Köln, dass die gewählte Terminologie in der Klausel nicht hinreichend erkennen lasse, welche Voraussetzungen erfüllt sein müssten, damit der Versorgungsberechtigte Haupternährer i.S.d. Bestimmung sei.[578] Dies gelte sowohl hinsichtlich des Zeitraums, in dem der Versorgungsberechtigte Haupternährer gewesen sein muss, als auch hinsichtlich der Einkünfte der Ehegatten, die bei der Prüfung der „Haupternährereigenschaft" zu berücksichtigen seien.[579] In Abweichung zu dem zuvor Gesagten kam der 3. Senat zu dem Auslegungsergebnis, dass sich der Klausel gerade nicht entnehmen lasse, „ob es mit Blick auf den maßgeblichen Zeitpunkt auf die gesamte Ehezeit, die gesamte Dauer des aktiven Erwerbslebens des Versorgungsberechtigten oder die Zeit vom Beginn der Erwerbstätigkeit des Versorgungsberechtigten bis zum Erreichen des gesetzlichen Renteneintrittsalters ankommt, oder ob nur der Zeitraum maßgeblich ist, in dem das Arbeitsverhältnis des Versorgungsberechtigten mit dem die Versorgung schuldenden Arbeitgeber bestanden hat."[580] Auch die Auslegung hinsichtlich der berücksichtigungsfähigen Einkünfte bemängelte das BAG, da den Versorgungsbedingungen nicht zu entnehmen sei, ob lediglich Einkünfte aus nichtselbstständiger Arbeit zu berücksichtigen seien oder ob auch Einkünfte aus selbstständiger Arbeit oder andersartige Einkünfte bei der Berechnung mit einfließen sollten[581]. Aufgrund der vorstehenden Unklarheiten kam das BAG unter Anwendung des Blue-Pencil-Tests über § 307 Abs. 1 Satz 2 i.V.m. Satz 1 BGB zur Teilunwirksamkeit der Klausel.[582] Da die Haupternäherbestimmung gestrichen werden könne, ohne dass die Klausel unverständlich würde, stände der Witwe eine eigenständige Witwenrente in Höhe von 60 % der zugesagten Altersrente zu.[583]

---

576 Zu den Vorschriften der § 43 Abs. 1 Angestelltenversicherungsgesetzt (AVG) a. F. und § 1266 Abs. 1 Reichsversicherungsorndung (RVO) a. F. war es ständige Rechtsprechung, dass es für die Frage, in welchem Zeitraum der Versicherte den „Unterhalt seiner Familie überwiegend bestritten haben" muss, auf den letzten wirtschaftlichen Dauerzustand vor dem Tod ankomme (BSG v. 8.3.1973 – 11 RA 245/72, BeckRS 1973, 30808522).

577 BAG v. 11.10.2011 – 3 AZR 795/09, NZA-RR 2013, 211, 213; v. 20.1.2001 . 3 AZR 21/00, EzA § 1 BetrAVG Wartezeit Nr 2; s.a. ausführlich unter F. III. 3. a).

578 BAG v. 30.9.2014 – 3 AZR 930/12, NZA 2015, 231, 234.

579 BAG v. 30.9.2014 – 3 AZR 930/12, NZA 2015, 231, 234.

580 BAG v. 30.9.2014 – 3 AZR 930/12, NZA 2015, 231, 234.

581 BAG v. 30.9.2014 – 3 AZR 930/12, NZA 2015, 231, 234.

582 BAG v. 30.9.2014 – 3 AZR 930/12, NZA 2015, 231, 234.

583 BAG v. 30.9.2014 – 3 AZR 930/12, NZA 2015, 231, 234.

Die Entscheidung des BAG kann aus methodischer Sicht jedoch nicht überzeugen. Die Ausführungen des LAG Köln hinsichtlich des maßgeblichen Zeitpunkts konnten vor dem Hintergrund der gefestigten Rechtsprechung des BSG zu den sozialversicherungsrechtlichen Vorschriften zu „Haupternährungsklauseln" und den damit einhergehenden Vertrauensschutzgesichtspunkten sowie den Harmonisierungsbestrebungen im Bereich der gesetzlichen und betrieblichen Altersversorgung sehr wohl einleuchten. Zwar ist zuzustimmen, dass die sozialrechtlichen Bestimmungen des Angestelltenversicherungsgesetzes[584] und der Reichsversicherungsordnung[585], für deren Bestimmungen das BSG die geltenden Grundsätze entwickelt hatte, zum Zusagezeitpunkt (1975) nicht mehr in Kraft waren.[586] Dies widerspricht jedoch nicht der Annahme, dass die Formulierung der Haupternäherklausel unter dem Eindruck der für diese aufgestellten Grundsätze erfolgte. Hinsichtlich der berücksichtigungsfähigen Einkünfte hätte das BAG unter Rückgriff auf die allgemeinen Auslegungsregeln und die Unklarheitenregel des § 305c Abs. 2 BGB die die Ehefrau begünstigende Klausel dahingehend auslegen müssen, dass allein die Einkünfte aus nichtselbstständiger Arbeit während des letzten wirtschaftlichen Dauerzustands zu berücksichtigen gewesen seien, da diese nach dem übereinstimmenden Vortrag während der Erwerbszeit stets höher gewesen seien als die seiner Ehefrau[587]. Auch wenn man inhaltlich zu keinem abweichenden Ergebnis kommt, wäre vorrangig mit den Instrumenten des AGB-Rechts ein entsprechendes Auslegungsergebnis zu erzielen gewesen, ohne dass man die Klausel hätte teilweise verwerfen müssen.

cc) Ablösung des Restriktionsprinzips durch die Unklarheitenregel

In der höchstrichterlichen Rechtsprechung war insbesondere vor dem Inkrafttreten des AGB-Rechts die Tendenz zu erkennen, als zusätzlichen Schutzmechanismus neben der Unklarheitenregel zugunsten des Vertragspartners bestimmte Klauseln in vorformulierten Versorgungsbedingungen wie auch bei Individualverträgen restriktiv auszulegen. Ob das Restriktionsprinzip gleich- oder nachrangig zur Unklarheitenregel gelten sollte, war dabei umstritten.[588] Mittlerweile wird die eigenständige Bedeutung des Restriktionsprinzips neben der Unklarheitenregel des § 305c Abs. 2 BGB überwiegend abgelehnt.[589]

---

584 Versicherungsgesetz für Angestellte vom 20.12.1911, RGBl. S. 898; Außerkrafttreten zum 1.1.1992, BGBl. I 1992 S. 2261, 2393.

585 Reichsversicherungsordnung vom 19.7.1911, RGBl. S, 509.

586 *Reinecke*, BetrAV 2016, 5, 8.

587 LAG Köln v. 11.9.2012 – 12 Sa 757/11–, juris Rn. 23.

588 Für eine Gleichrangigkeit sprechen sich etwa *Lindacher und Hau* (in: Wolf/Lindacher/Pfeifer, AGB-Recht § 305c Rn. 140) aus. Für eine Vorrangigkeit des Restriktionsprinzips etwa *Sieg*, VersR 1977, 489, 490.

589 Staudinger/*Schlosser*, BGB, § 305c Rn. 125; Ulmer/Brandner/Hensen/*Ulmer/Schäfer*, AGB-Recht, § 305 c Rn. 100; Graf von Westphalen/Thüsing/*Thüsing*, AGB-Recht, Auslegung Rn. 47; *Stoffels*, AGB-Recht, § 12 Rn. 377.

Dem ist zuzustimmen. Im Gegensatz zum Anwendungsbereich von ausgehandelten Versorgungszusagen besteht für die Anerkennung eines eigenständigen Restriktionsprinzips im Recht der Allgemeinen Geschäftsbedingungen kein Bedürfnis. Es würde den Regelungsgehalt des AGB-Rechts mit seinen vielen Schutzmechanismen konterkarieren, wenn man durch die Anwendung des Restriktionsprinzips den Inhalt einer Versorgungsbedingung dadurch kontrollfest machen würde, dass man in Zweifelsfragen eine enge Auslegung wählt. Dies würde darüber hinaus gegen den Grundsatz der Methodentrennung verstoßen, da zwischen Auslegung und Inhaltskontrolle stets zu trennen ist.[590] Wie auch *Ulmer* und *Schäfer* anmerken, wäre es zudem inkonsequent dem Instrument der geltungserhaltenden Reduktion im Anwendungsbereich des AGB-Rechts auf der einen Seite eine Absage zu erteilen und auf der anderen Seite dies durch eine restriktive Anwendung wieder zu durchkreuzen.[591]

Im Betriebsrentenrecht stellt sich das Verhältnis von Restriktionsprinzip und Unklarheitenregel – wie dargelegt – insbesondere bei sog. Erledigungs- und Ausschlussklauseln[592]. Denn trotz der Neugestaltung des § 3 BetrAVG hat sich der Anwendungsbereich von derartigen Erledigungsklauseln nicht umfassend erledigt.[593]

7. Angemessene Berücksichtigung der Besonderheiten des Arbeitsrechts

Für die methodische Behandlung von vorformulierten Versorgungsbedingungen ist zudem die gesetzliche Anordnung des § 310 Abs. 4 Satz 2 BGB zu beachten, wonach bei der Anwendung des AGB-Rechts auf Arbeitsverträge die im Arbeitsrecht geltenden Besonderheiten angemessen zu berücksichtigen sind.

a) Die Besonderheitenregel des § 310 Abs. 4 Satz 2 BGB

Die konkrete Bedeutung dieses vom Gesetzgeber formulierten „salvatorischen Vorbehalts“[594] ist bis heute unklar und hat zu einer Vielzahl von Publikationen[595] geführt. Dabei ist auch methodisch noch Vieles umstritten. Auch die Rechtsprechung hat sich mit der Frage nach den Besonderheiten des Arbeitsrechts beschäftigt. Aufgrund der vielen offenen Fragen ist es nicht verwunderlich, dass auch das BAG insgesamt nur sehr zurückhaltend auf die Besonderheitenregel zurückgreift.[596]

---

590 So auch Graf von Westphalen/Thüsing/*Thüsing*, AGB-Recht, Auslegung Rn. 47; *Stoffels*, AGB-Recht, § 12 Rn. 377.

591 Ulmer/Brander/Hensen/*Ulmer/Schäfer*, AGB-Recht, § 305c Rn. 100.

592 Vgl. dazu bereits E. I . 5. c) cc).

593 Vgl. im Einzelnen E. I. 5. c) cc) (3).

594 *Bieder*, RdA 2011, 142, 145.

595 Vgl. etwa *Brinbaum*, NZA 2003, 944; *v. Steinau-Steinrück/Hurek*, NZA 2004, 965; *Morgenroth/Leder*, NJW 2004, 2797; *Thüsing*, NZA 2002, 591.

596 So auch Ulmer/Brandner/Hensen/*Fuchs*, AGB-Recht, § 310 Rn. 139; *Stoffels*, ZfA 2009, 861, 864.

aa) Unklare gesetzgeberische Intention

Die gesetzgeberische Intention ist nicht ohne Weiteres ersichtlich. Die Gesetzesmaterialien verhalten sich zu dieser Generalklausel kaum. Nach der Beschlussempfehlung des Rechtsausschusses soll die gesetzliche Terminologie lediglich bezwecken, dass im Einzelfall „den Besonderheiten spezifischer Bereiche des Arbeitsrechts wie z. B. des kirchlichen Arbeitsrechts angemessen Rechnung getragen werden kann“[597]. Der Auffassung, dass es sich dabei lediglich um Besonderheiten bestimmter Arbeitsverhältnisse handelt, worauf auch die Beispielsregelung für kirchliche Arbeitsverhältnisse in den Gesetzesmaterialien deuten lässt, hat das BAG jedoch umgehend eine ausdrückliche Absage erteilt.[598] Auch muss es sich nicht um Besonderheiten handeln, die exklusiv nur im Arbeitsrecht gelten.[599] Ausreichend ist, wenn sich die Besonderheit auch im Arbeitsrecht widerspiegelt.[600] Derart spezifische Eigenarten kann etwa auch das Recht der betrieblichen Altersversorgung bieten.[601]

bb) Deutungsversuche aus der Literatur

In der Literatur ist vereinzelt jedwede arbeitsrechtliche Besonderheit negiert worden.[602] Dies geht jedoch zu weit und würde den gesetzgeberischen Auftrag zu einem Nihilismus verkommen lassen. Im Allgemeinen wird der Kerngehalt der Besonderheitenregel so verstanden, dass die dem Arbeitsrecht immanenten Eigenarten bei der Anwendung der §§ 305 ff. BGB immer mitgedacht werden müssen und durch die Anwendung des nicht bereichsspezifischen AGB-Rechts nicht unterlaufen werden dürfen.[603] Die unter Heranziehung der formalisierten Vorschriften des AGB-Rechts gefundenen Ergebnisse sollen insoweit einer kritischen Überprüfung unterzogen werden, ob die Anwendung des AGB-Rechts die anerkannten Grundsätze des Arbeitsrechts konterkariert.

cc) Stellungnahme

Das Verständnis, dass die Besonderheitenregel eine arbeitsrechtliche Korrektivfunktion besitzt, ist durchschlagend. Die Mechanismen des AGB-Rechts sind dem Grunde nach neutral. Das Recht der Allgemeinen Geschäftsbedingungen gilt per se nicht für das Verhältnis von Arbeitgeber und Arbeitnehmer bzw. Versorgungsberechtigten, sondern allgemein für das Verhältnis eines Verwenders von vorformulierten Vertragsbedingungen gegenüber seinem Vertragspartner. Eine streng

---

597 BT-Drucks. 14/7052, S. 189.

598 BAG v. 4.3.2004 – 8 AZR 196/03, NZA 2004, 727, 731.

599 BAG v. 4.3.2004 – 8 AZR 196/03, NZA 2004, 727, 732.

600 *Thüsing*, AGB-Kontrolle, S. 107.

601 BAG v. 29.9.2010 – 3 AZR 557/08, NZA 2011, 206, 209.

602 So aber Henssler/*Graf v. Westphalen*, Praxis der Schuldrechtsreform, § 310 Rn. 7.

603 ErfK/*Preis*, § 310 BGB Rn. 11; *Gotthardt*, ZIP 2002, 307; *Henssler*, RdA 2002, 129, 135; *Hromadka*, NJW 2002, 2523, 2528; *Thüsing*, NZA 2002, 591, 592.

formalisierte Anwendung des AGB-Rechts birgt daher die Gefahr, dass die speziellen Schutzmechanismen des Arbeitsrechts durch eine vorschnelle Anwendung des AGB-Rechts nur unzureichend Berücksichtigung finden und sich das auf dem Arbeitsmarkt unerlässliche Flexibilisierungsinteresse[604] auf Arbeitgeberseite nicht ausreichend entfalten können. Das Arbeits- bzw. Versorgungsverhältnis ist ein Vertragsverhältnis, das sich aufgrund seiner besonderen Bedeutung für die Beteiligten, nicht ohne Weiteres in die allgemeinen Kategorien des Rechts der Schuldverhältnisse integrieren lässt. Vor diesem Hintergrund ist es überzeugend bei der methodischen Anwendung des AGB-Rechts die Korrektivfunktion dieser Besonderheitenregel zu beachten.

b) Berücksichtigung der Besonderheitenregel bei der Auslegung

Es bleibt jedoch zu konstatieren, dass mit den §§ 305 ff. BGB vorwiegend ein Instrument zur Inhaltskontrolle von arbeitsrechtlichen Rechtsverhältnissen eingeführt worden ist. Auch die geführte Diskussion zu den Besonderheiten des Arbeitsrechts beschränkt sich im Wesentlichen auf die im Rahmen einer inhaltlichen Überprüfung gefundenen Ergebnisse. Aus diesem Grund ist vorrangig zu klären, inwieweit die Besonderheitenregel des § 310 Abs. 4 Satz 2 BGB auch für die Auslegung, also die vorrangige Deutung des Inhalts, von vorformulierten Versorgungsbedingungen relevant sein kann.

aa) Auslegung als Anwendung der AGB-rechtlichen Vorschriften

Die Frage nach der Anwendung der Besonderheitenregel im Bereich der Auslegung von vorformulierten Versorgungsbedingungen ist in der Rechtswissenschaft stiefmütterlich behandelt. *Krause* meint zwar, dass „die arbeitsrechtlichen Besonderheiten auf allen Stufen des AGB-rechtlichen Prüfungsprogramms eine Rolle spielen können“[605]. Seine sich sodann anschließende Enumeration verzichtet aber auf die Auslegung. Demgegenüber setzt etwa *Bieder* die Anwendbarkeit der Besonderheitenregel im Anwendungsbereich der Auslegung in seiner bereits zitierten Untersuchung ohne Weiteres voraus.[606] Dies ist vor dem Hintergrund des vorrangig revidierenden Charakters des AGB-Rechts jedoch nicht selbstverständlich.

Die Vorschrift des § 310 Abs. 4 Satz 2 BGB gibt lediglich vor, dass die Besonderheiten des Arbeitsrechts bei der Anwendung auf Arbeitsverträge angemessen zu berücksichtigen sind. Ob die Besonderheitenregel auch für die Auslegung gilt, ist nicht eindeutig im Gesetz geregelt. § 310 Abs. 4 Satz 2 BGB bedarf insoweit selbst der Auslegung.

Der Wortlaut des § 310 Abs. 4 Satz 2 BGB besagt zunächst, dass bei der Anwendung der §§ 305–310 BGB die im Arbeitsrecht geltenden Besonderheiten angemessen

604 Vgl. etwa *Zundel*, NJW 2006, 2304, 2305.
605 Clemenz/Kreft/Krause/*Krause*, AGB-Arbeitsrecht, Einf. Rn. 63.
606 *Bieder*, RdA 2011, 142, 145.

zu berücksichtigen sind. Die gewählte Formulierung „Anwendung“ lässt den Schluss zu, dass die Besonderheitenregel nicht nur bei der inhaltlichen Kontrolle von AGB, sondern auch bei der Auslegung eben dieser heranzuziehen ist. Anderenfalls hätte der Gesetzgeber durch einen Verweis auf die §§ 307–309 BGB, wie er dies etwa in § 307 Abs. 3 Satz 1 BGB unternommen hat, eine Beschränkung auf die rechtliche Überprüfung erreichen können.

Insbesondere die systematischen Gesichtspunkte lassen diesen Schluss zu, da der Gesetzgeber sich in § 310 Abs. 4 Satz 1 BGB entschieden hat, den Anwendungsbereich des gesamten 2. Abschnitts zu regeln. Dieser Abschnitt enthält aber zweifelsohne auch eigenständige Auslegungsregeln.[607] Der Verweis über § 310 Abs. 4 Satz 2 i.V.m. Satz 1 BGB spricht daher dafür, dass die Besonderheitenregel des § 310 Abs. 4 Satz 2 BGB auch bei der Auslegung von vorformulierten Versorgungsbedingungen zwingend zu beachten ist.

bb) Konkretisierung der Besonderheitenregel

Stellt man sich auf den Standpunkt, dass die Besonderheitenregel bereits bei der Auslegung von vorformulierten Versorgungsbedingungen heranzuziehen ist, ist in einem nächsten Schritt ihre inhaltliche Reichweite zu bestimmen. Eine inhaltliche Konkretisierung der Besonderheitenregel ist weder im Gesetz noch in den Gesetzesmaterialien vorgesehen. Dies gibt einen weiten Spielraum für Diskussionen.

(1) Angemessene Berücksichtigung der Besonderheiten

Der Gesetzgeber hat lediglich den Grundsatz statuiert, dass die Besonderheiten des Betriebsrentenrechts angemessen zu berücksichtigen sind. Wenn man diesen Auftrag mit der hier vertretenden Auffassung nicht als inhaltslos versteht, dann ergibt sich hieraus die Pflicht des Richters zur Gegenprobe: Im Rahmen der Auslegung muss der Richter sein ermitteltes Ergebnis und die damit einhergehende Rechtsfolge dahingehend überprüfen, ob dieses nicht allgemein den Wertungen des Arbeitsrechts und im speziellen den Wertungen des Betriebsrentenrechts zuwiderläuft.[608]

Eine angemessene Berücksichtigung der Besonderheiten des Arbeitsrechts kann insbesondere in den Fällen geboten sein, in denen ein Auslegungsergebnis nach dem Rückgriff auf die allgemeinen Auslegungskriterien mit Zweifeln i.S.d. § 305c Abs. 2 BGB behaftet bleibt. Wie bereits gesehen[609], ordnet das Gesetz in diesen Fällen auf Rechtsfolgenseite an, dass verbleibende Zweifel bei der Auslegung zulasten des Verwenders gehen. Leidtragender dieser Rechtsfolgen ist daher im Betriebsrentenrecht der Arbeitgeber als Verwender der vorformulierten Versorgungsbedingungen. Um auch die besonderen arbeitgeberseitigen Interessen nach Flexibilität und

---

607 Vgl. nur MüKoBGB/*Basedow*, § 305c Rn. 18.
608 Für die Inhaltskontrolle ErfK/*Preis*, § 310 BGB Rn. 11.
609 Vgl. dazu E. II. 7. d).

Reaktionsmöglichkeiten umfänglich zu würdigen, ist es geboten, das AGB-rechtlich implizierte Auslegungsergebnis zu hinterfragen.

Die kodifizierte Besonderheitenregel hat insoweit zur Folge, dass sich die Auslegung von vorformulierten Versorgungsbedingungen zweistufig vollzieht. Nachdem der Richter unter Rückgriff auf die objektiv-generalisierende Auslegungsmethodik sein Auslegungsergebnis ermittelt hat, muss er dieses Auslegungsergebnis, wenn es unter Rückgriff auf § 305c Abs. 2 BGB zulasten des Arbeitgebers geht, dahingehend überprüfen, ob die mit ihr einhergehende Rechtsfolge in Anbetracht der Besonderheiten des Betriebsrentenrechts gerechtfertigt erscheint.

(2) Rechtliche und tatsächliche Besonderheiten

Das BAG hat in seiner viel beachteten Entscheidung zur Zulässigkeit von Vertragsstrafenabreden von Formularverträgen die Besonderheiten dahingehend konkretisiert, dass es entscheidend darauf ankommt, ob es sich im „Vergleich zu den Grundsätzen des Bürgerlichen Rechts und Prozessrechts [...] um eine abweichende Regelung handelt“[610]. Es muss sich um eine Besonderheit handeln, die sich gerade im Arbeitsrecht bzw. Betriebsrentenrecht realisiert. Welche Besonderheiten hierfür jedoch im Einzelfall zu rekrutieren sind, ist umstritten. Der Streit dreht sich hier im Wesentlichen um die Frage, ob lediglich rechtliche Besonderheiten oder ob darüber hinaus auch tatsächliche Besonderheiten des Arbeitsrechts bei der Anwendung der Vorschriften einzubeziehen sind. In Anbetracht der korrigierenden Wirkung der Besonderheitenregel für den arbeitsrechtlichen Anwendungsfall entspricht es der vorherrschenden Meinung in der rechtswissenschaftlichen Literatur, dass lediglich rechtliche Besonderheiten zu berücksichtigen sind.[611]

Diese Auffassung wird von der Rechtsprechung des BAG indes nicht geteilt. In seiner Entscheidung vom 14.1.2009 hat der 3. Senat des BAG für seine Entscheidungsfrage „nicht nur rechtliche, sondern auch tatsächliche Besonderheiten des Arbeitslebens“ herangezogen, „denn es geht um die Beachtung der dem Arbeitsrecht innewohnenden Besonderheiten“.[612] Diese Auffassung hat derselbe Senat in zwei Entscheidungen aus den Jahren 2010[613] und 2011[614] bestätigt. Der Rechtsprechung ist zuzugeben, dass weder der Gesetzeswortlaut noch die Gesetzesbegründung an dieser Stelle eindeutig sind und eine Beschränkung auf rechtliche Erwägungen implizieren.

---

610 BAG v. 4.3.2004 – 8 AZR 196/03, NZA 2004, 727, 732.

611 Däubler/Bonin/Deinert/*Deinert*, AGB-Kontrolle, Einf. Rn. 66; *Thüsing*, AGB-Kontrolle Rn. 109; *Annuß*, BB 2002, 458; 461, *Däubler*, NZA, 2001, 1329, 1334; *Gotthardt*, ZIP, 2002, 277; *Lingemann*, NZA 2002, 181; a.A. *Birnbaum*, NZA 2003, 944, 946; *Singer*, RdA 2003, 194, 199.

612 BAG v. 14.1.2009 – 3 AZR 900/07, NZA 2009, 666, 669.

613 BAG v. 29.9.2010 – 3 AZR 557/08, NZA 2011, 206, 209.

614 BAG v. 8.3.2011 – 3 AZR 666/09, NZA-RR 2011, 591, 592.

c) *Besonderheiten der betrieblichen Altersversorgung*

Vor dem Hintergrund des zuvor Gesagten soll dieser „Neologismus der Gesetzessprache“[615] für das Betriebsrentenrecht im Folgenden näher präzisiert werden. Es gilt zu bestimmen, welche rechtlichen und tatsächlichen Besonderheiten das Betriebsrentenrecht im Wesentlichen beeinflussen.

aa) (Schutz-)Regelungen des BetrAVG

Zunächst sind solche Besonderheiten zu berücksichtigen, die als einseitig zwingende Arbeitnehmerschutzgesetze das Betriebsrentenrecht bestimmen.[616]

(1) Einseitig zwingende Regelungen des BetrAVG

Die inhaltliche Regelungsdichte des BetrAVG ist überschaubar. Im Wesentlichen zielt das BetrAVG auf Schutz und Sicherung der Versorgungsansprüche ab. Einseitig zwingende Regelungen des BetrAVG sind daher insbesondere die Bestimmungen zur Unverfallbarkeit von Anwartschaften[617] nach § 1b BetrAVG, zum Anspruch auf vorzeitige Altersleistung[618] nach § 6 BetrAVG, zur Insolvenzsicherung von Ansprüchen und Anwartschaften[619] nach § 7 BetrAVG, zur Vermeidung von Wertverlusten durch Anpassung[620] nach § 16 BetrAVG sowie die arbeitnehmerfinanzierte

---

615 *Thüsing*, NZA 2002, 591.

616 Für die Anwendung auf Vorstandsverträge *Bauer/Baeck/von Medem*, NZG 2010, 721, 723.

617 Die Unverfallbarkeit ist ein wesentlicher Aspekt des Versorgungsverhältnisses und regelt im Kern die Aufrechterhaltung von arbeitgeberseitig zugesagten Anwartschaften auf Leistungen der betrieblichen Altersversorgung für den Fall, dass der Versorgungsberechtigte vor Eintritt eines Versorgungsfalles aus dem Arbeitsverhältnis ausscheidet. Das Betriebsrentengesetz regelt im Einzelnen die Voraussetzungen der Unverfallbarkeit (§ 1b BetrAVG), die Höhe der unverfallbaren Anwartschaft (§ 2 BetrAVG), die Voraussetzungen für eine Abfindung von unverfallbaren Anwartschaften (§ 3 BetrAVG), die Voraussetzungen für eine Übertragung (§ 4 BetrAVG) und einen Auskunftsanspruch des Versorgungsberechtigten (§ 5 BetrAVG).

618 Unter den Voraussetzungen des § 6 Abs. 1 BetrVG kann der Arbeitnehmer eine betriebliche Rente vorzeitig in Anspruch nehmen. Ziel dieser Regelung ist eine zeitgleiche Inanspruchnahme der Leistungen der betrieblichen Altersversorgung und der Altersrente aus der gesetzlichen Rentenversicherung.

619 Der gesetzliche Insolvenzschutz für Versorgungsansprüche und Versorgungsanwartschaften ist ein weiteres Kernanliegen des Betriebsrentengesetzes und in den §§ 7 ff. BetrAVG geregelt. Träger der Insolvenzsicherung ist der Pensions-Sicherungs-Verein Versicherungsverein auf Gegenseitigkeit, § 14 Abs. 1 Satz 1 BetrAVG.

620 Die Anpassung von laufenden Leistungen war ein weiteres wesentliches Ziel, das mit der Einführung des BetrAVG im Jahr 1974 bewirkt werden sollte. Damit soll einer Auszehrung von Betriebsrenten vorgebeugt werden, vgl. nur BAG v. 30.8.2005 – 3 AZR 395/04, NZA-RR 2006, 485, 487.

Altersversorgung durch Entgeltumwandlung[621] nach § 1a BetrAVG. Diese rechtlichen Wertentscheidungen dürfen bei der Auslegung von vorformulierten Versorgungsbedingungen nicht unberücksichtigt bleiben, sondern sind im Rahmen der Interpretation von vorformulierten Versorgungsbedingungen zu berücksichtigen.

(2) Wirkung gesetzlicher Anrechnungsverbote

Eine die Unklarheitenregel erschütternde Wirkung kann dabei etwa von den Wertungen der Anrechnungsvorschrift des § 5 Abs. 2 BetrAVG ausgehen, wenn der Arbeitgeber der betrieblichen Altersversorgung mittels Anrechnungsklausel eine Kappungsgrenze setzt.[622] Derartige Anrechnungsklauseln finden sich vielfach in sog. Gesamtversorgungs- bzw. Anrechnungssystemen.[623] Eine Anrechnungsklausel kann etwa wie folgt lauten:

„Die Leistungen der betrieblichen Altersversorgung dürfen gemeinsam mit der Rente aus der gesetzlichen Rentenversicherung, der Unfallversicherungsrente, den Leistungen aus der Zusatzversorgung sowie den zukünftigen, sonstigen nicht privaten Versorgungsleistungen insgesamt 100 % des zu ermittelnden Nettoeinkommens (Lohn oder Gehalt) des Versorgungsberechtigten nicht übersteigen."

Diese Klausel berücksichtigt, dass nach § 5 Abs. 2 Satz 1 BetrAVG das Kürzen von Leistungen der betrieblichen Altersversorgung durch Anrechnung oder Berücksichtigung anderer Versorgungsbezüge grundsätzlich ausgeschlossen ist, wenn die Versorgungsleistungen auf Eigenvorsorge des Versorgungsempfängers beruht, da diesem ein besonderer „Eigentumsschutz zuerkannt"[624] wird. Zugleich fasst sie aber die Ausnahmeregelung des § 5 Abs. 2 Satz 2 BetrAVG ins Auge, wonach das Anrechnungsverbot nicht für Renten aus den gesetzlichen Rentenversicherungen gilt, soweit diese Rente auf Pflichtbeiträgen beruhen, sowie für sonstige Versorgungsbezüge, die mindestens zur Hälfte auf Beiträgen oder Zuschüssen des Arbeitgebers beruhen. Für diesen Fall drängt sich jedoch die Frage auf, ob bei der Anrechnung nur die gesetzliche Nettorente zu berücksichtigen ist oder ob die Bruttobezüge der Rentner maßgeblich sind. Die vorgenannte Anrechnungsklausel regelt diesen Fall für die Vertragspartner nicht „erkennbar und eindeutig"[625]. Bei unbedachter Anwendung der Unklarheitenregel müsse die Anrechnungsklausel in einem derart vorformulierten Versorgungswerk nach § 305c Abs. 2 BGB und unter Anwendung

621 Ausführlich zur Entgeltumwandlung oben C. II.
622 Blomeyer/Rolfs/Otto/*Rolfs*, BetrAVG, § 5 Rn. 10.
623 Gesamtversorgungs- und Anrechnungssysteme zeichnen sich dadurch aus, dass dem Ruhestandseinkommen insgesamt eine statische Obergrenze gesetzt wird, mit der Folge, dass die betrieblichen Leistungen entsprechend den übrigen Einkünften aus der gesetzlichen Rentenversicherung oder sonstiger Versorgungswerke in gewisser Weise variabel sind, vgl. dazu Blomeyer/Rolfs/Otto/*Rolfs*, BetrAVG, § 5 Rn. 10.
624 Blomeyer/Rolfs/Otto/*Rolfs*, BetrAVG, § 5 Rn. 47.
625 BAG v. 5.9.1989 – 3 AZR 654/87, NZA 1990, 269.

des Transparenzgebotes zulasten des verwendenden Arbeitgebers als Verwender ausgelegt werden.[626] Dies führe dazu, dass die Klausel insgesamt als unwirksam anzusehen sei oder die Nettorente – als das für den Arbeitnehmer günstigere Auslegungsergebnis – den Vorzug erhielte. In einem derartigen Fall kann aber die Besonderheitenregel des § 310 Abs. 4 Satz 1 BGB zum Zug kommen, da ein derartiges Auslegungsergebnis dem umfassenden Anrechnungsinteresse des Arbeitgebers hinsichtlich der Leistungen aus der gesetzlichen Rentenversicherung, welches der Gesetzgeber in § 5 Abs. 2 BetrAVG ausdrücklich von dem Anrechnungsverbot ausgenommen hat, nicht gerecht wird. Vor diesem Hintergrund hat das BAG – sämtliche Entscheidungen ergingen jedoch noch vor Geltung des § 305c Abs. 2 BGB – die Auslegungsregel aufgestellt, dass in einem Gesamtversorgungssystem die Sozialversicherungsrenten im Zweifel mit ihrem Bruttobetrag anzurechnen sind.[627] Insoweit hat das LAG Köln in konsequenter Weise diese Auslegungsregel in einer Entscheidung aus dem Jahr 2004 – also nach der Schuldrechtsreform – zu einer kapitalisierten Auszahlung einer Sozialversicherungsrente gegen die Unklarheitenregel durchgesetzt.[628]

bb) Betriebsrentenrechtliche Rechtsprechung

Aber nicht nur normative Besonderheiten des Betriebsrentenrechts sind bei der Auslegung von vorformulierten Versorgungsbedingungen angemessen zu berücksichtigen. Auch die Rechtsprechung, die das Betriebsrentenrecht prägt und die ihm seine bewährte Struktur gegeben hat und weiterhin gibt, stellt eine Besonderheit des Arbeitsrechts dar.[629] Auch die höchstrichterrechtlichen Grundsätze sind im Bereich der Auslegung von vorformulierten Versorgungsbedingungen bei der Überleitung in das neue Recht zwingend zu beachten. Es ergibt sich ein richterrechtliches Kontinuitätsgebot, „soweit nicht gerade die Erstreckung des AGB-Rechts auf das Arbeitsverhältnis zu abweichenden Wertungen zwingt“[630]. Das heißt, dass auch die höchstrichterlichen Auslegungsregeln gegebenenfalls vorrangig vor der Unklarheitenregel anzuwenden sind. Die AGB-rechtliche Unklarheitenregel ist etwa nachrangiger Natur, wenn eine Auslegungsfrage durch eine höchstrichterliche Rechtsprechung hinreichend geklärt ist. Eine solche höchstrichterliche Auslegungsregel stellt etwa die Entscheidung des BAG zum entsprechenden Mitwandern der Regelaltersgrenze in Versorgungszusagen nach der Anhebung des gesetzlichen Renteneintrittsalters dar, an die an späterer[631] Stelle ausführlich einzugehen ist.

---

626 So auch Blomeyer/Rolfs/Otto/*Rolfs*, BetrAVG, § 5 Rn. 57.

627 BAG v. 10.3.1992 – 3 AZR 352/91, NZA 1992, 953; v. 14.12.1999 – 3 AZR 742/98, NZA 2001, 326.

628 LAG Köln v. 16.7.2004 – 4 Sa 283/04, NZA-RR 2005, 381.

629 LAG Berlin v. 30.3.2004 – 3 Sa 2206/03, NZA-RR 2005, 20, 22; *Hönn*, ZfA 2003, 325, 334; *Thüsing*, NZA 2002, 591, 593.

630 *Thüsing*, NZA 2002, 591, 593.

631 Vgl. dazu F. III. 4. c) bb).

cc) Langlebigkeit der betrieblichen Altersversorgung

Wenn man mit dem BAG und der hier vertretenen Auffassung auch tatsächliche Besonderheiten des Arbeitsrechts für die Anwendung der AGB-rechtlichen Vorschriften heranziehen möchte, stellt sich die Frage, welche Tatsächlichkeiten das Recht der betrieblichen Altersversorgung prägen können. Das BAG hat diese Frage in zwei jüngeren Entscheidungen präzisiert:

„Maßgeblich sind insoweit nicht nur rechtliche, sondern auch tatsächliche Besonderheiten des Arbeitslebens [...] . Dazu gehören auch Besonderheiten der betrieblichen Altersversorgung. Dass sich betriebsrentenrechtliche Fragen nicht nur im Arbeitsrecht, sondern auch sonst im Dienstvertragsrecht stellen (§ 17 Abs. 1 Satz 2 BetrAVG), ist unerheblich [...]. Deshalb ist zu berücksichtigen, dass der Arbeitgeber gerade wegen der ungewissen demografischen Entwicklung in Bezug auf die Lebenserwartung ein Interesse daran hat, durch eine entsprechende Klausel die weitergehende Entwicklung vertraglich in Bezug zu nehmen. Dieses Interesse folgt gerade aus den Besonderheiten der betrieblichen Altersversorgung, da der Arbeitgeber mit einer Versorgungszusage eine langfristige, zumeist jahrzehntelange Bindung eingeht."[632]

Bei der Auslegung von vorformulierten Versorgungsbedingungen berücksichtigt das BAG im Rahmen der Besonderheitenregel auch die Langfristigkeit und Langlebigkeit von betrieblichen Versorgungszusagen. Damit billigt er dem Arbeitgeber ein gewisses Maß an Flexibilität zu, das er aufgrund der streng formalisierten AGB-rechtlichen Instrumentarien eingebüßt hat. Die Berücksichtigung von derartigen Tatsächlichkeiten hat das BAG[633] in seiner Entscheidung vom 8.3.2011 ausdrücklich bestätigt.

III. Ergänzende Auslegung von individualrechtlich begründeten Versorgungszusagen

Der Anwendungsbereich der erläuternden Auslegung erfasst die Feststellung, ob das Verhalten der Arbeitsvertragsparteien überhaupt darauf abzielt, ein Versorgungsverhältnis zu begründen bzw. im weitaus häufigeren Anwendungsfall, nach welchen inhaltlichen Kriterien die Versorgung erbracht werden soll. Kommt der Auslegende im Rahmen der erläuternden Auslegung zu dem Ergebnis, dass sich die Parteien von Beginn an hinsichtlich eines konkreten Sachverhalts nicht geeinigt haben oder stellt sich die Versorgungszusage nachträglich als unvollständig dar, können derartige Lücken im Wege der ergänzenden Vertragsauslegung geschlossen werden. Dabei sind Versorgungszusagen aufgrund des dynamischen Wandels im Betriebs- und Sozialversicherungsrecht besonders häufig der Gefahr ausgesetzt, im Nachgang zum Zeitpunkt der Zusage unvollständig zu werden. Die nachfolgend dargestellten Grundsätze, die für das Rechtsinstitut der ergänzenden Vertragsauslegung gelten, können dabei im Wesentlichen sowohl bei der Lückenfüllung im Rahmen

632 BAG v. 29.9.2010 – 3 AZR 557/08, NZA 2011, 206, 209.

633 BAG v. 8.3.2011 – 3 AZR 666/09, AP BetrAVG § 1 Auslegung Nr. 14.

von ausgehandelten Individualzusagen wie auch von vorformulierte Versorgungsbedingungen herangezogen werden. Die notwendigen Differenzierungen sind an gegebener Stelle zu problematisieren.

1. Das Verhältnis der ergänzenden Vertragungsauslegung zum dispositiven Recht

Der Anwendungsbereich der ergänzenden Auslegung als „richterliches Feinsteuerungsinstrument“[634] ist im Betriebsrentenrecht nicht zu unterschätzen. Unklar ist jedoch, inwieweit die ergänzende Vertragsauslegung in Betracht kommt, wenn dispositives Gesetzesrecht zur Vervollständigung einer Regelungslücke vorhanden ist. Dem deutschen Rechtsanwender steht eine umfassende „Reserveordnung“[635] im Gewand des dispositiven Gesetzesrecht für den Fall zur Verfügung, dass ein konkreter Sachverhalt durch die Parteien nicht abschließend geregelt worden ist. Im Anwendungsbereich der betrieblichen Altersversorgung sind dies insbesondere die Vorschriften des BetrAVG, wonach Abweichungen grundsätzlich nur zugunsten des Arbeitnehmers erfolgen können, § 17 Abs. 3 Satz 3 BetrAVG.[636] Es handelt sich um einseitig zwingende Vorschriften mit der Folge, dass Vereinbarungen, die die gesetzlichen Regeln zulasten des Arbeitnehmers abweichen, unwirksam sind. Umfassendere Abweichungsmöglichkeiten stehen demnach lediglich für ausgehandelte Versorgungszusagen mit Organmitgliedern bereit.[637]

Nach der Rechtsprechung des BGH[638] und der im Schrifttum vorherrschenden Auffassung[639] haben dispositive Gesetzesvorschriften umfassend Vorrang vor der Lückenschließung durch ergänzende Vertragsauslegung. Mit diesem Rangverhältnis soll die Ordnungsfunktion des dispositiven Rechts hervorgehoben und vor der Funktionslosigkeit behütet werden.[640] Etwas anderes gilt, wenn der Rückgriff auf das dispositive Recht eindeutig dem Willen der Vertragspartner widerspricht oder wenn das dispositive Recht für diese Lücke keine oder keine interessengerechte Regelung enthält[641]. Dieses Verständnis wird für vorformulierte Versorgungsbedingungen durch die Regelung des § 306 Abs. 2 BGB getragen.[642]

634 *Cziupka*, Jus 2009, 103, 104.
635 *Kötz*, JuS 2013, 289.
636 Hümmerich/Boecken/Düwell/*Vienken*, Arbeitsrecht, § 17 BetrAVG Rn. 26.
637 Dazu bereits E. I.
638 Vgl. etwa BGH v. 22.4.1953 – II ZR 143/52, NJW 1953, 937; v. 10.7.1963 – VIII ZR 204/61, NJW 1963, 2071, 2075.
639 Staudinger/*Roth*, BGB, § 157 Rn. 23; Graf von Westphalen/Thüsing/*Thüsing*, AGB-Recht, Auslegung Rn. 30; *Stoffels*, Gesetzlich nicht geregelte Schuldverträge, S. 91 ff.; a.A. *Henssler*, Risiko als Vertragsgegenstand, 1994, S. 97 ff.; *Kötz*, JuS 2013, 289, 296; *Cziupka*, JuS 2009, 103, 106.
640 Staudinger/*Roth*, BGB, § 157 Rn. 23; *Biehl*, JuS 2010, 195, 199.
641 Palandt/*Ellenberger*, BGB, § 157 Rn. 6; Staudinger/*Roth*, BGB, § 157 Rn. 23.
642 Dazu unter E. III. 4. b).

Auch das BAG räumt den gesetzlichen Vorschriften des BetrAVG bei lückenhaften Versorgungsbedingungen im Grundsatz Vorrang ein. Von einem von den gesetzlichen Vorschriften abweichenden Willen der Vertragsparteien könne nur dann ausgegangen werden, wenn „deutliche Anhaltspunkte“[643] in der Versorgungszusage dafür sprächen. Es müssen der Vereinbarung insoweit positive Anhaltspunkte entnommen werden können, die auf einen abweichenden Parteiwillen schließen lassen.[644] So hat das BAG etwa hinsichtlich der Abbedingung der gesetzlichen Veränderungssperre nach § 2 Abs. 5 BetrAVG (Berücksichtigung künftiger Entwicklungen) ausgeführt, dass es für die Annahme eines abweichenden mutmaßlichen Willens nicht ausreicht, dass die Vertragspartner auf den Regelungsgehalt der Vorschrift nicht hingewiesen bzw. den Gesetzestext nicht deklaratorisch wiedergegen haben.[645] Es ist aber stets zu beachten, dass die einseitig zwingenden Vorschriften des BetrAVG verhindern sollen, dass die Vertragsparteien gewisse Mindeststandards unterschreiten. Abweichungen „nach oben“ dürften insoweit nicht den Ausnahmefall darstellen, so dass die Versorgungszusage stets dahingehend zu überprüfen ist, ob ihr ein abweichender Wille entnommen werden kann. Vor diesem Hintergrund ist auch die jüngere Rechtsprechungsaufforderung des BAG zu begrüßen. In seiner Entscheidung vom 23.4.2013 hat sich der Betriebsrentensenat dafür ausgesprochen, dass Lücken „soweit irgend möglich“[646] im Wege der ergänzenden Vertragsauslegung auszufüllen sind.

2. Maßstab bei der Lückenschließung von Versorgungszusagen

Auch bei der ergänzenden Vertragsauslegung von Versorgungszusagen muss sich hinsichtlich der anzuwendenden Maßstäbe mangels betriebsrentenrechtlicher Sonderregeln ebenfalls an den gesetzlichen Vorgaben des BGB orientiert werden. In welchem Umfang bei der ergänzenden Auslegung auf die §§ 133, 157 BGB zurückgegriffen werden kann, bedarf dabei näherer Erläuterung. Die ergänzende Auslegung weist im Gegensatz zur erläuternden Auslegung die methodische Besonderheit auf, dass die Parteien eine regelungsbedürftige Frage bewusst oder unbewusst gerade nicht geregelt haben.[647] Insoweit kann eine empirische Auslegung nach § 133 BGB nicht zielführend sein. In den Mittelpunkt der ergänzenden Auslegung rückt daher vorrangig der Auslegungsauftrag des § 157 BGB.[648]

---

643 BAG v. 17.8.2004 – 3 AZR 318/03, AP BetrAVG § 2 Nr. 46; v. 15.11.2005 – 3 AZR 521/04, NZA-RR 2006, 482, 484.
644 BAG v. 15.11.2005 – 3 AZR 521/04, NZA-RR 2006, 482, 484.
645 BAG v. 15.11.2005 – 3 AZR 521/04, NZA-RR 2006, 482, 484.
646 BAG v. 23.4.2013 – 3 AZR 512/11, AP BetrAVG § 1 Auslegung Nr. 40.
647 Dazu bereit unter E. I. 5. b).
648 MüKoBGB/*Busche*, § 157 Rn. 2.

a) Maßstab der ergänzenden Auslegung

Ziel der ergänzenden Auslegung ist die Lückenfüllung. Bei den heranzuziehenden Auslegungsmaßstäben ist unter Rückgriff auf § 157 BGB zu fragen, auf welche Weise die Vertragsparteien die Lücke in der Versorgungszusage, unter Berücksichtigung des Vertragszwecks und einer sachgemäßen Abwägung der beiderseitigen Interessen nach Treu und Glauben und unter Berücksichtigung der Verkehrssitte hätten regeln wollen. Dabei ist im Rahmen der ergänzenden Auslegung zu beachten, dass das gefundene Auslegungsergebnis nicht im Widerspruch zum sonstigen Versorgungswerk stehen darf und sich insoweit als gerechter Interessenausgleich darstellen muss. Das Versorgungswerk muss in sämtlichen Facetten „zu Ende“[649] gedacht werden. Die Ermittlung eines mutmaßlichen Willens orientiert sich insbesondere an normativen[650] Gesichtspunkten. Der Auslegende muss die rechtsgeschäftliche Regelung nach Kriterien vervollständigen, „die sich entweder an der Interessenlage im konkreten Fall oder an Gesichtspunkten orientieren, die für die Rechtsgeschäfte dieser Art typisch sind“[651]. Auf diese Weise soll das von den Vertragsparteien mutmaßlich Gewollte ermittelt werden.[652] Insoweit darf gerade im Anwendungsbereich von ausgehandelten Versorgungszusagen der tatsächliche Wille bei der ergänzenden Auslegung nicht völlig außer Betracht bleiben. Denn trotz der normativen Wertungen darf dieser mittels ergänzender Auslegung nicht ausgehebelt werden. Die Lückenfüllung ist dabei jeweils von den Umständen des Einzelfalls abhängig und obliegt der tatrichterlichen Würdigung.

b) Modifizierter Maßstab bei vorformulierten Versorgungsbedingungen

Im Anwendungsbereich von vorformulierten Versorgungsbedingungen ist im Rahmen der ergänzenden Auslegung – soweit sie in Betracht kommt – ebenfalls ein objektiv-generalisierender Maßstab anzuwenden. Es kommt entscheidend auf den Willen und die Interessenlage des typischerweise beteiligten Verkehrskreises und nicht der konkret beteiligten Arbeitsvertragsparteien an.[653] Insoweit muss sich das zu ermittelnde Ergebnis für die betroffenen Versorgungsbedingungen als „allgemeine Lösung eines immer wiederkehrenden Interessengegensatzes“ darstellen[654], das von der höchstrichterlichen Rechtsprechung vollumfänglich überprüft werden kann. Es kommt insoweit entscheidend darauf an, was die Parteien bei einer angemessenen Abwägung ihrer Interessen nach Treu und Glauben als redliche Vertragsparteien

---

649 MüKoBGB/*Busche*, § 157 Rn. 27.

650 Hümmerich/Boecken/Düwell/*Brors*, Arbeitsrecht, § 313 BGB Rn. 8; NK/*Krebs*, BGB, § 313 Rn. 11.

651 MüKoBGB/*Busche*, § 157 Rn. 26.

652 BAG v. 29.6.1982 – 3 AZR 1188/79, NJW 1983, 1927, 1928.

653 BAG v. 23.4.2013 – 3 AZR 475/11, NZA 2013, 1275, 1277; v. 20.5.2014 – 3 AZR 1072/12, AP BetrAVG § 1 Auslegung Nr. 50.

654 BAG v. 23.4.2013 – 3 AZR 475/11, NZA 2013, 1275, 1277.

vereinbart hätten, wenn ihnen die Unvollständigkeit ihrer Regelung bekannt gewesen wäre.[655] Es gelten jedoch auch hier die allgemeinen Besonderheiten bei vorformulierten Versorgungsbedingungen für den Einzelfall.[656]

3. Maßgeblicher Auslegungszeitpunkt

Kontroverser als bei der erläuternden Vertragsauslegung wird im Bereich der ergänzenden Vertragsauslegung der maßgebliche Zeitpunkt diskutiert, auf den für die Auslegung abgestellt werden muss. Nach der herrschenden – auch vorrangig von der Rechtsprechung – vertretenen Auffassung[657] ist der maßgebliche Zeitpunkt der in der Vergangenheit liegende Vertragsabschluss. Die allgemeine Formulierung in den Entscheidungsgründen des BAG lautet vor diesem Hintergrund unter Rückgriff auf die Vergangenheitsform, dass im Rahmen der Auslegung zu untersuchen ist, was vereinbart worden wäre, „wenn den Parteien im Zeitpunkt des Vertragsschlusses die Unvollständigkeit ihrer Regelung bekannt gewesen wäre“[658]. In jüngster Zeit hat sich der 3. Senat in dieser Frage noch ausdrücklicher positioniert. So heißt es etwa in der Entscheidung vom 17.4.2012: „Maßgeblicher Zeitpunkt für die Feststellung und Bewertung des mutmaßlichen Parteiwillens und der Interessenlage ist der Zeitpunkt des Vertragsschlusses, da die ergänzende Vertragsauslegung eine anfängliche Regelungslücke rückwirkend schließt. Das gleiche gilt auch, wenn eine Lücke sich erst nachträglich als Folge des weiteren Verlaufs der Dinge ergeben hat.“[659]

Insbesondere in der allgemeinen Zivilrechtsliteratur wird jedoch auch vertreten[660], dass der richtige Anknüpfungspunkt für die Auslegung, der Zeitpunkt sei, in dem die Auslegung vorgenommen wird. Das hat zur Folge, dass auch tatsächliche Veränderungen in der Zwischenzeit bei der Auslegung zu berücksichtigen wären.

Das kann jedoch nicht überzeugen. Ausgangspunkt der ergänzenden Vertragsauslegung ist der privatautonome Wille der Parteien. Zur Vervollständigung der lückenhaften Willensbildung muss der Auslegende sich bei individualrechtlich begründeten Versorgungszusagen in die Lage der Parteien beim Abschluss des Vertrages versetzen und diese unter Berücksichtigung von Treu und Glauben schließen. Anderenfalls läge keine Auslegung vor, sondern der Richter würde lediglich die vertragliche Lücke durch eine selbstständige Bewertung allein anhand objektiver

---

655 BAG v. 16.12.2009 – 5 AZR 888/08, NZA 2010, 401, 402; v. 25.4.2007 – 5 AZR 627/06, NZA 2007, 853, 855; v. 11.10.2006 – 5 AZR 721/05, NZA 2007, 87, 89.

656 Vgl. dazu unter E. II. 7. a) bb).

657 BAG v. 17.4.2012 – 3 AZR 803/09, AP BetrAVG § 16 Nr. 83; Erman/*Armbrüster*, BGB, § 133 Rn. 30; MüKo/*Busche*, § 133 Rn. 50; Staudinger/*Roth*, BGB, § 133 Rn. 34; *Cziupka*, JuS 2009, 103, 105.

658 St. Rspr., vgl. BAG v. 17.4.2012 – 3 AZR 803/09, AP BetrAVG § 16 Nr. 83; v. 19.5.2010 – 4 AZR 796/08, NZA 2010, 1183, 1185; v. 25.4.2007 – 5 AZR 627/06, NZA 2007, 853, 855.

659 BAG v. 17.4.2012 – 3 AZR 803/09, AP BetrAVG § 16 Nr. 83.

660 Soergel/*Wolf*, BGB § 133 Rn. 132; Jauernig/*Mansel*, BGB, § 157 Rn. 4.

Gesichtspunkte fortbilden. Damit würde der privatautonomen Entscheidung der Parteien aber nicht genügend Rechnung getragen.[661]

4. Lückenschließung im Rahmen der ergänzenden Vertragsauslegung

Die Lückenschließung von Versorgungszusagen mittels ergänzender Vertragsauslegung erfolgt sodann zweistufig. Auf der ersten Stufe muss ermittelt werden, ob eine planwidrige Regelungslücke vorliegt. Sodann ist diese auf der zweiten Stufe unter Rückgriff auf den mutmaßlichen Willen der Vertragsparteien zu schließen.

a) Vorliegen einer planwidrigen Regelungslücke

Voraussetzung für die ergänzende Vertragsauslegung ist folglich das Vorliegen einer planwidrigen Regelungslücke[662].

aa) Lückenhaftigkeit einer Versorgungszusage bei vorgezogener Inanspruchnahme nach vorzeitigem Ausscheiden

Eine Regelungslücke liegt vor, wenn das Versorgungswerk eine Bestimmung vermissen lässt, die erforderlich ist, um den ihm zu Grunde liegenden Regelungsplan zu verwirklichen.[663] Der objektive Regelungsgehalt des Gesamtwerkes muss sich also zu der aufgeworfenen Frage enthalten. Dabei muss die Lücke zur Folge haben, dass ohne ihre Vervollständigung eine interessengerechte Lösung nicht erzielt werden kann und insbesondere die Erreichung des Vertragszwecks gefährdet wäre[664].

Die Lücken in einem Versorgungswerk können bereits zum Zeitpunkt des Vertragsschlusses bestehen (anfängliche Regelungslücke[665]). Eine solche anfängliche Regelungslücke ist gegeben, wenn die Parteien einen Punkt übersehen haben oder wenn sie ihn zwar nicht übersehen, aber bewusst offengelassen haben, weil sie ihn zum Zeitpunkt des Vertragsschlusses nicht für regelungsbedürftig gehalten haben und sich diese Annahme nachträglich als unzutreffend herausstellt.[666] Eine Lücke kann sich aber aufgrund ungeahnter Entwicklungen und Umstände auch

---

661 Staudinger/*Roth*, BGB, § 133 Rn. 14, *Cziupka*, JuS 2009, 103, 105.

662 Die Rechtsprechung bemüht im Zusammenhang mit der ergänzenden Vertragsauslegung zumeist den Begriff der „Unvollständigkeit" (BAG v. 17.4.2012 – 3 AZR 803/09, AP BetrAVG § 16 Nr. 83; v. 21.4.2009 – 3 AZR 640/079, AP BetrAVG § 2 Nr. 60; v. 9.12.2008 – 3 AZR 431/07–, juris Rn. 25). Damit ist jedoch kein abweichendes Verständnis verbunden.

663 BAG v. 21.4.2009 – 3 AZR 695/08, NZA 2010, 572, 574; v. 9.12.2008 – 3 AZR 431/07–, juris Rn. 26.

664 Vgl. etwa BGH v. 14.10.1977 – V ZR 253/74, NJW 1978, 695, 696; Erman/*Armbrüster*, BGB, § 157 Rn. 21.

665 Staudinger/*Roth*, BGB, § 157 Rn. 16.

666 BAG v. 17.4.2012 – 3 AZR 803/09, AP BetrAVG § 16 Nr. 83.

erst zu einem späteren Zeitpunkt realisieren (nachträgliche Regelungslücke[667]). In ausgehandelten Versorgungszusagen kann sich eine Lückenhaftigkeit insbesondere daraus ergeben, dass sich einzelne Klauseln nachträglich wegen Verstoßes gegen § 17 Abs. 3 BetrAVG i.V.m. § 134 BGB als nichtig herausstellen.[668]

Eine anfängliche Regelungslücke liegt regelmäßig in den Fällen vor, in denen der Versorgungszusage nicht entnommen werden kann, ob und wie sich eine vorgezogene Inanspruchnahme der Altersrente gem. § 6 BetrAVG nach dem vorzeitigem Ausscheiden aus dem Arbeitsverhältnis auf die Höhe der Versorgungsleistungen auswirken soll.[669] Die vorgezogene Inanspruchnahme der Altersrente nach vorzeitigem Ausscheiden aus dem Arbeitsverhältnis stellt einen zweifachen Eingriff in das Äquivalenzverhältnis zwischen der zugesagten Versorgungsleistung und der vom Arbeitnehmer zu erbringenden Gegenleistung dar. Denn der Versorgungsberechtigte erbringt in diesen Fällen seine Arbeitsleistung gegenüber seinem Arbeitgeber nicht bis zu der in der Versorgungszusage dafür vorgesehenen Altersgrenze und nimmt die Versorgungsleistung zugleich auch früher und damit im Regelfall auch länger als kalkuliert in Anspruch.[670] Vor diesem Hintergrund ist es naheliegend, dass der Arbeitgeber in derartigen Fällen nicht bereit ist, die Versorgungsleistung im dem Umfang zu erbringen, die dem Versorgungsberechtigten bei regulärem Verbleib im Arbeitsverhältnis bis zum Erreichen der Regelaltersgrenze zugeständen hätten.

Eine Regelung zu einer möglichen Kürzung wegen der längeren Inanspruchnahme der Leistungen, der höheren Erlebenswahrscheinlichkeit und dem negativen Zinseffekt bei einer vorzeitigen Inanspruchnahme findet sich im Gesetz nicht. Mit dem Zusammenspiel von § 2 Abs. 1 und Abs. 5 BetrAVG, wonach die fiktive Vollrente zeitratierlich entsprechend dem Verhältnis der tatsächlichen zu der möglichen Betriebszugehörigkeit bis zum Erreichen der in § 2 Abs. 1 BetrAVG bestimmten Altersgrenze bzw. bis zu der in der Versorgungsordnung gegebenenfalls vorgesehenen niedrigeren festen Altersgrenze zu kürzen ist, hat der Gesetzgeber lediglich auf die erste Störung des Äquivalenzverhältnisses, die darauf beruht, dass der Arbeitnehmer vorzeitig aus dem Arbeitsverhältnis ausgeschieden ist, reagiert.[671] Auch in § 6 BetrAVG, der die vorzeitige Altersleistung regelt, findet sich zu dieser Frage keine Kürzungsregelung[672]. Insoweit liegt in diesen Konstellationen regelmäßig eine Regelungslücke vor, die mangels gesetzlicher Regelungen, im Wege der ergänzenden Auslegung zu schließen ist.[673]

Unter Rückgriff auf die Grundsätze der ergänzenden Auslegung und unter Berücksichtigung der parteilichen Interessenlage[674] gestattet das BAG dem Arbeitgeber in

---

667 Staudinger/*Roth*, BGB, § 157 Rn. 16.

668 BAG v. 28.10.2008 – 3 AZR 317/07, NZA 2009, 844, 846.

669 *Reichel/Schmandt*, bAV bei Unternehmenskauf, Kap. B Rn. 255.

670 Uckermann/Fuhrmanns/Ostermayer/Doetsch/*Fuhrmanns*, BetrAVG, § 6 Rn. 83.

671 BAG v. 25.6.2014 – 3 AZR 219/11, NZA 2013, 1421, 1424.

672 Blomeyer/Rolfs/Otto/*Rolfs*, BetrAVG, § 6 Rn. 7.

673 Blomeyer/Rolfs/Otto/*Rolfs*, BetrAVG, § 6 Rn. 132.

674 Vgl. zur Bestimmung des mutmaßlichen Parteiwillens E. III. 4. c). aa).

diesen Fällen die Vornahme eines sog. „untechnischen versicherungsmathematischen Abschlags“[675], der die fehlende Betriebstreue zwischen vorgezogener Inanspruchnahme und fester Altersgrenze zusätzlich mindernd berücksichtigt.[676]

bb) Mangelnde Planwidrigkeit bei enormen Mehrbelastungen

Im Weiteren muss die Regelungslücke auch planwidrig sein. Planwidrigkeit setzt voraus, dass sich eine einheitliche Vorstellung, die von beiden Parteien getragen wird, im Vertrag nicht finden lässt.[677] Eine planwidrige Lücke im Vertragswerk ist daher insbesondere dann nicht gegeben, wenn die getroffene Regelung nach der ermittelten Interessenlage oder dem eindeutigen Willen der Parteien bewusst abschließend sein soll[678] oder die Regelungslücke nach dem vertraglichen Gesamtzusammenhang nicht regelungsbedürftig ist.[679] Insoweit ist bereits bei der Frage, ob überhaupt eine planwidrige Lücke gegeben ist, auf die konkrete Interessenlage der Parteien abzustellen.

Ein Fall mangelnder Regelungsbedürftigkeit lag etwa der Entscheidung[680] des BGH aus dem Jahr 1988 zu einer ausgehandelten Versorgungszusage für einen GmbH-Geschäftsführer zugrunde. Die Versorgungszusage wurde nachträglich in Anlehnung an den Regelungsgedanken des § 16 Abs. 1 BetrAVG dahingehend ergänzt, dass die ab Eintritt des Versorgungsfalles zu zahlende Rente zu dynamisieren

---

675 Vgl. etwa BAG v 23.1.2001 – 3 AZR 164/00, NZA 2002, 93, 94.

676 Indem das BAG dem Arbeitgeber die Vornahme eines untechnischen versicherungsmathematischen Abschlags zuspricht, finden indirekt die Grundsätze der doppelt-ratierlichen Kürzung, von denen das BAG im Jahr 2001 (v. 23.1.2001 – 3 AZR 164/00, NZA 2002, 93) grds. abgerückt ist, weiterhin Anwendung, wenn die Versorgungszusage den Fall der vorgezogenen Inanspruchnahme nach vorzeitigem Ausscheiden nicht regelt (*Langohr-Plato*, Betriebliche Altersversorgung, Kap. B Rn. 714; Uckermann/Fuhrmanns/Ostermayer/Doetsch/*Fuhrmanns*, BetrAVG, Kap. 6 Rn. 87). Lediglich in den Fällen, in denen die Versorgungszusage selbst einen versicherungsmathematischen Anschlag vorsieht, wirkt sich der Rechtsprechungswandel aus. In diesen Fällen soll eine zeitratierliche Kürzung unzulässig sein. Das BAG begründet seine Auffassung insbesondere damit, dass anderenfalls die fehlende Betriebstreue des Versorgungsberechtigten doppelt zu seinen Lasten berücksichtigt würde (BAG v. 23.1.2001 – 3 AZR 164/00, NZA 2002, 93). Dies scheint vor dem Hintergrund der Begründung des untechnischen versicherungsmathematischen Abschlags fadenscheinig, ist aber wohl damit zu begründen, dass das BAG das arbeitgeberseitige Vertrauen in die Rechtsprechung zur doppelt-ratierlichen Kürzung nicht enttäuschen will, vgl. auch Uckermann/Fuhrmanns/Ostermayer/Doetsch/*Fuhrmanns*, BetrAVG, Kap. 6 Rn. 87.

677 Demgegenüber unterliegt die Fehlvorstellung auf einer Seite der Parteien nicht der ergänzenden Vertragsauslegung, sondern den Regeln über die Anfechtung von Irrtümern nach den §§ 119 ff. BGB.

678 BGH v. 24.4.1985 – IVb ZR 17/84, NJW 1985, 1835.

679 Staudinger/*Roth*, BGB, § 157 Rn. 15.

680 S. dazu BGH v. 8.12.1988 – II ZR 153/88, NJW-RR 1989, 677.

sei. Nachdem der Kläger vorzeitig aus dem Arbeitsverhältnis ausschied, war er der Auffassung, dass seine Versorgungsanwartschaft bereits für die Zeit zwischen vorzeitigem Ausscheiden und Eintritt des Versorgungsfalls zu dynamisieren sei. Der BGH bestätigte in diesem Fall das Vorliegen einer unbedachten, nachträglich eingetretenen Regelungslücke. Es lehnte deren Regelungsbedürftigkeit jedoch ab, weil das vom Kläger vorgetragene Verständnis den im Vertrags zum Ausdruck kommenden Parteiwillen inhaltlich ändere und die Belastungen auf Seiten des Arbeitgebers damit derartig vergrößere, dass von einem dahingehenden Willen nicht ausgegangen werden könne.[681]

b) Lücken in vorformulierten Versorgungsbedingungen

Ein Sonderfall ist im Anwendungsbereich des AGB-Rechts zu beachten. Vorformulierte Versorgungsbedingungen sind nicht minder anfällig für Regelungslücken. Bei der ergänzenden Auslegung dieser Versorgungsbedingungen ist danach zu differenzieren, welche Ursache die Lücke hat und zu welchem Zeitpunkt die Lückenhaftigkeit auftritt.

aa) Anfängliche oder nachträgliche planwidrige Regelungslücken

Keine Abweichungen vom zuvor Gesagten gelten, wenn eine Lücke in den vorformulierten Versorgungsbedingungen von Anfang an besteht, etwa weil der Verwender einen bestimmten Regelungskomplex vollständig übersehen hat und das Versorgungswerk sich unter Zugrundelegung des allgemeinen Reglungskonzeptes als unvollständig darstellt.[682]

bb) Nichteinbeziehung bzw. Unwirksamkeit einer Klausel

Eine Besonderheit ist für die Fälle zu beachten, in denen die Versorgungsbedingungen nicht Vertragsbestandteil geworden sind[683] bzw. sich als unwirksam herausgestellt

---

681 BGH v. 8.12.1988 – II ZR 153/88, NJW-RR 1989, 677, 678.

682 So auch Graf von Westphalen/Thüsing/*Thüsing*, AGB-Recht, Auslegung Rn. 23.

683 Hinsichtlich der Einbeziehungskontrolle ist für das Betriebsrentenrecht die Besonderheit des § 310 Abs. 4 Satz 2 BGB zu beachten, wonach die Einbeziehungsregeln in § 305 Abs. 2 und 3 BGB für das Arbeitsrecht keine Anwendung finden. An einer ordnungsgemäßen Einbeziehung der Versorgungsbedingungen fehlt es insoweit lediglich, wenn sich die Klausel nach den Umständen, vor allem nach dem äußeren Erscheinungsbild des Vertrages, als überraschend darstellt, § 305c Abs. 1 BGB. Der 3. Senat hat seine Rechtsprechung hinsichtlich überraschender Klauseln in vorformulierten Versorgungszusagen stets fortentwickelt. Danach ist eine vorformulierte Klausel insbesondere dann überraschend, wenn sie „so ungewöhnlich ist, dass der Vertragspartner des Verwenders mit ihnen nicht zu rechnen braucht. Zwischen den durch die Umstände bei Vertragsschluss begründeten Erwartungen und dem tatsächlichen Vertragsinhalt muss ein deutlicher Widerspruch bestehen" (BAG v. 23.9.2003 – 3 AZR 551/02, AP BetrVG 1972 § 77 Nr. 93). Inwieweit eine

haben, etwa wegen eines Verstoßes gegen die AGB-rechtlichen Kontrollmechanismen der §§ 307–309 BGB. Eine Unwirksamkeit von vorformulierten Versorgungsbedingungen kann sich aber auch aus anderen Vorschriften ergeben. Voraussetzung dafür ist aber stets, dass diese Vorschriften gerade den Schutz des Vertragspartners bezwecken.[684] Für diese Fälle sieht § 306 Abs. 2 BGB ausdrücklich vor, dass sich der Inhalt nach den gesetzlichen Vorschriften richtet. Der Gesetzgeber hat für diese Fallgruppen den Vorrang des dispositiven Gesetzesrechts ausdrücklich normiert. Insoweit stellt sich die Frage, ob in derartigen Fällen der Rückgriff auf die ergänzende Vertragsauslegung vollumfänglich ausgeschlossen ist.

Zu § 6 Abs. 2 AGBG a.F. wurde noch die Auffassung vertreten, dass eine ergänzende Vertragsauslegung in derartigen Fällen per se ausscheide.[685] Diese Meinung ist heute jedoch überholt.[686] Nicht abschließend geklärt ist jedoch die Frage, unter welchen Voraussetzungen eine ergänzende Vertragsauslegung im Einzelnen zulässig ist. Einigkeit besteht lediglich hinsichtlich der Voraussetzung, dass auf die ergänzende Vertragsauslegung nicht zurückgegriffen werden kann, wenn eine Lücke in vorformulierten Versorgungsbedingungen durch eine Regelung mit materiell-rechtlichem Gehalt abschließend geschlossen werden kann.[687] Die einzelnen Senate des BAG vertreten hinsichtlich der weiteren Voraussetzungen divergierende Standpunkte. So sind etwa der 8. und der 9. Senat des BAG der Auffassung, eine ergänzende Vertragsauslegung komme nur in den Fällen in Betracht, in denen es für den Verwender eine unzumutbare Härte i.S.v. § 306 Abs. 3 BGB wäre, am Vertrag festzuhalten.[688] Demgegenüber vertritt der 5. Senat des BAG, dass eine Rechtslage vorliegen müsse, die ohne Ergänzung des Vertrags keine angemessene, den typischen Interessen der Vertragsparteien Rechnung tragende Lösung liefere.[689] Die Literatur hat sich der Auffassung des 5. Senats überwiegend angeschlossen.[690] Auch der 3. Senat des BAG hat sich in seiner jüngeren Rechtsprechung dieser Auffassung angeschlossen und die Voraussetzung dahingehend konkretisiert, dass es Voraussetzung sei, dass „die ersatzlose Streichung der unwirksamen Klausel in Allgemeinen Geschäftsbedingungen keine angemessene, den typischen und schutzwürdigen

---

Klausel in vorformulierten Versorgungsbedingungen überraschend ist und somit nicht Bestandteil des Vertrages geworden ist, richtet sich dabei nach den Umständen des Einzelfalls.

684 Däubler/Bonin/Deinert/*Bonin*, AGB-Kontrolle, § 306 Rn. 10.

685 *Löwe*, BB 1983, 2014, 2015; *Trinkner*, BB 1983, 2014.

686 Vgl. nur *Thüsing*, VersR 2015, 927, 929.

687 Clemenz/Kreft/Krause/*Schlewing*, AGB-Arbeitsrecht, § 306 Rn. 4; Däubler/Bonin/Deinert/*Bonin*, AGB-Kontrolle im Arbeitsrecht, § 306 Rn. 19 ff.

688 Vgl. BAG v. 18.12.2009 – 8 AZR 81/08, NZA-RR 2009, 519, 525; v. 25.9.2008 – 8 AZR 717/07, NZA 2009, 370, 378; v. 19.12.2006 – 9 AZR 294/06, NZA 2007, 809, 812.

689 BAG v. 28.11.2007 – 5 AZR 992/06, NZA 2008, 293, 295; v. 25.4.2007 – 5 AZR 627/06, NZA 2007, 853, 855.

690 *Schlewing*, NZA-Beil. 2/2012, 33, 36 ff.; *Schmidt*, NZA 2004, 1002, 1009; *Uffmann*, RdA 2011, 154, 160 f.; *Willemsen/Grau*, RdA 2003, 321, 324.

Interessen des Klauselverwenders und seines Vertragspartners Rechnung tragende Lösung bietet."[691]

Die Rechtsprechung des 3. und 5. Senats sowie die überwiegende Auffassung in der Literatur können überzeugen. Die Auffassungen des 8. und 9. Senats sind zu streng. Die Regelung des § 306 Abs. 3 BGB statuiert einen absoluten Ausnahmefall, an dessen Voraussetzung – das Vorliegen einer unzumutbaren Härte – zu hohe Anforderungen gestellt werden. Nur ein Ansatz, der die Interessenlage der Parteien in den Vordergrund stellt, wird der konkreten Vertragsgestaltung und der dahinterstehenden privatautonomen Entscheidung gerecht.

c) Ermittlung eines mutmaßlichen Parteiwillens

Liegt eine planwidrige Regelungslücke vor, muss im Rahmen der Vervollständigung sodann der mutmaßliche Wille der Vertragsparteien ermittelt werden. Dies obliegt grundsätzlich der tatrichterlichen Würdigung[692], der jedoch immanente Grenzen gesetzt sind.

aa) Mutmaßlicher Parteiwille

Wie schon angedeutet ist die Ermittlung des mutmaßlichen Parteiwillens insbesondere durch normative Gesichtspunkte geprägt. Da die Parteien einen bestimmten Fall gerade nicht geregelt haben bzw. darüber streiten, ob sie diesen Fall geregelt haben, muss der Auslegende ermitteln, was die Parteien unter Zugrundelegung der beidseitigen Interessenlage und des Vertragszwecks als einen redlichen Ausgleich ihrer Interessen wohl geregelt hätten, wenn sie den offengebliebenen Punkt bedacht hätten.[693] Auch wenn der mutmaßliche Parteiwille normativ und somit im Wesentlichen durch Wertungsgesichtspunkte geprägt ist, muss die Auslegung insbesondere den Umständen des Einzelfalls gerecht werden.

---

691 BAG v. 30.9.2014 – 3 AZR 930/12, NZA 2015, 231, 235.

692 Die ergänzende Auslegung ist revisionsrechtlich vom BAG nur insoweit überprüfbar, ob überhaupt die Notwendigkeit einer ergänzenden Vertragsauslegung bestand bzw. ob bei der Auslegung selbst gegen Denkgesetze oder allgemeine Erfahrungssätze verstoßen worden ist, da die Revisionsinstanz selbst keine Tatsacheninstanz i.S.d. § 286 Abs. 1 ZPO darstellt. Das gilt sowohl für ausgehandelte Versorgungszusagen als auch für vorformulierte Versorgungsbedingungen. Das BAG hat von diesem Grundsatz für vorformulierte Versorgungsbedingungen eine Ausnahme formuliert, wenn die entscheidungserheblichen Tatsachen feststehen und weiterer Sachvortrag nicht zu erwarten ist (BAG v. 17.4.2012 – 3 AZR 803/09, AP § 16 BetrAVG Nr 83).

693 Staudinger/*Roth*, BGB, § 157 Rn. 30 m.w.N.

bb) Auslegungskriterien zur Ermittlung eines mutmaßlichen Parteiwillens

Hinsichtlich der Ermittlung des mutmaßlichen Parteiwillens ist zunächst an das konkrete Versorgungswerk selbst anzuknüpfen. Die dort enthaltenden Regelungen und Wertungen sind insoweit als wesentliche Grundlage der Vertragsergänzung heranzuziehen. Zuvörderst ist auf den Wortlaut und den Regelungszusammenhang des Versorgungswerkes abzustellen. Zudem muss auf sämtliche Begleitumstände abgestellt werden, die einen Rückschluss auf den mutmaßlichen Willen der Parteien zulassen. In diesem Punkt unterscheidet sich das Auslegungsverfahren nur bedingt von der Vorgehensweise bei der erläuternden Auslegung. Es sind jedoch auch in diesem Zusammenhang die für vorformulierte Versorgungsbedingungen geltenden Modifikationen zu berücksichtigen.[694]

Bei der Ermittlung ist insbesondere auf die normativen Grundsätze von Treu und Glauben[695] sowie die Verkehrssitte[696] zurückzugreifen, so dass ein Inhalt zu ermitteln ist, der angemessen und für die Gepflogenheiten des jeweiligen Betriebs oder Unternehmens üblich ist.

cc) Grenzen der Ermittlung eines mutmaßlichen Willens

Wie bereits angedeutet, unterliegt die Ermittlung eines mutmaßlichen Willens bestimmten Grenzen. Eine ergänzende Auslegung scheidet grundsätzlich aus, wenn im Rahmen der Lückenschließung mehrere gleichwertige Möglichkeiten in Betracht kommen.[697] Damit wird verhindert, dass die Gerichte die Lücke vorrangig nach ihren eigenen Überzeugungen schließen. Eine solche Grenzziehung ist zwingend geboten, da eine solche Lückenfüllung mit dem Grundsatz der Privatautonomie unvereinbar wäre.[698] Denn im Gegensatz zur richterlichen Ermessensentscheidung bei der erläuternden Auslegung für den Fall der Mehrdeutigkeit einer Versorgungszusage bewegt sich der Auslegende im Rahmen der ergänzenden Auslegung sodann nicht mehr in einem von den Parteien abgesteckten Ermessenspielraum.

Zudem darf das Ergebnis der ergänzenden Auslegung nicht im Widerspruch zum tatsächlichen Willen der Vertragsparteien und zum übrigen Inhalt der Versorgungszusage stehen. Eine ergänzende Auslegung darf den im Vertrag zum Ausdruck gekommenen tatsächlichen Parteiwillen inhaltlich nicht abändern.[699] Kommt eine ergänzende Auslegung etwa zu dem Ergebnis, dass sich die Leistungsverpflichtungen

---

694 Vgl. E. II. 7. b).
695 S. dazu bereits E. I. 4. b) ee) (1).
696 S. dazu bereits E. I. 4. b) ee) (2).
697 BAG v. 23.4.2013 – 3 AZR 512/11, AP BetrAVG § 1 Auslegung Nr. 40.
698 BAG v. 20.5.2014 – 3 AZR 1072/12, AP BetrAVG § 1 Auslegung Nr. 50; v. 23.4.2013 – 3 AZR 512/11, AP BetrAVG § 1 Auslegung Nr. 40.
699 BGH v. 1.2.1984 – VIII ZR 54/83, NJW 1984, 1177, 1178; v. 22.5.1953 – II ZR 143/52, NJW 1953, 937.

des Arbeitgebers in erheblichem Umfang erhöhen würden, widerspricht das dem eindeutigen Willen des Arbeitgebers.[700] Ebenfalls widerspricht es in aller Regel dem arbeitgeberseitigen Willen, wenn man mittels Rückgriffs auf die ergänzende Auslegung zu einer beträchtlichen Erweiterung des Kreises von Versorgungsberechtigten kommt.

700 BGH v. 8.12.1988 – II ZR 153/88, NJW-RR 1989, 677, 678.

F. Die Auslegung von versorgungsrechtlichen Kollektivvereinbarungen

I. Betriebliche Altersversorgung auf kollektivrechtlicher Grundlage

Der Arbeitgeber kann eine betriebliche Altersversorgung gegenüber einer Vielzahl von Versorgungsberechtigten nicht nur auf individualrechtlicher Ebene einführen. Die Implementierung eines Versorgungssystems im Betrieb, Unternehmen oder im Konzern kann auch unmittelbar auf der Grundlage eines kollektivrechtlichen Rechtsbegründungsaktes erfolgen. Die kollektivrechtlichen Rechtsbegründungsakte zeichnen sich dadurch aus, dass zwar ebenfalls die Beziehung zwischen Arbeitgeber und Arbeitnehmer geregelt wird, die Arbeitnehmer ihre Interessen und Belange jedoch im „Kollektiv" durch ihre Interessenvertreter wahrnehmen lassen.[701]

Mögliche Optionen auf tariflicher Ebene sind etwa der eigenständige Abschluss eines Tarifvertrages oder die Unterwerfung unter ein bereits bestehendes tarifvertragliches Regelungswerk. Auf betrieblicher Ebene können Versorgungwerke auf der Grundlage einer Betriebsvereinbarung zugesagt werden. Diese Rechtsbegründungsakte stellen den Regelfall kollektivrechtlicher Versorgungswerke dar. Im Grundsatz kann eine betriebliche Altersversorgung aber auch durch Richtlinien nach dem SprAuG eingeführt werden.[702]

1. Vertragsparität im Kollektivarbeitsrecht

Die Besonderheiten des Kollektivarbeitsrechts bestehen folglich darin, dass der Abschluss der Kollektivvereinbarung nicht unmittelbar im Verhältnis zwischen Arbeitgeber und Arbeitnehmer erfolgt, sondern vielmehr zwischen dem Arbeitgeber(-verband) und den jeweiligen Interessenvertretern der Arbeitnehmer (vertreten durch Gewerkschaften und Betriebsräte) abgeschlossen wird. Bei diesen Akteuren ist im Grundsatz von einem Aushandeln der Versorgungsbedingungen auf Augenhöhe auszugehen. Es entspricht gerade dem Zweck des kollektiven Arbeitsrechts, dass durch die gemeinsame Interessenvertretung auf Arbeitnehmerseite

---

701 *Gamillscheg*, Kollektives Arbeitsrecht, Bd. I, S. 1; *ders.*, Kollektives Arbeitsrecht Bd. II, S. 26.

702 Versorgungsrechtliche Richtlinien nach dem SprAuG stellen jedoch den praktischen Ausnahmefall dar. Jedoch können die nachfolgend für die Betriebsvereinbarung herausgearbeiteten Auslegungsgrundsätze im Wesentlichen auch auf die Richtlinien nach dem SprAuG entsprechend angewendet werden soweit deren Inhalt unmittelbar und zwingend auf das Arbeitsverhältnis einwirkt.

die strukturelle Unterlegenheit des Arbeitnehmers gegenüber dem Arbeitgeber aufgewogen wird.[703]

Im Betriebsrentenrecht hat der Gesetzgeber das Verständnis von bestehender Parität in § 17 Abs. 3 BetrAVG einfachgesetzlich normiert. Tarifverträgen kommt für das Aushandeln von Versorgungsbedingungen eine materielle Richtigkeitsgewähr zu.[704] Aber auch Betriebsvereinbarungen tragen die Vermutung des vertragsparitätischen Aushandelns in sich, da das Mitwirken des Betriebsrats eine Gewähr dafür bietet, dass die Interessen der Arbeitnehmer berücksichtigt werden und diese nicht unangemessen belastet werden.[705] Da die kollektivrechtliche Versorgungsbedingungen als fair und ausgewogen gelten, finden die vorrangig arbeitnehmerschützenden Regelungen des AGB-Rechts auf Kollektivverträge ausdrücklich keine Anwendung.[706] Eine Folge der bestehenden Vertragsparität ist es zudem, dass eine kollektivrechtliche Norm, deren inhaltlicher Sinn sich unter Rückgriff auf die nachstehenden Auslegungskriterien unter keinem Gesichtspunkt feststellen lässt, der Gefahr der Unwirksamkeit ausgesetzt ist.[707]

2. Zum Auslegungsbedarf von Kollektivvereinbarungen

Nichtsdestotrotz sind auch diese kollektivrechtlichen Versorgungsbedingungen vor Mehrdeutigkeiten und Lücken nicht gefeilt, so dass dem methodischen Instrument der Auslegung auch in diesen Fällen ein besonderes Gewicht zukommt. Für das Tarifvertragsrecht wird die Aufgabe der Auslegung im Kollektivarbeitsrecht durch das BAG allgemein als „die fallübergreifende abstrakte Interpretation tariflicher Rechtsbegriffe“[708] umschrieben. Auch wenn das Spektrum der kollektivrechtlichen Auslegung noch umfangreicher ist, zeigt diese Aussage, dass es bei der Auslegung von Kollektivvereinbarungen grundsätzlich um ein abstraktes, d.h. vom Einzelfall abstrahierendes Verständnis der kollektivrechtlichen Bedingungen geht. Die tatrichterliche Auslegung des Kollektivwerkes ist im vollen Umfang der revisionsrechtlichen Überprüfung zugänglich.[709]

Neben den schon zuvor beschriebenen allgemeinen Ursachen für die Anfälligkeit von Versorgungszusagen[710] kommen im Anwendungsbereich des Kollektivarbeitsrechts noch weitere Unzulänglichkeiten dazu, die insbesondere dem spezifischen

---

703 *Gamillscheg*, Kollektives Arbeitsrecht, Bd. I, S. 3.

704 Däubler/*Reim/Nebe*, TVG, § 1 Rn. 150; *Gamillscheg*, Kollektives Arbeitsrecht, Bd. I S. 285.

705 BAG v. 12.12.2006 – 1 AZR 96/06, NZA 2006, 453, 455.

706 Vgl. dazu ausführlich E. II. 3. b).

707 BAG v. 26.4.1966 – 1 AZR 242/65, NJW 1966, 1836; Däubler/*Däubler*, TVG, Einl. Rn. 521; *Löwisch/Rieble*, TVG, § 1 Rn. 1465; *Gamillscheg*, Kollektives Arbeitsrecht, Bd. I, S. 643.

708 BAG v. 28.6.1983 – 3 AZN 82/83–, juris Rn. 5.

709 BAG v. 22.10.2002 – 3 AZR 664/01, AP TVG § 1 Auslegung Nr. 185.

710 Vgl. dazu D. I.

Zustandekommen derartiger kollektivrechtlicher Vereinbarungen geschuldet sind. Denn nicht selten zeichnen sich derartige Regelungswerke dadurch aus, dass sie unter politischem Druck und großem zeitlichen Einigungszwang geschlossen werden. Diese Komponenten fördern mit fortschreitender Zeit die Kompromissbereitschaft der Parteien und führen dazu, dass das Bedürfnis nach Wortlaut- und Rechtsnormklarheit zuweilen nachrangig wird.[711] Aufgrund der unterschiedlichen Interessenlagen kann es von den Parteien eines Kollektivwerkes aber auch Gesichtswahrung bewusst in Kauf genommen werden, dass ein Sachverhalt nicht eindeutig und vollständig normiert wird.[712]

Zudem darf nicht verkannt werden, dass kollektivrechtliche Regelungen im Gegensatz etwa zu staatlichen Regelungen, die ebenfalls normativ wirken, zumeist von vornherein nicht beanspruchen, einen Sachverhalt abschließend zu regeln, da der kollektivrechtliche Inhalt – mit gewissen förmlichen Einschränkungen – zur jederzeitigen Disposition der Normsetzer steht.[713] Aber auch derartige nachträgliche Änderungen oder Anpassungen von Regelungen können zu Streitigkeiten über den Inhalt einer Versorgungszusage führen, wenn diese nicht umfassend mit den bereits bestehenden Kollektivnormen abgestimmt werden.[714]

II. Die Kontroverse um die geltenden Auslegungsgrundsätze

Für die Auslegung eines kollektivrechtlichen Versorgungssystems ist zunächst maßgeblich, welche Grundsätze bei der Auslegung der Kollektivvereinbarung zur Anwendung kommen. Dabei ist zunächst festzustellen, dass weder das Tarifvertragsrecht noch das Betriebsverfassungsrecht eigene Auslegungsgrundsätze aufstellt.[715] Die geltenden Auslegungsgrundsätze gehören im Kollektivarbeitsrecht vielmehr zu den umstrittensten methodischen Problemstellungen.

1. Die Qualifizierung des Auslegungsgegenstandes

Für das Verständnis dieser – im Wesentlichen von betriebsrentenrechtlichen Faktoren unabhängigen – Problematik rückt zunächst der rechtliche Charakter der Kollektivvereinbarungen in den Fokus, da die Anwendung bestimmter methodischer Auslegungsgrundsätze die Einordnung des Auslegungsgegenstandes in

---

711 Däubler/*Däubler*, TVG, Einl. Rn. 489; Thüsing/Braun/ *Wißmann*, Tarifrecht, Kap. 4 Rn. 152.

712 Kempen/Zachert/*Zachert*, TVG, § 1 Rn. 358.

713 BAG v. 13.6.1973 – 4 AZR 445/72, AP TVG § 1 Auslegung Nr. 123.

714 Kempen/Zachert/*Zachert*, TVG, § 1 Rn. 358; *Gamillscheg*, Kollektives Arbeitsrecht, Bd. I, S. 643.

715 *Gamillscheg*, Kollektives Arbeitsrecht, Bd. II, S. 166.

die allgemeinen Kategorien des Rechts voraussetzt. Die Inhaltsermittlung einer Rechtsquelle kann denklogisch nicht ohne ihre rechtliche Qualifizierung erfolgen.[716]

Die Wirkungsweise von Tarifverträgen und Betriebsvereinbarungen ist einfachgesetzlich normiert. Für den Fall bestehender Tarifbindung wirken die tariflichen Versorgungsbedingungen unmittelbar und zwingend, § 4 Abs. 1 TVG. Gleiches gilt nach § 77 Abs. 4 Satz 1 BetrVG für Betriebsvereinbarungen. Tarifverträge und Betriebsvereinbarungen stellen dabei sog. Normenverträge dar, d.h. sie werden schuldrechtlich zwischen dem Arbeitgeber(-verband) und dem Interessenvertreter der Arbeitnehmer begründet, entfalten aber im Verhältnis zwischen Arbeitgeber und Versorgungsberechtigtem normative Wirkung. Sie weisen damit einen „hybriden Charakter“[717] auf. In den allgemeinen Kategorien des Rechts handelt es sich insoweit um eine „ungewöhnliche Rechtsquelle“[718]. Für ihre Wirkungsweise ist dieser Unterschied zwischen Entstehungsweise und Wirkungsweise charakteristisch.[719] Aus der Sicht des Versorgungsberechtigten handelt es sich folglich um Normsetzung durch Vertrag.[720] Ob die Vertragspartner im jeweiligen Einzelfall mit ihrer schuldrechtlichen Vereinbarung auch von ihrer Normsetzungsbefugnis Gebrauch gemacht haben, ist im Zweifelsfall durch Auslegung zu ermitteln. Die Auslegung des schuldrechtlichen Teils hinsichtlich der Einordnung als Vertrag oder schuldrechtliches Normenkonstrukt richtet sich nach den allgemeinen Regeln über die Vertragsauslegung (§§ 133, 157 BGB).[721] Im Interesse der Rechtssicherheit und Rechtsklarheit muss der Wille der Vertragspartner, Rechte und Pflichten für die der Kollektivvereinbarung unterworfenen Arbeitnehmer normativ zu begründen, hinreichend deutlich und überprüfbar hervortreten.[722]

Zu konstatieren bleibt, dass aus der Sicht des Versorgungsberechtigten zwischen dem schuldrechtlichen und dem normativen Teil der Kollektivvereinbarung zu unterscheiden ist.[723] Für den Versorgungsberechtigten ist der schuldrechtliche Teil der Kollektivvereinbarung grundsätzlich irrelevant.[724] Die dort begründeten Rechte und Pflichte gelten alleine zwischen den Vertragspartnern.[725] Zum wesentlichen Inhalt des schuldrechtlichen Teils gehören insbesondere die Durchführungs- und

716 BAG v. 17.4.2012 – 3 AZR 400/10, BB 2013, 57.

717 *Waltermann*, Arbeitsrecht, § 25 Rn. 550; Jacobs/Krause/Oetker/Schubert/*Krause*, Tarifvertragsrecht, § 4 Rn. 164.

718 Vgl. für Tarifverträge Henssler/Moll/Bepler/*Bepler*, Der Tarifvertrag, Teil 3 Rn. 128.

719 Wiedemann/*Wank*, TVG, § 1 Rn. 980.

720 Vgl. für Tarifverträge Thüsing/Braun/*Thüsing*, Tarifrecht, Kap. 1 Rn. 58 m.w.N.

721 BAG v. 14.4.2004 – 4 AZR 232/03, NZA 2005, 178; *Gamillscheg*, Kollektives Arbeitsrecht, Bd. II, S. 773.

722 Vgl. für Tarifverträge BAG v. 26.1.1983 – 4 AZR 224/80, AP Nr. 20 zu § 1 TVG.

723 Wiedemann/*Wank*, TVG, § 1 Rn. 983; *ders.*, RdA 1998, 71.

724 Vgl. für Betriebsvereinbarungen etwa Oberthür/Seitz/*Oberthür*, Betriebsvereinbarungen, Kap. A VI Rn. 12.

725 Vgl. für Tarifverträge Wiedemann/*Wank*, TVG, § 1 Rn. 984; Moll/*Hamacher*, MüAH Arbeitsrecht, § 69 Rn. 49.

die Friedenspflicht sowie die Vertragsstrafe bei Verletzung einer der vorgenannten Pflichten.[726] Für den jeweiligen Versorgungsberechtigten sind allein die normativ wirkenden Bedingungen der Kollektivvereinbarung relevant, da nur diese unmittelbar und zwingend auf die Rechtsbeziehungen zu seinem Arbeitgeber einwirken. Es handelt sich gegenüber den Normadressaten um echte Normsetzung. Diese Normen haben wie ein Gesetz den Anspruch, eine unbestimmte Vielzahl künftiger Fälle zu regeln.

2. Auslegungsansätze

Vor dem Hintergrund dieses eindeutigen Rechtscharakters dürfte sich die Frage nach den anzuwenden Auslegungsgrundsätzen grundsätzlich nicht stellen. Nichtsdestotrotz sind die anzuwendenden Auslegungsgrundsätze im Kollektivarbeitsrecht nicht unbestritten.

a) Vertragsrechtlicher Auslegungsansatz

So wird teilweise vertreten, dass nicht nur für den schuldrechtlichen Teil, sondern auch für die Auslegung des normativen Teils von Kollektivvereinbarungen ein rein vertragsrechtlicher Auslegungsansatz zu wählen sei.[727] Diesem Ansatz liegt das Verständnis zu Grunde, dass die vertragsrechtliche Begründung auch auf den normativen Teil der Versorgungszusage durchschlägt. Zudem wird aus Gründen der Praktikabilität auf die Grundsätze zur Vertragsauslegung verwiesen.[728] Von einer Anwendung dieser Grundsätze über die Vertragsauslegung gem. §§ 133, 157 BGB im Anwendungsbereich von Tarifverträgen ist etwa auch noch das RAG ausgegangen.[729]

b) Gesetzesgleicher Auslegungsansatz des BAG

Der Betriebsrentensenat stellt sich in seinen stets repetierten „Urteilsbausteinen“[730] auf den Standpunkt, dass der normative Teil einer Kollektivvereinbarung nach den Grundsätzen auszulegen ist, die für Gesetze gelten. So heißt es bei der Auslegung von versorgungsrechtlichen Tarifverträgen einleitend: „Die Auslegung des normativen Teils eines Tarifvertrages folgt den für die Auslegung von Gesetzen geltenden

726 *Gamillscheg*, Kollektives Arbeitsrecht, Bd. I, S. 625. Bei der Betriebsvereinbarung ergeben sich die Friedenspflicht und die Durchführungspflicht nach § 74 Abs. 2 BetrVG und § 77 Abs. 1 BetrVG grds. schon aus dem Gesetz, vgl. dazu Richardi/*Richardi*, BetrVG, § 77 Rn. 190.

727 Däubler/*Däubler*, TVG, Einl. 499.

728 Däubler/*Däubler*, TVG, Einl. 503; s.a. unter F. II. 4. e).

729 RAG v. 29.9.1928 – 88/28, RAGE 2, 235, 239.

730 Henssler/Moll/Bepler/*Bepler*, Der Tarifvertrag, Kap. E Rn. 129.

Regeln."[731] Diesem Verständnis folgend legt die Rechtsprechung auch Versorgungszusagen, die mittels Betriebsvereinbarung begründet worden sind, fortlaufend nach „den für Gesetze und für Tarifverträge geltenden Grundsätzen"[732] aus. Ebenso folgt die Auslegung einer Dienstvereinbarung über eine betriebliche Altersversorgung als dem Gegenstück zur Betriebsvereinbarung im öffentlichen Dienst den Grundsätzen über die Gesetzesauslegung[733] und auch Versorgungszusagen für leitende Angestellte, die vom Arbeitgeber mit dem Sprecherausschuss ausgehandelt werden, müssen nach dem Verständnis der Rechtsprechung nach den Grundsätzen der Gesetzesauslegung interpretiert werden.[734] Eine eingehende Begründung für diesen Ansatz gibt es nicht. Die Literatur hat sich diesem Ansatz vielfach kommentarlos angeschlossen.[735]

c) Stellungnahme

Ein rein vertragsrechtlicher Auslegungsansatz ist hinsichtlich der Auslegung des normativen Teils der Kollektivvereinbarung abzulehnen. Die §§ 133, 157 BGB und auch die AGB-rechtlichen Vorschriften sind schon aufgrund ihrer eindeutigen amtlichen Überschriften (Auslegung einer Willenserklärung bzw. Auslegung von Verträgen) und der ausdrücklichen gesetzlich vorgeschriebenen Unanwendbarkeit (vgl. § 310 Abs. 4 S. 1 BGB: Dieser Abschnitt findet keine Anwendung [...] auf Tarifverträge, Betriebs- und Dienstvereinbarungen) auf normativ geltende Zusagen der betrieblichen Altersversorgung nicht anwendbar. Entscheidend für die Auslegung ist nicht der Begründungsakt, sondern der Wirkungsakt der kollektivrechtlichen Zusagen. Die Wirkungsweise des normativen Teils der Kollektivvereinbarungen gegenüber den Normunterworfenen ist jedoch nicht vertrags-, sondern gesetzesgleich. Die Versorgungsberechtigten haben – die Geltung des Anwendungsbereichs der Kollektivvereinbarung vorausgesetzt – keinen Einfluss darauf, ob und in welchem Umfang die Versorgungsbedingungen für sie gelten. Auch stehen ihnen nur

---

731 Vgl. etwa BAG v. 14.7.2015 – 3 AZR 903/13, NZA 2015, 1152; v. 10.2.2015 – 3 AZR 904/13; AP BetrAVG § 1 Auslegung Nr. 55; v. 18.2.2014 – 3 AZR 833/12, NZA 2014, 1217 ff.

732 Vgl. etwa BAG v. 21.1.2014 – 3 AZR 362/11–, juris Rn. 30.

733 BAG v. 15.4.2014 – 3 AZR 83/12, NZA-RR 2014, 373, 374 „Dienstvereinbarungen sind – ebenso wie Betriebsvereinbarungen wegen ihres normativen Charakters wie Tarifverträge und Gesetze auszulegen."

734 Einleitend zur methodischen Auslegung von versorgungsrechtlichen Richtlinien (BAG v. 17.1.2012 – 3 AZR 135/10–, juris Rn. 24) heißt es daher stets: „Die Auslegung einer kraft einer Vereinbarung nach § 28 Abs. 2 Satz 1 SprAuG unmittelbar und zwingend wirkenden Richtlinie erfolgt nach denselben Grundsätzen wie die Auslegung von Betriebsvereinbarungen [...]. Diese wiederum sind wegen ihres normativen Charakters nach den für Tarifverträge und Gesetze geltenden Regeln auszulegen."

735 Hümmerich/Boecken/Düwell/*Friedrich*, Arbeitsrecht, § 1 TVG Rn. 102; Richardi/*Richardi*, BetrAVG, § 77 Rn. 115; Schaub/*Koch*, ArbR-Hdb, § 231 Rn. 12.

begrenzte Möglichkeiten zur Verfügung, beliebig einseitig von den kollektivrechtlichen Vereinbarungen abzuweichen. Tarifnormen stehen insoweit nicht zur Disposition der Arbeitsvertragsparteien.[736] Einschränkungen von dieser zwingenden Wirkung sieht lediglich § 4 Abs. 3 TVG vor.

3. Das Ziel der klassischen Gesetzesauslegung

Wenn man sich auf den Standpunkt stellt, dass Kollektivvereinbarungen nach den für Gesetze geltenden Grundsätzen auszulegen sind, dann muss feststehen, welchen einfachgesetzlichen, verfassungsrechtlichen oder methodischen Vorgaben die Auslegung von Gesetzen folgt. Wie bereits angedeutet[737], ist der methodische Disput um die Auslegung von Gesetzen in seiner Reinform vorrangig in der zweiten Hälfte des 19. Jahrhunderts geführt worden. Er erlebte in der vergangenen Dekade jedoch eine Renaissance[738] und auch das Bundesverfassungsgericht hat sich nach einer längeren Abstinenz in der jüngeren Vergangenheit zumindest indirekt wieder mit dem Ziel der Gesetzesauslegung beschäftigt. Die unterschiedlichen Auffassungen sollen nachfolgend insoweit dargestellt werden, wie ihnen für die Frage nach den Zielen der Auslegung von versorgungsrechtlichen Kollektivvereinbarungen wichtige Aspekte zu entnehmen sind.

a) Klassisch subjektive Auslegungstheorie

Nach den Vertretern der sog. rein subjektiven Auslegungstheorie ist das Ziel der Gesetzesauslegung „die Feststellung des Willens und der Absichten des historischen Gesetzgebers"[739]. Als ursprüngliche Vertreter sind hier insbesondere *von Waechter*, *Windscheid* und *Bierling* zu nennen. Heute wird die subjektive Auslegungstheorie bspw. im Privatrecht etwa von *Säcker*[740] und im Verfassungsrecht etwa von *Hillgruber*[741] vertreten. Nach diesem Verständnis zielt die Gesetzesauslegung allein darauf ab, zu ermitteln, was der Gesetzgeber bei der Schaffung des Gesetzes regeln wollte. Gesetzesauslegung ist demnach historische Tatsachenforschung.[742] Dies hat zur Folge, dass der Rechtsanwender bei der Auslegung an die Vorgaben und Leitideen des historischen Normgebers gebunden ist.[743] Dabei rückt nicht nur das Verständnis des Gesetzgebers von bestimmten Begrifflichkeiten in den Vordergrund, sondern

736 ErfK/*Franzen*, TVG, § 4 Rn. 1.
737 Dazu bereits D. V. 1.
738 Vgl. zur Diskussion etwa *Hirsch*, ZRP 2009, 253 ff.; *ders.* JZ 2007, 853 ff.; *Rüthers*, NJW 2011, 434 ff.; *Wenzel*, NJW 2008, 345.
739 Staudinger/*Honsell*, BGB, Einl zum BGB Rn. 133.
740 MüKoBGB/*Säcker*, Einl. Rn. 124.
741 Maunz/Dürig/*Hillgruber*, GG, Art. 97 Rn. 57.
742 *Melin*, Gesetzesauslegung, S. 234.
743 Staudinger/*Honsell*, BGB, Einl. zum BGB Rn. 133.

insbesondere der von diesem beabsichtigte Gesetzeszweck.[744] Vor dem Hintergrund dieser Zielsetzung rücken bei der Auslegung insbesondere die historischen Auslegungskriterien in den Fokus der Interpretation, da für die Auslegung nach diesem Ansatz der Zeitpunkt der Gesetzesverkündung entscheidend ist.

Hinter dieser Auffassung verbirgt sich die Eingabe, dass ein Gesetz, „anders als ein Naturgesetz, von Menschen für Menschen gemacht, Ausdruck eines auf die Schaffung einer nach Möglichkeit gerechten und den Bedürfnissen der Gesellschaft entsprechenden Ordnung gerichteten Willen des Gesetzgebers ist."[745] Die Vertreter dieser Theorie verstehen das Gesetz als Manifestation eines rechtsgestaltenden Willens des Gesetzgebers. Als Folge eines solchen Verständnisses ist der Auslegende bei der Gesetzesauslegung allein dazu verpflichtet, den historischen, vom Gesetzgeber gewollten Zweck der Norm zu erforschen.

b) Klassisch objektive Auslegungstheorie

Im Gegensatz zur subjektiven Auslegungstheorie propagiert die sog. objektive Auslegungstheorie als Ziel der Gesetzesauslegung die Ermittlung eines im Wortlaut des Gesetzes niedergelegten objektivierten Sinns.[746] Damit wird nicht der Wille des Normgebers, sondern der im Regelungswerk zum Ausdruck kommende Regelungssinn des Gesetzes in den Vordergrund gestellt. Diesem Verständnis liegt die Vorstellung zugrunde, dass sich das Gesetz mit der Verkündung vom Gesetzgeber abkapselt und sodann einen eigenständigen, vom Verständnis des Gesetzgebers losgelösten Regelungswillen verbreitet. Das Gesetz selbst wird dabei selbst als „vernünftige, gerechte und zweckmäßige Ordnung"[747] verstanden, dem der Auslegende zum Durchbruch verhelfen muss. Die Vertreter dieser Auffassung waren bzw. sind insbesondere *Kohler*, *Binding* und *Wach* sowie *Larenz* und *Canaris*.[748]

Diesem Ansatz liegt die Annahme zu Grunde, dass jedes Gesetz eine eigenständige Rechtswirkung entfaltet, die von der des Gesetzgebers beabsichtigten Regelungswirkung losgelöst ist, da dieser die sich wandelnden Lebensverhältnisse nicht umfassend vorhersehen konnte.[749] Die objektive Auslegungstheorie legt die Ermittlung des gesetzlichen Sinns als Ziel der Auslegung folglich in die Hände des Auslegenden. Dabei ist der Wille des historischen Gesetzgebers lediglich ein Auslegungskriterium, um den möglichen Sinn des Gesetzes zu erfassen. Entscheidender für die Auslegung

744 *Melin*, Gesetzesauslegung, S. 235.
745 *Larenz*, Methodenlehre, S. 316.
746 *Larenz*, Methodenlehre, S. 316.
747 Staudinger/*Honsell*, BGB, Einl. zum BGB Rn. 134.
748 *Larenz/Canaris*, Methodenlehre der Rechtswissenschaften, S. 153 ff.; *Larenz*, Methodenlehre, S. 333.
749 *Larenz*, Methodenlehre, S. 317.

sind der Wortlaut, die Systematik und der objektive Zweck des Gesetzes.[750] Zugleich ist für die Auslegung der jeweilige Anwendungszeitpunkt des Gesetzes maßgeblich und nicht der Zeitpunkt der Verkündung bzw. das Inkrafttreten des Gesetzes.

c) *Auffassung von Rüthers*

Aus der Lehre hat sich insbesondere *Rüthers* in der jüngeren Vergangenheit ausführlich mit der Frage nach dem Ziel der Gesetzesauslegung beschäftigt. Er hat sich in seinen Untersuchungen nicht auf den Theorienstreit hinsichtlich des Ziels der Gesetzesauslegung beschränkt, sondern die Frage nach dem Ziel der Gesetzesauslegung insbesondere durch Abgrenzung zu anderen Instrumenten der Rechtsfindung beantwortet.

Dabei proklamiert er insbesondere vor dem Hintergrund der richterlichen Pflicht zur Methodenehrlichkeit und den verfassungsrechtlichen Unterwerfungen (Gesetzesbindung des Richters gem. Art. 97 Abs. 1 GG und Art. 20 Abs. 3 GG sowie dem zwingenden Grundsatz der Gewaltenteilung gem. Art. 20 Abs. 2 GG) die Notwendigkeit der Abgrenzung von erläuternder Auslegung und richterlicher Rechtsfortbildung im Rahmen der Anwendung von Gesetzen.[751] Nach seiner Auffassung verwässert ein verobjektivierter Ansatz bei der Auslegung die Grenzen dieser Instrumente und weckt die Versuchung, „vorhandene gesetzliche Wertungen ohne Begründungszwang unbeachtet zu lassen und durch richterliche Eigenwertungen zu verdrängen."[752] Nur eine klare Trennung beider Rechtsinstitute schütze den Vorrang der Legislative bei der Gesetzgebung gegen verfassungswidrige „Usurpationen der Justiz"[753]. Dies könne nur verhindert werden, wenn im Fokus der Gesetzesauslegung vorrangig der historische Wille des Gesetzgebers stehe.[754] Nach seinem Verständnis ist ein subjektiver Auslegungsansatz folglich schon dadurch legitimiert, dass er die Gefahren eines übereifrigen Richterrechts bändigt.

d) *Verständnis des BVerfG*

Das BVerfG hatte sich in seiner Entscheidung vom 17.5.1960 ausdrücklich mit dem Theorienstreit auseinandergesetzt und sich wie folgt positioniert:

„Einige Autoren meinen, das Gericht messe dem Willen der an der Gesetzgebung beteiligten Organe auch dann Bedeutung zu, wenn dieser Wille im Gesetz selbst nicht zum Ausdruck gekommen sei. Eine solche Auffassung wird jedoch in der Entscheidung[755] vom 17.1.1957 nicht vertreten. Sie widerspräche auch den vom BVerfG anerkannten Grundsätzen über Ziel und Methoden der Gesetzesauslegung.

750 *Melin*, Gesetzesauslegung, S. 236.
751 *Rüthers*, JuS 2011, 865, 867.
752 *Rüthers/Fischer/Birk*, Rechtstheorie, § 22 Rn. 820.
753 *Rüthers*, JuS 2011, 865, 869.
754 *Rüthers/Fischer/Birk*, Rechtstheorie, § 22 Rn. 717 ff.
755 BVerfG v. 17.1.1957 – 1 BvL 4/54, NJW 1957, 417.

Während die subjektive Theorie auf den historischen Willen des „Gesetzgebers" = Gesetzesverfassers, auf dessen Motive in ihrem geschichtlichen Zusammenhang abstellt, ist nach der objektiven Theorie, die in Rechtsprechung und Lehre immer stärkere Anerkennung gefunden hat, Gegenstand der Auslegung das Gesetz selbst, der im Gesetz objektivierte Wille des Gesetzgebers. Der Staat spricht nicht in den persönlichen Äußerungen der an der Entstehung des Gesetzes Beteiligten, sondern nur im Gesetz selbst. Der Wille des Gesetzgebers fällt zusammen mit dem Willen des Gesetzes. [...] Der Wille des Gesetzgebers kann bei der Auslegung des Gesetzes nur insoweit berücksichtigt werden, als er in dem Gesetz selbst einen hinreichend bestimmten Ausdruck gefunden hat [...]. Das BVerfG hat bereits in seiner Entscheidung[756] vom 21.5.1952 [...] ausgesprochen, dass für die Auslegung einer Gesetzesvorschrift der in dieser zum Ausdruck kommende objektivierte Wille des Gesetzgebers maßgebend ist, so wie er sich aus dem Wortlaut der Gesetzesbestimmung und dem Sinnzusammenhang ergibt, und dass der Entstehungsgeschichte einer Vorschrift für deren Auslegung nur insofern Bedeutung zukommt, als sie die Richtigkeit einer nach den angegebenen Grundsätzen ermittelten Auslegung bestätigt oder Zweifel behebt, die auf dem angegebenen Weg allein nicht ausgeräumt werden können [...]."[757]

Dieses Verständnis vom verobjektivierten Willen des Gesetzgebers als Ziel der Auslegung hatte sich beim BVerfG über Jahre hinweg etabliert. Damit einhergehende verfassungsrechtliche Bedenken hinsichtlich der Gesetzesbindung der Gerichte und dem Grundsatz der Gewaltenteilung hat das BVerfG nicht geteilt.

Trotz dieses verobjektivierten Auslegungsansatzes hat sich das BVerfG in zwei jüngeren Entscheidungen kritisch mit diesem eigenen Auslegungsgrundsatz auseinandergesetzt. Nachdem sich 2009[758] zunächst nur einige Richter des Zweiten Senats in einem abweichenden Votum zur ausufernden verobjektivierten Auslegungspraxis durch die Gerichte geäußert hatte, erteilte der Senat im Jahr 2011 der richterlichen Rechtsfortbildung unter dem Deckmantel der verobjektivierten Auslegung eine ausdrückliche Absage. So heißt es in dem Beschluss:

„Art. 20 Abs. 2 GG verleiht dem Grundsatz der Gewaltenteilung Ausdruck. Auch wenn dieses Prinzip im Grundgesetz nicht im Sinne einer strikten Trennung der Funktionen und einer Monopolisierung jeder einzelnen bei einem bestimmten Organ ausgestaltet worden ist [...], schließt es doch aus, dass die Gerichte Befugnisse beanspruchen, die von der Verfassung dem Gesetzgeber übertragen worden sind, indem sie sich aus der Rolle des Normanwenders in die einer normsetzenden Instanz begeben und damit der Bindung an Recht und Gesetz entziehen [...]. Richterliche Rechtsfortbildung darf nicht dazu führen, dass der Richter seine eigene materielle Gerechtigkeitsvorstellung an die Stelle derjenigen des Gesetzgebers setzt [...]. Diese Verfassungsgrundsätze verbieten es dem Richter allerdings nicht, das Recht

756 BVerfG v. 21.5.1952 – 2 BvH 2/52, BVerfGE 1, 299.
757 BVerfG v. 17.5.1960 – 2 BvL 11/59 u. 11/60, NJW 1960, 1563, 1564.
758 BVerfG v. 15.1.2009 – 2 BvR 2044/07, NJW 2009, 1469, 1476.

fortzuentwickeln. Angesichts des beschleunigten Wandels der gesellschaftlichen Verhältnisse und der begrenzten Reaktionsmöglichkeiten des Gesetzgebers sowie der offenen Formulierung zahlreicher Normen gehört die Anpassung des geltenden Rechts an veränderte Verhältnisse zu den Aufgaben der Dritten Gewalt [...]. Der Aufgabe und Befugnis zur schöpferischen Rechtsfindung und Rechtsfortbildung sind mit Rücksicht auf den aus Gründen der Rechtsstaatlichkeit unverzichtbaren Grundsatz der Gesetzesbindung der Rechtsprechung jedoch Grenzen gesetzt [...]. Der Richter darf sich nicht dem vom Gesetzgeber festgelegten Sinn und Zweck des Gesetzes entziehen. Er muss die gesetzgeberische Grundentscheidung respektieren und den Willen des Gesetzgebers unter gewandelten Bedingungen möglichst zuverlässig zur Geltung bringen."[759]

In seiner Entscheidung[760] vom 17.9.2013 hat das BVerfG die Notwendigkeit einer sauberen Trennung ausdrücklich bestätigt und damit der verobjektivierten Auslegung Grenzen gesetzt, die dort überschritten werden, wo sich der Auslegende im Rahmen der Auslegung vollständig vom Regelungswillen des Gesetzgebers löst und diesen durch eigene Wertvorstellungen ersetzt.

4. Der Auslegungsansatz für den normativen Teil einer kollektivrechtlichen Vereinbarung

In der methodischen Kontroverse um das Auslegungsziel bei Gesetzen geht es folglich vorrangig um die Frage, welche Bedeutung dem Willen des Gesetzgebers bei der ermittelnden Rechtsanwendung zuzusprechen ist. Ist der Wille des Gesetzgebers Ziel der Auslegung wie es die subjektive Theorie vertritt, oder ist der Wille des Gesetzgebers nur ein Auslegungskriterium, auf das im Rahmen der Erkundung des dem Gesetz immanenten Sinns zurückzugreifen ist? Oder muss der Wille des Gesetzgebers aufgrund von Vertrauensschutzgesichtspunkten auf der Ebene der Auslegung völlig außer Betracht bleiben? Auch in der Diskussion um die Auslegung von Tarifverträgen und Betriebsvereinbarungen ist die Bedeutung des Willens der Tarifvertrags- bzw. Betriebsparteien der ausschlaggebende Streitpunkt.

Inwieweit im Einzelnen aus den allgemeinen Kontroversen über das Ziel der Gesetzesauslegung Folgerungen für die Auslegung kollektivrechtlicher Rechtsnormen über betriebliche Altersversorgung gezogen werden können, soll nachfolgend erörtert werden. Dabei darf nicht verkannt werden, dass eine Übertragung „eins zu eins" aufgrund der Unterschiede von formellem Gesetz und kollektivrechtlicher Norm nicht ohne Erläuterungen erfolgen kann.

759 BVerfG v. 25.1.2011 – 1 BvR 918/10, NJW 2011, 836, 837.
760 BVerfG v. 17.9.2013 – 1 BvR 1928/12, NJW-RR 2014, 105, 106.

a) *Verfassungsrechtliche Implikationen der Diskussion*

Wie gesehen, kreist die geführte Kontroverse um die geltenden Auslegungsgrundsätze im Anwendungsbereich der formellen Gesetze insbesondere um die konkrete Reichweite von Art. 20 Abs. 2 GG und die verfassungsrechtliche Frage nach der Bindung des Richters an den gesetzgeberischen Willen.[761] Insbesondere die Vertreter eines subjektiven Ansatzes greifen diese verfassungsrechtlichen Grundsätze für sich auf.[762] Auch das Bundesverfassungsgericht hat in seinen zuvor zitierten Entscheidungen[763] ausdrücklich auf diese verfassungsrechtliche Grenze der Gesetzesauslegung hingewiesen.

Dem ist zuzusprechen, dass der Grundsatz der Gewaltenteilung und die Bindung des Richters an die Gesetze keine staatsrechtlichen Leerformeln sind, sondern verfassungsrechtliche Grundsätze, die für den Rechtsstaat und seine Organe unerlässlich sind. Es ist der Rechtsprechung immanent, dass der Recht sprechende Richter bei der Ausübung seiner Kompetenz dem Gesetz und dem Recht verpflichtet ist. Dies bestimmt neben Art. 20 Abs. 3 Halbsatz 2 GG ausdrücklich Art. 97 Abs. 1 GG. Berücksichtigt der Richter die gesetzgeberische Wertentscheidung nicht oder nicht hinreichend, handelt er contra legem und verhält sich somit unter Umständen verfassungswidrig.[764] Das verfassungsrechtliche Ordnungsprinzip der Gewaltenteilung verlangt, dass die einzelnen Staatsfunktionen (Legislative, Exekutive und Judikative) von institutionell voneinander getrennten Organen übernommen werden. Auch wenn das Grundgesetz keine absolute Trennung der einzelnen Gewalten vorschreibt[765], so müssen die Kernkompetenzen der einzelnen Organe gewahrt bleiben. Wenn man diese verfassungsrechtlichen Implikationen bei der methodischen Rechtsanwendung ernst nimmt, darf der wirkliche Wille des Gesetzgebers bei der verfassungsrechtlich gebotenen Gesetzesauslegung nicht bloße Makulatur sein.

Diese Implikationen gelten mit Einschränkungen auch für die im Rahmen des Kollektivarbeitsrechts geschaffenen Normen. Zwar finden die verfassungsrechtlichen Grundsätze der Gewaltenteilung und der richterlichen Gesetzesbindung keine unmittelbare Anwendung. Es ist jedoch zu berücksichtigen, dass aufgrund der überlegenden Sachkunde im Bereich der Arbeits- und Wirtschaftsbedingungen sowohl der Verfassungsgeber in Art. 9 Abs. 3 GG als auch der Gesetzgeber in § 4 Abs. 1 TVG und § 77 Abs. 1 Satz 1 BetrVG die Normsetzungskompetenzen der

761 *Höpfner/Temming*, NZA-Beil. 3/2011, 97, 98.

762 Vgl. etwa MüKoBGB/*Säcker*, Einl. 103; *Hassold*, ZZP, 94, 192, 205 f. (1981).

763 BVerfG v. 17.9.2013 – 1 BvR 1928/12, NJW-RR 2014, 105, 106; v. 25.1.2011 – 1 BvR 918/10, NJW 2011, 836, 837.

764 BVerfG v. 12.11.1997 – 1 BvR 479/92, NJW 1998, 519, 520.

765 *Voßkuhle/Kaufhold*, JuS 2012, 314.

Tarifpartner[766] und Betriebsparteien[767] ausdrücklich anerkannt haben. Die normsetzende Kernkompetenz liegt in diesen Bereichen bei den sachnäheren Tarif- bzw. Betriebspartnern. Insoweit kann aus den verfassungsrechtlichen Grundsätzen der Trennung von Legislative und Judikative mittelbar eine Bindung des Richters an die

---

766 Trotz der grds. Anerkennung der Normsetzungskompetenz der Tarifpartner wird im Tarifrecht vehement um die Legitimation zur Normsetzung gestritten. Auch das BVerfG und das BAG haben sich mit dieser Streitfrage befasst. Insbesondere in der älteren Rechtsprechung (BAG v. 15.1.1955 – 1 AZR 305/54, NJW 1955, 684, 687) ist die sog. Delegationstheorie vertreten worden, nach der die hoheitliche Normsetzungsbefugnis den jeweiligen Verbänden und Gewerkschaften in einem Verleihungsakt übertragen worden ist. Nach diesem Verständnis hat der Staat seine verfassungsrechtliche Kompetenz zur Normsetzung durch das TVG auf die Koalitionen delegiert, die diese hoheitliche Aufgabe sodann im eigenen Namen umsetzen. Die heute in der Rechtsprechung vorherrschende sog. Autonomietheorie geht demgegenüber von einer originären und selbstständigen Normsetzungsbefugnis der Koalitionen aus, die losgelöst von der staatlichen Gesetzgebungskompetenz ist (BAG v. 11.3.1998 – 7 AZR 700/96, NZA 1998, 716, 719; v. 11.3.1998 7 AZR 101/97, NZA 1998, 1180, 1181; v. 27.11.2002 – 7 AZR 655/01, AP BGB § 620 Altersgrenze Nr. 22). Die Befugnis, eine Rechtsquelle mit normativem Charakter begründen zu können, beruht nach diesem Verständnis auf der Verbandsmitgliedschaft des jeweiligen Mitglieds als Akt der freiwilligen Unterwerfung unter eine Normsetzungsbefugnis der Koalition. Das BVerfG (v. 27.2.1973 – 2 BvL 27/69, NJW 1973, 1320, 1322) und beträchtliche Stimmen aus der Literatur (insbesondere *Waltermann* RdA 2014, 86, 88) vertreten zudem die sog. Anerkennungstheorie, die die Befugnis zur Rechtsetzung der Tarifparteien mittels eines staatlichen Anerkennungsaktes legitimiert und insoweit beide Theorien – mit gewissen Abweichungen – verbindet. Die Anerkennungstheorien können den Spagat zwischen der grundrechtlich geschützten Tarifautonomie und dem staatlichen Rechtsanerkennungsmonopol überzeugend meistern. Vor dem Hintergrund des grundrechtlich gewährleisteten Schutzes der Tarifautonomie ist die Zuständigkeit zur staatlichen Rechtsetzung im Geltungsbereich der Koalitionen von Verfassung wegen zurückgenommen. Die Koalitionen haben in ihrem Geltungsbereich eine verfassungsrechtlich legitimierte Normsetzungsprärogative und werden in ihrem Geltungsbereich zum Quasi-Gesetzgeber erhoben, der die von Art. 9 Abs. 3 GG intendierte autonome Ordnung des Arbeitslebens verwirklicht.

767 Das BVerfG hat die Zulässigkeit von Regelungskompetenzen für Nicht-Gesetzgebungsorgane schon im Jahr 1972 mit der Begründung anerkannt, dass „gesellschaftliche Gruppen die Regelung solcher Angelegenheiten, die sie selbst betreffen, in den für sie überschaubaren Bereichen am sachkundigsten beurteilen können, und so der Abstand zwischen Normgeber und Normadressat verringert wird". Daran anknüpfend hat sich das BAG auf den Standpunkt gestellt, dass Betriebsparteien zur betriebsautonomen Rechtsetzung befugt seien. In seiner Entscheidung vom 12.12.2006 (1 AZR 96/06, NZA 2007, 453) leitet das BAG die Befugnis für ein normsetzendes Tätigwerden unmittelbar aus dem BetrVG ab, das „nach seiner Konzeption von einer grds. umfassenden Kompetenz der Betriebsparteien zur Regelung materieller und formeller Arbeitsbedingungen" ausgehe. Das Recht der

Wertentscheidung der Tarif- und Betriebspartner abgeleitet werden. Denn lehnte man diese Bindung ab, hätte der Gesetzgeber durch die Anerkennung der Normsetzungskompetenz der Tarif- und Betriebspartner den verfassungsrechtlichen Grundsatz der Gewaltenteilung und die Bindung des Richters an das Gesetz gegenüber der rechtsprechenden Gewalt in gewissem Umfang aufgegeben.[768]

b) Methodische Überlegungen

Auch der vorrangig von *Rüthers* aufgegriffene Aspekt der fehlenden Methodenehrlichkeit bei einer rein objektiven Betrachtung hinsichtlich der Auslegung von Gesetzen kann bei der Annäherung an die geltenden Auslegungsgrundsätze für kollektivrechtliche Rechtsnormen nicht ungehört bleiben. Die objektive Auslegung birgt ein erhöhtes Risiko, dass unter dem Deckmantel der Auslegung das gesetzte Recht fort- und umgebildet wird. Die Auslegung des Gesetzes darf sich jedoch nicht als verselbstständigte, originäre Rechtsetzung etablieren. Rechtsauslegung und Rechtsfortbildung sind vielmehr voneinander unabhängig und daher auch methodisch zu trennen. Dies gilt auch und insbesondere für tarifvertragliche und betriebliche Rechtsnormsetzung.

Die Auslegung einer Rechtsnorm muss zuvörderst für den einfachen Rechtsvollzug durch den Richter stehen. Demgegenüber darf bzw. muss bei der Rechtsfortbildung eine eigenständige richterliche Wertentscheidung getroffen werden, um das Recht an der erforderlichen Stelle fortzubilden bzw. zu ergänzen.[769] Beide Denkmuster sind zur Erfüllung der rechtsprechenden Tätigkeit unerlässlich, haben jedoch unterschiedliche Einsatzgebiete, die im Rahmen der Rechtsanwendung zu berücksichtigen sind. Dabei darf nicht übersehen werden, dass die Rechtsfortbildung die bestehende Gesetzeslage an veränderte Tatsachen anpassen möchte. Ihre Aufgabe ist es insbesondere, die in den Texten der geschriebenen Gesetze nicht oder nur unvollkommen zum Ausdruck gebrachten Wertvorstellungen des Normurhebers „in einem Akt des bewertenden Erkennens [...] ans Licht zu bringen und in Entscheidungen zu realisieren."[770] Um jedoch ein derartiges Fortbildungsbedürfnis annehmen zu können, muss der Richter sich der veränderten Lage bewusst werden. Dafür ist zwingende Voraussetzung, dass er den Willen des Gesetzgebers kennt und respektiert. In Anlehnung an *Heck*[771] haben *Höpfner* und *Temming* die Bindung des

---

Betriebspartner ihren Bereich im Wege der Selbstverwaltung autonom zu ordnen, war auch schon vor der Entscheidung des BAG aus dem Jahr 2006 in der Literatur unbestritten. Hinsichtlich der Legitimation wird fast einhellig angenommen, dass die Gestaltungsmacht der Betriebspartner anders als bei der Privat- und Tarifautonomie unmittelbar auf staatlicher Delegation beruht (vgl. u.a. *Picker*, NZA 2002, 761, 769).

768 Däubler/*Däubler*, TVG, Einl. Rn. 502; *Kamanabrou*, RdA 1997, 22, 24.

769 *Wiedemann*, NJW 2014, 2407.

770 BVerfG v. 14.2.1973 – 1 BvR 112/65, NJW 1973, 1221, 1225.

771 *Heck*, Gesetzesauslegung, S. 88.

Richters daher nicht ganz zu Unrecht wie folgt umschrieben: „Im demokratischen Rechtsstaat liegt die Definitionskompetenz [...] zuvörderst beim Gesetzgeber, dessen Vorgaben der Richter in denkendem Gehorsam umzusetzen hat."[772]

Dieser wichtige methodische Grundsatz gilt auch für das Kollektivarbeitsrecht und gebietet, dass der wirkliche Wille der Normurheber bei der Auslegung im Fokus der erläuternden Interpretation steht. Eine den Willen der Normurheber völlig außer Acht lassende Betrachtungsweise läuft Gefahr diese beiden Rechtsinstitute zu vermischen. Die Tarif- und Betriebsautonomie wäre in diesen kritischen Fällen jedoch nicht mehr den sachnäheren Parteien, sondern denen die Kollektivvereinbarung anwendenden Richtern überlassen. Eine solche Verschiebung zugunsten der Arbeitsgerichte wäre jedoch insbesondere mit der in Art. 9 Abs. 3 GG verankerten Tarifautonomie unvereinbar. Insoweit verbietet schon diese grundrechtliche Schutzposition eine ausufernde Auslegung. Einzig zielführendes Korrektiv ist die Orientierung am Willen der Tarif- und Betriebspartner.

Gegen einen solchen Auslegungsansatz spricht auch nicht das vorrangig von Vertretern der objektiven Theorie vorgebrachte Argument, dass eine rein am Willen des Normurhebers orientierte Auslegung aufgrund der Schnell- und Kurzlebigkeit der gesellschaftlichen Umstände nur unbefriedigende Lösungen für gegenwärtige Fragestellungen liefern kann.[773] Dem ist entgegenzuhalten, dass die Fokussierung auf den historischen Regelungswillen nicht als Entscheidung gegen die richterliche Rechtsfortbildung verstanden werden darf. Die richterliche Rechtsfortbildung ist unter Berücksichtigung des Willens der Tarif- und Betriebspartner auch im Anwendungsbereich des Kollektivarbeitsrechts eine Kernaufgabe der Gerichte und vor dem Hintergrund des raschen Wandels im Arbeitsleben von besonderer Bedeutung. Allerdings ist die Fortbildung nachrangiger Natur. Die ergänzende Fortbildung durch den Richter beginnt methodisch erst dort, wo die Normauslegung endet bzw. wo die Normauslegung zu keinem adäquaten Ergebnis kommt.[774]

c) *Das Verlangen nach Rechtsklarheit beim Normunterworfenen*

Es darf indes nicht übersehen werden, dass eine rein am Willen orientierte Auslegung im Kollektivarbeitsrecht voraussetzt, dass sich der tatsächliche Wille für die normunterworfenen Arbeitnehmer und im Tarifvertragsrecht gegebenenfalls auch die normunterworfenen Arbeitgeber in irgendeiner Weise erkenntlich zeigen muss. Dies ist eine Folge des hybriden Charakters der Kollektivvereinbarungen. Die Normunterworfenen müssen als Adressat der Regelungen die sich aus der Kollektivvereinbarung ableitenden Rechte und Pflichten rechtssicher feststellen können. Anderenfalls sinkt auch die Akzeptanz gegenüber kollektivrechtlichen Regelungen. Dieses Interesse an klaren und sicheren Versorgungsbedingungen der

772 *Höpfner/Temming*, NZA-Beil. 3/2011, 93.
773 *Reichel*, Gesetz und Richterspruch, S. 85 f.
774 Maunz/Dürig/*Jachmann*, GG, Art. 95 Rn. 14.

Normunterworfenen ist auch ein wesentlicher und nicht unberechtigter Kritikpunkt an der subjektiven Auslegungstheorie.[775] Insbesondere die Vertreter der objektiven Theorie nehmen dieses Argument für sich in Anspruch und bemängeln, dass eine rein subjektivierte Auslegung Rechtssicherheit nicht umfassend bieten kann.[776]

Im Kollektivarbeitsrecht ist dieser Einwand aufgrund der mangelnden Transparenz der Abschlüsse dieser Kollektivvereinbarungen noch durchgreifender als im Anwendungsbereich von formellen Gesetzen. Die Normsetzung im Bereich des Kollektivarbeitsrechts ist keine streng formalisierte Gesetzgebung wie sie etwa im Grundgesetz vorgeschrieben ist. Insoweit ist zu konstatieren, dass der Abschluss von versorgungsrechtlichen Kollektivvereinbarungen weitaus intransparenter und weniger nachvollziehbar ist als die Gesetzgebung in einem Parlament. Dort kann das Gesetzgebungsverfahren vom Gesetzesentwurf über die parlamentarischen Protokolle und die Berichte und Beschlussempfehlungen von Parlamentsausschüssen sowie über Stellungnahmen und Änderungsvorschläge der beteiligten Gesetzgebungsorgane auch noch Jahre nach Inkrafttreten des Gesetzes nachverfolgt werden.[777] Diese Offenheit des Gesetzgebungsverfahrens macht es dem Normunterworfenen im Regelfall möglich, die gesetzgeberischen Motive zu erlesen oder vorgenommene Entwurfsänderungen während des Legislativaktes auch im Nachgang nachzuvollziehen.

Im Gegensatz dazu wird das Ver- und Aushandeln von versorgungsrechtlichen Kollektivvereinbarungen weit weniger transparent durchgeführt und in weitaus geringerem Maße durch Dokumente belegt.[778] Nicht selten haben die Verhandlungskommissionen auch kein Interesse daran, dass einzelne Motivationen für Regelungen während der Verhandlungen oder nach Abschluss an die Öffentlichkeit gelangen. Auch eine gesetzliche Aufzeichnungs- und Dokumentationspflicht existiert für die Verhandlungsergebnisse nicht. Dieser Umstand erschwert daher die Inhaltsermittlung auf Seiten der versorgungsberechtigten Arbeitnehmer daher nicht unerheblich. Auf dieses Problem der mangelnden Transparenz bei der Aushandlung von Tarifverträgen hat auch das BAG frühzeitig hingewiesen. So heiß es in einer Entscheidung vom 30.5.1984: „Die tarifunterworfenen Arbeitnehmer und Arbeitgeber können [...] in aller Regel nicht erkennen, von welcher Geschäftsgrundlage die Tarifvertragsparteien bei der Festlegung tariflicher Normen ausgegangen sind, so dass für sie auch meist nicht ersichtlich ist, ob und inwieweit eine Tarifnorm diesen Voraussetzungen noch, nur noch teilweise oder überhaupt nicht mehr entspricht."[779] Selbige Schwierigkeiten weisen auch ausgehandelte Betriebsvereinbarungen auf.

---

775 Für Tarifverträge etwa Wiedemann/*Wank*, TVG, § 1 Rn. 991.

776 Vgl. dazu die Ausführungen bei *Schoppmeyer*, Juristische Methode als Lebensaufgabe, S. 272.

777 Wiedemann/*Wank*, TVG, § 1 Rn. 992; *Larenz/Canaris*, Methodenlehre, S. 149 ff; *Hirte*, Der Zugang zu Rechtsquellen und Literatur, S. 1 ff.

778 Wiedemann/*Wank*, TVG, § 1 Rn. 992.

779 BAG v. 30.5.1984 – 4 AZR 512/81, AP TVG 1969 § 9 Nr. 3.

Teilweise wird in diesem Zusammenhang vorgetragen, dass die tatsächliche Feststellung des tarifvertraglichen Willens aufgrund der Verbandsstruktur in tatsächlicher Hinsicht oftmals gar leichter fällt als bei Gesetzen.[780] Dem ist allerdings entgegenzuhalten, dass regelmäßig nur der eigene Verband oder das eigene Vertretungsorgan bereit sein wird, an dem Normunterworfenen die benötigten Informationen herauszugeben oder sich diesem gegenüber zu erklären.[781] Zwar hat das BAG den Normunterworfenen in seiner Rechtsprechung einen Beweisantritt auch etwa dadurch ermöglicht, dass die erforderlichen Erkenntnisquellen dadurch gewonnen werden, „dass z.B. Auskünfte der Tarifvertragsparteien darüber eingeholt werden, ob es zu der Regelung [der streitigen Frage] Protokollnotizen oder vergleichbare Unterlagen gibt, aus denen ein übereinstimmender Regelungswille der Tarifvertragsparteien ersichtlich ist."[782] Es ist jedoch dem Normunterworfenen aus Gründen der Rechtsklarheit und Rechtssicherheit nicht zumutbar, dass er auf den Inhalt einer Kollektivvereinbarung erst dann vertrauen kann, wenn dieser im Rahmen eines Gerichtsverfahrens von den Tarif- und Betriebspartnern im Rahmen eines Beweisantritts vorgetragen worden ist.[783] Ist in der Kollektivvereinbarung hingegen explizit geregelt, dass im Falle von Auslegungsstreitigkeiten die Tarif- bzw. Betriebspartner vor einer Inanspruchnahme des Rechtsweges hinzuzuziehen sind, so sind die Normunterworfenen zu einem solchen Vorgehen verpflichtet.

Fehlt eine derartige Regelung jedoch, muss hinsichtlich der Frage nach den anzuwendenden Auslegungsgrundsätzen für Kollektivvereinbarungen auch das Interesse der Normunterworfenen an rechtsklaren Versorgungsbedingungen berücksichtigt werden.

d) *Formelle Aspekte der Normauslegung*

Ein eng mit dem Verlangen nach Rechtssicherheit verknüpfter Argumentationsstrang ist das von den Vertretern der objektiven Theorie ins Feld geführte „Formargument"[784]. Danach sollen überhaupt nur solche Willensäußerungen normative Wirkung entfalten, die der Normgeber auch in den Normtext hat einfließen lassen. Nur diese Willensäußerungen seien bei der Auslegung zu berücksichtigen.

Auch die konstitutive Schriftform für Kollektivvereinbarungen legt einen solchen Schluss nahe. Die Schriftform hat im Kollektivarbeitsrecht eine besondere Klarstellungsfunktion und dient der Feststellbarkeit des kollektivrechtlichen Inhaltes durch die Normunterworfenen.[785] Es ist gerade das Ziel des Schriftformerfordernisses für

780 Däubler/*Däubler*, TVG, Einl. Rn. 503; Kemper/Zachert/*Zachert*, TVG, Grundlagen Rn. 374 f.; *Zöllner*, RdA 1964, 443, 449.
781 Henssler/Moll/Bepler/*Bepler*, Der Tarifvertrag, Kap. 3 Rn. 133.
782 BAG v. 22.4.2010 – 6 AZR 962/08, AP TVÜ § 12 Nr. 2; v. 16.10.1985 – 4 AZR 149/84, AP BAT 1975 §§ 22, 23 Nr. 108.
783 So auch Henssler/Moll/Bepler/*Bepler*, Der Tarifvertrag, Kap. 3 Rn. 133.
784 *Melin*, Gesetzesauslegung, S. 244.
785 Wiedemann/*Thüsing*, TVG, § 1 TVG Rn. 310.

inhaltliche Klarheiten zu sorgen.[786] Dieser Funktion der Schriftform sind sich die Tarif- und Betriebspartner in tatsächlicher Hinsicht auch bewusst wie die teilweise sehr ausdifferenzierten Kollektivvereinbarungen in der Praxis zeigen.

Dies darf aber nicht darüber hinwegtäuschen, dass auch schriftliche Tarifwerke und Betriebsvereinbarungen semantische Grenzen haben und Mehrdeutigkeiten auftreten können. Eine kollektivrechtliche Versorgungszusage kann nicht sämtliche Sachverhaltskonstellationen semantisch erfassen. Gerade in den kritischen Fällen greift die Methodik der Auslegung ein. Es würde die Methodik der Auslegung ungebührend einschränken, wenn das Auslegungsziel allein von der Fähigkeit der Parteien abhängt, inwieweit sie ihren Willen zu Papier gebracht haben. Anderenfalls läuft man Gefahr, dass „das, was den Parteien als Wille unterlegt wird, gerade in den kritischen Fällen mit ihrem Willen nichts mehr gemein hat."[787]

e) *Conclusio für die Auslegung von Kollektivvereinbarungen*

Aus den vorstehenden Überlegungen lassen sich für die Auslegung von Kollektivvereinbarungen einige substanzielle Erwägungen ableiten. Dabei geht es weniger um die Frage, ob für die Auslegung ein rein subjektiver oder rein objektiver Ansatz zu wählen ist. Vielmehr sind beide Ansätze insoweit zu kombinieren, dass durch eine sachgerechte Auslegung sowohl dem Willen der Urheber als auch den Interessen der Normunterworfenen Rechnung getragen wird. Die Kombination beider Auslegungsansätze im Bereich der Kollektivvereinbarungen findet auch in der Literatur immer mehr Anklang.[788]

Dabei ist zunächst zu konkludieren, dass im Fokus der Auslegung von Kollektivvereinbarungen der Wille der Tarif- und Betriebspartner stehen muss. Diese Zielsetzung ist vor dem Hintergrund der grundrechtlichen und rechtsstaatlichen Implikationen (Tarifautonomie, Gewaltenteilung und richterlicher Gesetzesbindung), die mittelbar auch auf die tarifliche und betriebliche Normsetzungskompetenz der Tarif- und Betriebspartner ausstrahlen, sowie dem Gebot der Methodenehrlichkeit verfassungsrechtlich geboten.

Dieses Auslegungsziel erfährt jedoch eine gewisse Einschränkung. Der Wille der Tarif- und Betriebspartner kann nicht das absolute Ziel der Auslegung sein. Vielmehr muss auch die Interessenlage der Normunterworfenen bei der Auslegung Berücksichtigung finden. Wie bereits dargelegt, greift der Rechtsverkehr aus diesem Grund im Rahmen der rechtsgeschäftlichen Auslegung aus Vertrauens- und Verkehrsgesichtspunkten auf den Verständnishorizont des jeweiligen Vertragspartners zurück.[789] Diese Prämisse kann für den normativen Teil von Kollektivvereinbarungen allerdings nicht gelten, da dieser wie sämtliche Rechtsnormen Allgemeingültigkeit

---

786 Henssler/Willemsen/Kalb/*Henssler*, § 1 TVG Rn. 16.

787 *Säcker*, JURA 1971, 509, 521.

788 Vgl. die Nachweise bei Jacobs/Krause/Oetker/Schubert/*Krause*, Tarifvertragsrecht, § 4 Rn. 168.

789 Vgl. dazu bereits E. I. 2.

beanspruchen. Wenn man den Inhalt einer solchen Rechtsnorm vom Verständnishorizont des jeweils betroffenen Normadressaten abhängig machen würde, wäre der abstrakt-generelle Wirkungsanspruch der Norm konterkariert.

Man kann dem Interesse der Normunterworfenen aber dadurch gerecht werden, dass der Wille der Normsetzer nur insoweit Ziel der Auslegung ist, wie er sich gegenüber den Normunterworfenen in irgendeiner Weise nach außen manifestiert hat. Diese Einschränkung darf aber nicht dahingehend verstanden werden, dass der Wille der Normsetzer nach dem Verständnishorizont der Normunterworfenen ausgelegt wird. Sie besagt vielmehr, dass ein verborgen gebliebener Wille bei der Auslegung nicht zu berücksichtigen ist. Davon unberührt bleibt die Verpflichtung des Rechtsanwenders bei der Auslegung einer Kollektivvereinbarung grundsätzlich sämtliche Rechtsquellen und Umstände miteinzubeziehen, die ihm zugänglich sind und einen Rückschluss auf den Willen der Normsetzer zulassen. Es ist den Normunterworfenen grundsätzlich zumutbar, durch einen gewissen Auslegungsaufwand den beabsichtigten Willen zu erforschen. Eine bloß auf den Wortlaut und die Systematik beschränkte Auslegung wird diesem Ansatz nicht gerecht. Für den Fall, dass sich der Wille der Normsetzer unter keinen Umständen erfassen lässt, ist unter Beachtung der geltenden Grenzen auf das Rechtsinstitut der Fortbildung zurückzugreifen.

5. Der methodische Auslegungsansatz des BAG

Die vorstehenden Überlegungen sollen nachfolgend an der höchstrichterlichen Wirklichkeit gespiegelt werden. Der vom BAG und insbesondere vom 3. Senat praktizierte Auslegungsansatz für tarifvertragliche und betriebliche Versorgungszusagen unterscheidet sich in nicht unerheblichem Umfang von den vorstehenden Erwägungen. Das verwundert, wenn man die aufgestellten Grundsätze des BAG aus der Entscheidung zur Auslegung des Hamburgischen Zusatzversorgungsgesetzes betrachtet.

a) Die Auslegung des Hamburgischen Zusatzversorgungsgesetzes

In seiner Entscheidung zum Hamburgischen Zusatzversorgungsgesetzes (HmbZVG) vom 20.8.2013, in der es um die Berechnung der Zusatzversorgung für die Beschäftigten der Stadt Hamburg ging, hat der „Betriebsrentensenat“ trotz der grundsätzlichen Verteidigung des objektivierten Auslegungsgrundsatzes in Übereinstimmung mit den vorgenannten Erwägungen die besondere Bedeutung des vom Gesetzgeber mit der Norm verfolgten Regelungssinns betont. So heißt es hinsichtlich der Auslegung des § 30 Abs. 2 Satz 2 HmbZVG, einer Übergangsvorschrift mit Stichtagsregelung, wie folgt:

„Maßgebend für die Auslegung von Gesetzen ist der in der Norm zum Ausdruck kommende objektivierte Wille des Gesetzgebers, wie er sich aus dem Wortlaut der Vorschrift und dem Sinnzusammenhang ergibt, in den sie hineingestellt ist (vgl. etwa BVerfG v. 19.3.2013 – 2 BvR 2628/10, 2 BvR 2883/10, 2 BvR 2155/11 – Rn. 66 m.w.N.). Einem nach Wortlaut und Sinn eindeutigen Gesetz darf nicht im Wege der Auslegung ein entgegengesetzter Sinn verliehen, der normative Gehalt der auszulegenden Norm nicht grundlegend neu bestimmt oder das gesetzgeberische Ziel nicht in einem wesentlichen Punkt verfehlt werden (vgl. etwa BAG v. 21.9.2011 – 7 AZR 375/10 – Rn. 29 m.w.N., BAGE 139, 213). Diese Grenze gilt auch im Hinblick auf den Grundsatz der verfassungskonformen Auslegung. Sind bei der gerichtlichen Auslegung und Anwendung einfachrechtlicher Normen mehrere Deutungen möglich, so verdient zwar diejenige den Vorzug, die die Wertentscheidungen der Verfassung und die Grundrechte der Beteiligten möglichst weitgehend in praktischer Konkordanz zur Geltung bringt. Der Respekt vor der gesetzgebenden Gewalt (Art. 20 Abs. 2 GG) fordert dabei eine verfassungskonforme Auslegung, die durch den Wortlaut des Gesetzes gedeckt ist und die prinzipielle Zielsetzung des Gesetzgebers wahrt. Die Deutung darf aber nicht dazu führen, dass das gesetzgeberische Ziel in einem wesentlichen Punkt verfehlt oder verfälscht wird (BVerfG v. 21.12.2010 – 1 BvR 2760/08 – Rn. 16 m.w.N.)."

b) Die Auslegung des normativen Teils eines Tarifvertrages

In Abweichung zu den in seinem vorstehenden Urteil genannten methodischen Grundsätzen hat das BAG sich für tarifvertragliche Versorgungszusagen mittlerweile einen Urteilsbaustein zurechtgelegt, mit dem das Gericht stets eine objektivierte Auslegung einleitet. So heißt es in ständiger Rechtsprechung wie folgt: „Die Auslegung des normativen Teils eines Tarifvertrages folgt nach ständiger Rechtsprechung des BAG den für die Auslegung von Gesetzen geltenden Regeln. Auszugehen ist zunächst vom Tarifwortlaut. Zu erforschen ist der maßgebliche Sinn der Erklärung, ohne am Buchstaben zu haften. Dabei ist der wirkliche Wille der Tarifvertragsparteien und damit der von ihnen beabsichtigte Sinn und Zweck der Tarifnorm mit zu berücksichtigen, soweit sie in den tariflichen Normen ihren Niederschlag gefunden haben. Auch auf den tariflichen Gesamtzusammenhang ist abzustellen. Verbleiben noch Zweifel, können weitere Kriterien wie die Entstehungsgeschichte des Tarifvertrages oder die praktische Tarifübung ohne Bindung an eine bestimmte Reihenfolge berücksichtigt werden."[790]

c) Die Auslegung des normativen Teils einer Betriebsvereinbarung

Auch bei der Auslegung von versorgungsrechtlichen Betriebsvereinbarungen findet sich wiederkehrend ein solch einleitender Urteilsbaustein. Exemplarisch heißt es dafür etwa zur Auslegung einer Betriebsvereinbarung über betriebliche Altersversorgung: „Die BV Versorgung ist als Betriebsvereinbarung nach den für Gesetze und für Tarifverträge geltenden Grundsätzen auszulegen. Dabei ist vom Wortlaut der Bestimmung und dem durch ihn vermittelten Wortsinn auszugehen. Insbesondere bei unbestimmtem Wortsinn sind der wirkliche Wille der Betriebsparteien und

---

790 St. Rspr. BAG v. 18.2.2014 – 3 AZR 833/12, NZA 2014, 1217, 1220; v. 17.10.2007 – 4 AZR 1055/06, AP TVG § 1 Auslegung Nr. 209; BAG v. 7.7.2004 – 4 AZR 433/03, BAGE 111, 204, 209; v. 30.5.2001 – 4 AZR 269/00, BAGE 98, 35, 38f.

der von ihnen beabsichtigte Zweck zu berücksichtigen, soweit sie im Text ihren Niederschlag gefunden haben. Abzustellen ist ferner auf den Gesamtzusammenhang der Regelungen, weil dieser Anhaltspunkte für den wirklichen Willen der Betriebsparteien geben kann."[791]

d) Stellungnahme

Der angewandte Auslegungsansatz des 3. Senats, der auch von den anderen Senaten des BAG geteilt wird[792], tendiert entgegen seiner Ausführungen in der Entscheidung zum HmbZVG und entgegen der hier vertretenden Auffassung für die Auslegung des normativen Teils von tarifvertraglichen und betrieblichen Versorgungszusagen zu einem objektivierten Auslegungsgrundsatz. Ausgangspunkt der Auslegung ist der maßgebliche Sinn des Regelungswerks, wie er durch den Wortlaut vermittelt wird. Lediglich, wenn ein solcher auch unter Rückgriff auf die Systematik der Kollektivvereinbarung nicht zweifelsfrei ermittelt werden kann, soll auf den wirklichen Willen der Tarif- und Betriebspartner zurückgegriffen werden. Der wirkliche Wille ist insoweit nur ein Kriterium der Auslegung.

Als Auslegungskriterium soll der wirkliche Wille der Tarif- und Betriebspartner nur in dem Umfang herangezogen werden können, wie er im Normtext selbst Niederschlag gefunden hat. Das BAG vertritt insoweit eine Form der Andeutungstheorie. Der ehemalige Vorsitzende Richter des 4. Senats des BAG *Bepler* meint dazu, dass die Andeutungstheorie notwendig sei, um die Koalitionen als Stellvertreter für sämtliche Sozialpartner zu disziplinieren, da diese einer eindeutigen semantischen Lösung häufig aus taktischen Gründen aus dem Wege gingen.[793] Hierzu ist allerdings anmerken, dass es nicht die Aufgabe der Gerichte ist, die Sozialpartner zu mehr Transparenz zu disziplinieren. Wenn dies für notwendig gehalten wird, obliegt die Entscheidung darüber vorrangig dem Gesetzgeber, etwa durch die Statuierung von Informations- und Dokumentationspflichten.

Auf die eher subjektivierten Auslegungskriterien wie die Entstehungsgeschichte und der praktischen Übung bei der Umsetzung der Kollektivvereinbarung, die außerhalb des Normtextes liegen, soll nach Auffassung des BAG zudem nur zurückgegriffen werden, wenn sich aus den vorgenannten objektiven Kriterien kein eindeutiges Verständnis ableiten lässt. Im Anwendungsbereich von Betriebsvereinbarungen verzichtet die Rechtsprechung bei der Auslegung gar gänzlich auf diese historischen Gesichtspunkte.

Auslegungsziel und methodische Vorgehensweise des BAG können vor dem Hintergrund der zuvor geäußerten Gesichtspunkte nicht überzeugen. Der Wille der

791 BAG v. 21.1.2014 – 3 AZR 362/11, AP BetrAVG § 1 Auslegung Nr. 43.

792 Vgl. den Ansatz des 4. Senats BAG v. 29.8.2001 – 4 AZR 337/00, NZA 2002, 1346, 1347; den Ansatz des 8. Senats BAG v. 13.10.2011 – 8 AZR 514/10, AP TVG § 1 Auslegung Nr. 228; den Ansatz des 9. Senats BAG v. 17.2.2009 – 9 AZR 611/07, NJOZ 2009, 2740, 2744.

793 Henssler/Moll/Bepler/*Bepler*, Der Tarifvertrag, Teil 3 Rn. 136.

Tarif- und Betriebspartner als Ziel der Auslegung ist vielmehr unter Rückgriff auf sämtliche Auslegungskriterien gleichermaßen zu ermitteln. Der Wortlautauslegung und die systematische Auslegung sind dabei nur zwei von mindestens vier Auslegungskriterien. In Abweichung zur Rechtsprechung des BAG sind die weiteren Kriterien wie die Entstehungsgeschichte des Tarifvertrages oder die praktische Tarifübung für die Auslegung nicht nach-, sondern gleichrangig heranzuziehen.

III. Die Methodik bei versorgungsrechtlichen Kollektivvereinbarungen

Nachdem sich zuvor ausgiebig mit den für Kollektivvereinbarungen geltenden Auslegungsgrundsätzen auseinandergesetzt worden ist, steht nachfolgend die methodisch-formale Auslegungsmethodik bei versorgungsrechtlichen Kollektivvereinbarungen im Fokus. Der hier vertretene methodische Auslegungsansatz beeinflusst insbesondere die Aspekte des übereinstimmenden Willens der Tarif- und Betriebspartner und die Frage nach dem maßgeblichen Zeitpunkt für die Auslegung der versorgungsrechtlichen Kollektivvereinbarung. Unabhängig von den nachstehenden allgemeingültigen Überlegungen darf nicht verkannt werden, dass für jeden Tarifvertrag und jede Betriebsvereinbarung über betriebliche Altersversorgung je nach Regelungsgehalt – Firmentarifvertrag oder Verbandstarifvertrag, Betriebsvereinbarung oder Konzernbetriebsvereinbarung – eigene Maßstäbe gelten, die bei der jeweiligen Auslegung zu berücksichtigen sind.[794]

1. Der übereinstimmende Wille der Tarif- und Betriebspartner

Der übereinstimmende Wille der Tarif- und Betriebspartner hat vor dem Hintergrund der staatlichen Anerkennung und seiner teilweise grundrechtlichen Dimension eine besondere Relevanz für die Auslegung. Er ist das Ziel der Auslegung und genießt Vorrang. Wie bereits dargelegt sind bei der vorrangigen Heranziehung des übereinstimmenden Willens im Gegensatz zur rechtsgeschäftlichen Auslegung jedoch Einschränkungen zu beachten.

a) (Eingeschränkter) Vorrang des übereinstimmenden Willens

Im Gegensatz zur rechtsgeschäftlichen Auslegung genießt der übereinstimmende wirkliche Wille der Tarif- und Betriebspartner bei der Auslegung von Rechtsnormen einer Kollektivvereinbarung keinen absoluten Vorrang. Voraussetzung für die Vorrangigkeit des übereinstimmenden Willens ist vielmehr, dass sich dieser für die Normunterworfenen in irgendeiner Weise nach außen manifestiert hat. Dies ist zwingende Folge der Konkordanz von subjektivem Auslegungsziel auf der einen Seite und den zu berücksichtigenden Vertrauensschutzgesichtspunkten auf der anderen Seite.

---

794 Darauf weist auch *Gamillscheg* in: Kollektives Arbeitsrecht, Bd. I, S. 642 hin.

Als Ziel der Normauslegung setzt sich ein solcher erkennbarer und übereinstimmender Wille der Tarif- und Betriebspartner aber grundsätzlich auch gegen einen entgegenstehenden Wortlaut durch, wenn ein solcher hinsichtlich einer klärungsbedürftigen Frage festgestellt werden kann. Dafür ist nicht erforderlich, dass der Wille der Parteien in die in § 1 Abs. 2 TVG vorgeschriebene Form gegossen worden ist. Der schriftlich niedergelegte Wortlaut der Versorgungsbedingungen hat nur indiziellen Charakter. Wenn die Tarif- und Betriebspartner mögliche Verständniszweifel durch Legaldefinitionen[795], Klarstellungen in Anhängen oder Fußnoten, Klammerzusätze oder durch Protokollnotizen vorgebeugt haben, so genießen diese Klärungen bei der Auslegung Vorrang.[796]Auch etwaige Tarifinformationen (wie Broschüren oder Präsentationen), die die Sozialpartner herausgegeben haben, sind zu berücksichtigen.

Bei Legaldefinitionen ist aber darauf zu achten, ob es sich um eine abschließende Definition oder lediglich um eine exemplarische Aufzählung als Auslegungshilfe handelt. Aufgrund der ihnen zugestandenen Regelungskompetenz steht es den Tarif- und Betriebspartnern offen, auch verbindliche Vorgaben für die Auslegung in das Regelwerk aufzunehmen.[797]

Wie bereits angedeutet, geht der Vorrang eines übereinstimmenden Willens aber nur soweit, wie der etwa zum Wortlaut konträre Wille aus allgemeinen Informationsquellen gewonnen werden kann, die den Normunterworfenen auch tatsächlich zugänglich sind. Bloße Unterredungen der Tarifvertragsparteien während der Verhandlungsphase reichen hierfür nicht aus. Aus diesem Grund ist es auch nicht zielführend, dass das BAG den Normunterworfenen im Rahmen eines gerichtlichen Prozesses zuspricht, die Mitglieder der Tarif- und Betriebsparteien im Zuge der Beweisführung (§§ 371, 421 ZPO) als Zeugen vorzuschlagen oder von diesen die Herausgabe von internen Schriftstücken zu veranlassen, um den übereinstimmenden Willen zu ermitteln.[798] Es würde die Akzeptanz des normativen Teils der Kollektivvereinbarungen erschüttern, wenn der Normunterworfene erst im Rahmen eines gerichtlichen Prozesses von seinen Rechten und Pflichten erfahren würde.

b) Nachverhandlungsklauseln

In einem engen Zusammenhang mit der Sperrwirkung des übereinstimmenden Willens stehen vereinbarte Nachverhandlungsklauseln, die bislang vorrangig in Tarifverträgen zu finden sind[799]. Nachverhandlungsklauseln bieten sich aufgrund der Langfristigkeit der Versorgungszusagen an und geben den Sozialpartnern die

---

795 Dazu etwa BAG v. 25.8.1982 – 4 AZR 1072/79, AP TVG § 1 Auslösung Nr. 9.

796 *Gamillscheg*, Kollektives Arbeitsrecht, Bd. I S. 643; Thüsing/Braun/*Wißmann*, Tarifrecht, Kap. 4 Rn. 157.

797 Thüsing/Braun/*Thüsing*, Tarifrecht, Kap. 5 Auslegungsregeln Rn. 2.

798 BAG v. 22.4.2010 – 6 AZR 962/08, AP TVÜ § 12 Nr. 2; BAG 16. 10. 1985 – 4 AZR 149/84, AP BAT 1975 §§ 22, 23 Nr. 108.

799 Däubler/*Reim/Ahrendt*, TVG, § 1 Rn. 1072.

Möglichkeiten flexibel auf personelle, gesellschaftliche oder rechtliche Veränderungen zu reagieren.

Sie verschließen jedoch den Rückgriff auf die Auslegung. Das liegt darin begründet, dass sich die Parteien durch die Aufnahme einer Nachverhandlungsklausel ausdrücklich gegen eine ermittelnde Lösung entschieden haben und einen Weg bevorzugen, die Ungewissheiten durch beidseitige (Nach-)Verhandlungen aus dem Weg zu räumen. In einer solchen Klausel kann etwa eine Nachverhandlungspflicht der Sozialpartner in der Form bestimmt werden, dass sich eine Regelung der Versorgungszusage post festum als unklar, unzutreffend oder lückenhaft erweist. Ein sodann nachverhandelter Inhalt der Versorgungszusage geht als vorrangiger Wille einer Auslegung vor.

Die vertragliche Nachverhandlungsklausel ist einer Auslegung, insbesondere hinsichtlich ihres Umfangs und ihrer Reichweite, jedoch stets zugänglich.

2. Maßgeblicher Zeitpunkt für die Auslegung

Auch im Anwendungsbereich von Kollektivvereinbarungen stellt sich die Frage nach dem maßgeblichen Zeitpunkt für die Auslegung. Kollektivvereinbarungen über betriebliche Altersversorgung haben wie sämtliche Versorgungszusagen eine überdurchschnittlich lange Lebensdauer und sind damit wiederkehrend veränderten Rahmenbedingungen ausgesetzt. Veränderte Rahmenbedingungen können zur Folge haben, dass sich der Sprachgebrauch gewandelt hat, so dass es zwischen dem Zeitpunkt des Abschlusses und der „Interpretationskontroverse“[800] zu einer Auslegungsdiskrepanz kommt. Vor dem Hintergrund der subjektivierten Zielsetzung der Normauslegung im Kollektivarbeitsrecht kann in diesen Fällen aber nur auf den Abschlusszeitpunkt abgestellt werden, da Begriffe und Formulierungen von den Sozialparteien stets in einem spezifischen historischen Bezugsrahmen optiert werden.[801] Dabei kommt es nicht darauf an, ab welchem Zeitpunkt der einzelne Versorgungsberechtigte in den Geltungsbereich des Versorgungswerks gefallen ist.

Dieser maßgebliche Auslegungszeitpunkt spiegelt sich auch unmittelbar in den heranzuziehenden Auslegungskriterien wider, denn die Entstehungsgeschichte und der historische Zusammenhang der Versorgungszusage sind gewichtige Auslegungskriterien für die Inhaltsermittlung bei Kollektivvereinbarungen.

3. Methodische Vorgehensweise bei der Auslegung von versorgungsrechtlichen Kollektivvereinbarungen

Bei der Auslegung von versorgungsrechtlichen Kollektivvereinbarungen ist grundsätzlich auf die methodisch-formalen Auslegungskriterien des Wortlauts, der Systematik, der Entstehungsgeschichte sowie den Gesamtzweck des Versorgungswerks

800 Däubler/*Däubler*, TVG, Einl. Rn. 508.

801 Däubler/*Däubler*, TVG, Einl. Rn. 508; *Kohte*, AuR 1996, 125.

abzustellen. Diese Vorgehensweise orientiert sich am klassischen Auslegungskanon für Gesetze nach *Saviygny.*[802] Den Gerichten steht im Lichte des Auslegungsziels ein Ermessensspielraum bei der Anwendung der einzelnen Auslegungskriterien zu.[803] Für ein bestehendes Rangverhältnis zwischen den Auslegungskriterien gibt es weder eine normative noch eine methodische Notwendigkeit. Vielmehr sind die Auslegungskriterien auch hier als Mittel zum Zweck zu verstehen. Für die Auslegung kommt es auf eine Gesamtabwägung sämtlicher Auslegungskriterien an. Es ist jedoch naheliegend, die Auslegung mit dem Wortlaut der Versorgungszusage zu beginnen, da das von den Parteien Erklärte, zumeist auch das von den Vertragsparteien Gewollte und nicht nur etwas Zufälliges darstellt.[804]

Da für die Auslegung von Tarifverträgen und Betriebsvereinbarungen im Wesentlichen dieselben Auslegungsgrundsätze gelten, werden die heranzuziehenden methodisch-formalen Auslegungskriterien unter betriebsrentenrechtlichen Gesichtspunkten nachfolgend einheitlich behandelt. Der für Kollektivvereinbarungen geltende Auslegungskanon entspricht in vielerlei Hinsicht den Kriterien, die für die Auslegung von individualrechtlich begründeten Versorgungszusagen gelten. Keine Anwendung finden jedoch die Wertungen des vertraglichen Auslegungsauftrags nach § 157 BGB, wonach bei der Auslegung der Rechtsquelle der Grundsatz von Treu und Glauben sowie die allgemeine Verkehrssitte berücksichtigt werden müssen. Eine solche die Rechtsbeziehung prägende Praxis zwischen Normgeber und Normadressat gibt es bei der Anwendung von Rechtsnormen nicht.

a) Wortlaut

Im Anwendungsbereich einer Kollektivvereinbarung ist der „semantisch mögliche“[805] Wortlaut im Regelfall der erste Anknüpfungspunkt.[806] Aufgrund des hier vertretenden Auslegungsgrundsatzes gilt es den maßgeblichen Sinn der Erklärung zu erforschen, ohne dabei jedoch am Buchstaben zu haften.[807] Die Wortlautauslegung muss stets unter der Prämisse erfolgen, dass nicht der Normtext, sondern der Wille der Tarif- und Betriebspartner die Grenze der Auslegung darstellt und dass das von diesen Parteien Gewollte auch hinter einem scheinbar vollkommenen oder unzweideutigen Wortlaut festzustellen ist.[808]

Für die Wortlautauslegung gelten die allgemeinen Grundsätze. Bei der Wortlautauslegung eines versorgungsrechtlichen Kollektivwerkes ist grundsätzlich vom

---

802 Zum methodischen Beitrag *Savignys Rüthers/Fischer/Birk*, Rechtstehorie, § 22 Rn. 298 ff.

803 Wiedemann/*Wank*, TVG, § 1 Rn. 985.

804 *Savigny*, System III, S. 258.

805 Für die Gesetzesauslegung MüKoBGB/*Säcker*, Einl. 136.

806 Jacobs/Krause/Oetker/Schubert/*Krause*, Tarifvertragsrecht, § 4 Rn. 170.

807 So nun auch etwas überraschend BAG v. 18.2.2014 – 3 AZR 833/12, NZA 2014, 1217, 1220.

808 Wiedemann/*Wank*, TVG, § 1 Rn. 1015.

allgemeinen Sprachgebrauch auszugehen.[809] Fehlen für einzelne Termini eine eigenständige Begriffsbestimmung, dann ist auf die einschlägige Enzyklopädie (etwa *Brockhaus*) bzw. allgemeinverbindliche Wörterbücher (etwa *Duden*) zurückzugreifen. So stellt etwa die inhaltliche Veränderung eines ununterbrochenen Arbeitsverhältnisses als Leistungsmerkmal in einem versorgungsrechtlichen Tarifvertrag nach allgemeinem Sprachgebrauch keine „letzte Einstellung" dar, da eine Einstellung nach dem allgemeinen Sprachempfinden[810] voraussetzt, dass der Arbeitgeber jemanden neu in seine Dienste aufnimmt.[811] Eine Einschränkung des Rückgriffs auf den allgemeinen Sprachgebrauch ist jedoch insbesondere auf der betrieblichen Ebene zu beachten, da Betriebsvereinbarungen die Besonderheit aufweisen, lediglich konkrete betriebliche Sachverhalte zu regeln. Es kann deshalb bei ihrer Auslegung nur begrenzt auf den allgemeinen Sprachgebrauch abgestellt werden. Es ist insoweit ein betriebsbezogenes Begriffsverständnis zugrunde zu legen.[812]

Streiten die Parteien darüber, ob gewisse Entgeltbestandteile bei der Ermittlung des ruhegeldfähigen Einkommens zugrunde zu legen sind, ist für die Wortlautauslegung das Verständnis im Betrieb maßgeblich.[813] Besagt die Betriebsvereinbarung etwa, dass „sonstige einmalige Zuwendungen" keine Berücksichtigung finden sollen, dann kommt es hinsichtlich der Berücksichtigungsfähigkeit der in Frage stehenden Entgeltbestandteile auf die Einstufung der jeweiligen Zahlung innerhalb des Betriebes an.[814]

Der allgemeine Sprachgebrauch tritt ebenfalls zurück, wenn die Tarif- und Betriebspartner für bestimmte Regelungspunkte eine eigenständige – etwa eine spezifisch-technische[815] – Sprache bemüht haben. Dieser Aspekt kann im Betriebsrentenrecht insbesondere eine Rolle spielen, wenn die Parteien für die Berechnung der Versorgungshöhe im Rahmen eines Versorgungspunktemodells einvernehmlich auf bestimmte versicherungsmathematische Grundsätze zurückgegriffen haben.[816]

---

809 Zum Rückgriff auf den *Duden* bzw. *Brockhaus/Wahrig* etwa BAG v. 29.8.1991 – 6 AZR 272/89, AP BAT § 63 Nr. 10; v. 12.12.2001 – 5 AZR 238/00, AP TVG § 1 Auslegung Nr. 179; allgemein Däubler/*Däubler*, TVG, Einl. Rn. 504.

810 Vgl. u.a. *Wahrig*, Deutsches Wörterbuch, 6. Aufl., Stichwort: einstellen.

811 Weitere Beispiele der Auslegung nach dem allgemeinen Sprachgebrauch etwa BAG, v. 10.10.1984 – 5 AZR 302/82, AP BGB § 611 Ärzte, Gehaltsansprüche Nr. 39; v. 14.10.1990 – 5 AZR 509/89, AP BGB § 611 Arzt-Krankenhaus-Vertrag Nr. 25; v. 17.4.2012 – 3 AZR 380/10, AP BetrAVG § 1 Auslegung Nr. 35.

812 BAG v. 24.1.2006 – 3 AZR 479/04, AP BetrVG 1972 § 77 Betriebsvereinbarung Nr. 27.

813 BAG v. 24.1.2006 – 3 AZR 479/04, AP BetrVG 1972 § 77 Betriebsvereinbarung Nr. 27.

814 BAG v. 24.1.2006 – 3 AZR 479/04, AP BetrVG 1972 § 77 Betriebsvereinbarung Nr. 27.

815 BGH v. 23.6.1994 – VII ZR 163/93, NJW-RR 1994, 1108, 1109.

816 Vgl. für die Auslegung einer für den Fall der vorgezogenen Inanspruchnahme einer Betriebsrente eine versicherungsmathematische Herabsetzung vorsehenden Versorgungsordnung nur BAG v. 29.9.2010 – 3 AZR 557/08, NZA 2011, 206.

Die Verwendung bestimmter Fachtermini führt zudem dazu, dass diese für die Auslegung maßgeblich ist.[817] Auch Erklärungen, Protokollnotizen oder Bemerkungen, die für ein Begriffsverständnis von Bedeutung sein können, müssen berücksichtigt werden.[818] Besonderheiten sind ferner bei der Verwendung von juristischen Fachbegriffen zu beachten. Handelt es sich um Begriffe mit einer zugewiesenen juristischen Bedeutung, sind diese bei der Auslegung zu Grunde zu legen. Insoweit sind die einzelnen Versorgungsbedingungen auch immer vor dem Hintergrund der betriebsrentenrechtlichen und sozialrechtlichen Vorschriften und des dort vorherrschenden Begriffsverständnisses zu betrachten. Wenn die Parteien Begriffe verwenden oder Rechtsakte umschreiben, denen durch das Gesetz eine bestimmte – gegebenenfalls definierende – Bedeutung zugewiesen ist, dann ist in der Regel dieser Inhalt für die Wortlautauslegung maßgeblich.[819]

Bei Begriffen, die vorrangig im Sozialversicherungsrecht verwendet werden, ist aufgrund der Verzahnung beider Rechtsgebiete im Zweifelsfall der dort übliche Sprachgebrauch zu verwenden, wenn eine klärende Definition oder Bezugnahme in der Versorgungszusage fehlt.[820] So gilt im Anwendungsbereich eines Tarifvertrages die Auslegungsregel, dass die Koalitionen in der Regel den sozialversicherungsrechtlichen Sprachgebrauch übernehmen wollen, wenn Begriffe wie Erwerbs- oder Berufsunfähigkeit verwendet werden, deren Voraussetzungen aber selbst nicht ausdrücklich festlegt werden.[821] Verweise auf gesetzliche Regelungen sind daher grundsätzlich deklaratorischer Natur.

b) Systematik

Im Rahmen der Auslegung können sich aus der systematischen Stellung der Bedingung im Gesamtwerk ebenfalls Rückschlüsse auf den Inhalt ergeben. Im Allgemeinen verfolgt die Auslegung unter Rückgriff auf die Systematik des Versorgungswerkes das Ziel, ein Auslegungsergebnis zu ermitteln, dass das Reglungswerk „zu einem möglichst widerspruchsfreien, kohärenten Sinnganzen im Sinne einer Wertungseinheit zusammenfügt“.[822] Dem Rückgriff auf die Systematik des Versorgungswerkes liegt die begründete Annahme zugrunde, dass die Bedingungen einer Regelung zusammenhängend aufgebaut sind und sich nicht widersprechen.[823] Wie die Wortlautauslegung ist auch die systematische Auslegung neutraler als etwa

817 Däubler/*Däubler*, TVG, Einl. Rn. 505; Jacobs/Krause/Oetker/Schubert/*Krause*, Tarifvertragsrecht, § 4 Rn. 174.

818 ErfK/*Franzen*, § 1 TVG Rn. 97; Jacobs/Krause/Oetker/Schubert/*Krause*, Tarifvertragsrecht, § 4 Rn. 172.

819 BAG v. 4.10.1994 – 3 AZR 215/94, NZA 1995, 788, 789.

820 Hümmerich/Boecken/Düwell/*Vienken*, Arbeitsrecht, § 1 BetrAVG Rn. 10.

821 BAG v. 19.1.2011 – 3 AZR 83/09, AP BetrAVG § 1 Invaliditätsrente Nr. 15; v. 20.2.2001 – 3 AZR 21/00, NZA 2002, 351.

822 Für die Gesetzesauslegung MüKoBGB/*Säcker*, Einl. 136.

823 Staudinger/*Honsell*, BGB, Einl. Rn. 144.

die historische oder die zweckorientierte Auslegung. Die systematische Auslegung ist dabei in äußere und innere Systematik zu kategorisieren.[824]

Während die äußere Systematik insbesondere die Überschriften der kollektivrechtlichen Normen sowie die Stellung im gesamten Versorgungswerk analysiert, ist mit der inneren Systematik vor allem der Konsens mit den Wertungen anderer, insbesondere höherrangiger Vorschriften, gemeint. Hinsichtlich Ersterer spricht die Rechtsprechung zumeist vom (tariflichen) „Gesamtzusammenhang" der Regelung. Letztere wird als Unterfall der systematischen Auslegung regelmäßig als rechts- bzw. rangkonforme Auslegung umschrieben und umfasst auch die europarechts- und verfassungskonforme Auslegung.[825] Das bedeutet, dass kollektivrechtliche Regelungen im Zweifel so auszulegen sind, dass sie mit zwingendem höherrangigen Recht zu vereinbaren sind.[826]

Wie sehr der Rückgriff auf die Systematik der Kollektivvereinbarung ein Auslegungsergebnis beeinflussen kann, zeigt sich exemplarisch in der Entscheidung des BAG vom 21.1.2014[827], in der darüber zu entscheiden war, welche Bruttomonatsbestandteile zum „ruhegehaltsfähigen Jahresgehalt" im Sinne einer Betriebsvereinbarung über betriebliche Altersversorgung gehören. Der klagende Versorgungsberechtigte war der Auffassung, dass sämtliche Leistungen des Arbeitgebers (u.a. Zuschläge, Zielbonus, geldwerte Vorteil der privaten Nutzung des Dienstwagens sowie die vermögenswirksamen Leistungen) als berücksichtigungsfähige Bestandteile des Jahresgehalts anzusehen sein.[828] Dieser Auffassung folgte das BAG nicht. Aufgrund der im Versorgungswerk angelegten Differenzierung zwischen „pensionsfähigen Jahresgehalts" und „fiktiven jährlichen Nettoeinkommens" in der Versorgungswerk und deren Gegenüberstellung legte das BAG die Versorgungszusage unter systematischen Gesichtspunkten dahingehend aus, dass es sich bei dem Begriff des „Bruttomonatsgehalts" als Bemessungsgröße für die Versorgungsleistung stets um das durchschnittliche Arbeitsentgelt handeln müsse, dass der Mitarbeiter für einen Monat und damit bezogen auf den Abrechnungszeitraum eines jeden Monats erhalten habe.[829] Für das pensionsfähige Jahresgehalt als relevante Größe seien daher nicht sämtliche im Durchschnitt im Referenzzeitraum gewährten Arbeitsleistungen entscheidend.[830] Insoweit kam das BAG zu dem Auslegungsergebnis, dass der Zielbonus, der geldwerte Vorteil der privaten Nutzung des Dienstwagens sowie die vermögenswirksamen Leistungen bei der Berechnung des pensionsfähigen Jahresgehalts nicht zu berücksichtigen waren.[831]

---

824 Wiedemann/*Wank*, TVG, § 1 Rn. 1017 ff.

825 *Wank*, Die Auslegung von Gesetzen, S. 82 ff.; *Löwisch/Rieble*, TVG, § 1 Rn. 564.

826 Jacobs/Krause/Oetker/Schubert/*Krause*, Tarifvertragsrecht, § 4 Rn. 186.

827 BAG v. 21.1.2014 – 3 AZR 362/11, AP BetrAVG § 1 Auslegung Nr. 43.

828 BAG v. 21.1.2014 – 3 AZR 362/11, AP BetrAVG § 1 Auslegung Nr. 43.

829 BAG v. 21.1.2014 – 3 AZR 362/11, AP BetrAVG § 1 Auslegung Nr. 43.

830 BAG v. 21.1.2014 – 3 AZR 362/11, AP BetrAVG § 1 Auslegung Nr. 43.

831 BAG v. 21.1.2014 – 3 AZR 362/11, AP BetrAVG § 1 Auslegung Nr. 43.

c) Historische Erwägungen

Selbst wenn der Wortlaut eindeutig zu sein scheint bzw. der Gesamtzusammenhang des versorgungsrechtlichen Versorgungswerkes einen bestimmten Willen überwiegend nahe legt, ist in jedem Fall auf historische Erwägungen einzugehen.[832] Dies ist ein wesentlicher Ausdruck eines am Willen der Tarif- und Betriebspartner orientierten Auslegungsgrundsatzes. Wenn die Rechtsprechung in ihrem Urteilsbaustein den Grundsatz aufstellt, dass ein Rückgriff auf die Entstehungsgeschichte nur in Betracht komme, wenn die Auslegungskriterien von Wortlaut und Systematik zu keinem eindeutigen Ergebnis kommen[833], kann dies nicht überzeugen. Fundierte Aussagen über den Willen der Tarif- und Betriebspartner können erst getroffen werden, wenn sämtliche Auslegungskriterien herangezogen und abgewogen worden sind.[834] Es ist daher stets zu prüfen, ob unter Heranziehung der Vor-, Entstehungs- und auch der Entwicklungsgeschichte der Kollektivvereinbarung der semantisch nahe liegende Wortsinn bzw. der aus dem Kontext ermittelte Normzweck dem Willen der Tarif- und Betriebspartner entspricht oder diesen gegebenenfalls widerlegt.[835]

In jüngerer Zeit greift auch das BAG in betriebsrentenrechtlichen Streitigkeiten über den Inhalt einer kollektivrechtlichen Versorgungszusage vermehrt und in begrüßenswerter Weise auf derartige historische Erwägungen zurück. So hat der 3. Senat etwa bei der Auslegung eines Tarifvertrages, bei dem zwischen den Parteien streitig war, wie ein für die Bemessung der dem Kläger zugesagten Leistungen der betrieblichen Altersversorgung maßgebender Rentenfestbetrag – die sog. garantierte Rente – zu ermitteln ist, entscheidend auf die Entstehungs- und Entwicklungsgeschichte des Tarifvertrages und dabei für die Auslegung maßgeblich auf die jeweiligen Gründe für die Änderungen abgestellt.[836] In der Entscheidung vom 11.11.2014, in der es um die Ermittlung der Höhe einer vorgezogen in Anspruch genommenen Betriebsrente ging, hat das BAG bezüglich der Auslegung einer Betriebsvereinbarung über betriebliche Altersversorgung einem klarstellenden Aushang, der von dem Arbeitgeber und dem Betriebsrat unterschrieben worden war, ebenfalls eine maßgebliche Bedeutung zugesprochen.[837]

d) Sinn und Zweck

Bei der Auslegung des normativen Teils einer kollektivrechtlichen Versorgungszusage ist zudem der Sinn und Zweck der jeweiligen Regelung maßgeblich. Damit können jedoch nur allgemeine Normzweckerwägungen gemeint sein. Soweit es

---

832 A.A. *Gamillscheg*, Kollektives Arbeitsrecht, Bd. I, S. 659.
833 Vgl. dazu bereits F. II. 5. c).
834 Wiedemann/*Wank*, TVG, § 1 Rn. 1024.
835 Jacobs/Krause/Oetker/Schubert/*Krause*, Tarifvertragsrecht, § 4 Rn. 183 f.
836 BAG v. 18.2.2014 – 3 AZR 833/12, NZA 2014, 1217, 1221.
837 BAG v. 11.11.2014 – 3 AZR 848/11, AP BetrAVG § 6 Nr. 33.

sich nämlich um den konkreten Regelungszweck handeln würde, ginge es letztendlich um nichts anderes als um den Willen der Tarif- und Betriebspartner selbst.[838] Dieser stellt jedoch kein Auslegungskriterium dar, sondern ist selbst das Ziel der Auslegung. Insoweit sind allein allgemeine Normzweckerwägungen zu berücksichtigen. Hierrunter fallen insbesondere die Praktikabilität der Regelung, aber auch Gesichtspunkte wie Rechtssicherheit und Stringenz spielen eine entscheidende Rolle. Das richterliche Entscheidungsermessen wird in den Urteilsbausteinen des BAG zur Auslegung von kollektivrechtlichen Rechtsnormen – wie auch im Anwendungsbereich von individualrechtlich begründeten Versorgungszusagen – so umschrieben, dass im Zweifel, derjenigen Auslegung der Vorzug gebührt, „die zu einer vernünftigen, sachgerechten, zweckorientierten und praktisch brauchbaren Regelung führt.[839] Nicht selten greift das BAG auf diese Gesichtspunkte zurück, um ein nach seinem Empfinden überwiegend eindeutiges Auslegungsergebnis zu unterstreichen.[840]

4. Auflösung von verbleibenden Unklarheiten

Ähnlich wie bei ausgehandelten Versorgungszusagen können Klauseln, Verweise oder Begrifflichkeiten in einem kollektivrechtlichen Versorgungswerk trotz Heranziehung der methodisch-formalen Auslegungskriterien keine abschließenden Feststellungen zulassen. Auch in diesem Fall liegt die letztendliche Befriedung der Streitigkeit in den Händen der (Arbeits-)Gerichte.[841] Der Letztentscheidungskompetenz kann jedoch auch im Anwendungsbereich von Kollektivvereinbarungen durch inhaltlich-materiale Auslegungsregeln beschränkt sein.

a) Keine allgemeine Zweifelregel zugunsten der Arbeitnehmer im Kollektivarbeitsrecht

Bevor das Gericht seine vorgenannte Kompetenz zur Auflösung von Mehrdeutigkeiten ausüben darf, muss der Richter im Anwendungsbereich von Kollektivnormen die Vorrangigkeit von inhaltlich-materialen Auslegungsregeln prüfen. Auch im Anwendungsbereich von Kollektivvereinbarungen kann der Richter im Falle von mehreren in Betracht kommenden Auslegungsmöglichkeiten aufgrund gesetzlicher Zweifelsregelungen oder Präjudizien gezwungen sein, einem konkreten Auslegungsergebnis den Vorzug zu geben. Der Rückgriff auf inhaltlich-materiale Auslegungsregeln schränkt insoweit auch im Kollektivarbeitsrecht die richterliche Entscheidungsprärogative ein. Hierzu kann auf die Ausführungen zu

838 Jacobs/Krause/Oetker/Schubert/*Krause*, Tarifvertragsrecht, § 4 Rn. 180.
839 BAG v. 26.3.2013 – 3 AZR 68/11, AP BetrAVG § 1 Auslegung Nr. 42.
840 BAG v. 18.2.2014 – 3 AZR 833/12, NZA 2014, 1217, 1221.
841 BAG v. 6.6.1984 – 4 AZR 218/82, AP BAT 1975 §§ 22, 23 Nr. 90; v. 23.10.1958 – 4 AZR 110/56, AP TOA § 3 Nr. 41.

den inhaltlich-materialen Auslegungsregeln verwiesen werden.[842] Neben den allgemeinen, teilweise bereits erläuterten inhaltlich-materialen Zweifelsregeln stellt sich für das Kollektivarbeitsrecht die weitere Auslegungsfrage, ob es im Kollektivarbeitsrecht eine generelle Zweifelsregel zugunsten der Arbeitnehmer gibt.

In der Literatur wird – insbesondere für das Tarifvertragsrecht[843] – die Auffassung vertreten, dass in Zweifelsfällen stets die Auslegung zu wählen ist, die für den Arbeitnehmer günstiger sei. Befürworter dieses Ansatzes berufen sich insbesondere auf den allgemeinen arbeitsrechtlichen Schutzgedanken.[844] Trotz der allgemeinen gesetzgeberischen Wertungen, die sich vor allem aus § 305c Abs. 2 BGB ergeben, und des allgemein anerkannten Arbeitnehmerschutzprinzips ist diese Auffassung für den Anwendungsbereich des Kollektivarbeitsrechts jedoch abzulehnen.[845] Im Gegensatz zur Normierung des § 305c Abs. 2 BGB, der für Kollektivvereinbarungen ausdrücklich nicht gilt, gibt es hierfür keinen rechtlichen Anknüpfungspunkt.[846] Wie bereits dargestellt[847], ist im Bereich des Kollektivarbeitsrechts vielmehr davon auszugehen, dass sich die Tarif- und Betriebspartner auf Augenhöhe begegnen. Dieser Gedanke ist für die Tarifvertragsparteien in § 17 Abs. 3 BetrAVG einfachgesetzlich verankert. Ein anderes Verständnis wäre auch mit der vermuteten Richtigkeitsgewähr von Kollektivverträgen unvereinbar, die es dem Staat überhaupt erst erlaubt, seine Rechtsetzungsbefugnis in diesem Bereich zurückzunehmen und die Normsetzungsbefugnis der Tarif- und Betriebspartner anzuerkennen.[848] Dass diese Vertragsparität nicht nur gesetzgeberisches Wunschdenken ist, zeigt sich etwa in den zähen Tarifvertragsverhandlungen zur Alterssicherung bei der Lufthansa in den Jahren 2014 und 2015.[849] Aber auch auf betrieblicher Ebene stehen den Interessenvertretern umfassende Mitwirkungsrechte bei der Implementierung eines betrieblichen Versorgungssystems zu, die faire und ausgewogene Versorgungsbedingungen garantieren.[850] In einem mitbestimmten Betrieb ist der Betriebsrat aufgrund der zwingenden Mitbestimmungsrechte des § 87 Abs. 1 BetrVG grundsätzlich bei jeder

842 Vgl. hierzu E. I . 5. c).
843 Däubler/*Däubler*, TVG, Rn. 520; Kempen/Zachert/*Zachert*, TVG, Grundlagen, Rn. 397.
844 Däubler/*Däubler*, TVG, Rn. 520; Kempen/Zachert/*Zachert*, TVG, Grundlagen, Rn. 397.
845 ErfK/*Franzen*, § 1 TVG, Rn. 101; MüArbR/*Rieble/Klumpp*, § 175 Rn 23; Wiedemann/*Wank*, TVG, § 1 Rn. 8; Thüsing/Braun/*Wißmann*, Tarifrecht, Kap. 4 Rn 163; Henssler/Willemsen/Kalb/*Henssler*, § 1 TVG Rn. 77.
846 Henssler/Moll/Bepler/*Bepler*, Der Tarifvertrag, Teil 3 Rn. 150.
847 Vgl. F. I. 1.
848 Wiedemann/*Wank*, TVG, § 1 Rn. 998.
849 Vgl. etwa die Presseberichterstattung über den Streik (http://www.airliners.de/lufthansa-verdi-tarifvertrag/37306, Stand: Januar 2016).
850 *Schlewing*, NZA 2010, 529.

Einführung, Änderung oder Einschränkung der betrieblichen Altersversorgung als gleichberechtigter Partner zu beteiligen.[851]

b) Restriktive Auslegung bezüglich des persönlichen Anwendungsbereichs

Insbesondere hinsichtlich des persönlichen Anwendungsbereichs eines versorgungsrechtlichen Tarifvertrages finden sich häufig – mehr oder weniger – klärende Definitionen. In der Rechtsprechung des BAG werden derartige Ausnahmebestimmungen zum persönlichen Anwendungsbereich im Zweifelsfall eng ausgelegt.[852] Auch der 3. Senat hat sich in seiner Entscheidung zum Ausschluss von Lektoren aus der tarifvertraglich geregelten Zusatzversorgung des Landes Rheinlandpfalz dieser Rechtsprechung angeschlossen.[853] Die Anwendung des Restriktionsprinzips, das in derartigen Fällen zumeist zulasten des Arbeitgebers geht, ist vor dem Hintergrund des weiten Einschätzungsspielraums der Tarif- und Betriebspartner und der bestehenden Vertragsparität bei Abschluss einer Kollektivvereinbarung jedoch abzulehnen.[854]

c) Vorrang von richterrechtlichen Auslegungsregeln

Eine in der arbeits- und betriebsrentenrechtlichen Literatur[855] besonders lebendig diskutierte Auslegungsregel der Rechtsprechung dreht sich dabei um die Auswirkungen der Anhebung des Rentenalters in der gesetzlichen Rentenversicherung auf Versorgungszusagen, die hinsichtlich des Versorgungseintritts ausdrücklich auf das 65. Lebensjahr abstellen.

aa) Anhebung der Regelaltersgrenze in der gesetzlichen Rentenversicherung

Als Reaktion auf den demografischen Wandel in Deutschland hat der Gesetzgeber durch das sog. RV-Altersgrenzenanpassungsgesetz[856] die Regelaltersgrenze des § 235 SGB VI in der gesetzlichen Rentenversicherung mit Wirkung zum 1.1.2008 angepasst. Die Regelaltersgrenze wird demnach in der gesetzlichen Rentenversicherung bis

---

851 Erzwingbare Mitbestimmungsrechte ergeben sich im Rahmen einer betrieblichen Altersversorgung aus betriebsverfassungsrechtlichen Gesichtspunkten insbesondere aus § 87 Abs. 1 BetrVG. In Betracht kommen vor allem die Mitbestimmungstatbestände der betrieblichen Lohngestaltung (Nr. 10) und der Form, Ausgestaltung und Verwaltung von Sozialeinrichtungen (Nr. 8), ausführlich dazu Willensem/Hohenstatt/Schweibert/Seibt/*Schnitker*, Umstrukturierung, Kap. J Rn. 314.

852 BAG v. 13.1.1981 – 6 AZR 678/78, AP BPersVG § 46 Nr. 2.

853 BAG v. 26.1.1999 – 3 AZR 381/97, AP BetrAVG § 1 Zusatzversorgungskassen Nr. 48.

854 Ablehnend auch Wiedemann/*Wank*, TVG, § 1 Rn. 1006.

855 Vgl etwa *Walddörfer/Wilhelm*, BB 2012, 3137.

856 Gesetz zur Anpassung der Regelaltersgrenze an die demografische Entwicklung und zur Stärkung der Finanzierungsgrundlagen der gesetzlichen Rentenversicherung (RV-Altersgrenzenanpassungsgesetz) v. 20.4.2007, BGBl. I 2007 S. 554.

zum Jahr 2031 stufenweise vom 65. auf das 67. Lebensjahr angehoben. Für die Geburtenjahrgänge von 1947 bis 1963 steigt die Regelaltersgrenze dabei in Ein-Monats- bzw. Zwei-Monatsschritten an. Für sämtliche Geburtenjahrgänge ab 1964 gilt hingegen das 67. Lebensjahr als gesetzliches Regelalter.

Im Rahmen des Gesetzgebungsverfahrens wurde auch § 2 BetrAVG[857] angepasst, der seiner Überschrift nach die Höhe der unverfallbaren Anwartschaften regelt, wenn ein Arbeitnehmer vor Eintritt des Versorgungsfalles mit einer gesetzlichen unverfallbaren Anwartschaft aus dem Arbeitsverhältnis ausscheidet. Im Zuge dessen wurde § 2 Abs. 1 Satz 1 Halbsatz 1 BetrAVG dahingehend geändert, dass die Formulierung „Vollendung des 65. Lebensjahrs" durch den Begriff der „Regelaltersgrenze in der gesetzlichen Rentenversicherung" ersetzt worden ist.[858] Die Änderung in § 2 Abs. 1 Satz 1 Halbsatz 1 BetrAVG wird im Gesetzesentwurf von *CDU/CSU* und *SPD* dabei wie folgt begründet: „In der Berechnungsformel zur Höhe der unverfallbaren Anwartschaft eines vorzeitig aus dem Unternehmen ausscheidenden Beschäftigten wird, wenn in der Versorgungsordnung kein früherer Zeitpunkt vorgesehen ist, bislang auf das 65. Lebensjahr und damit die Regelaltersgrenze in der gesetzlichen Rentenversicherung abgestellt. Mit der Änderung wird die Anhebung dieser Altersgrenze auf 67 Jahre (§§ 35, 235 SGB VI) sowie die künftige Altersgrenze bei Altersrenten für besonders langjährig Versicherte (§ 38 SGB VI) nachvollzogen."[859] Die gesetzgeberische Intention dieser Anpassung war folglich die Harmonisierung der Alterssicherungssysteme.

Zugleich regelt § 2 Abs. 1 Satz 1 Halbsatz 2 BetrAVG, dass an die Stelle des Erreichens der Regelaltersgrenze in der gesetzlichen Rentenversicherung ein früherer Zeitpunkt tritt, wenn ein solcher in der Versorgungszusage als festes Renteneintrittsalter vorgesehen ist. Diese Regelung hat zur Folge, dass eine zwischen den Parteien vereinbarte frühere Altersgrenze in der Versorgungszusage als für den Arbeitnehmer günstigere Altersgrenze stets Vorrang genießt.

In der Praxis und in der betriebsrentenrechtlichen Literatur trat alsbald nach Inkrafttreten der Anhebung der gesetzlichen Regelaltersgrenze die Frage auf, wie Versorgungszusagen zu verstehen sind, die vor der Gesetzesänderung zugesagt worden sind und ausdrücklich auf das „65. Lebensjahr" abstellen. Unter Verweis auf den eindeutigen Wortlaut der Versorgungszusage wurde die Auffassung vertreten, dass die Anhebung der Regelaltersgrenze in der gesetzlichen Rentenversicherung keine Auswirkungen auf die Versorgungszusage habe und die Regelaltersgrenze von 65 Jahren konstitutiv fortgelte.[860]

---

857 Zum Normzweck auch Blomeyer/Rolfs/Otto/*Rolfs*, BetrAVG, § 2 Rn. 1.

858 Gesetz zur Anpassung der Regelaltersgrenze an die demografische Entwicklung und zur Stärkung der Finanzierungsgrundlagen der gesetzlichen Rentenversicherung (RV-Altersgrenzenanpassungsgesetz) v. 20.4.2007, BGBl. I 2007 S. 568.

859 BT Drucks. 16/3794 S. 47.

860 So etwa für das Quotierungsverfahren nach § 2 Abs. 1 BetrAVG Kemper/Kisters-Kölkes/Berenz/Huber, BetrAVG, § 2 Rn. 32 (so noch in der 4. Auflage); ErfK/*Steinmeyer*, § 2 BetrAVG Rn. 5 (so noch in der 12. Auflage); *Rolfs*, NZA 2011, 540, 541.

Nach der Gegenauffassung in der Literatur führte die Anhebung des gesetzlichen Renteneintrittsalters zu einem Mitwandern der Altersgrenze in der Versorgungszusage. Nach diesem Verständnis stellt die Benennung der Vollendung des 65. Lebensjahrs eine dynamische Verweisung auf die Regelaltersgrenze in der gesetzlichen Rentenversicherung dar.[861]

bb) Mitwandern der Altersgrenze

Mit Urteil vom 15.5.2012 entschied das BAG diese Streitfrage. Der Entscheidung des BAG lag dabei folgender Sachverhalt zu Grunde: Die Klägerin war bis in das Jahr 2009 bei der beklagten Arbeitgeberin beschäftigt. Die bei der Arbeitgeberin geltende Betriebsvereinbarung über betriebliche Altersversorgung regelte eine monatliche Rentenzahlung. Hinsichtlich der Gewährung der Versorgungsleistung hieß es in der Versorgungsordnung:

„Ruhegeld wird gewährt, wenn der Mitarbeiter nach Erfüllung der Wartezeit aus den Diensten von A ausscheidet und entweder das 65. Lebensjahr vollendet hat oder Sozialversicherungsrente in Anspruch nimmt."[862]

Zum 1.1.1999 löste die Arbeitgeberin die ursprüngliche Versorgungszusage durch eine Versorgungszusage ab, wonach die alte Rentenanwartschaft durch eine Anwartschaft auf eine Kapitalleistung bei Renteneintritt ersetzt wurde. Gegen diese Ablösung wandte sich die Klägerin. Für die Frage der wirksamen Ablösung war es erforderlich, die erdienten Anwartschaften sowohl nach der alten als auch der ablösenden Versorgungszusage zu berechnen und sodann zur Überprüfung der Wertgleichheit gegenüberzustellen. Bei der Berechnung des Teilwerts der ursprünglichen Versorgungszusage war dabei entscheidend, auf welches Renteneintrittsalter für die Berechnung der Anwartschaft abzustellen sei.

Das BAG kam zu dem Ergebnis, dass die Benennung des 65. Lebensjahres in einer Versorgungszusage, die vor dem RV-Altersgrenzenanpassungsgesetz zugesagt worden sei, dynamisch auf die Regelaltersgrenze in der gesetzlichen Rentenversicherung nach §§ 35, 235 Abs. 2 Satz 2 SGB VI verweise.[863] Nach der richterlichen Erfahrung und unter Berücksichtigung der Interessenlage sei es eher fernliegend, dass ein Arbeitgeber die Betriebsrente bereits zu einem Zeitpunkt zahlen wolle, in dem eine Rente aus der gesetzlichen Rentenversicherung nicht beansprucht und somit auch nicht angerechnet werden könne.[864] Für ein solches Verständnis spreche zudem, dass nach allgemeinen Erfahrungen die vom Arbeitgeber zu erbringende

---

861 *Höfer/Höfer*, BetrAVG, § 2 Rn. 3119.5 ff. (Stand: Juni 2011); Schaub/*Vogelsang*, ArbR-Hdb, § 85 Rn. 155 (in der damals 14. Auflage); *Cisch/Kruip*, BB 2007, 1162, 1168; *Höfer/Witt/Kuchen*, BB 2007, 1445, 1450.

862 BAG v. 15.5.2012 – 3 AZR 11/10, AP BetrAVG § 1 Ablösung Nr. 55.

863 BAG v. 15.5.2012 – 3 AZR 11/10, AP BetrAVG § 1 Ablösung Nr. 55.

864 BAG v. 15.5.2012 – 3 AZR 11/10, AP BetrAVG § 1 Ablösung Nr. 55 mit Verweis auf *Baumeister/Mertens*, DB 2007, 1306 und Henssler/Willemsen/Kalb/*Schipp*, Vorb. BetrAVG Rn. 106a.

betriebliche Altersversorgung als Gegenleistung für die Betriebszugehörigkeit zwischen dem Beginn des Arbeitsverhältnisses und dem Erreichen der festen Altersgrenze aufgefasst werde.[865] Die Benennung des 65. Lebensjahres als derartige Altersgrenze liege daher im Allgemeinen der Gedanke zugrunde, dass zu diesem Zeitpunkt der Arbeitnehmer regelmäßig seine ungekürzte Altersrente aus der gesetzlichen Sozialversicherung beziehen könne und das Arbeitsverhältnis zu diesem Zeitpunkt enden werde.[866] Vor diesem Hintergrund sei eine Anlehnung an die im gesetzlichen Rentenversicherungsrecht bestehende Altersgrenze naheliegend.[867]

Dieses Verständnis entspreche auch dem im Rahmen des Gesetzgebungsverfahren zum Ausdruck gebrachten gesetzgeberischen Willen, wonach die Anhebung der gesetzlichen Altersgrenzen in der gesetzlichen Rentenversicherung in den Systemen der betrieblichen Altersversorgung nachvollzogen werden solle.[868]

cc) Stellungnahme

Der materiell-rechtliche Kern der Entscheidung des BAG ist in der Literatur nach ihrer Veröffentlichung größtenteils begrüßt worden.[869] Auch die methodische Seite der Entscheidung kann im Grundsatz überzeugen. Das BAG hat bei seiner Überlegung richtigerweise darauf abgestellt, wie die Versorgungsordnung im Zeitpunkt der Erteilung (1981) von den Betriebsparteien verstanden werden sollte und insbesondere darauf abgestellt, dass die Regelaltersgrenze zu diesem Zeitpunkt seit über 50 Jahren (!) durchgehend bei der Vollendung des 65. Lebensjahres gelegen habe. Vor diesem Hintergrund hat das BAG die Zweifelsfrage unter Zugrundelegung der richterlichen Erfahrung dahingehend entschieden, dass die Parteien mit der Benennung des 65. Lebensjahres als Eintrittsalter in der Versorgungszusage einen Gleichlauf mit der gesetzlichen Rente bewirken wollten. Weiter hat das BAG die Versorgungsordnung systematisch in den äußeren Gesamtkontext der Altersversorgungsysteme eingeordnet und dabei auf die Wertungen aus der gesetzlichen Rentenversicherung abgestellt. Kritisch zu sehen ist es jedoch, dass das BAG dabei auf die Intention, die der Gesetzgeber mit dem RV-Altersgrenzenanpassungsgesetz verfolgte, abgestellt hat. Entscheidend kann aufgrund einer methodenehrlichen Auslegung nur sein, was die Betriebsparteien bei Abschluss der Betriebsvereinbarung regeln wollten. Daher liegt es nahe, dass die Betriebsparteien einen Gleichlauf mit der gesetzlichen Rentenversicherung erreichen wollten. Es ist nicht ersichtlich, warum ein Arbeitnehmer bereits Betriebsrente erhalten sollte, obwohl das Gesetz eine sozialversicherungspflichtige Beschäftigung bis zum 67. Lebensjahr fordert. Etwas anderes könnte sich

865 BAG v. 15.5.2012 – 3 AZR 11/10, AP BetrAVG § 1 Ablösung Nr. 55.
866 BAG v. 15.5.2012 – 3 AZR 11/10, AP BetrAVG § 1 Ablösung Nr. 55.
867 BAG v. 15.5.2012 – 3 AZR 11/10, AP BetrAVG § 1 Ablösung Nr. 55.
868 BT-Drucks. 16/3794 S. 31.
869 Vgl. etwa *Langohr-Plato*, Betriebliche Altersversorgung, Kap. B Rn. 425 ff.; *Beck*, ArbRAktuell 2012, 315.

nur ergeben, wenn der Arbeitgeber den Arbeitsvertrag explizit auf die Vollendung des 65. Lebensjahres auflösend bedingt hätte. Das ist aber regelmäßig nicht der Fall.

In seiner Entscheidung vom 13.1.2015 zu den Voraussetzungen für den Bezug einer Betriebsrente ab Vollendung des 60. Lebensjahres hat das BAG diese Auslegungsregel ausdrücklich bestätigt und dahingehend fortgeschrieben, dass bei einer Gesamtversorgungszusage aufgrund des arbeitgeberseitigen Anrechnungsinteresses grundsätzlich ein Gleichlauf zwischen gesetzlichen Renteneintrittsalter und betriebsrentenrechtlicher Bezugsberechtigung intendiert sei.[870] Diese Auslegungsregel reiht sich in die allgemeine Praxis ein, wonach Verweise auf Gesetze oder die wortlautgleiche Wiedergabe einzelner Vorschriften im Zweifelfall dynamisch verstanden werden müssen und die Versorgungszusagen insoweit an Rechtsentwicklungen partizipieren.[871]

Eine zusätzliche, aktuelle Brisanz erhält diese Auslegungsregel vor dem Hintergrund der „Rente mit 63", die im Rahmen des Gesetzes zur Leistungsverbesserung in der gesetzlichen Rentenversicherung[872] zum 1.7.2014 in Kraft getreten ist.[873] Die „Rente mit 63" ermöglicht besonderes langjährigen Versicherten, die mindestens 45 Beitragsjahre in der gesetzlichen Rentenversicherung aufweisen, die Rente ohne Abzüge, d.h. abschlagsfrei, bereits ab dem 63. Lebensjahr zu beanspruchen, § 236b Abs. 1 SGB VI.[874] Inwieweit sich die „Rente mit 63" analog der Rechtsprechung des BAG zum Mitwandern der Altersgrenze ebenfalls auf betriebliche Versorgungswerke auswirkt, ist nicht ohne Weiteres ersichtlich. Der Gesetzgeber hat in seiner Gesetzesbegründung zum Gesetz zur Leistungsverbesserung in der gesetzlichen Rentenversicherung eine Geltung der „Rente mit 63" für betriebliche Versorgungswerke ausdrücklich abgelehnt.[875]

Es ist jedoch zu konstatieren, dass die ablehnende Haltung des Gesetzgebers für die Auslegung eines Versorgungswerkes unter rechtsdogmatischen Gesichtspunkten ohne Belang ist.[876] Sie kann zur Begründung eines Auslegungsergebnisses grundsätzlich nicht herangezogen werden.[877] Es stellt sich vielmehr nachträglich die Frage, ob es dem Willen der Parteien beim Abschluss des Versorgungswerks entsprach, dass die betriebliche Rente ohne Abschlag vorzeitig in Anspruch genommen werden kann. Dies wird im Regelfall abzulehnen sein. Es ist zu beachten, dass die Neuregelung im Unterschied zum RV-Altersgrenzenanpassungsgesetz keine allgemeine Absenkung des gesetzlichen Renteneintrittsalters vorgenommen hat, sondern

---

870 BAG v. 13.1.2015 – 3 AZR 894/12, AP BetrAVG § 1 Auslegung Nr. 54.

871 Zu dieser Auslegungsregel etwa Henssler/Moll/Bepler/*Bepler*, Der Tarifvertrag, Teil 3. Rn. 148.

872 Gesetz zur Leistungsverbesserung in der gesetzlichen Rentenversicherung vom 23.6.2014, BGBl. I 2014 S. 787.

873 Dazu ausführlich *Neufeld/Flockenhaus/Schemmel*, BB 2014, 2741 ff.

874 Nach § 236b Abs. 2 SGB VI steigt das Renteneintrittsalter je nach Geburtsjahr an.

875 BT-Drs. 18/909, S. 25.

876 Darauf hinweisend auch *Reinhard/Hoffmann-Remy*, NZA 2015, 1159, 1160.

877 A.A. *Reinhard/Hoffmann-Remy*, NZA 2015, 1159, 1162.

lediglich eine Sonderregelung für besonders langjährige Versicherte geschaffen hat, die gesetzlichen Rentenversicherungsleistungen in Anspruch zu nehmen.[878] Diese Unterscheidung ist für die Willensermittlung entscheidend, denn im Zweifelsfall wird es insbesondere nicht dem Willen des zusagenden Arbeitgebers entsprechen, dass der Versorgungsberechtigte seine Betriebsrente vorzeitig und ohne Abzüge in Anspruch nehmen kann. Es ist zu berücksichtigen, dass eine vorzeitige Inanspruchnahme der betrieblichen Versorgungsleistungen zum einen zu einem früheren Ausfall der Arbeitsleistung auf Seiten des Arbeitnehmers und zum anderen zu einer längeren Leistungspflicht auf Seiten des Arbeitgebers führt. Aus diesem Grunde sehen Versorgungszusagen für den Fall der vorzeitigen Inanspruchnahme zumeist versicherungsmathematische Abschläge vor. Ist dem Versorgungswerk keine derartige vorrangige Regelung zu entnehmen, ist die Versorgungszusage lückenhaft. Diese Fälle wären dann über die Anwendung eines untechnischen versicherungsmathematischen Abschlags[879] zu lösen.

IV. Lückenschließung bei Kollektivvereinbarungen

Kann trotz des Rückgriffs auf die erläuternden Auslegungsregeln ein von den Tarif- und Betriebspartnern gewollter Inhalt des Versorgungswerkes nicht ermittelt werden, liegt es nahe, dass sich diese über diesen Punkt von vornherein nicht geeinigt haben und das Versorgungswerk eine Regelungslücke aufweist. Das kollektivrechtliche Versorgungswerk kann eine derartige Lücke aber auch aufgrund nachträglicher Veränderungen aufweisen, so dass sich in sämtlichen Fällen die Frage stellt, wie mit derartigen offenen Stellen in einem kollektivrechtlichen Regelungswerk umzugehen ist. In den Fokus der Überlegung drängt in diesen Fällen das Instrument der Fortbildung.[880]

1. Zulässigkeit der Fortbildung im Kollektivarbeitsrecht

Die Frage, ob die Fortbildung von Kollektivvereinbarungen überhaupt zulässig ist, ist in der arbeitsrechtlichen Literatur nicht unumstritten. Auch hier spiegelt sich der methodische Streit um die anzuwenden Auslegungsgrundsätze[881] wider. Insbesondere für das Tarifvertragsrecht wird eine richterliche Kompetenz zur Fortbildung von Vertretern eines rein subjektiven Auslegungsansatzes teilweise unter Berufung auf die Tarifautonomie und dem strikten Postulat des tarifvertraglichen Willens gänzlich abgelehnt.[882] Die Vertreter eines verobjektivierten Auslegungsansatzes haben aufgrund ihres Standpunkts weniger Probleme mit der Anerkennung einer ergänzenden Fortbildung von Kollektivvereinbarungen. Es bleibt jedoch zu

878 So auch *Reinhard/Hoffmann-Remy*, NZA 2015, 1159, 1161.
879 Vgl. dazu bereits E. III. 4. a) aa).
880 Zur Begrifflichkeit bereits unter D. V. 2.
881 Vgl. F. II.
882 Ausführlich dazu etwa *Wank*, RdA 1998, 71 ff.

konstatieren, dass sich auch eine ergänzende Fortbildung und der hier vertretende versubjektivierte Auslegungsansatz bei der Interpretation von kollektivrechtlichen Versorgungszusagen keineswegs widersprechen. Ein Eingriff in die „ersatzgesetzgeberischen" Kompetenzen der Tarif- und Betriebspartner zur Gestaltung der Arbeits- und Wirtschaftsbedingungen ist nämlich nur dann gegeben, wenn der entgegenstehende Wille durch eine richterliche Fortbildung ausgehebelt wird. Dies ist bei der Fortbildung aber nicht per se der Fall.

Der Wille der Tarif- und Betriebspartner hat für die Fortbildung nur in den Fällen eine Sperrwirkung, in denen diese auch tatsächlich und abschließend von ihrer Kompetenz zur Normsetzung Gebrauch gemacht oder die Ausübung dieser Befugnis unterlassen haben. Eine ergänzende Fortbildung durch die Gerichte für Arbeitssachen scheidet in letzteren Fällen nur aus, wenn die Tarif- und Betriebspartner zu einer inhaltlichen Fragestellung bewusst eine Regelung unterlassen haben.[883]

Anders verhält es sich bei einer unbewussten Regelungslücke, bei denen die Tarif- und Betriebspartner einen zu regelnden Sachverhalt lediglich übersehen haben oder eine richterliche Klärung ganz bewusst in Kauf genommen haben. In diesen Fällen ist die richterliche Fortbildung nicht nur möglich, sondern zwingend. Aus dem allgemeinen Rechtsverweigerungsverbot ergibt sich, dass die Gerichte im Rahmen ihrer gesetzlichen Zuständigkeit verpflichtet sind, einen Sachverhalt abschließend zu entscheiden, auch wenn ein normativer Anknüpfungspunkt nicht oder nicht umfassend existiert.[884] Zudem widerspräche es dem Gebot der Gerechtigkeit, den Normunterworfenen, die keine unmittelbare Verantwortung für die Mängel der Kollektivvereinbarung haben, eine Entscheidung vorzuenthalten, die dem allgemeinen Regelungszweck der Kollektivvereinbarung entspricht. Methodisch ehrlicher ist es daher, sich der Frage der Zulässigkeit der Fortbildung im Kollektivarbeitsrecht jeweils unter Berücksichtigung des Willens der Tarif- und Betriebspartner anzunähern. Auch das BAG geht von einer grundsätzlichen Zulässigkeit der Fortbildung von tarifvertraglichen Versorgungswerken und Betriebsvereinbarungen über betriebliche Altersversorgung aus.[885]

2. (Un-)Bewusste Lückenfüllung

Der zulässige Rückgriff auf die ergänzende Fortbildung setzt voraus, dass dem kollektivrechtlichen Versorgungswerk zu einer regelungsbedürftigen Frage kein Regelungswille der Tarif- und Betriebspartner entnommen werden kann und sich ein solcher auch sonst nicht nachvollziehen lässt. Eine solche unbewusste Regelungslücke ist anzunehmen, wenn die Tarif- und Betriebspartner eine regelungsbedürftige Frage erkennbar gewollt ungeregelt gelassen haben und dies in einer

883 Kempen/*Zachert*, TVG, Grundlagen Rn. 334; Löwisch/*Rieble*, TVG, § 1 Rn. 425.
884 *Rüthers/Fischer/Birk*, Rechtstheorie, § 23 Rn. 823.
885 Vgl. für Tarifverträge etwa ausdrücklich BAG v. 3.11.1998 – 3 AZR 432/92, NZA 1999, 999, 1000; für Betriebsvereinbarungen etwa BAG v. 21.4.2009 – 3 AZR 471/07, AP SGB IV § 159 Nr. 1.

entsprechenden Auslassung seinen Ausdruck findet, wobei die Unterlassung der Regelung ihren Grund auch darin haben kann, dass die Parteien sich über die betreffende Frage nicht haben einigen können.[886] Füllt der Richter diese Lücke auf, greift er nicht in den „Vorbehaltsbereich der Tarifautonomie“[887] bzw. der Betriebsautonomie ein, so dass gegen eine Fortbildung in derartigen Fällen keine Bedenken bestehen.

Im Falle einer bewussten Regelungslücke scheidet eine Fortbildung demgegenüber aus. In einem solchen Fall muss die Lücke des Versorgungswerkes allein durch die Wertungen des Arbeits- bzw. Versorgungsvertrages oder mittels der Wertungen des BetrAVG geschlossen werden. Ist unklar, ob es sich um eine bewusste oder unbewusste Regelungslücke handelt, verbleibt es im Zweifelsfall bei der Kompetenz der Tarif- und Betriebspartner, die (vermeintliche) Lücke einvernehmlich zu berichtigen.

a) Lückenhaftigkeit des Versorgungswerkes

Grundvoraussetzung für die ergänzende Fortbildung ist somit das Vorliegen einer unbewussten Regelungslücke im Versorgungswerk. Eine unbewusste Regelungslücke ist nicht bereits dann anzunehmen, wenn eine Bestimmung von den Sozialpartnern unterschiedlich interpretiert wird.[888] Sie zeichnet sich vielmehr dadurch aus, dass dem Regelwerk zu einem bestimmten Sachverhalt gerade kein genetischer Wille der Sozialpartner entnommen werden kann, der Regelungsgehalt sich aber ohne die Regelung als planwidrig und unvollständig darstellt.[889]

Ein Anwendungsfall eines unbewusst lückenhaften Kollektivwerkes sind etwa sog. endgehaltsbezogene Versorgungsleistungen ohne Teilzeitarbeitsregelungen. Endgehaltsbezogene Versorgungsleistungen zeichnen sich dadurch aus, dass für die Berechnung des ruhegehaltsfähigen Einkommens auf das zuletzt bezogene monatliche Gehalt abgestellt wird. Eine typische endgehaltsbezogene Versorgungsklausel lautet etwa:

„Als ruhegeldfähiges Einkommen gilt die Grundvergütung, die der Arbeitnehmer in dem Monat bezieht, in dem der Versorgungsfall eintritt, oder, falls der Arbeitnehmer zu diesem Zeitpunkt keine Vergütung bezieht, die zuletzt bezogene Grundvergütung.“[890]

Bei einer derartigen endgehaltsbezogenen Versorgungsklausel stellt sich die Frage, wie mit Arbeitnehmern zu verfahren ist, die während ihres Beschäftigungsverhältnisses in nicht unerheblichen Umfang von einer Teilzeitbeschäftigung zu einer Vollzeitbeschäftigung oder in umgekehrter Richtung gewechselt sind, wenn sich in der Versorgungszusage keine weiteren Einlassungen zu unregelmäßigen

---

886 Vgl. nur BAG v. 25.2.2009 – 4 AZR 19/08, AP BAT § 23b Nr. 6.

887 *Gamillscheg*, Kollektives Arbeitsrecht, Bd. I, S. 664.

888 BAG v. 23.2.2005 – 4 AZR 172/04, AP TVG § 1 Auslegung Nr. 194.

889 BAG v. 14.12.2010 – 4 AZR 750/08, AP TVG § 4 Nr. 34; v. 25.4.1978 – 4 AZR 769/76, AP TVG § 1 Tarifverträge: Metallindustrie Nr. 6; Jacobs/Krause/Oetker/Schubert/*Krause*, Tarifvertragsrecht, § 4 Rn. 195; *Schaub*, NZA 1994, 597, 601.

890 Angelehnt an BAG v. 3.11.1998 – 3 AZR 432/97, NZA 1999, 999, 1000.

Beschäftigungszeiten finden. In diesen Fällen liegt in der Regel eine unbewusste Regelungslücke vor, da sich anderenfalls betriebliche Versorgungsansprüche ergeben würden, die nicht mehr in Relation zu der für den Arbeitgeber im Arbeitsverhältnis erbrachten Arbeitsleistungen stünden.

Auch das BAG hat in der Entscheidung, der der oben bezeichneten endgehaltsbezogenen tariflichen Versorgungsklausel zugrunde lag, eine Regelungslücke mit der Begründung angenommen, dass es nicht dem Willen der Tarifvertragsparteien entspräche, wenn Arbeitnehmer, die während ihres gesamten Berufslebens als Vollzeitkraft tätig waren und nur zuletzt etwa, aus Gesundheitsgründen, in Teilzeitarbeit wechseln mussten, lediglich entsprechend dem Umfang der letzten Beschäftigungszeit versorgt werden und Arbeitnehmer, die nur in der letzten Zeit des Beschäftigungsverhältnisses als Vollzeitkräfte und vorher längere Zeit als Teilzeitkräfte tätig waren, an dem Gesamtumfang ihrer Tätigkeit gemessen eine unverhältnismäßig hohe Altersversorgung erhielten.[891]

b) Ermittlung eines mutmaßlichen Willens

Hinsichtlich der Vorgehensweise zur Ermittlung eines mutmaßlichen Willens unterscheidet sich die methodische Vorgehensweise bei der ergänzenden Fortbildung im Kollektivarbeitsrecht nur bedingt von der methodischen Vorgehensweise bei der ergänzenden Vertragsauslegung im Individualarbeitsrecht, da es bei der Ermittlung des mutmaßlichen Willens – wie auch im Anwendungsbereich des Individualarbeitsrechts – allein auf die Interessenlagen der durch die Kollektivvereinbarung schuldrechtlich verbundenen Sozialpartner ankommt. Hier spiegelt sich der hybride Charakter der Kollektivvereinbarungen wider, wonach zwischen der Entstehungsweise, die sich nach den schuldrechtlichen Grundsätzen richtet, und ihrer normativen Wirkungsweise zu unterscheiden ist.[892] Keine Anwendung finden jedoch auch hier die methodischen Modifikationen, die für vorformulierte Versorgungsbedingungen gelten.

Insoweit ist die unbewusste Lücke – anknüpfend an die Wertungen des § 157 BGB – unter Berücksichtigung von Treu und Glauben (§ 242 BGB) zu schließen, wenn sich ausreichende Anhaltspunkte für einen mutmaßlichen Willen der Sozialpartner aus dem Regelungszusammenhang des Versorgungswerks und den Umständen des Zustandekommens des Versorgungswerkes ergeben. Wie auch im Anwendungsbereich der ergänzenden Auslegung sind der Ermittlung eines mutmaßlichen Willens auch bei dem Vorliegen einer unbewussten Lücke enge Grenzen gesetzt, so dass eine Fortbildung in den Fällen ausscheidet, in denen mehrere gleichwertige Möglichkeiten der Lückenschließung in Betracht kommen.[893] Gibt es bei tatsächlicher und rechtlicher Betrachtung mehrere Möglichkeiten, eine festgestellte

---

891 BAG v. 3.11.1998 – 3 AZR 432/97, NZA 1999, 999, 1001.

892 Dazu bereits unter F. II. 1.

893 BAG v. 23.4.2013 – 3 AZR 475/11, NZA 2013, 1275; v. 20.5.2014 – 3 AZR 1072/12, AP BetrAVG § 1 Auslegung Nr. 50.

Lücke in einem kollektivrechtlichen Regelungswerk zu schließen, bedarf es stets einer Entscheidung der Sozialpartner.[894] Ein Wahlrecht der Gerichte wäre in diesen Fällen mit dem Grundsatz der Betriebs- und Tarifautonomie nicht zu vereinbaren.[895]

3. Fortbildung und die Störung der Geschäftsgrundlage

Überschneidungen weist die richterliche Fortbildung von Kollektivvereinbarungen insbesondere mit dem Rechtsinstitut der Störung der Geschäftsgrundlage (§ 313 BGB) auf, wobei die nachfolgenden Überlegungen für individualrechtlich begründete Versorgungszusagen und das Verhältnis der ergänzenden Vertragsauslegung zur Störung der Geschäftsgrundlage entsprechend gelten.

Eine saubere Abgrenzung ist vor dem Hintergrund des Gebots der Methodenehrlichkeit aber unumgänglich. Veränderungen in der Geschäftsgrundlage sind bei Zusagen der betrieblichen Altersversorgung aufgrund der Langlebigkeit und der stetigen Entwicklungen in diesem Rechtsbereich keine Seltenheit. Nicht selten verschiebt sich das (Kosten-)Risiko in diesen Fällen – in verhängnisvoller Weise – zulasten einer Partei. Allzu vorschnell wird in derartigen Konstellationen jedoch das Rechtsinstitut der Störung der Geschäftsgrundlage, das auch im Betriebsrentenrecht ohne Weiteres Anwendung findet[896], angeführt.

a) Vorrang der Fortbildung

Das Rechtsinstitut der Störung der Geschäftsgrundlage ist im Betriebsrentenrecht ein nicht selten bemühtes Korrektiv für Anpassungs- und Widerrufsbestrebungen des Arbeitgebers. Die Grundlagenprüfung ist jedoch im Verhältnis zur ergänzenden Fortbildung stets nachrangig anzuwenden.[897] Dies gilt entsprechend auch für die ergänzende Auslegung im Individualarbeitsrecht. Kann der Inhalt der Versorgungszusage bereits durch eine (ergänzende) Fortbildung bestimmt werden, die der Interessenlage der Sozialpartner umfassend Rechnung trägt, bedarf es keiner weiteren Prüfung, ob aufgrund der abweichenden Vorstellungen der Parteien die Grundsätze der Geschäftsgrundlage einschlägig sind. Auf die Grundsätze der Geschäftsgrundlage kann jedoch zurückgegriffen werden, wenn sich eine Regelung nur vermeintlich als lückenhaft darstellt oder die Fortbildung aus anderen Gründen – etwa einer unklaren Interessenlage – ausscheidet.

Es ist jedoch im Rahmen der Fortbildung darauf zu achten, dass Gesichtspunkte der Grundlagenprüfung nicht bereits im Rahmen der Fortbildung berücksichtigt werden. Denn die saubere Trennung zwischen interessengerechter Inhaltsfindung

---

894 Vgl. hierzu etwa BAG v. 21.3.1991 – 2 AZR 616/90, NZA 1991, 803; v. 13.6.1973 – 4 AZR 445/72, AP § 1 TVG Auslegung Nr. 123.

895 BAG v. 20.5.2014 – 3 AZR 1072/12, AP BetrAVG § 1 Auslegung Nr. 50.

896 LAG Köln v. 18.10.2005 – 9 (6) Sa 589/05–, juris Rn. 46.

897 BGH v. 18.11.2011 – V ZR 31/11, NJW 2012, 526; Erman/*Westermann*, BGB, § 157 Rn. 15.

und Anpassung des Vertrages entsprechend der vertraglichen Risikoverteilung stellt einen wesentlichen Unterscheidungspunkt zwischen den beiden Instrumenten dar: Während sich die ergänzende Fortbildung dem Inhalt des Versorgungswerks widmet, setzt die Geschäftsgrundlagenprüfung außerhalb dieses Inhalts an. Insoweit sind die Fortbildung und die Anwendung des § 313 BGB methodisch strikt zu trennen. Es handelt sich um zwei unterschiedliche, aufeinander folgende Rechtsinstitute, die zwar denselben Sachverhalt behandeln, aber unterschiedliche Ansatzpunkte haben.

b) Geschäftsgrundlage der betrieblichen Altersversorgung

Das Institut der Störung der Geschäftsgrundlage schaut auf eine lange Rechtsentwicklung zurück und geht in seinen Ursprüngen zurück auf den römischen Rechtsgrundsatz der clausula rebus sic stantibus.[898] Das in der Rechtsprechung und der Literatur stetig fortentwickelte Rechtsinstitut der Störung der Geschäftsgrundlage ist erstmals im Zuge der Schuldrechtsreform zum 1.1.2002 mit der Vorschrift des § 313 in das Bürgerliche Gesetzbuch eingefügt worden.[899] § 313 BGB regelt für Situation, in der Umstände, die zur Grundlage des Vertrags geworden sind, nach Vertragsschluss schwerwiegend verändert bzw. sich als falsch herausgestellt haben, einen Ausgleich zwischen dem Bestands- und Erfüllungsinteresse der einen Vertragspartei und dem Anpassungs- oder Beendigungsinteresse der anderen Vertragspartei.[900] Auf Rechtsfolgenseite billigt § 313 BGB dem benachteiligten Teil einen Anpassungsanspruch bzw. ein Rücktritts- oder Kündigungsrecht für den Fall zu, dass eine Anpassung unmöglich bzw. für den berechtigten Teil nicht zumutbar ist.

aa) Grundlage des Vertrages

Die Vorschrift des § 313 BGB setzt tatbestandlich voraus, dass die Umstände und Vorstellungen, die sich verändert bzw. als falsch herausgestellt haben, von beiden Seiten zur Vertragsgrundlage gemacht worden sind, wobei die Vertragsgrundlage streng vom Vertragsinhalt zu unterscheiden ist.[901] Die zur Grundlage des Vertrages gemachten Umstände und Vorstellungen müssen sich schwerwiegend geändert bzw. im Wesentlichen als unzutreffend herausgestellt haben. In früherer Rechtsprechung hat das BAG dazu etwa vertreten, dass es unausgesprochene Grundlage einer jeden Versorgungszusage sei, dass der Arbeitgeber finanziell in der Lage sei, die zugesagten Leistungen auch zu erbringen.[902] Dies folge aus dem allgemeinen Rechtsgrundsatz, dass ein Arbeitgeber nicht an einer Zusage der betrieblichen Altersversorgung festgehalten werden dürfe, wenn aufgrund tatsächlicher

---

898 Vgl. dazu etwa MüKoBGB/*Finkenauer*, § 313 Rn. 20 ff.
899 Ausführlich Staudinger/*Looschelders*, BGB, § 242 Rn. 308 ff.
900 MüKoBGB/*Finkenauer*, § 313 Rn. 1.
901 MüKoBGB/*Finkenauer*, § 313 Rn. 57.
902 BAG v. 10.12.1971 – 3 AZR 190/71, AP BGB § 242 Ruhegehalt Nr. 154.

Veränderungen die arbeitgeberseitigen Belastungen durch die betriebliche Altersversorgung zu einer wirtschaftlichen Notlage führen.[903] Bei der Klärung der Frage, ob eine wirtschaftliche Notlage des Arbeitgebers im Einzelfall einen Widerruf rechtfertigen könne, orientierte sich das BAG insbesondere an den Wertungen des § 7 Abs. 1 Satz 3 Nr. 5 BetrAVG a.F. Dieser stellte die wirtschaftliche Notlage des Arbeitgebers der Eröffnung des Insolvenzverfahrens als Sicherungsfall für die Einstandspflicht des PSV gleich.

Mittlerweile lehnt das BAG eine Auflösung der Fälle wirtschaftlicher Schieflagen im Unternehmen über das Rechtsinstitut der Störung der Geschäftsgrundlage unter Berufung auf die Streichung des gesetzlichen Sicherungsfalls der wirtschaftlichen Notlage ab.[904] Der Arbeitgeber kann sich in wirtschaftlich schwierigen Zeiten daher nicht mehr auf ein gesetzliches Anpassungs- oder Kündigungsrecht verlassen. Da fehlende Reaktionsmöglichkeiten des Arbeitgebers auch häufig zur Insolvenz des Unternehmens führen und damit auch erhebliche (volks-)wirtschaftlicher Bedeutung haben können[905], leisten die Sozialpartner daher mittlerweile nicht selten durch ausdifferenzierte Widerrufsvorbehalte Präventivarbeit.

bb) Unvorhersehbarkeit und Unzumutbarkeit

Der Tatbestand des § 313 Abs. 1 BGB setzt weiter voraus, dass die Veränderung für die Vertragsparteien nicht vorhersehbar war und ein Festhalten am unveränderten Vertrag einer Vertragspartei unzumutbar ist. Eine Unzumutbarkeit ist nach der Rechtsprechung grundsätzlich nur dann anzunehmen, wenn „dies zur Vermeidung eines untragbaren, mit Recht und Gerechtigkeit nicht zu vereinbarenden und damit der betroffenen Partei nach Treu und Glauben nicht zuzumutenden Ergebnisses unabweislich erscheint"[906].

Der wesentliche Aspekt der Störung der Geschäftsgrundlage nach § 313 BGB ist jedoch der Gesichtspunkt der Risikozuweisung. Ein Ausgleich der widerstreitenden Interessen kommt nur in Betracht, wenn die Störung der Geschäftsgrundlage nicht in die – vertraglich oder gesetzlich vorgesehene – Risikosphäre einer Partei fällt.[907] Die Langlebigkeit sowie das immense Kostenrisiko der Versorgungswerke sind dabei grundsätzlich als der Zusage immanentes Risiko einzustufen.

Grundsätzlich kein Anwendungsfall der Störung der Geschäftsgrundlage, sondern ein Fall der vertragsimmanenten Risikoübernahme durch den Arbeitgeber stellt die einseitige Verschiebung der Versorgungslasten zu seinem Nachteil bei der Zusage der Altersversorgung durch ein Gesamtversorgungssystems dar, wenn der Arbeitgeber der Berechnung der Zusage eine dynamische Bezugsgröße (etwa eine Gesamtversorgung in Abhängigkeit von der Entwicklung der Besoldung der

---

903 BAG v. 10.12.1971 – 3 AZR 190/71, AP BGB § 242 Ruhegehalt Nr. 154.

904 Vgl. BAG v. 17.6.2003 – 3 AZR 396/02, AP BetrAVG § 7 Widerruf Nr. 24.

905 NK/*Krebs*, BGB, § 313 Rn. 68.

906 Vgl. grundlegend BGH v. 29.4.1982 – III ZR 154/80, NJW 2184, 2185.

907 Ausführlich zur Risikozuweisung MüKoBGB/*Finkenauer*, § 313 Rn. 59 ff.

Beamten sowie der Sozialversicherungsrente) zugrunde gelegt hat.[908] Nur wenn sich diese Berechnungsfaktoren durch Umstände, die außerhalb des Einfluss- und Risikobereichs des Schuldners derartig entwickeln, dass ein krasses Missverhältnis zwischen Leistung und Gegenleistung entsteht, kann eine Grundlagenstörung in Betracht kommen.[909] Ob ein solches krasses Missverhältnis vorliegt, ist grundsätzlich unternehmensbezogen anhand eines Barwertvergleichs, d.h. durch einen Vergleich der von den jeweiligen Versorgungsberechtigten bereits erdienten barwerten Rentenansprüche (sog. past service) mit den zukünftig zu erwartenden barwerten Anwartschaftswerten, festzustellen. Dieser bedarf nach der Rechtsprechung des BAG für ein krasses Missverhältnis ein Überschreiten des ursprünglichen Dotierungsrahmens um mehr als 50 %[910].

c) Gespaltene Rentenformel

Ein sehr praxisnaher Sachverhalt, der sich mit dem Verhältnis von ergänzender Vertragsauslegung und dem Rechtsinstitut der Störung der Geschäftsgrundlage beschäftigt, behandelt die Auswirkung der außerplanmäßigen Anhebung der Beitragsbemessungsgrenze zum 1.1.2003 auf Versorgungszusagen mit einer sog. gespaltenen Rentenformel. Das BAG hat in mehreren Entscheidungen seine Rechtsprechung revidiert und einen methodischen Umschwung vollzogen.[911]

aa) Außerplanmäßige Erhöhung der Beitragsbemessungsgrenze

Dass Versorgungszusagen auf einer gespaltenen Rentenformel basieren, ist nicht selten. Mit dem Gestaltungsmittel der gespaltenen Rentenformel wird eine Versorgungszusage umschrieben, die für den Teil des versorgungsfähigen Einkommens oberhalb der Beitragsbemessungsgrenze höhere Versorgungsleistungen als für den darunterliegenden Teil vorsieht. Ein typisches Beispiel für eine Versorgungszusage mit einer gespaltenen Rentenformel lautet etwa:

---

908 Vgl. dazu etwa LAG Köln v. 18.10.2005 – 9 (6) Sa 589/05–, juris. Rn. 52.

909 LAG Köln v. 18.10.2005 – 9 (6) Sa 589/05–, juris Rn. 53.

910 BAG v. 19.2.2008 – 3 AZR 290/06, AP BGB § 313 Nr. 5.

911 Die Entscheidungen des BAG erging zunächst zu Versorgungsregelungen in Gesamtzusagen (BAG v. 23.4.2013 – 3 AZR 475/11, NZA 2013, 1275, 1276; v. 23.4.2013 – 3 AZR 512/11, AP BetrAVG § 1 Auslegung Nr. 40). Mit seinen Entscheidungen vom 20.5.2014 hat das BAG diesen Rechtssprechungswandel aber auch auf Versorgungsregelungen in Richtlinien nach dem SprAuG und Betriebsvereinbarungen umgesetzt (BAG v. 20.5.2014 – 3 AZR 936/11, AP BetrAVG § 1 Auslegung Nr. 49). Die Art des Rechtsbegründungsaktes ist dabei insbesondere deshalb von Bedeutung, weil sich jeweils nur der Vertragspartner auf den Wegfall der Geschäftsgrundlage berufen kann. Im Falle von Betriebsvereinbarung und Tarifvertrag folglich nur der jeweilige Tarif- oder Betriebspartner (BAG v. 20.5.2014 – 3 AZR 936/11, AP BetrAVG § 1 Auslegung Nr. 49).

„Für anrechnungsfähige Bezüge oberhalb der Beitragsbemessungsgrenze erhöhen sich die monatlichen Versorgungsleistungen um 1,5 % dieses Teils der Bezüge pro Jahr der Betriebszugehörigkeit."[912]

Die Beitragsbemessungsgrenze ist ein gesetzlich festgelegter Bruttobetrag, bis zu dessen Höhe Beiträge zur gesetzlichen Rentenversicherung abgeführt werden müssen. In der Höhe divergiert diese Grenze aufgrund des unterschiedlichen Lohnniveaus in West- und Ost-Deutschland. Hinsichtlich der Festsetzung der jeweiligen Höhe regelt § 159 SGB VI, dass sich die Beitragsbemessungsgrenzen in der allgemeinen Rentenversicherung zum 1.1. eines jeden Jahres in dem Verhältnis ändern, in dem die Bruttolöhne und -gehälter je Arbeitnehmer (§ 68 Abs. 2 Satz 1 SGB VI) im vergangenen zu den entsprechenden Bruttolöhnen und -gehältern im vorvergangenen Kalenderjahr stehen. Die Beitragsbemessungsgrenze wird somit jährlich an die allgemeine Lohnentwicklung angepasst. Orientiert sich der Arbeitgeber bei seiner Zusage an der Beitragsbemessungsgrenze, will er in der Regel dem höheren Versorgungsbedarf auf Seiten des Versorgungsberechtigten Rechnung tragen, der daraus folgt, dass für den Teil, der oberhalb der Beitragsbemessungsgrenze liegt, keine Leistungsansprüche aus der gesetzlichen Rentenversicherung entstehen.[913]

Zum Jahreswechsel 2002/2003 fand eine außerordentliche Erhöhung in den alten Bundesländern statt. So wurde die Beitragsbemessungsgrenze West von 4.500 € auf 5.100 € pro Monat angehoben, obwohl nach der gewöhnlichen Formel lediglich eine Erhöhung auf 4.600 € pro Monat vorgesehen gewesen wäre. Die Erhöhung der Beitragsbemessungsgrenze Ost war ebenfalls außerplanmäßig hoch, fiel insgesamt aber geringer aus (von 3.750 € auf 4.250 €). Der Gesetzgeber verfolgte mit dieser Anhebung das Ziel, das Beitragsaufkommen in der gesetzlichen Rentenversicherung zu verbessern, die zu der damaligen Zeit erstmals spürbar unter den konjunkturellen Belastungseffekten litt.[914] Für Betriebsrentner hatte dieser Sprung in der Beitragsbemessungsgrenze vor allem zur Folge, dass sich der Anteil der Versorgungszusage über der Beitragsbemessungsgrenze, der mit einer höheren Leistung belegt war, erheblich verringerte oder sogar ganz entfiel.

bb) Kurswechsel des BAG

Als sich das BAG im Jahr 2009 erstmalig mit diesen Auswirkungen beschäftigen musste, kam es zu dem Ergebnis, dass derartige Versorgungszusagen durch die außerplanmäßige Erhöhung der Beitragsbemessungsgrenze lückenhaft geworden seien, da durch die außerordentliche Anhebung der Beitragsbemessungsgrenze der Regelungsplan der Versorgungszusage – den im Einkommensbereich über der Beitragsbemessungsgrenze zu privilegiere – nicht mehr zu erreich sei.[915] Zur Auflösung griff das BAG auf das Rechtsinstitut der ergänzenden Vertragsauslegung zurück

---

912 So etwa in der Entscheidung des BAG v. 21.4.2009 – 3 AZR 695/08, NZA 2010, 572.
913 *Höfer*, DB 2013, 2150.
914 BT-Drucks. 15/28, S. 1.
915 BAG v. 21.4.2009 – 3 AZR 695/08, NZA 2010, 572, 575.

und ergänzte den ursprünglichen Regelungsplan dahingehend, dass die außerplanmäßige Erhöhung bei der Berechnung nicht zu berücksichtigen gewesen sei und vielmehr eine fiktive Beitragsbemessungsgrenze angesetzt werden müsse, die sich ohne die außerplanmäßige Erhöhung ergeben hätte. Einschränkend sei von der ermittelten Betriebsrente jedoch der Betrag in Abzug zu bringen, um den sich die gesetzliche Rente infolge der höheren Rentenversicherungsbeiträge erhöht habe.[916] Diese Rechtsprechung stieß im Schrifttum größtenteils auf Ablehnung.[917]

Vor dem Hintergrund der Kritik vollzog das BAG im Jahr 2013 eine – aufgrund der Kürze der Zeit doch etwas überraschende – methodische Kehrtwende und bezweifelte die Lückenhaftigkeit derartiger Versorgungswerke. Er begründete seine Kehrtwende insbesondere damit, dass der Verweis auf die Beitragsbemessungsgrenze derart eindeutig sei, dass man nicht von einer Lücke ausgehen könne.[918] Dies ist insbesondere vor dem Hintergrund überzeugend, dass der Verweis in der Versorgungszusage auf die Beitragsbemessungsgrenze typischerweise allein die Höhe und nicht die Bemessungsformel in Bezug nimmt.

Das BAG lehnte den Rückgriff auf die ergänzende Vertragsauslegung für die betreffenden Fälle aber insbesondere deshalb ab, weil zur Lückenschließung mehrere gleichwertige Möglichkeiten zur Verfügung gestanden hätten und es nicht ersichtlich sei, für welche Möglichkeit sich die Parteien entschieden hätten.[919] Damit nahm das Gericht einen wesentlichen methodischen Kritikpunkt aus der Literatur[920] auf, deren Berücksichtigung vor dem Hintergrund der besonders geschützten parteilichen Entscheidungsprärogative zu begrüßen ist.

Im gleichen Atemzug mit der Ablehnung der ergänzenden Vertragsauslegung eröffnete das BAG für derartige Sachverhaltskonstellationen den Anwendungsbereich des Rechtsinstituts der Störung der Geschäftsgrundlage. Es sei Geschäftsgrundlage der Versorgungszusagen gewesen, dass die Beitragsbemessungsgrenze stets entsprechend den durchschnittlichen Lohn- und Gehaltsentwicklungen i.S.d. § 159 SGB VI angehoben werde.[921] Durch die außerplanmäßige Anhebung der Beitragsbemessungsgrenze habe sich diese Geschäftsgrundlage zulasten der Versorgungsberechtigten verschoben.[922] Da ein Wegfall der Geschäftsgrundlage aber voraussetzte, dass die verursachte Versorgungseinbuße durch die „außerplanmäßige" Anhebung der Beitragsbemessungsgrenze in der gesetzlichen Rentenversicherung des

916 BAG v. 21.4.2009 – 3 AZR 695/08, NZA 2010, 572, 575.

917 Blomeyer/Rolfs/Otto/*Rolfs*, BetrAVG, Anh. § 1 Rn. 224 a ff.; *Böhm/Ulbrich*, BB 2010, 1341, 1342; *Bormann*, BetrAV 2011, 596, 597 ff.; *Cisch/Bleeck*, BB 2010, 1215, 1219 f.; *Diller*, NZA 2012, 22, 23 ff.; *Hölscher/Janker*, BetrAV 2010, 141, 142 f.; *Weber*, DB 2010, 1642, 1643 f.

918 v. 23.4.2013 – 3 AZR 512/11, AP BetrAVG § 1 Auslegung Nr. 40.

919 BAG v. 20.5.2014 – 3 AZR 936/11, AP BetrAVG § 1 Auslegung Nr. 49; v. 23.4.2013 – 3 AZR 512/11, AP BetrAVG § 1 Auslegung Nr. 40.

920 *Höfer*, DB 2013, 2150, 2152.

921 BAG v. 23.4.2013 – 3 AZR 512/11, AP BetrAVG § 1 Auslegung Nr. 40.

922 BAG v. 23.4.2013 – 3 AZR 512/11, AP BetrAVG § 1 Auslegung Nr. 40.

Versorgungsberechtigten so schwerwiegend sein müsse, dass dem Versorgungsberechtigten ein Festhalten am unveränderten Vertrag unzumutbar wäre[923], lehnte das BAG eine außergewöhnliche Beschwer in den ersichtlichen Entscheidungen regelmäßig ab. Dies ist überzeugend, da in keinem der Fälle die Belastungen so hoch waren, dass die Schwelle zur Unzumutbarkeit erreicht worden wäre. Die erlittenen Verluste lagen in sämtlichen Fällen bei unter 16 %. Zu der Frage, wann die Schwelle zur Unzumutbarkeit überschritten wäre, äußerte sich das BAG zwar nicht. Es kann sich insoweit an der Unzumutbarkeitsschwelle orientiert werden, die die Rechtsprechung im Rahmen der Anpassungsrechtsprechung zu § 16 BetrAVG aufgestellt hat. In diesen Fällen ist die Rechtsprechung[924] von einer Unzumutbarkeitsgrenze (sog. Opfergrenze) von 40 % ausgegangen.

923 BAG v. 23.4.2013 – 3 AZR 512/11, AP BetrAVG § 1 Auslegung Nr. 40.

924 So haben sich etwa auch das LAG Berlin (v. 1.11.2006 – 9 Sa 1084/06–, juris Rn. 28) und das LAG Baden-Württemberg (v. 20.06.2013 – 11 Sa 134/12–, juris Rn. 34) an dieser Unzumutbarkeitsgrenze orientiert.

G. Die Auslegung von Versorgungsbedingungen externer Versorgungsträger

I. Durchführung der betrieblichen Altersversorgung

Eine wesentliche Besonderheit des Betriebsrentenrechts ist die Art und Weise der Leistungserbringung bei Zusagen der betrieblichen Altersversorgung. Der Arbeitgeber muss die Versorgungsleistungen nicht zwingend unmittelbar aus seinem eigenen Vermögen heraus erbringen. Vielmehr stehen ihm bei einem wirksamen Leistungsversprechen unterschiedliche Gestaltungsoptionen zur Durchführung der betrieblichen Altersversorgung zur Verfügung. Er kann zur Finanzierung der betrieblichen Altersversorgung auf fünf Durchführungswege zurückgreifen:

- Unmittelbare Versorgungszusage (Direktzusage)[925],
- Direktversicherung[926],
- Pensionskasse[927],
- Pensionsfonds[928] und
- Unterstützungskasse[929].

---

925 Dazu unter G. I. 1.

926 Dazu unter G. II. 2.

927 Dazu unter G. III. 3.

928 Der Pensionsfonds ist zum 1.1.2002 als fünfter und bis dato letzter Durchführungsweg in das BetrAVG aufgenommen worden. Mittels Pensionsfonds sollte die Organisation der betrieblichen Altersversorgung flexibler gestaltet und zugleich neue und vielfältigere Anlagemöglichkeiten auf dem Kapitalmarkt eröffnet werden (Förster/Cisch/Karst/*Löschhorn,* BetrAVG, § 1b Rn. 46; Hümmerich/Boecken/Düwell/*Vienken*, Arbeitsrecht, § 1 BetrAVG Rn. 58; *Langohr-Plato*, Betriebliche Altersversorgung, Kap. A Rn. 189). Aus diesem Grund ist im Rahmen des AVmG auch die Zusagemöglichkeit der Beitragszusage mit Mindestleistung in § 1 Abs. 2 Nr. 1 BetrAVG ins Gesetz aufgenommen worden. Als Durchführungsweg hat sich der Pensionsfonds bis heute jedoch nicht durchgesetzt (Förster/Cisch/Karst/*Löschhorn*, BetrAVG, § 1b Rn. 29; mit einer ausführlichen Analyse *Zeppenfeld/Rößler*, BB 2006, 1221). Bei der BaFin stehen derzeit lediglich 31 Pensionsfonds unter Aufsicht (vgl. die Gesamtliste aller zugelassenen Versicherungsunternehmen und Pensionsfonds mit Geschäftstätigkeit auf der Internetpräsenz der BaFin, http://www.bafin.de, Stand: Januar 2016).

929 Unterstützungskassen bieten ihre Leistungen der betrieblichen Altersversorgung in Deutschland grds. gegenüber einzelnen Unternehmen oder Konzernen an, die selbst rechtliche Träger der Unterstützungskasse sind, sog. „Firmenunterstützungskassen“ (*Goldbach/Odenberger*, Die betriebliche Altersversorgung, Kap. 2 Rn. 65.). Zumeist sind derartige Unterstützungskassen in der Rechtsform eines

Die Durchführungswege der Direktversicherung, der Pensionskasse, des Pensionsfonds und der Unterstützungskasse sind in den §§ 1b Abs. 2 bis 4 BetrAVG legaldefiniert. Die Durchführung ist nach dem eindeutigen Verweis in § 1 Abs. 1 Satz 2 BetrAVG auf diese fünf Durchführungswege beschränkt, so dass eine Versorgung, die auf einem abweichenden Durchführungsweg erbracht wird, keine betriebliche Altersversorgung i.S.d. BetrAVG darstellt.[930] Der Abschluss einer sog. Rückdeckungsversicherung[931] ist daher ebenso wenig ein Durchführungsweg der

---

eingetragenen Vereins (e.V.) oder einer GmbH organisiert. Die Versorgungsbedingungen, nach denen die Unterstützungskasse sodann ihre Leistungen erbringt, ergeben sich dabei aus der Satzung bzw. den Richtlinien, die sich die Mitgliederversammlung der Unterstützungskasse auferlegt hat. Als externer Versorgungsträger weisen Unterstützungskassen eine Atypik auf, da sie nach der Legaldefinition des § 1b Abs. 4 BetrAVG auf ihre Leistungen keinen Rechtsanspruch gewähren. Der Ausschluss des Rechtsanspruchs ist historisch bedingt (Blomeyer/Rolfs/Otto/*Rolfs*, BetrAVG, § 1 Rn. 262; *Blomeyer*, BB 1980, 789; *Rößler*, BetrAVG 1991, 141) und war dem Umstand geschuldet, dass insbesondere mittelständischen Arbeitgebern die Einschaltung eines externen Versorgungsträgers ermöglicht werden sollte, ohne dass dieser dabei den strengen Vorgaben der Finanzaufsicht unterliegt *(Goldbach/ Odenberger*, Die betriebliche Altersversorgung, Kap. 2 Rn. 65). Mittlerweile wird der Ausschluss des Rechtsanspruchs in den Geschäftsbedingungen und Satzungsbestimmungen von Unterstützungskassen jedoch nach ständiger Rechtsprechung des BAG (v. 16.2.2010 – 3 AZR 181/08, AP BetrAVG § 1b Nr. 10; v. 17.5.1973 – 3 AZR 381/72, BAGE 25, 194) als an sachliche Gründe gebundenes Widerrufsrecht ausgelegt, so dass den Arbeitnehmern durchaus ein Anspruch auf betriebliche Versorgungsleistungen eingeräumt wird. Das BAG begründet diese insbesondere mit dem Entgeltcharakter der betrieblichen Altersversorgung und dem Gebot des Vertrauensschutzes (BAG v. 17.5.1973 – 3 AZR 381/72, BAGE 25, 194). Diese Auslegung ist auch vom BVerfG mehrfach bestätigt worden (v. 19.10.1983 – 2 BvR 298/81, BVerfGE 65, 196; v. 14.1.1987 – 1 BvR 1052/79, BVerfGE 74, 129).

930 Im Gesetzgebungsverfahren zum Gesetz zur Förderung der zusätzlichen Altersvorsorge und zur Änderung des Dritten Buches des Sozialgesetzbuches v. 10.12.2007 (BGBl. 2007 I, S. 2838) wurde vom Bundesrat angeregt, ob nicht ein sechster Durchführungsweg auf der Basis von Investmentfonds in das BetrAVG aufzunehmen sei (Stellungnahme des Bundesrates zum Gesetzesentwurf BT-Drucks. 16/6539, S. 11). Die Bundesregierung lehnte dies jedoch ab (Gegenäußerung der Bundesregierung zum Gesetzesentwurf BT-Drucks. 16/6539, S. 12).

931 Auf eine sog. Rückdeckungsversicherung greifen Arbeitgeber häufig im Rahmen von Direktzusagen oder Unterstützungskassenzusagen zurück, um die Versorgung der Versorgungsberechtigten im Versorgungsfall sicherzustellen. Durch den Abschluss einer Rückdeckungsversicherung erwirbt der Arbeitgeber einen Anspruch gegen den Versicherer, dass dieser im Falle des Versorgungsfalles die Leistung an den Versorgungsberechtigten erbringt (Moll/*Rengier*, MüAH Arbeitsrecht, § 36 Rn. 115).

betrieblichen Altersversorgung[932] wie eine Vermögensauslagerung auf sog. Contractual Trust Arrangements (CTA)[933].

Hinsichtlich der an der Durchführung beteiligten Akteuren ist zwischen dem Durchführungsweg der Direktzusage, bei der die Versorgungsleitung unmittelbar aus dem Vermögen des Arbeitgebers erbracht wird[934], und den sonstigen sog. mittelbaren Durchführungswegen zu unterscheiden, bei denen sich der Arbeitgeber zur Durchführung der betrieblichen Altersversorgung eines externen – eigenständigen – Versorgungsträgers bedient.[935] Knapp 50% der Zusagen der betrieblichen Altersversorgung werden heute durch externe Versorgungsträger erbracht.[936]

Durch die Einschaltung eines externen Versorgungsträgers ergeben sich einige betriebsrentenrechtlichen Eigenarten, die für die Auslegung des Versorgungsverhältnisses von Relevanz sind.

1. Unmittelbare Durchführung durch den Arbeitgeber

Die unmittelbar vom Arbeitgeber durchgeführte Direktzusage[937] stellt den klassischen Durchführungsweg dar. Auch wenn die Direktzusage im BetrAVG selbst nicht legaldefiniert ist, zeigt sich ihre Akzeptanz insbesondere an der Formulierung in § 1 Abs. 1 Satz 2 BetrAVG und der Systematik des § 1b bzw. § 7 Abs. 1 BetrAVG. Die Direktzusage ist gemessen an den Deckungsmitteln der zur Verfügung stehenden Gestaltungsformen der wirtschaftlich gewichtigste Durchführungsweg.[938]

---

932 BAG v. 14.7.1982 – 3 AZR 476/05, AP BGB § 242 Ruhegehalt-Lebensversicherung Nr. 2; Förster/Cisch/Karst/*Cisch*, BetrAVG, § 1 Rn, 35; *Goldbach/Odenberger*, Die betriebliche Altersversorgung, Kap. 2 Rn. 63.

933 ErfK/*Steinmeyer*, § 1 BetrAVG Rn. 13.

934 Blomeyer/Rolfs/Otto/*Rolfs*, BetrAVG, § 1 Rn. 201.

935 Unterschiede ergeben sich hinsichtlich der einzelnen Durchführungswege zudem in steuerlicher und bilanzieller Hinsicht (*Langohr-Plato*, Betriebliche Altersversorgung, Kap. A Rn. 89). Aus versicherungsaufsichtsrechtlicher Sicht ist zudem die Differenzierung zwischen den versicherungsförmigen Durchführungswegen der Direktversicherung, der Pensionskasse und dem Pensionsfonds sowie der nicht versicherungsförmigen Durchführung mittels Direktzusage und Unterstützungskasse zu beachten. Lediglich die Erstgenannten müssen ihre Geschäftstätigkeiten an den Maßstäben des VAG messen lassen.

936 Vgl. etwa die jährliche Erhebung der aba (abrufbar unter http://www.aba-online.de/news/28/a-prozentuale-aufteilung-der-deckungsmittel-in-der.html, Stand: Januar 2016).

937 Im Steuerrecht wird die Direktzusage mit dem feststehenden Begriff der „Pensionszusage" umschrieben, vgl. etwa § 6a EStG.

938 Vgl. etwa die jährliche Erhebung der aba (abrufbar unter: http://www.aba-online.de/news/28/a-prozentuale-aufteilung-der-deckungsmittel-in-der.html, Stand: Januar 2016).

Besondere Anforderungen an die Direktzusage ergeben sich unter steuerrechtlichen Gesichtspunkten.[939]

Das Betriebsrentenrecht selbst sieht für die Direktzusage keine gesonderten Erfordernisse vor, da der Arbeitgeber unmittelbar, d.h. insbesondere ohne Zwischenschaltung eines Externen, sowohl das Risiko des Eintritts des Versorgungsfalls als auch das Risiko von unerwarteten Veränderungen hinsichtlich des Leistungsumfangs übernimmt[940]. Dafür bildet der Arbeitgeber während der Anwartschaftsphase Rücklagen[941] und erbringt ab dem Eintritt des Versorgungsfalls aus diesem Vermögen die Altersversorgung nach seinen eigenen Versorgungsbedingungen. Rechtstechnisch erhält der Versorgungsberechtigte bei der unmittelbaren Durchführung daher auch keinen zusätzlichen Leistungsanspruch aus dem Durchführungsweg gegen den Arbeitgeber.[942] Der Arbeitgeber ist dem Arbeitnehmer vielmehr allein und in dem Umfang zur Leistung verpflichtet, der sich aus der arbeitsrechtlichen Versorgungsverpflichtung ergibt. Die Durchführung mittels Direktzusage ist mithin auf die zweiseitige Rechtsbeziehung zwischen Arbeitgeber und Arbeitnehmer beschränkt[943], da die Beteiligten sowohl im rechtlichen Verpflichtungsgeschäft als auch bei der Erfüllung der Versorgungszusage übereinstimmen[944].

2. Mittelbare Durchführung durch externen Versorgungsträger

Anders stellt sich die Rechtslage bei der mittelbaren Durchführung der betrieblichen Altersversorgung dar, bei denen in das Versorgungsverhältnis zwischen Arbeitgeber und Arbeitnehmer noch ein externer Dritter als Versorgungsträger miteinbezogen wird. Es handelt sich bei der mittelbaren Durchführung stets um Dreiecksbeziehungen.[945] Innerhalb dieser Dreiecksbeziehungen wird der Versorgungsträger vom Arbeitgeber mit Deckungsvermögen ausgestattet bzw. durch Beitragszahlungen finanziert. Aus diesem Deckungsvermögen sowie den während der Anwartschaftsphase daraus durch Vermögensanlage erzielten Gewinnen erbringt der Versorgungsträger wiederum ab Eintritt des Versorgungsfalles an den Versorgungsberechtigten die Versorgungsleistungen. In welchem Umfang der Arbeitgeber den Versorgungsträger mit Mitteln auszustatten hat, ergibt sich aus der jeweiligen Trägervereinbarung zwischen dem Arbeitgeber und dem mittelbaren

---

939 Zu der steuerlichen Anforderungen an Direktzusagen ausführlich Blomeyer/Rolfs/Otto/*Otto*, BetrAVG, Steuerrechtliche Vorschriften Rn. 2 ff.

940 Blomeyer/Rolfs/Otto/*Rolfs*, BetrAVG, § 1 Rn. 202.

941 Die Finanzierung kann dabei entweder im Rahmen eines Anwartschaftsdeckungsverfahren, eines Kapitaldeckungsverfahren oder eines Rückdeckungsverfahrens erfolgen (ausführlich Blomeyer/Rolfs/Otto/*Rolfs*, BetrAVG, § 1 Rn. 205 ff.).

942 Clemenz/Kreft/Krause/*Clemenz*, AGB-Arbeitsrecht, Anh. bAV Rn. 40.

943 Kemper/Kisters-Kölkes/Berenz/Huber/*Kemper/Kisters-Kölkes*, BetrAVG, § 1 Rn. 79.

944 Blomeyer/Rolfs/Otto/*Rolfs*, BetrAVG, § 1 Rn. 202; Kemper/Kisters-Kölkes/Berenz/Huber/*Kemper*, BetrAVG, § 1 Rn. 78.

945 *Dieterich*, NZA 1984, 273, 276.

Versorgungsträger. Die Leistungsverpflichtung des externen Versorgungsträgers gegenüber dem Versorgungsberechtigten ergibt sich hingegen allein aus seinen Versorgungsbedingungen.

Ohne Belang für die mittelbare Durchführung ist, auf welche Art und Weise die Verpflichtung des Arbeitgebers begründet worden ist. Der Arbeitgeber kann für seine Versorgungszusage grundsätzlich jeden Rechtsbegründungsakt mit jedem Durchführungsweg kombinieren.[946] Die Kombination der jeweiligen Rechtsbegründungsakte mit den entsprechenden Durchführungswegen richtet sich zumeist nach der Praktikabilität, dem Gesamtversorgungsumfang, steuerlichen Gesichtspunkten und der Unternehmensgröße des Arbeitgebers. Eine ausdrückliche Beschränkung ist lediglich für die Art der Zusage vorgesehen: Wenn sich der Arbeitgeber für Beitragszusagen mit Mindestleistung nach § 1 Abs. 2 Nr. 2 BetrAVG entschieden hat, ist die Durchführung auf die Finanzierungswege des Pensionsfonds, der Pensionskasse und der Direktversicherung beschränkt.

3. Die Pflicht des Arbeitgebers nach § 1 Abs. 1 Satz 3 BetrAVG

Die Besonderheit der mittelbaren Durchführung liegt darin begründet, dass der externe Versorgungsträger die Leistungen der betrieblichen Altersversorgung lediglich nach solchen Konditionen erbringt, die aufgrund seiner Versorgungsbedingungen gelten. Insbesondere, wenn es sich um einen Versorgungsträger handelt, der seine Leistungen öffentlich am Markt anbietet, steht dem Arbeitgeber bei der Ausgestaltung der Versorgungsbedingungen in der Regel kein Mitspracherecht zu. Der Umfang der Leistungsverpflichtung des externen Versorgungsträgers ist gerade bei den versicherungsförmigen Durchführungswegen von den Vorgaben der BaFin abhängig. In Krisenzeiten kann diese die Einrichtungen anweisen bzw. gemäß § 314 Abs. 2 VAG sogar selber anordnen, dass die Leistungen vorübergehend oder dauerhaft herabgesetzt werden. Das hat jedoch zur Folge, dass das Leistungsversprechungen aus der arbeitsrechtlichen Grundverpflichtung und die Leistungsverpflichtung des externen Versorgungsträgers auseinanderfallen können.[947] Die Leistungen des externen Versorgungsträgers können jedoch auch aus anderen Gründen hinter denen vom Arbeitgeber zugesagten Versorgungsleistungen zurückbleiben oder ganz ausfallen, etwa weil der externe Versorgungsträger ungünstige Investitionen getätigt hat oder selbst in die Insolvenz gerät. Damit ist die Durchführung der betrieblichen Altersversorgung durch einen externen Versorgungsträger für den Arbeitgeber mit einem zusätzlichen Kostenrisiko verbunden, denn nach § 1 Abs. 1 Satz 3 BetrAVG hat der Arbeitgeber bei der mittelbaren Durchführung für die Erfüllung seiner arbeitsrechtlichen Grundverpflichtung einzustehen. Insoweit kann es dazu kommen, dass der Arbeitgeber zwar seine Ausstattungspflicht nach der

946 Kemper/Kisters-Kölkes/Berenz/Huber/*Kemper/Kisters-Kölkes,* BetrAVG, § 1 Rn. 226.
947 *Schlewing,* NZA-Beil. 2/2015, 59, 60.

Trägervereinbarung umfassend erfüllt; ihn aber nichtdestotrotz eine Leistungspflicht gegenüber dem versorgungsberechtigten Arbeitnehmer trifft.

a) Einstandspflicht des Arbeitgebers

Die gesetzliche Statuierung der arbeitgeberseitigen Einstandspflicht erfolgte zum 1.1.2002 im Rahmen des AVmG[948]. Laut Gesetzesbegründung sollte mit § 1 Abs. 1 Satz 3 BGB klargestellt werden, „dass unabhängig von der Durchführungsform der betrieblichen Altersversorgung immer eine arbeitsrechtliche Grundverpflichtung des Arbeitgebers zur Erbringung der zugesagten Leistung besteht“[949]. Den Arbeitgeber trifft nach der gesetzlichen Konzeption bei der mittelbaren Durchführung insoweit eine „generelle Erfüllungspflicht“[950], so dass er auch bei der Einbindung eines mittelbaren Versorgungsträgers das Leistungsrisiko trägt.[951] Es handelt sich dabei nicht um einen verschuldensabhängigen Schadensersatzanspruch des Arbeitnehmers, sondern um eine – schärfere – verschuldensunabhängige Erfüllungspflicht des Arbeitgebers. Das bedeutet insbesondere, dass sich der Arbeitgeber für den Fall, dass die Leistungen des Versorgungsträgers hinter den vom Arbeitgeber zugesagten Leistungen zurückbleiben, gegenüber den Versorgungsberechtigten grundsätzlich nicht darauf berufen kann, dass er dem Versorgungsträger ausreichend finanzielle Mittel zur Verfügung gestellt hat. Der Arbeitgeber trägt das volle Solvenzrisiko des externen Versorgungsträgers.[952]

Inwieweit die Leistungspflichten von Arbeitgeber und externen Versorgungsträger dabei im Einzelfall tatsächlich voneinander abweichen mit der Folge, dass die Einstandspflicht nach § 1 Abs. 1 Satz 3 BetrAVG ausgelöst wird, kann jeweils nur durch eine Gegenüberstellung beider Leistungspflichten beantwortet werden.

b) Gesamtschuldnerische Haftung

Nach der Auffassung des BAG ist die Einstandspflicht des Arbeitgebers auch nicht nachrangiger Natur. Zwischen dem Arbeitgeber und dem externen Versorgungsträger besteht vielmehr Gesamtschuldnerschaft i.S.d. § 421 Satz 1 BGB.[953] Der Versorgungsberechtigte kann ab Eintritt des Versorgungsfalls folglich sowohl vom

948 Gesetz zur Reform der gesetzlichen Rentenversicherung und zur Förderung eines kapitalgedeckten Altersvorsorgevermögens vom 26.6.2001, BGBl I. 2001 S. 1310.

949 BT-Drucks. 14/4595, S. 67.

950 Kemper/Kisters-Kölkes/Berenz/Huber/*Kemper/Kisters-Kölkes*, BetrAVG, § 1 Rn. 247.

951 Kemper/Kisters-Kölkes/Berenz/Huber/*Kemper/Kisters-Kölkes*, BetrAVG, § 1 Rn. 247; Blomeyer/Rolfs/Otto/*Rolfs*, BetrAVG, § 1 Rn. 278.

952 Willemsen/Hohenstatt/Schweibert/Seibt/*Schnitker*, Umstrukturierung, Kap. J Rn. 92.

953 BAG v. 18. 11. 2008 – 3 AZR 417/07, NZA 2009, 1112; v. 31.7.2007 – 3 AZR 373/06, AP BetrAVG § 7 Widerruf Nr. 27; v. 5.7.1979 – 3 AZR 197/78, AP BGB § 242 Ruhegehalt – Unterstützungskassen Nr. 9; a.A. Blomeyer/Rolfs/Otto/*Rolfs*, BetrAVG, § 1 Rn. 272.

Arbeitgeber als auch vom externen Versorgungsträger – vorausgesetzt, ihm steht gegen den Versorgungsträger ein eigenständiger Leistungsanspruch zu – die Erfüllung seiner Versorgungsansprüche verlangen. Für die gesamtschuldnerische Verpflichtung eines Arbeitgebers und einer Unterstützungskasse hat das BAG aber zumindest angedeutet, dass für eine Inanspruchnahme des Arbeitgebers eine vorherige Leistungsaufforderung gegenüber dem externen Versorgungsträger erforderlich sei.[954] Erst wenn sich dieser weigere, die Leistung zu erbringen, sei der Arbeitgeber aus dem arbeitsrechtlichen Grundverhältnis verpflichtet, „die geschuldete Versorgung zu leisten und dem Arbeitnehmer eine der Versorgungszusage entsprechende Versorgung zu verschaffen“[955].

Diesem Ansatz ist zuzustimmen, da anderenfalls verkannt wird, dass der externe Versorgungsträger entweder aufgrund der Träger- und Ausstattungsvereinbarung oder gem. §§ 669, 670 BGB einen Ersatz- und Vorschussanspruch hinsichtlich der erforderlichen Aufwendungen gegen den Arbeitgeber hat. Man wird dem Arbeitgeber insoweit zusprechen können, die Versorgungsberechtigten zunächst an den externen Versorgungsträger zu verweisen. Lehnt der externe Versorgungsträger seine Leistungspflicht ab, dann ist der Arbeitnehmer aber nicht verpflichtet, zunächst gegen den Versorgungsträger zu prozessieren. Er kann sich in diesem Fall unmittelbar an den Arbeitgeber halten.

c) Methodische Trennung der Rechtsbeziehungen bei der mittelbaren Durchführung

Vor diesem Hintergrund ist bei der methodischen Betrachtung von Versorgungszusagen, die mittels eines externen Versorgungsträgers erbracht werden, stets darauf zu achten, dass die jeweiligen Rechtsbeziehungen zwischen dem Arbeitgeber, dem externen Versorgungsträger und dem versorgungsberechtigten Arbeitnehmer grundsätzlich unabhängig voneinander bestehen. So ist rechtlich zwischen der arbeitsrechtlichen Grundverpflichtung aus der Versorgungszusage zwischen dem Arbeitgeber und dem Versorgungsberechtigten (sog. Valutaverhältnis), dem Deckungsverhältnis zwischen dem Arbeitgeber und dem externen Versorgungsträger sowie dem Rechts- oder Bezugsverhältnis zwischen dem externen Versorgungsträger und dem Versorgungsberechtigen zu differenzieren.[956] Das BAG weist in seiner Rechtsprechung wiederkehrend auf diese Notwendigkeit der Trennung der rechtlichen Beziehungen bei der mittelbaren Durchführung hin.[957]

954 BAG v. 18.11.2008 – 3 AZR 417/07, NZA 2009, 1112.

955 BAG v. 18.11.2008 – 3 AZR 417/07, NZA 2009, 1112.

956 Jeweils für die einzelnen Durchführungswege Kemper/Kisters-Kölkes/Berenz/Huber/*Kemper/Kisters-Kölkes*, BetrAVG, § 1 Rn. 86, 102, 107, 120.

957 So etwa BAG v. 19.4.2011 – 3 AZR 267/09, NZA 2011, 92, 93; v. 31.7.2007 – 3 AZR 446/05, NZA-RR 2008, 32, 33; v. 8.6.1999 – 3 AZR 136/98, BAGE 92, 1; v. 26.2.1991 – 3 AZR 213/90, NZA 1991, 845.

Während das Valutaverhältnis seine rechtliche Wirkung allein zwischen dem Arbeitgeber und dem versorgungsberechtigten Arbeitnehmer entfaltet, ist das Deckungsverhältnis zwischen dem Arbeitgeber und dem externen Versorgungsträger abhängig vom gewählten Durchführungsweg als (echter bzw. unechter) Vertrag zugunsten Dritter i.S.d. § 328 Abs. 1 BGB konzeptioniert. Die Rechte und Pflichten der Beteiligten ergeben sich dabei aus der Trägervereinbarung zwischen Arbeitgeber und externem Versorgungsträger. Das Bezugsverhältnis zwischen dem Versorgungsträger und dem Versorgungsberechtigten kann aber auch als ein eigenständiges Rechtsverhältnis vereinbart werden. Die Begründung eines solchen eigenständigen Rechtsverhältnisses stellt jedoch keine Notwendigkeit dar.

Die strikte Trennung der Rechtsbeziehungen führt dazu, dass die Auslegung der über dem Durchführungsweg liegenden Versorgungszusage allein nach den Grundsätzen zu beurteilen ist, die für den vom Arbeitgeber gewählten Rechtsbegründungsakt gelten. Demgegenüber ist das dem Durchführungsweg zugrunde liegende Deckungsverhältnis und der sich hieraus ergebende Anspruch des Versorgungsberechtigten allein anhand der für selbige geltenden Auslegungsgrundsätze zu messen. Nichtsdestotrotz zeigt sich im Rahmen der Auslegung, dass die jeweiligen Rechtsverhältnisse auf tatsächlicher Ebene in bestimmten Fragen Überschneidungen aufweisen. Ob und in welchem Umfang sich eine solche Überschneidung auf das Versorgungsverhältnis zwischen Arbeitgeber und versorgungsberechtigten Arbeitnehmer auswirken kann, soll nachgehend anhand zweier Fallbeispiele zu den Finanzierungsformen der Direktversicherung und der Pensionskasse verdeutlicht werden.

II. Die Bezugsberechtigung in Direktversicherungsverträgen

Der Abschluss einer Direktversicherung ist ein häufig gewählter Weg zur Durchführung der arbeitgeberseitigen Versorgungsverpflichtungen. Gerade für kleinere Unternehmen, bei denen sich die Einrichtung einer eigenständigen Pensions- oder Unterstützungskasse finanziell nicht rechnet, ist die Direktversicherung neben der Direktzusage der praktikabelste Durchführungsweg. Nach der jährlichen Erhebung des Fachverbandes für betriebliche Altersversorgung (aba) entfallen ca. 11 % der Deckungsmittel auf den Durchführungsweg der Direktversicherung.[958] Sämtliche großen Versicherungsunternehmen wie die *Allianz* oder die *Gothaer* bieten Arbeitgebern die Möglichkeit der Durchführung ihrer betrieblichen Altersversorgung mittels Direktversicherung an.[959] Für die Einstufung als Direktversicherung i.S.d.

---

958 Vgl. etwa die jährliche Erhebung der aba (abrufbar unter http://www.aba-online.de/news/28/a-prozentuale-aufteilung-der-deckungsmittel-in-der.html, Stand: Januar 2016).

959 Eine Gesamtliste aller zugelassenen Versicherungsunternehmen auf der Internetpräsenz der BaFin, http://www.bafin.de, Stand: Januar 2016.

§ 1 Abs. 2 Satz 1 BetrAVG ist es unschädlich, wenn der Versicherungsvertrag auch eine Eigenbeteiligung erlaubt, etwa durch Entgeltumwandlung oder zusätzliche Eigenbeiträge des Arbeitnehmers.[960]

Der Direktversicherungsvertrag ist sowohl durch betriebsrentenrechtliche als auch durch versicherungsrechtliche und – aufsichtsrechtliche Aspekte geprägt.[961] Auslegungsrelevante Streitigkeiten ergeben sich bei der Durchführung mittels Direktversicherung insbesondere daraus, dass die versicherungs- und betriebsrentenrechtlichen Gesetzesvorgaben teilweise voneinander abweichen.

1. Versicherungsvertragliche Grundlagen der Direktversicherung

Eine wesentliche Besonderheit des Versicherungsvertragsrechts ist die ausdifferenzierte Ausgestaltung der Bezugsberechtigung des Versicherten.

a) Abschluss und Inhalt des Direktversicherungsvertrages

Beim Abschluss eines Direktversicherungsvertrages sind die Besonderheiten des VVG zu beachten. Der Abschluss des Direktversicherungsvertrages setzt nach den allgemeinen Grundsätzen zunächst einen Antrag des Arbeitgebers als potentieller Versicherungsnehmer voraus, der vom Versicherer angenommen werden muss.[962] Darüber hinaus bedarf der Abschluss eines solchen Direktversicherungsvertrages nach § 150 Abs. 2 Satz 1 Halbsatz 1 VVG zusätzlich der schriftlichen Einwilligung des Versorgungsberechtigten als Versicherten. Keiner Einwilligung braucht es seit dem 1.1.2008 demgegenüber beim Abschluss von Kollektivlebensversicherungen (sog. Gruppenversicherung) zur betrieblichen Altersversorgung, § 150 Abs. 2 Satz 1 Halbsatz 2 VVG.

Aus dem wirksamen Direktversicherungsvertrag als Vertrag zugunsten Dritter i.S.d. § 328 Abs. 1 BGB steht dem Versorgungsberechtigten ein eigenständiges Bezugsrecht gegen das Versicherungsunternehmen zu.[963] Der Direktversicherungsvertrag kann unter Berücksichtigung der Vorgaben des VVG bestimmen, ob dem Versorgungsberechtigten das Bezugsrecht widerruflich, uneingeschränkt unwiderruflich oder eingeschränkt widerruflich zusteht.[964]

---

960 Förster/Cisch/Karst/*Löschhorn*, BetrAVG § 1b Rn. 36.

961 Zudem unterliegen die Versicherungsunternehmen gem. § 1 Abs. 1 Nr. 1 VAG den strengen Anlagerestriktionen des VAG, deren Einhaltung von der BaFin kontrolliert und überwacht wird.

962 Blomeyer/Rolfs/Otto/*Rolfs*, BetrAVG, Anh. Zu § 1 Rn. 699.

963 BAG v. 31.7.2007 – 3 AZR 446/05, NZA-RR 2008, 32; Clemenz/Kreft/Krause/*Clemenz*, AGB-Arbeitsrecht, Anh. bAV Rn. 41; *Reichel/Schmandt*, bAV bei Unternehmenskauf, Kap. B Rn. 332.

964 MüKoVVG/*Heiss*, § 159 Rn. 70.

Nur ein uneingeschränkt unwiderrufliches Bezugsrecht vermittelt dem versorgungsberechtigten Arbeitnehmer einen sofortigen[965] Leistungsanspruch aus dem Versicherungsvertrag, den der Arbeitgeber nicht mehr einseitig beeinflussen kann.[966] Im Falle der Insolvenz des Arbeitgebers fällt ein uneingeschränkt unwiderrufliches Bezugsrecht nicht in die Insolvenzmasse, sondern berechtigt den versorgungsberechtigten Arbeitnehmer zur Aussonderung i.S.d. § 47 InsO.[967]

Ein eingeschränkt unwiderrufliches Bezugsrecht steht einem uneingeschränkt unwiderruflichen Bezugsrecht in seiner Wirkung grundsätzlich gleich. Es ist jedoch mit dem Vorbehalt behaftet, dass das Arbeitsverhältnis nicht vor Eintritt der Unverfallbarkeit beendet wird. Ein Widerruf ist in diesen Fällen nur unter den im Versicherungsvertrag festgelegten – zumeist sehr engen – Voraussetzungen möglich.[968]

Den versicherungsvertraglichen Regelfall stellt nach § 159 Abs. 1 VVG das widerrufliche Bezugsrecht dar.[969] Rechtlich hat der Gesetzgeber mit dieser Vorschrift eine spezialgesetzliche Regelung für den Vertrag zugunsten Dritter geschaffen. Praktisch hat er den Umgang mit Lebensversicherungen flexibilisiert.[970] Ein widerrufliches Bezugsrecht verschafft dem versorgungsberechtigten Arbeitnehmer weder einen verbindlichen Rechtsanspruch noch ein Anwartschaftsrecht. Versicherungsrechtlich handelt es sich lediglich um eine „mehr oder weniger starke tatsächliche Aussicht auf den Erwerb eines zukünftigen Anspruchs“[971] Bei einer derartigen Ausgestaltung ist der Arbeitgeber berechtigt, über das Bezugsrecht des Versorgungsberechtigten einseitig zu verfügen, d.h. insbesondere die Leistungen aus dem Versicherungsvertrag abzutreten oder zu verpfänden.[972]

b) Auslegung von Allgemeinen Versicherungsbedingungen (AVB)

Ob dem Versorgungsberechtigten versicherungsvertraglich ein widerrufliches, ein uneingeschränkt unwiderrufliches oder ein eingeschränkt widerrufliches Bezugsrecht gegenüber dem Versicherer eingeräumt worden ist, muss jeweils im Wege der Auslegung ermittelt werden. In den Fokus der Auslegung rückt dabei der Inhalt des versicherungsrechtlichen Deckungsverhältnisses. Dieser wird – ebenso wie der Inhalt des Bezugsrechtsverhältnisses – durch die sog. Allgemeinen Versicherungsbedingungen (AVB) des Versicherers bestimmt und konkretisiert. Zunächst sollen daher die für die AVB geltenden Auslegungsgrundsätze herausgearbeitet werden.

---

965 BGH v. 18.6.2003 – IV ZR 59/02, NJW 2003, 2679.

966 Förster/Cisch/Karst/*Löschhorn*, BetrAVG, § 1b Rn. 39; Willemsen/Hohenstatt/Schweibert/Seibt/*Schnitker*, Umstrukturierung, Teil J Rn. 97.

967 BAG v. 26.9.1990 – 3 AZR 651/88, AP § 1 BetrAVG Lebensversicherung Nr. 10; Uhlenbrock/*Brinkmann*, InsO, § 47 Rn. 113.

968 BAG v. 26.6.1990 – 3 AZR 651/88, AP § 1 BetrAVG Lebensversicherung Nr. 10.

969 MüKoVVG/*Heiss*, § 159 Rn. 70.

970 MüKoVVG/*Heiss*, § 115 Rn. 1.

971 Vgl. etwa BGH v. 23.10.2003 – IX ZR 252/01, NJW 2004, 214, 215.

972 Förster/Cisch/Karst/*Löschhorn*, BetrAVG, § 1b Rn. 38.

aa) Geltung der Auslegungsgrundsätze für AGB

Die AVB von Versicherern sind regelmäßig Gegenstand von Auslegungsfragen, da das Versicherungsvertragsrecht lediglich einen allgemeinen Rahmen für die einzelnen Versicherungszweige bereitstellt und den Versicherern insoweit ein großer Spielraum für die Ausgestaltung der AVB zur Verfügung steht.[973] Bei den AVB der Versicherer handelt es sich um vorformulierte Vertragsbestimmungen der Versicherungsunternehmen, die insoweit dem Recht der Allgemeinen Geschäftsbedingungen und den damit einhergehenden Modifikationen unterliegen.[974] Dabei finden die methodischen Modifikationen des AGB-Rechts aber nicht nur auf die AVB, sondern auf sämtliche Zusatzbedingungen, Klauseln und geschäftsplanmäßige Erklärungen zum Versicherungsvertrag Anwendung.[975] Grundvoraussetzung ist aber stets, dass die AVB ordnungsgemäß in den Versicherungsvertrag einbezogen worden sind.[976] Das geschieht in der Regel dadurch, dass der Versicherungsvertrag die AVB des Versicherungsunternehmens in Bezug nimmt oder die AVB dem Versicherungsvertrag unmittelbar angehängt werden. Dabei ist zu beachten, dass die strenge Einbeziehungsvorschrift des § 305 Abs. 2 BGB wegen § 310 Abs. 1 Satz 1 BGB gegenüber dem Arbeitgeber als Unternehmer keine Anwendung findet. Es genügt daher, dass die Geltung der AVB zumindest konkludent im Versicherungsvertrag vereinbart worden ist.

Bei der Auslegung der AVB als Allgemeine Geschäftsbedingungen ist sodann entscheidend darauf abzustellen, wie diese aus der Sicht eines verständigen und durchschnittlichen Versicherungsnehmers zu verstehen sind.[977] Auch für die AVB gilt ein objektiv-generalisierender Auslegungsgrundsatz.[978] Zudem gilt im Rahmen einer Direktversicherung der Vorrang des übereinstimmenden Willens bzw. des übereinstimmenden Verständnisses.[979] Ausgangspunkt der Auslegung ist insoweit der Wortlaut sowie der Regelungszusammenhang der vertraglich vorformulierten Versicherungsbedingungen. Die Begleitumstände ihres Zustandekommens finden bei der Auslegung der AVB grundsätzlich keine Anwendung.[980] In Abweichung zur Auslegung von vorformulierten Versorgungsbedingungen sind im bei der Auslegung der AVB die „Besonderheiten des Arbeitsrechts“ nach § 310 Abs. 4 Satz 2 BGB nicht zu berücksichtigen. Das Deckungsverhältnis ist ein reines Versicherungsverhältnis, das auch durch die zugrundeliegende arbeitsrechtliche Grundverpflichtung seinen Rechtscharakter nicht verliert.

---

973 *Koch*, VersR 2015, 133.

974 Beckmann/Matusche-Beckmann/*Beckmann*, VersR-Hdb, § 10 Rn. 1; *Koch*, VersR 2015, 133.

975 Beckmann/Matusche-Beckmann/*Beckmann*, VersR-Hdb, § 10 Rn. 6.

976 Beckmann/Matusche-Beckmann/*Beckmann*, VersR-Hdb, § 10 Rn. 97.

977 BAG v. 31.7.2007 – 3 AZR 446/05, NZA-RR 2008, 32.

978 Beckmann/Matusche-Beckman/*Beckmann*, VersR-Hdb, § 10 Rn. 167.

979 *Koch*, VersR 2015, 133, 137.

980 BAG v. 15.6.2010 – 3 AZR 334/06, AP BetrAVG § 1 Lebensversicherung Nr. 31.

bb) Berücksichtigung der Interessenlage des Versorgungsberechtigten

Bei der Auslegung von AVB von Direktversicherungen ist ferner ein zusätzlicher Aspekt zu berücksichtigen. Beim Rückgriff auf das Auslegungskriterium der Interessenlage muss berücksichtigt werden, dass die Direktversicherung in seiner Grundstruktur ein Vertrag zugunsten des Versorgungsberechtigten ist. Es ist daher bei der Auslegung der einzelnen Bedingungen nicht nur die Interessenlage des Arbeitgebers, sondern auch die Interessenlage der Versorgungsberechtigten zu berücksichtigen. Das liegt darin begründet, dass der versorgungsberechtigte Arbeitnehmer als begünstigter Dritter Empfänger der Hauptleistungspflicht ist und insoweit schützenswerte Interessen aufweist.

Dieses Verständnis hat sich auch in der höchstrichterlichen Rechtsprechung[981] durchgesetzt. So heißt es etwa in der Entscheidung des BAG vom 31.7.2007:

„Bei der Auslegung von [AVB] kommt es darauf an, wie sie aus der Sicht eines verständigen und durchschnittlichen Versicherungsnehmers zu verstehen sind. Die Insolvenzschuldnerin verschaffte durch den Abschluss der Direktversicherung ihren Beschäftigten eine betriebliche Altersversorgung. Entsprechend dem Zweck dieser Versicherung sind auch die Interessen der versicherten Beschäftigten zu berücksichtigen, [...] obwohl bei einer Direktversicherung nicht der Arbeitnehmer, sondern der Arbeitgeber Versicherungsnehmer und damit Vertragspartner der Versicherungsgesellschaft ist. Der Versicherungsvertrag ist ein Vertrag zugunsten Dritter (der Arbeitnehmer). Entsprechend dem Zweck der Direktversicherung (Durchführung einer betrieblichen Altersversorgung) sind sowohl die Interessen des Versicherungsnehmers (Arbeitgeber) als auch die Interessen der versicherten und bezugsberechtigten Arbeitnehmer angemessen zu berücksichtigen."[982]

cc) Unklarheitenregel des § 305c Abs. 2 BGB

Aufgrund des Umstandes, dass es sich bei den AVB um vorformulierte Vertragsbedingungen handelt, findet auch die Unklarheitenregel des § 305c Abs. 2 BGB ohne Weiteres Anwendung.[983] Dabei ist bei der Suche nach dem günstigeren Auslegungsergebnis jedoch die Position des Versorgungsberechtigten in die Überlegungen mit einzubeziehen. In diesem Zusammenhang ist anzumerken, dass der BGH in seiner Rechtsprechung bei der Auslegung von AVB, die die Rechte der Versicherten einschränken, vielfach noch auf das sog. Restriktionsprinzip zurückgreift und die Klauseln in AVB wie etwa Risikoausschlussklauseln daher „eng und nicht weiter auslegt, als es ihr Sinn unter Beachtung ihres wirtschaftlichen Zwecks und der gewählten Ausdrucksweise erfordert"[984]. Dies ist jedoch mit den bereits erwähnten Argumenten[985] abzulehnen.

---

981 St. Rspr. etwa BGH v. 3.5. 2006 – IV ZR 134/05, NJW-RR 2006, 1258.

982 BAG v. 31.7.2007 – 3 AZR 446/05, NZA-RR 2008, 32, 34.

983 BAG v. 17.1.2012 – 3 AZR 776/09, AP BetrAVG § 1 Lebensversicherung Nr. 34.

984 Vgl. etwa BGH 8.5.2013 – IV ZR 233/11, NJW 2013, 2742, 2745.

985 Vgl. dazu bereits E. II. 7. d) cc).

dd) Ergänzende Auslegung von AVB

Auch bei der ergänzenden Vertragsauslegung von AVB ist eine methodische Besonderheit zu beachten. Für den Fall, dass die AVB eine planwidrige Regelungslücke aufweisen und diese nicht durch dispositives Gesetzesrecht geschlossen werden kann, ist diese unter Rückgriff auf die ergänzende Vertragsauslegung zu schließen.[986] Im Rahmen der Lückenschließung ist jedoch zu beachten, dass auch in diesem Zusammenhang die Interessenlage der versorgungsberechtigten Arbeitnehmer zu berücksichtigen ist. Zudem rückt auch im Bereich der ergänzenden Auslegung der Gesamtzweck in den Vordergrund, was insbesondere hinsichtlich des vom Arbeitgeber mit einer Direktversicherung beabsichtigten Gleichlaufs von Versorgungs- und Versicherungsverhältnis Bedeutung haben kann.[987]

2. Betriebsrentenrechtliche Grundlagen der Direktversicherung

Die betriebsrentenrechtlichen Grundlagen für eine Direktversicherung stimmen im Wesentlichen mit den versicherungsvertraglichen Grundlagen überein. Nach § 1b Abs. 2 Satz 1 Halbsatz 1 BetrAVG ist eine Direktversicherung definiert als eine auf das Leben des Arbeitnehmers abgeschlossene Lebensversicherung, hinsichtlich deren Leistungen der Arbeitnehmer oder seine Hinterbliebenen ganz oder teilweise bezugsberechtigt ist/sind, so dass auch in diesem Zusammenhang die für die mittelbare Durchführung typische rechtliche Dreiecksbeziehung zwischen Arbeitgeber, Versicherungsunternehmen und Versorgungsberechtigten entsteht.[988] Um einen möglichst umfassenden Gleichlauf zwischen der eigenen Leistungsverpflichtung und den Versorgungsleistungen des Direktversicherers zu garantieren, verweist der Arbeitgeber in seiner arbeitsrechtrechtlichen Versorgungszusage zumeist dynamisch auf die Versorgungsbedingungen des Direktversicherers.[989]

Es ist jedoch eine betriebsrentenrechtliche Besonderheit zu beachten. Nach § 1b Abs. 2 Satz 1 Halbsatz 2 BetrAVG ist es dem Arbeitgeber untersagt, nach Erfüllung der Unverfallbarkeitsvoraussetzungen das Bezugsrecht wegen einer Beendigung des Arbeitsverhältnisses zu widerrufen. Insoweit hat der betriebsrentenrechtliche Gesetzgeber dem Arbeitgeber ein Widerrufsverbot für das Bezugsrecht des Arbeitnehmers für den Fall auferlegt, dass der Arbeitgeber dem versorgungsberechtigten Arbeitnehmer versicherungsvertraglich lediglich ein widerrufliches Bezugsrecht eingeräumt hat.[990] Es handelt sich jedoch lediglich um ein schuldrechtliches, aber

---

986 Vgl. dazu bereits E. III. 4. b).

987 BAG v. 31.7.2007 – 3 AZR 446/05, AP BetrAVG § 1 Lebensversicherung Nr. 30; Clemenz/Kreft/Krause/*Clemenz*, AGB-Arbeitsrecht, Anh. bAV Rn. 48.

988 BAG v. 8.6.1999 – 3 AZR 136/98, NZA 1999, 1103, 1104.

989 Clemenz/Kreft/Krause/*Clemenz*, AGB-Arbeitsrecht, Anh. bAV Rn. 43.

990 Blomeyer/Rolfs/Otto/Rolfs, BetrAVG, § 1b Rn. 209.

kein gesetzliches Verbot i.S.d. § 134 BGB.[991] Dieses betriebsrentenrechtliche Verbot kann jedoch Auswirkungen auf das dem versorgungsberechtigten Arbeitnehmer eingeräumte Bezugsrecht haben.

3. Berücksichtigung der Wertungen des Betriebsrentenrechts bei unklarem versicherungsvertraglichem Bezugsrecht

Die Wertungen des Betriebsrentenrechts erlangen insbesondere dann Bedeutung, wenn Streit darüber entsteht, wie sich die Beendigung eines Arbeitsverhältnisses im Rahmen einer Insolvenz des Arbeitgebers auf ein eingeschränkt unwiderruflich eingeräumtes Bezugsrecht auswirkt; der Arbeitgeber sich im Versicherungsschein folglich vorbehalten hat, die Versorgungsleistungen selbst in Anspruch zu nehmen, wenn der Arbeitnehmer vor Ablauf der Unverfallbarkeitsfristen aus dem Arbeitsverhältnis ausscheidet. Eine eindeutige Formulierung eines eingeschränkt unwiderruflichen Bezugsrechts in einem Versicherungsschein kann etwa wie folgt lauten:

„Der versicherten Person wird auf die Leistung aus der auf ihr Leben abgeschlossenen Versicherung ein nicht übertragbares und nicht beleihbares unwiderrufliches Bezugsrecht unter nachstehendem Vorbehalt eingeräumt: Dem Versicherungsnehmer bleibt das Recht vorbehalten, alle Versicherungsleistungen für sich in Anspruch zu nehmen, wenn das Arbeitsverhältnis vor Eintritt des Versicherungsfalls endet, es sei denn, die versicherte Person hat die Voraussetzungen für die Unverfallbarkeit nach dem Gesetz zur Verbesserung der betrieblichen Altersversorgung erfüllt."[992]

a) *Eingeschränkt unwiderrufliche Bezugsrechte im Rahmen einer Unternehmensinsolvenz*

Die Auswirkungen einer insolvenzbedingten Beendigung des Arbeitsverhältnisses auf ein eingeschränkt unwiderrufliches Bezugsrecht führte in der höchstrichterlichen Rechtsprechung aufgrund unterschiedlicher Auffassungen von BAG[993] und BGH[994] im Jahr 2007 zu einer Vorlage beim Gemeinsamen Senat. Das Verfahren vor dem Gemeinsamen Senat wurde jedoch eingestellt, nachdem der IV. Zivilsenat des BGH und der 3. Senat des BAG sich in ihren Stellungnahmen übereinstimmend dahingehend geäußert hatten, dass die Beantwortung der Streitfrage jeweils durch Auslegung zu ermitteln sei.[995]

---

991 BAG v. 19.4.2011 – 3 AZR 267/09, AP BetrAVG § 1 Lebensversicherung Nr. 32; v. 26.5.2009 – 3 AZR 816/07, AP BetrAVG § 2 Nr. 61; v. 22.5.2007 – 3 AZR 334/06, AP BetrAVG § 1b Nr. 8; v. 8.6.1999 – 3 AZR 136/98, AP BetrAVG § 1 Lebensversicherung Nr. 26; v. 26.2.1991 – 3 AZR 213/90, AP BetrAVG § 1 Lebensversicherung Nr. 15; vgl. auch BGH v. 22.3.1984 – IX ZR 69/83, NJW 1984, 1611.

992 Vgl. etwa BAG v. 22.5.2007 – 3 AZR 334/06 (A), NZA 2007, 1169.

993 BAG v. 22.5.2007 – 3 AZR 334/06 (A), NZA 2007, 1169.

994 Etwa BGH v. 3.5.2006 – IV ZR 134/05, NZA-RR 2006, 532.

995 Gemeinsamer Senat der obersten Gerichtshöfe des Bundes v. 8.3.2010 – GmS-OBG 2/07–, juris.

Im Nachgang zu diesem Verfahren hatten sowohl das BAG als auch der BGH die Möglichkeit, sich ich Rahmen der Auslegung mit dieser Streitfrage zu beschäftigen. Übereinstimmend haben sich BAG[996] und BGH[997] dabei auf den Standpunkt gestellt, dass es keine ungeschriebene Auslegungsregel dahingehend gibt, dass der Versorgungsberechtigte ein eingeschränkt unwiderruflich eingeräumtes Bezugsrecht im Falle einer insolvenzbedingten Beendigung stets verlustig sei.[998]

Das BAG kam im Rahmen seiner Auslegung zu dem Ergebnis, dass das Bezugsrecht in der Insolvenz des Arbeitgebers vor Eintritt der gesetzlichen Unverfallbarkeitsfristen stets widerrufen werden könne und insoweit zur Insolvenzmasse gehöre. Dieses Verständnis begründete das BAG damit,

„dass bei der Auslegung von Versicherungsverträgen, die der Durchführung einer betrieblichen Altersversorgung dienen, entscheidend auf die betriebsrentenrechtlichen Wertungen abzustellen ist. Die Parteien eines Vertragsgefüges, das dazu dient, dem Arbeitnehmer auf der Grundlage des Betriebsrentengesetzes Ansprüche zu verschaffen, wollen in der Regel – und nur so können die beteiligten Verkehrskreise auch die verwendeten Allgemeinen Geschäftsbedingungen verstehen – an das anknüpfen, was nach dem Betriebsrentenrecht maßgeblich ist."[999] Für die gesetzlichen Unverfallbarkeitsbedingungen sei es unwesentlich aus welchen Gründen das Arbeitsverhältnis vorzeitig beendet worden sei.[1000] Mit dem eindeutigen Verweis auf die gesetzlichen Vorschriften habe der Arbeitgeber die Bezugsberechtigung des Versorgungsberechtigten vielmehr eindeutig und wertungsfrei festgelegt.[1001]

Dieser Auslegung des 3. Senats des BAG, dass bei der Auslegung insbesondere auf die Wertungen des Betriebsrentenrechts abzustellen sei, ist der IV. Zivilsenat des BGH in einer jüngeren Entscheidung entgegengetreten. So hat sich der BGH im Rahmen der Auslegung eines unwiderruflichen Bezugsrechts mit Vorbehalt für den Fall der insolvenzbedingten Beendigung des Arbeitsverhältnisses auf den entgegengesetzten Standpunkt gestellt, so dass der „Inhalt einer versicherungsvertraglichen Bezugsrechtserklärung regelmäßig nicht entscheidend von der – ihm in der Regel unbekannten – gesetzlichen Bestimmung des § 1b BetrAVG beeinflusst [werde]"[1002]. Bei der Auslegung des Direktversicherungsvertrages sei neben dem Wortlaut vor allem auf die beim Vertragsschluss bestehende Interessenlage der Parteien abzustellen, die außerhalb des Wortlauts liege.[1003] Die Interessenlage der Parteien gebiete es aber bei dem Verweis auf die gesetzlichen Unverfallbarkeitsbedingungen zu

---

996 Vgl. etwa BAG v. 18.9.2012 – 3 AZR 176/10, AP BetrAVG § 1 Lebensversicherung Nr. 35.

997 Vgl. v. 22.1.2014 – IV ZR 201/13, NJW-RR 2014, 543, 545.

998 *Flockenhaus*, BB 2014, 1151, 1152.

999 BAG v. 17.1.2012 – 3 AZR 776/09, AP BetrAVG § 1 Lebensversicherung Nr. 34; v. 15.6.2010 – 3 AZR 334/06; AP BetrAVG § 1 Lebensversicherung Nr. 31.

1000 BAG v. 17.1.2012 – 3 AZR 776/09, AP BetrAVG § 1 Lebensversicherung Nr. 34.

1001 BAG v. 17.1.2012 – 3 AZR 776/09, AP BetrAVG § 1 Lebensversicherung Nr. 34

1002 BGH v. 22.1.2014 – IV ZR 201/13, NJW-RR 2014, 543, 545.

1003 BAG v. 15.6.2010 – 3 AZR 334/06; AP BetrAVG § 1 Lebensversicherung Nr. 31.

berücksichtigen, dass eine Insolvenz des Arbeitgebers sich der Einflusssphäre des Arbeitnehmers entziehe und „dass sich der Arbeitgeber mit dem Vorbehalt auch der weiteren Betriebstreue des Arbeitnehmers vergewissern wolle, wofür es aber genüge, dass der Vorbehalt solche Beendigungsgründe erfasst, die neben der freiwilligen Aufgabe des Arbeitsplatzes auch sonst auf die Person und das betriebliche Verhalten des Arbeitnehmers zurückzuführen sind."[1004] Damit griff der IV. Senat des BGH seine Rechtsprechung auf, die er bereits vor der Vorlage beim Gemeinsamen Senat vertreten hatte.[1005] Er ist der Auffassung, dass eine insolvenzbedingte Beendigung des Arbeitsverhältnisses nicht zur Folge haben könne, dass der Arbeitnehmer seiner Versorgungsansprüche verlustig werde und ihm insoweit kein Aussonderungsrecht nach § 47 Satz 1 InsO gegen den Insolvenzverwalter zustehe.[1006]

b) Stellungnahme

Mit dieser sehr arbeitnehmerfreundlichen Auslegung überspannt der BGH aber im Regelfall die intendierte Regelungswirkung eines eingeschränkt unwiderruflichen Bezugsrechts, das an die allgemeinen Unverfallbarkeitsbedingungen gekoppelt ist. Zwar ist richtig, dass bei der Auslegung die Interessenlagen der Versorgungsberechtigten zu berücksichtigen sind. Dies darf jedoch nicht darüber hinwegtäuschen, dass Direktversicherungsverträge vom Arbeitgeber zugunsten seiner Versorgungsberechtigten lediglich zur Abwicklung der betrieblichen Versorgungsleistungen abgeschlossen werden. Der Arbeitgeber will sich mit dem Abschluss einer Direktversicherung jedoch nicht zu mehr verpflichten als er aus der Versorgungszusage selbst verpflichtet ist. Die Direktversicherung ist folglich nur ein Durchführungsweg zur Erfüllung der arbeitsgeberseitigen Grundverpflichtung. Durch den Abschluss von Direktversicherungsverträgen werden die Unverfallbarkeitsvoraussetzungen nicht dahingehend modifiziert, dass ein Beendigungstatbestand, der nicht aus der Sphäre des Arbeitnehmers stammt, einer Widerruflichkeit vor Ablauf der vorgesehenen Unverfallbarkeitsfristen entgegensteht. Dies würde die gesetzlichen Vorgaben des § 1b Abs. 2 Satz 1 BetrAVG zulasten des Arbeitgebers erweitern und die Insolvenz des Arbeitgebers quasi zu einer vertraglichen Unwiderruflichkeitsvoraussetzung machen. Dies steht aber den eindeutigen Wertungen des BetrAVG entgegen. Ein anderes Verständnis stellt einen klassischen Fall der Rechtsfortbildung unter dem Deckmantel einer objektivierten Auslegung dar.

Die Unverfallbarkeit einer Versorgungsanwartschaft soll die Betriebstreue des Arbeitnehmers belohnen.[1007] Es kommt für den Verfall dabei aber nicht darauf an, aus welchem Grund die Erwartungen auf Betriebstreue enttäuscht worden sind. Die Unverfallbarkeitsbedingungen sind von der Ursache ihres nicht Eintretens unabhängig, d.h. es kommt nicht darauf an, aus welchem Grund (Eigenkündigung oder

---

1004 BGH v. 22.1.2014 – IV ZR 201/13, NJW-RR 2014, 543, 545.
1005 BGH v. 8.6.2009 – IV ZR 30/04, NJW-RR 2005, 2141, 2142.
1006 BAG v. 15.6.2010 – 3 AZR 334/06, AP BetrAVG § 1 Lebensversicherung Nr. 31.
1007 ErfK/*Steinmeyer*, § 1b BetrAVG Rn. 5.

arbeitgeberseitige Kündigung) diese Bedingungen nicht erfüllt worden sind. Eine Insolvenz des Arbeitgebers modifiziert gem. § 113 InsO lediglich die Kündbarkeit des Arbeitsverhältnisses. Dies hat auf die Unverfallbarkeit einer Versorgungszusage aber ebenso wie etwa die Kündigung aus einem persönlichen Grund nach § 1 Abs. 2 KSchG keine Auswirkungen. Von daher ist es überzeugend und methodisch sauber, wenn man mit der Rechtsprechung des 3. Senats des BAG darauf abstellt, dass die Voraussetzungen der betriebsrentenrechtlichen Unverfallbarkeit ursachenunabhängigen und somit bei der Auslegung neutral zu behandelt sind.

III. Die Verweisung auf Satzungsbestimmungen einer Pensionskasse

Der Arbeitgeber kann zur Durchführung der betrieblichen Altersversorgung zudem auf die Finanzierungsform der Pensionskasse zurückgreifen. Im Kern handelt sich bei der Pensionskasse um eine besondere Form von Lebensversicherungsunternehmen, die – im Gegensatz zu Versicherungsunternehmen – allein betriebliche Altersversorgung anbietet.[1008] Pensionskassen sind hinsichtlich der prozentualen Aufteilung der Deckungsmittel von den mittelbaren Versorgungsträgern der am höchsten dotierte Durchführungsweg. Mit einem Deckungsvermögen von knapp 127,3 Mrd. Euro liegt der Anteil an den gesamten Deckungsmitteln bei 24,4%.[1009] Pensionskassen können in Deutschland auf eine lange Tradition zurückschauen. So besteht etwa die Höchster Pensionskasse als Versorgungseinrichtung, über die heute rund 450 Unternehmen ihre betriebliche Altersversorgung durchführen[1010], bereits seit über 120 Jahren.

Die rechtlichen Grundlagen für die Pensionskasse ergeben sich im Wesentlichen aus dem VAG und dem BetrAVG.[1011] Wie auch im Anwendungsbereich von Direktversicherungen klaffen die gestalterischen Möglichkeiten der arbeitsrechtlichen Grundverpflichtung und der Leistungserbringungsverpflichtung der Pensionskassen teilweise auseinander.

1008 Kemper/Kister-Kölkes/Berenz/Huber/*Kemper/Kisters-Kölkes*, BetrAVG, § 1 Rn. 98.

1009 Vgl. etwa die jährliche Erhebung der aba (abrufbar unter http://www.aba-online.de/news/28/a-prozentuale-aufteilung-der-deckungsmittel-in-der.html, Stand: Januar 2016).

1010 Vgl. etwa das Kurzporträt der Höchster Pensionskasse abrufbar unter http://www.hoechster-pensionskasse.de/About.aspx, Stand: Januar 2016.

1011 Als Anbieter von privaten Versicherungsleistungen gelten für Pensionskassen zudem die Vorschriften des VVG. Nach § 211 VVG gelten für regulierte Pensionskassen, deren AVB und Tarife von der BaFin genehmigt worden sind, die Vorschriften des VVG mit gewissen Einschränkungen.

1. Versicherungsaufsichtsrechtliche Grundlagen der Pensionskasse

Der Durchführungsweg der Pensionskasse unterliegt als privatrechtliches Versicherungsunternehmen der staatlichen Aufsicht durch die BaFin[1012] und den Regularien des VAG.[1013] Nach der Systematik des VAG ist zwischen der sog. deregulierten und der regulierten Pensionskasse zu differenzieren.

a) Deregulierte Pensionskassen

Die deregulierten Pensionskassen stellen den gesetzlichen Regelfall dar und sind grundsätzlich wie Versicherungsunternehmen zu behandeln, die wie normale Lebensversicherer im Wettbewerb um Kunden am Markt tätig sind und daher als „Wettbewerbspensionskassen"[1014] umschrieben werden. Diese Pensionskassen werden zumeist in der Rechtsform der AG betrieben.[1015] Aktionäre sind in der Mehrzahl Versicherungsunternehmen als ursprüngliche Gründer der Pensionskasse[1016].

Ein eigenständiges Versicherungsverhältnis des versorgungsberechtigten Arbeitnehmers mit der deregulierten Pensionskasse besteht nicht. Die Rechtsverhältnisse stellen sich wie bei einer Direktversicherung dar. Versicherungsnehmer ist der Arbeitgeber, der dem versorgungsberechtigten Arbeitnehmer im Rahmen eines Vertrags zugunsten Dritter (§ 328 Abs. 1 BGB) unmittelbar ein unwiderrufliches Bezugsrecht einräumt. Die Unwiderruflichkeit ist konstitutiv für die deregulierte Pensionskassenzusage. Die Versicherungsbedingungen der deregulierten Pensionskasse ergeben sich wiederum aus der Satzung und den AVB der Pensionskasse, die über das Bezugsrecht auch unmittelbare Wirkung gegenüber dem Versorgungsberechtigten entfaltet.

b) Regulierte Pensionskasse nach § 233 VAG

Von den deregulierten Pensionskassen sind die regulierten Pensionskassen zu unterscheiden. Für die regulierte Pensionskasse findet sich mittlerweile in § 233 Abs. 1 VAG eine Legaldefinition. Danach kann eine Pensionskasse in der Rechtsform des Versicherungsvereins auf Gegenseitigkeit bei der BaFin einen Antrag auf Regulierung stellen, wenn

---

1012 Die Bundesanstalt für Finanzdienstleistungsaufsicht (BaFin) ist eine rechtsfähige Anstalt des öffentlichen Rechts mit Dienstsitzen in Bonn und Frankfurt am Main, der innerhalb der Bundesrepublik Deutschlands die Banken-, Versicherungs- und Wertpapieraufsicht übertragen ist.

1013 Förster/Cisch/Karst/*Löschhorn*, BetrAVG, § 1b Rn. 73; Höfer/*Höfer*, BetrAVG, Kap. 3 Rn. 66.

1014 Blomeyer/Rolfs/Otto/*Rolfs*, BetrAVG, § 1 Rn. 220; *Höfer/Höfer*, BetrAVG, Kap. 3 Rn. 78.

1015 Blomeyer/Rolfs/Otto/*Rolfs*, BetrAVG, Anh. zu § 1 Rn. 807b.

1016 Blomeyer/Rolfs/Otto/*Rolfs*, BetrAVG, Anh. zu § 1 Rn. 807b; Höfer/*Höfer*, BetrAVG, Kap. 3 Rn. 93.

- ihre Satzung vorsieht, dass Versicherungsansprüche gekürzt werden dürfen,
- nach ihrer Satzung mindesten 50 Prozent der Mitglieder der obersten Vertretung durch die Versicherten oder ihre Vertreter besetzt werden sollen, bei Pensionskassen, die nur das Rückdeckungsgeschäft betreiben, muss ein solches Recht den Versicherungsnehmern eingeräumt werden,
- sie ausschließlich die unter § 17 BetrAVG fallenden Personen, die Geschäftsleiter oder Inhaber der Trägerunternehmen sowie solche Personen versichert, die der Pensionskasse durch Gesetz zugewiesen werden oder ihr Versicherungsverhältnis mit der Pensionskasse nach Beendigung ihres Arbeitsverhältnisses fortführen, und
- sie keine rechnungsmäßigen Abschlusskosten für die Vermittlung von Versicherungsverträgen erheben und sie auch keine Vergütung für die Vermittlung oder den Abschluss von Versicherungsverträgen gewähren.

Einen Antrag auf Regulierung stellen traditionell Firmenpensionskassen[1017], die als „Selbsthilfeeinrichtungen“[1018] vom Arbeitgeber zur Durchführung der betrieblichen Altersversorgung gegründet worden sind. Bei diesen ist der Arbeitgeber selbst Träger der Pensionskasse, die er durch Beiträge mit Finanzmitteln ausstattet.[1019] Es ist aber nicht untypisch, dass der versorgungsberechtigte Arbeitnehmer an der Finanzierung der notwendigen Beiträge beteiligt wird.[1020]

Aufgrund der gesetzlich vorgeschriebenen Rechtsform des VVaG finden auf die regulierte Pensionskasse zusätzlich die §§ 171–210 VAG Anwendung.[1021] § 176 Satz 1 VAG bestimmt als zwingende Voraussetzung für eine Mitgliedschaft im VVaG, dass ein eigenständiges Versicherungsverhältnis mit der Pensionskasse begründet wird, weshalb die Satzungen der Pensionskassen zumeist vorsehen, dass die Begründung der Mitgliedschaft ein Versicherungsverhältnis mit der Pensionskasse voraussetzt.[1022] Ist ein eigenständiges Versicherungsverhältnis zwischen der Pensionskasse und dem Arbeitnehmer abgeschlossen worden, meldet der Arbeitgeber den Arbeitnehmer sodann bei der Pensionskasse an, wodurch ein zusätzliches eigenständiges Mitgliedschaftsverhältnis[1023] zwischen Arbeitnehmer und Pensionskasse begründet wird. Die Rechte und Pflichten aus dem Versicherungsverhältnis ergeben sich aus dem abgeschlossenen Versicherungsvertrag[1024], dessen Inhalt durch die AVB und/oder

---

1017 Blomeyer/Rolfs/Otto/Rolfs, BetrAVG, § 1 Rn. 220; Willemsen/Hohenstatt/Schweibert/Seibt/*Schnitker*, Umstrukturierung, Teil J Rn. 102; *Reinecke*, RdA 2009, 13, 15.

1018 Dresp/Fabian/Fath/Schwind/Wolf/*Dresp*, Pensionskassen, Kap. A Rn. 48.

1019 Beckmann/Matusche-Beckmann/*Schintowski*, VersR-Hdb, § 43 Rn. 28.

1020 Förster/Cisch/Karst/*Löschhorn*, BetrAVG, § 1b Rn. 77.

1021 Blomeyer/Rolfs/Otto/*Blomeyer*, BetrAVG, § 1 Rn. 224.

1022 *Reichel/Schmandt*, bAV bei Unternehmskauf, Kap. B Rn. 348.

1023 Ausführlich zum Inhalt, Änderung und Begründung des Mitgliedschaftsverhältnis Dresp/Fabian/Fath/Schwind/Wolf/*Dresp*, Pensionskasse, Kap. A Rn. 280 ff.

1024 Dresp/Fabian/Fath/Schwind/Wolf/*Dresp*, Pensionskassen, Kap. A Rn. 311.

die Satzung der Pensionskasse konkretisiert wird.[1025] Bei dieser Ausgestaltungsart ist allein der Arbeitnehmer Versicherungsnehmer des Versicherungsvertrages.[1026]

2. Auslegung der Allgemeinen Versicherungsbedingungen einer Pensionskasse

Bei den Satzungsbestimmungen bzw. den AVB einer Pensionskasse handelt es sich um vorformulierte Versorgungsbedingungen, die generell abstrakt für alle Mitgliedsrenten gelten[1027] und auf die §§ 305 ff. BGB Anwendung finden[1028]. Sind die AVB oder Satzungsbestimmungen mehrdeutig oder lassen diese einen regelungsbedürftigen Umstand vermissen, dann bedarf es auch hier der Auslegung. Bei der Auslegung selbst ist insbesondere entscheidend, ob es sich um eine regulierte Pensionskasse handelt, oder ob der Arbeitgeber als Versicherungsnehmer den Versicherungsvertrag mit einer deregulierten Pensionskasse zugunsten der Versorgungsberechtigten abgeschlossen hat.

a) Auslegung von Allgemeinen Versicherungsbedingungen einer deregulierten Pensionskasse

Hat der Arbeitgeber bei der Durchführung der betrieblichen Altersversorgung auf eine deregulierte Pensionskasse zurückgegriffen, dann gelten für die Auslegung der AVB im Deckungsverhältnis zwischen Arbeitgeber und dereguliert Pensionskasse dieselben Auslegungsgrundsätze wie bei der Direktversicherung. Ausgehend von einem objektiv-generalisierenden Auslegungsmaßstab sind sowohl bei der erläuternden als auch bei der ergänzenden Auslegung des versicherungsvertraglichen Deckungsverhältnisses die Interessenlagen der versicherten Arbeitnehmer zwingend zu beachten.[1029] Zudem sind auch die Günstigkeitserwägungen bei § 305c Abs. 2 BGB im Lichte der Versorgungsberechtigten durchzuführen.[1030]

b) Auslegung von Allgemeinen Versicherungsbedingungen einer regulierten Pensionskasse

Bei der Durchführung der betrieblichen Altersversorgung mittels einer regulierten Pensionskasse ist zu beachten, dass zwischen der Pensionskasse und dem Versorgungsberechtigten ein eigenständiges Versicherungsverhältnis abgeschlossen

---

1025 Bei der Bayer Pensionskasse VVaG finden sich etwa AVB und Satzung der Pensionskasse in einem einheitlichen Dokument.
1026 Beckmann/Matusche-Beckmann/*Schintowski*, VersR-Hdb, § 43 Rn. 28.
1027 BAG v. 9.11.1999 – 3 AZR 623/98 –, juris Rn. 25.
1028 Clemenz/Kreft/Krause/*Clemenz*, AGB-Arbeitsrecht, Anh. bAV Rn. 56.
1029 Vgl. dazu G. II. 1. b) bb).
1030 Vgl. dazu G. II 1. b) cc).

wird.[1031] Die AVB der Pensionskasse entfalten ihre rechtliche Wirkung unmittelbar zwischen den Vertragsparteien. Die AGB-rechtlichen Vorschriften und Auslegungsgrundsätze finden insoweit unmittelbar auf diese Rechtsbeziehung Anwendung. Aufgrund der Verbraucherstellung der Versorgungsberechtigten ist zudem zu beachten, dass es nach § 305 Abs. 2 und 3 BGB einer ordnungsgemäßen Einbeziehung der AVB bedarf.

Hinsichtlich der Auslegung gilt für die vorformulierten Vertragsbedingungen ein objektiv-generalisierender Auslegungsansatz. In den Vordergrund der Auslegung treten insoweit Wortlaut und Regelungssystematik und Sinn und Zweck der AVB bzw. der Satzungsbestimmung. Die Interessenlage der versorgungsberechtigten Arbeitnehmer findet bei der Auslegung nicht nur mittelbar Berücksichtigung, sondern stellt ein vollgültiges Auslegungskriterium dar. Auch sind bei der Auflösung von verbleibenden Zweifeln nach § 305c Abs. 2 BGB die Position des versorgungsberechtigten Arbeitnehmers unmittelbar in die Bewertung der Auslegungsergebnisse aufzunehmen. Weder die Pensionskasse noch der versicherte Arbeitnehmer können sich jedoch auf die Besonderheitenregel des § 310 Abs. 4 Satz 2 BGB berufen, da es sich um ein reines Versicherungsverhältnis handelt. Diesen objektiv-generalisierenden Auslegungsmaßstab, der sich aus dem Vorliegen von vorformulierten Versicherungsbedingungen ableitet, hat das BAG auch schon vor der Schuldrechtsmodernisierung auf die AVB einer regulierten Pensionskasse angewendet.[1032]

3. Betriebsrentenrechtliche Grundlagen der Pensionskasse

Nach der Legaldefinition des § 1b Abs. 3 Satz 1 BetrAVG sind Pensionskassen umschrieben als rechtsfähige Versorgungseinrichtungen, die dem Arbeitnehmer oder dem Hinterbliebenen auf ihre Leistungen einen Rechtsanspruch gewährt. Eine weitergehende Konkretisierung der Versorgungsträgerschaft der Pensionskasse nimmt das BetrAVG nicht vor. Insbesondere kennt das BetrAVG nicht den Unterschied zwischen regulierter und deregulierter Pensionskasse. § 1b Abs. 3 Satz 2 BetrAVG bestimmt lediglich, dass als frühester Zeitpunkt der Erteilung der Zusage der Beginn der Betriebszugehörigkeit des Arbeitnehmers gilt.

Die Durchführung mittels Pensionskasse unterscheidet sich grundsätzlich nicht von der Durchführung mittels Direktversicherung. Auch bei einer Pensionskasse besteht eine Dreiecksbeziehung zwischen dem Arbeitgeber, dem versorgungsberechtigten Arbeitnehmer und der Pensionskasse als externem Versorgungsträger. Der maßgebliche Unterschied zur Direktversicherung ist jedoch darin zu sehen, dass das BetrAVG bei einer Pensionskassenzusage davon ausgeht, dass dem

1031 Die nachstehenden Überlegungen gelten aufgrund der vergleichbaren Struktur entsprechend für Pensionsfonds, die als VaG organisiert sind, da der Arbeitnehmer dem VaG hier als Mitglied beitritt und zugleich ein eigenständiges Versorgungsverhältnis mit dem Pensionsfonds begründet, aus dem sich unmittelbar die Rechte und Pflichten der Beteiligten ergeben.

1032 BAG v. 9.11.1999 – 3 AZR 623/98–, juris Rn. 25.

versorgungsberechtigten Arbeitnehmer bei der Ausgestaltung des Versorgungsverhältnisses grundsätzlich ein unwiderrufliches Bezugsrecht auf die Leistungen der Pensionskasse eingeräumt wird.[1033] Die Unwiderruflichkeit des Bezugsrechts führt dazu, dass der Arbeitnehmer über das Bezugsrecht nicht einfach verfügen kann und die versprochenen Leistungen nicht beliebig herabsetzen kann.

4. Einstandspflicht trotz Verweis auf satzungsmäßigen Kürzungsvorbehalt

Das VAG sieht für regulierte Pensionskassen eine besondere Voraussetzung vor. Wie bereits gesehen[1034] müssen Pensionskassen, die einen Antrag auf Regulierung stellen, nach dem VAG einen allgemeinen Kürzungsvorbehalt in ihren Satzungsbestimmungen vorsehen. Eine derartige Ausgestaltungsmöglichkeit der betrieblichen Altersversorgung kennt das BetrAVG nicht. Vor dem Hintergrund der abweichenden Voraussetzungen von VAG und BetrAVG für regulierte Pensionskassen und dem Harmonisierungsbestreben des Arbeitgebers im Rahmen der mittelbaren Durchführung mussten sich in jüngster Zeit auch wiederkehrend die Gerichte mit der Frage beschäftigten, ob und inwieweit ein Arbeitgeber nach § 1 Abs. 1 Satz 3 BetrAVG für die Versorgungsleistungen einzustehen hat, wenn die Pensionskasse von ihrem satzungsmäßigen Recht Gebrauch gemacht hat, eigene Fehlbeträge durch Herabsetzung der Versorgungsleistungen auszugleichen.

a) Hintergrund der Problematik

Der Antrag einer Pensionskasse auf Regulierung setzt nach § 233 Abs. 1 Satz 1 Nr. 1 VAG voraus, dass sich die Pensionskasse in ihrer Satzung vorbehält, Versicherungsansprüche kürzen zu können (sog. Sanierungsklausel[1035]). Damit soll garantiert werden, dass regulierte Pensionskassen auf wirtschaftlich schlechte Zeiten flexibel reagieren können, indem ihnen die Möglichkeit verbleibt, die Versicherungsverträge einseitig zu ändern und damit ihre eigene Leistungsverpflichtung entsprechend der wirtschaftlichen Lage anzupassen. Eine solche Sanierungsklausel findet sich z.B. in der Satzung der Pensionskasse der Deutschen Wirtschaft (PKDW)[1036]. Sie lautet wie folgt:

„Versicherungsmathematische Prüfung
1. Der Vorstand der Pensionskasse hat zum Abschlussstichtag eines jeden Geschäftsjahres oder auf Verlangen des Aufsichtsrates oder der Aufsichtsbehörde

1033 *Langohr-Plato*, Betriebliche Altersversorgung, Kap. A Rn. 165.

1034 Vgl. bereits G. III. 1. b).

1035 Laars/*Laars*, VAG, § 118b Rn. 6.

1036 Laut eigenen Angaben hat die PKDW über 85.000 Mitglieder und gestalten die betriebliche Altersversorgung für mehr als 750 Unternehmen (vgl. http://www.pkdw.de/die-pkdw/kurzportrait/, Stand: Januar 2016).

auch zu anderen Zeitpunkten durch einen versicherungsmathematischen Sachverständigen im Rahmen eines der Aufsichtsbehörde einzureichenden Gutachtens eine versicherungstechnische Prüfung der Kasse vornehmen zu lassen und in den aufzustellenden Jahresabschluss die hierfür ermittelten versicherungstechnischen Werte zu übernehmen.

...

4. Ein sich nach dem Gutachten gem. Nr. 1 ergebender Fehlbetrag ist, soweit er nicht aus der Verlustrücklage gedeckt werden kann, aus der Rückstellung für Beitragsrückerstattung zu decken. Reicht auch diese Rückstellung nicht aus, ist der Fehlbetrag durch Herabsetzung der Leistungen, durch Erhöhung der Beiträge oder durch mehrere solcher Maßnahmen auszugleichen. Nr. 3 Sätze 3 und 4 gelten entsprechend. Alle Maßnahmen haben auch Wirkung für die bestehenden Versicherungsverhältnisse. Die Erhebung von Nachschüssen ist ausgeschlossen."

Aufgrund einer wirtschaftlichen Krise um das Jahr 2008 herum, entschloss sich die PKDW unter Berufung auf die vorgenannte Satzungsbestimmung und im Einvernehmen mit der BaFin in die bestehenden Versicherungsverhältnisse einzugreifen und die Versorgungsleistung herabzusetzen. Als Reaktion auf die Herabsetzung der Versorgungsleistungen durch die Pensionskasse wandten sich die betroffenen Versorgungsberechtigten an ihre Arbeitgeber und verlangten von diesen gem. § 1 Abs. 1 Satz 3 BetrAVG die Zahlung der Differenz, die sich im Verhältnis zur ursprünglichen Leistung ergab.

Die Arbeitgeber lehnten ihre Inanspruchnahme mit dem Einwand ab, dass die Versorgungsleistungen lediglich nach Maßgabe der Satzung der PKDW zugesagt worden seien und der in der Satzung enthaltene Herabsetzungsvorbehalt integraler Bestandteil der Versorgungszusagen sei. Zur Begründung beriefen sie sich darauf, dass die arbeitsrechtliche Grundverpflichtung dynamisch auf die Satzung der PKDW verweise.[1037]

b) Auslegung der Verweisung auf die Satzungsbestimmungen einer Pensionskasse

Das BAG legte die Verweisung in der arbeitsrechtlichen Versorgungszusage aus und kam zu dem Ergebnis, dass ein derartiger Verweis in der Regel lediglich auf die Bestimmungen verweise, die das arbeitsrechtliche Grundverhältnis ausfülle.[1038] Insoweit umfasse der Verweis typischerweise lediglich die Bestimmungen in der Satzung, die sich zur Art, zum Umfang und zu den Voraussetzungen der Leistungen der betrieblichen Altersversorgung verhalten.[1039] Zu diesem Auslegungsergebnis kam das BAG unter Berufung auf die Annahme, dass derartige Verweisung auf die Satzung in der Regel ausschließlich dem Zweck dienten, die vom Arbeitgeber

1037 BAG v. 30.9.2014 – 3 AZR 617/12, NZA 2015, 544, 549.
1038 BAG v. 30.9.2014 – 3 AZR 617/12, NZA 2015, 544, 549.
1039 BAG v. 30.9.2014 – 3 AZR 617/12, NZA 2015, 544, 549.

erteilte Versorgungszusage auszufüllen und zu konkretisieren.[1040] Die Verweisung erstrecke sich hingegen nicht auf Satzungsbestimmungen, die ausschließlich die Durchführung der betrieblichen Altersversorgung betreffe und regele, unter welchen Voraussetzungen ein sich aus der Satzung und den Versorgungsrichtlinien der Versorgungseinrichtung ergebender Anspruch auf laufende Versorgungsleistungen durch den externen Versorgungsträger eingeschränkt werden könne.[1041] Eine Auslegung als umfassender Verweis auf die Satzungsbestimmungen der PKDW unter Einbeziehung der Sanierungsklausel stelle zudem einen Abbedingung der Einstandspflicht nach § 1 Abs. 1 Satz 3 BetrAVG dar und sei insoweit wegen Verstoßes gegen „zwingende Wertungen des Betriebsrentenrechts"[1042] als Abrede wegen § 17 Abs. 3 Satz 3 BetrAVG unwirksam.[1043]

c) *Stellungnahme*

Die Entscheidung des BAG kann aus dogmatischer Sicht überzeugen. Die Bezugnahme in der arbeitsrechtlichen Versorgungszusage soll die Bedingungen festlegen, unter denen der Versorgungsberechtigte zum Bezug von Versorgungsleistungen berechtigt ist. Eine Bezugnahme auf die vom Versorgungsverhältnis unabhängigen technischen Satzungsbestimmungen, die die Organisation der Pensionskasse betreffen, ist hiervon im Regelfall nicht umfasst. Überzeugend bezieht das BAG die Wertungen des Betriebsrentenrechts – insbesondere § 17 Abs. 3 Satz 3 BetrAVG – in die Auslegung mit ein.[1044] Im Rahmen einer gesetzeskonformen Auslegung umgeht das BAG damit die Unwirksamkeit der Klauseln wegen eines Verstoßes gegen § 1 Abs. 1 Satz 3 BetrAVG.

Die Entscheidung des BAG zeigt, dass bei der Einschaltung eines externen Versorgungsträgers die arbeitgeberseitige Interessenlage und die zwingenden betriebsrentenrechtlichen Wertungen konträr zueinander stehen. Der vom Arbeitgeber beabsichtigte Gleichlauf zwischen der eigenen Leistungsverpflichtung und dem Leistungsumfang aus der mittelbaren Durchführung kann jedoch nicht dadurch garantiert werden, dass der Arbeitgeber gegenüber dem Arbeitnehmer erklärt, er wolle lediglich im selben Umfang erfüllen wie der externe Versorgungsträger. Die Besonderheiten des jeweiligen Durchführungsweges kann der Arbeitgeber durch eine umfassende Verweisungsklausel nicht einfach für sich beanspruchen. Wie das BAG auch selbst anmerkt, entsteht gerade kein „einheitlich zu betrachtendes Rechtsverhältnis".[1045]

1040 BAG v. 30.9.2014 – 3 AZR 617/12, NZA 2015, 544, 549.

1041 BAG v. 30.9.2014 – 3 AZR 617/12, NZA 2015, 544, 549.

1042 BAG v. 30.9.2014 – 3 AZR 617/12, NZA 2015, 544, 549.

1043 BAG v. 30.9.2014 – 3 AZR 617/12, NZA 2015, 544, 549; v. 19.6.20120 – 3 AZR 408/10, NZA-RR 2013, 426, 430.

1044 So auch erneut BAG v. 10.2.2015 – 3 AZR 65/14, AP BetrAVG § 1 Pensionskasse Nr. 12.

1045 BAG v. 8.6.1999 – 3 AZR 136/98, AP BetrAVG § 1 Lebensversicherung Nr. 26.

Das war nicht immer so. Noch vor der Verabschiedung des BetrAVG hat das BAG bei der Einschaltung eines externen Versorgungsträgers für eine weitgehende Harmonisierung der beiden Verpflichtungen entschieden und eine dementsprechende Auslegungsregel aufgestellt. So heißt es in der maßgeblichen Entscheidung des BAG für das Verhältnis von arbeitsrechtlicher Grundverpflichtung und externer Durchführung vom 27.6.1969: „Sagt ein Arbeitgeber einem Arbeitnehmer eine Altersversorgung zu, die eine rechtlich selbständige Versorgungseinrichtung erbringen soll, so verspricht er damit in aller Regel dem Arbeitnehmer eine Versorgung nur nach Maßgabe der Möglichkeiten, wie sie in der Satzung oder in den Versorgungsrichtlinien der Versorgungseinrichtung vorgesehen sind. Lassen Satzung und Versorgungsrichtlinien eine Versorgung des Arbeitnehmers nicht zu, dann kann der Arbeitnehmer sich wegen der ausgebliebenen Versorgung nicht an den Arbeitgeber halten.[1046]“ Die Einschaltung eines externen Versorgungsträgers führte insoweit dazu, dass sich die Verpflichtung des Arbeitgebers allein nach den Satzungsbestimmungen des externen Versorgungsträgers richtete. Etwas anderes galt nur in den Fällen, in denen der Versorgungszusage ausdrücklich ein originäres, von den Versorgungsbedingungen des externen Versorgungsträgers abweichendes Leistungsversprechen entnommen werden konnte.[1047] Aus diesem Leistungsversprechen musste sich dann aber ergeben, dass der versorgungsberechtigte Arbeitnehmer die Versorgung in jedem Fall und unabhängig davon erhalten sollte, ob und unter welchen Voraussetzungen die Versorgungsbedingungen der externen Einrichtung eine Versorgung des Arbeitnehmers vorsahen.[1048] Diese Rechtsprechung kann vor dem Hintergrund der mittlerweile ausdrücklich statuierten Einstandspflicht des Arbeitsgebers gem. § 1 Abs. 1 Satz 3 BetrAVG heute jedoch nicht mehr überzeugen.

1046 BAG v. 27.6.1969 – 3 AZR 297/68, NJW 1969, 2165.
1047 BAG v. 27.6.1969 – 3 AZR 297/68, NJW 1969, 2165, 2166.
1048 BAG v. 27.6.1969 – 3 AZR 297/68, NJW 1969, 2165, 2166.

H. Thesenhafte Zusammenfassung der Ergebnisse

I. Die Auslegung von individualrechtlich begründeten Versorgungszusagen

- Für die Auslegung von ausgehandelten Individualzusagen gelten die Auslegungsgrundsätzen, die sich aus den §§ 133, 157 BGB ergeben und von der Rechtsprechung für Individualverträge entwickelt worden sind. Die Auslegung erfolgt nach einem objektiv-individualisierten Auslegungsgrundsatz. Ein übereinstimmender Wille der Arbeitsvertragsparteien hat stets Vorrang vor einer ermittelnden Auflösung im Wege der Auslegung. Für den Vortrag eines übereinstimmenden Willens reicht es aus, wenn die darlegungs- und beweisbelastete Vertragspartei Umstände vorträgt, die auf einen übereinstimmenden Willen schließen lassen.
- Die erläuternde Auslegung einer ausgehandelten Individualzusage erfolgt von einem objektiv-individualisierenden Empfängerhorizont aus. Für die Ermittlung des Parteiwillens ist insbesondere auf den Wortlaut, den Regelungszusammenhang und die Begleitumstände zurückzugreifen. Darüber hinaus müssen aber auch auf historische Erwägungen sowie auf die zum Zeitpunkt der Zusage bestehende Interessenlage und den mit der Versorgungszusage verfolgten Gesamtzweck abgestellt werden. Grundsätzlich muss der Wille der Vertragspartner aus der Gesamtheit dieser Auslegungskriterien abgeleitet werden. Aufgrund der ausdrücklichen Anordnung in § 157 BGB sind bei der Auslegung zudem die allgemeinen Grundsätze von Treu und Glauben sowie die herrschende Verkehrssitte zu beachten. Der eigenständige Gehalt des Grundsatzes von Treu und Glauben bei der erläuternden Auslegung ist in der betriebsrentenrechtlichen Rechtsprechungspraxis jedoch gering.
- Lässt sich trotz des Rückgriffs auf die allgemeinen Auslegungskriterien eine Versorgungstreitigkeit nicht eindeutig aufklären, sind die (Arbeits-)Gerichte aufgrund der ihnen zustehenden Letztentscheidungskompetenz berechtigt und verpflichtet, die Auslegungsfrage unter den Gesichtspunkten der Wertungen des Rechts, der Logik und der Vernunft aufzulösen, wobei ihnen grundsätzlich eine Einschätzungsprärogative zusteht. Diese kann jedoch durch das Vorliegen von höchstrichterlichen Auslegungsregeln, die im Betriebsrentenrecht weit verbreitet sind, beschränkt sein. Diese Präjudizien haben eine (abgeschwächte) Bindungswirkung für die Gerichte. So kann von ihnen grundsätzlich nur abgewichen werden, wenn deutlich überwiegende oder sogar zwingende Gründe gegen die Anwendung der Auslegungsregel sprechen.
- Ein in der Rechtsprechung entwickelter und auch im Betriebsrentenrecht angewendeter Auslegungsgrundsatz stellt das sog. Restriktionsprinzip für sog. Erledigungsklauseln dar. Danach sind solche Klauseln eng auszulegen, die die

Rechte des Vertragspartners einschränken, welche im dispositiven Recht verankert sind und ohne die Einbeziehung der Klausel Vertragsbestandteil würden. Der Anwendungsbereich des Restriktionsprinzips ist im Betriebsrentenrecht durch § 3 BetrAVG zwar erheblich verringert, allerdings nicht vollends aufgehoben worden.

- Das AGB-Recht zielt auch im Betriebsrentenrecht darauf ab, die fehlende Vertragsparität zu kompensieren. Das AGB-Recht gilt jedoch nur für individualrechtlich begründete Versorgungsbedingungen. Das AGB-Recht findet gem. § 310 Abs. 4 Satz 1 BGB auf kollektivrechtliche Versorgungswerke keine Anwendung. Demgegenüber sind die methodischen Besonderheiten des AGB-Rechts auf vorformulierte Verweisungsklauseln auf kollektivrechtliche Versorgungswerke ohne Weiteres anzuwenden. Derartige vorformulierte Versorgungsklauseln auf kollektivrechtliche Versorgungswerke sind im Zweifel dynamisch auszulegen. Auch auf die Bedingungen eines in Bezug genommenen kollektivrechtlichen Versorgungswerkes sind die auslegungsrelevanten Modifikationen des AGB-Rechts trotz der Regelung in § 310 Abs. 4 Satz 4 BGB i.V.m. § 307 Abs. 3 BGB im Falle einer Verweisung anzuwenden.
- Für die Auslegung von vorformulierten Versorgungsbedingungen gilt ein modifizierter Auslegungsgrundsatz. Im Grundsatz finden zwar auch auf vorformulierte Versorgungsbedingungen der allgemeinen Auslegungsgrundsatz des §§ 133, 157 BGB Anwendung. Dieser ist jedoch dahingehend zu modifizieren, dass vorformulierte Versorgungsbedingungen im Grundsatz objektiv-generalisierend auszulegen sind. Der objektiv-generalisierende Auslegungsgrundsatz steht dem Postulat des übereinstimmenden Willens nicht entgegen.
- Vorformulierte Versorgungsbedingungen werden nach einem objektiv-generalisierenden Empfängerhorizont ausgelegt. Bei einmalig verwendeten Versorgungsbedingungen i.S.d. § 310 Abs. 3 Nr. 2 BGB ist jedoch von dem objektiv-generalisierenden Empfängerhorizont abzurücken. Die Auslegung erfolgt in diesen Fällen nach einem objektiv-individualisierten Empfängerhorizont. Der modifizierte Auslegungsauftrag wirkt sich auch auf der Ebene der heranzuziehenden Auslegungskriterien unmittelbar aus. Im Fokus stehen daher insbesondere der Wortlaut und der Regelungszusammenhang der vorformulierten Bedingungen. Begleitumstände, die nur den Einzelfall betreffen, finden bei der Auslegung von vorformulierten Versorgungsbedingungen grundsätzlich keine Berücksichtigung. Demgegenüber können Umstände, die auf einen verallgemeinerbaren Willen des Arbeitgebers schließen lassen, bei der Auslegung sehr wohl berücksichtigt werden. Bei der Auslegung von vorformulierten Versorgungsbedingungen für den Einzelfall i.S.d. § 310 Abs. 3 Nr. 2 BGB sind die den Vertragsschluss begleitenden Umstände umfassend zu berücksichtigen.
- Im Rahmen von vorformulierten Versorgungsbedingungen gilt die Unklarheitenregel des § 305c Abs. 2 BGB. Damit ist der Anwendungsbereich von höchstrichterlichen Auslegungsregeln eingeschränkt, wenn auch nicht vollends verdrängt worden. Der 3. Senat des BAG knüpft dabei im Gegensatz zu anderen Senaten des BAG relativ hohe Anforderungen an den Grad der Zweifel,

die zur Anwendung der Unklarheitenregel führen. Bei der Anwendung des AGB-Rechts auf vorformulierte Versorgungsbedingungen ist die Unklarheitenregel stets vorrangig vor dem Transparenzgebot des § 307 Abs. 1 Satz 2 BGB anzuwenden. In der betriebsrentenrechtlichen Rechtsprechung ist die Tendenz zu erkennen, voreilig auf das Transparenzgebot zurückzugreifen. Dies verstößt jedoch gegen den Grundsatz der Methodentrennung. Die Unklarheitenregel hat im Anwendungsbereich der vorformulierten Versorgungsbedingungen zudem das Restriktionsprinzip obsolet gemacht.

- Bei der Auslegung von vorformulierten Versorgungsbedingungen sind zudem die im Arbeitsrecht geltenden Besonderheiten angemessen zu berücksichtigen. Die Besonderheitenregel des § 310 Abs. 4 Satz 2 BGB hat vor dem Hintergrund der Neutralität des AGB-Rechts eine arbeits- und betriebsrentenrechtliche Korrektivfunktion. Dabei sind bei der Auslegung von vorformulierten Versorgungsbedingungen sowohl tatsächliche als auch rechtliche Besonderheiten zu berücksichtigen. Erschütternde Wirkung können insbesondere die zwingenden Wertungen des BetrAVG und die betriebsrentenrechtliche Rechtsprechung haben. Insbesondere die Langlebigkeit von Versorgungszusagen macht es zudem erforderlich, dem Arbeitgeber bei der Ausgestaltung der Versorgungsbedingungen eine gewisse Flexibilität zuzusprechen.
- Die ergänzende Auslegung von Versorgungszusagen ist nachrangig zur erläuternden Auslegung, da die ergänzende Auslegung voraussetzt, dass sich die Parteien hinsichtlich einer konkreten Fragestellung nicht geeinigt haben. Für den Fall einer Lücke haben die dispositiven Gesetzesvorschriften des BetrAVG grundsätzlich Vorrang vor einer ergänzenden Auslegung. Etwas anderes gilt lediglich, wenn deutliche Anhaltspunkte für einen abweichenden Willen der Beteiligten sprechen. Aufgrund des Mindeststandards des BetrAVG ist ein solch abweichender Wille dabei stets in Betracht zu ziehen.
- Die Lückenschließung im Anwendungsbereich der ergänzenden Auslegung setzt das Vorliegen einer planwidrigen Regelungslücke voraus, so dass eine ergänzende Auslegung ausscheidet, wenn die getroffene Regelung bewusst abschließend sein soll. Im Anwendungsbereich von vorformulierten Versorgungsbedingungen ist die zwingende Regelung des § 306 Abs. 2 BGB für den Fall der Unwirksamkeit zu beachten. Eine ergänzende Auslegung kommt in diesen Fällen nur in Betracht, wenn der Rückgriff auf das dispositive Recht keine angemessene und interessengerechte Lösung bietet. Die Grenze der Unzumutbarkeit i.S.d. § 306 Abs. 3 BGB muss nicht überschritten sein.
- Bei der ergänzenden Auslegung von individualrechtlichen Versorgungszusagen ist gem. § 157 BGB vorrangig auf normative Wertungen abzustellen. Im Anwendungsbereich von ausgehandelten Individualzusagen darf der tatsächliche Wille jedoch nicht außer Betracht bleiben. Dies ist dabei grundsätzlich der tatrichterlichen Auslegung überlassen. Demgegenüber muss sich die ergänzende Auslegung bei vorformulierten Versorgungsbedingungen um einen allgemeinen wiederkehrenden Interessenausgleich bemühen. Dieser ist revisionsrechtlich nachprüfbar. Eine ergänzende Auslegung scheidet grundsätzlich aus, wenn im

Rahmen der Lückenschließung mehrere gleichwertige Möglichkeiten in Betracht kommen oder wenn das Ergebnis der ergänzenden Auslegung im Widerspruch zum tatsächlichen Willen der Parteien oder zum übrigen Inhalt des Versorgungswerkes steht.

II. Die Auslegung von versorgungsrechtlichen Kollektivvereinbarungen

- Kollektivrechtliche Versorgungswerke sind sog. Normenverträge, bei denen zwischen der Entstehungsweise und ihrer Wirkungsweise zu differenzieren ist. Die kollektivrechtlichen Versorgungswerke wirken für die Normunterworfenen unmittelbar und zwingend wie Gesetze. Aufgrund ihrer Wirkungsweise sind sie nach den Grundsätzen auszulegen, die für Gesetze gelten. Ein Rückgriff auf vertragsrechtliche Auslegungsgrundsätze verbietet sich vor dem Hintergrund der normativen Wirkungsweise und des eindeutigen Regelungsgehalts der §§ 133, 157 BGB und § 310 Abs. 4 Satz 1 BGB.
- Die Auslegung eines versorgungsrechtlichen Kollektivwerkes zielt auf die Ermittlung des von den Tarif- und Betriebspartnern Gewollten ab. Dieses Auslegungsziel ergibt sich vor dem Hintergrund der Anerkennung der Normsetzungsbefugnis der Tarif- und Betriebspartner mittelbar aus den verfassungsrechtlichen Implikationen der Gewaltenteilung und der richterlichen Gesetzesbindung. Er erfordert eine klare Trennung zwischen Auslegung und Fortbildung und macht eine Fokussierung auf den Willen des Normurhebers notwendig. Zugleich darf aber nicht verkannt werden, dass es ein elementares Verlangen nach Rechtssicherheit bei den Normunterworfenen gibt. Der festzustellende Wille der Tarif- und Betriebspartner muss sich daher nach außen manifestiert haben. Lässt sich der Wille unter keinen Umständen ermitteln, können die Gerichte unter Beachtung der allgemeinen Grundsätze die Lücke im Wege der Fortbildung schließen.
- Der 3. Senat tendiert in seiner Rechtsprechung zu einer verobjektivierten Auslegung von kollektivrechtlichen Versorgungswerken und verlangt insoweit, dass der Ansatzpunkt der Auslegung der durch den Wortlaut vermittelte Sinn der kollektivrechtlichen Norm ist. Der Wille der Tarif- und Betriebspartner soll lediglich bei einem nicht eindeutigen Wortlaut als Auslegungskriterium herangezogen werden.
- Der übereinstimmende Wille der Tarif- und Betriebspartner genießt im Rahmen der Auslegung nur einen eingeschränkten Vorrang. Der übereinstimmende Wille hat nur dann Vorrang, wenn er sich für die Normunterworfenen nach außen manifestiert hat. Dabei ist den Normunterworfenen jedoch ein gewisses Maß an Auslegungsarbeit zuzumuten.
- Die methodische Vorgehensweise bei der Auslegung von versorgungsrechtlichen Kollektivvereinbarungen orientiert sich am Wortlaut, der Systematik, der Entstehungsgeschichte sowie dem Gesamtzweck des kollektivrechtlichen

Versorgungswerkes. Es gelten folglich die allgemeinen Grundsätze, die auch für die Auslegungskriterien von Gesetzen herangezogen werden. Wesentliche Bedeutung für die Auslegung haben historische Erwägungen wie die Vor-, Entstehungs- und Entwicklungsgeschichte der Kollektivvereinbarung. Verbleiben trotz Rückgriffs auf die formal-methodischen Auslegungskriterien Zweifel, obliegt die abschließende Entscheidung den Gerichten, es sei denn, der eindeutige Wille der Tarif- und Betriebspartner verbietet eine derartige Auflösung. Das kann etwa der Fall sein, wenn im kollektivrechtlichen Versorgungswerk eine Nachverhandlungspflicht statuiert ist.

- Die Unklarheitenregel findet im Anwendungsbereich von kollektivrechtlichen Versorgungswerken keine Anwendung. Aufgrund des weiten Entscheidungs- und Ermessenspielraums der Tarif- und Betriebspartner im Bereich der betrieblichen Altersversorgung ist den Gerichten auch der Rückgriff auf das Restriktionsprinzip im Grundsatz versperrt.
- Die Fortbildung ist auch im Anwendungsbereich von kollektivrechtlichen Versorgungswerkes ein anzuerkennendes Instrument. Die Positionen der Betriebs- und Tarifautonomie stehen der Fortbildung nicht per se entgegen. Der Rückgriff auf das Instrument der Fortbildung ist nur dort versperrt, wo die Tarif- und Betriebspartner abschließend von ihrer Kompetenz zur Normsetzung Gebrauch gemacht haben.
- Die Fortbildung von versorgungsrechtlichen Kollektivvereinbarungen ist auf solche Lücken beschränkt, die von den Tarif- und Sozialpartnern unbewusst nicht geregelt worden sind. Verbleiben ernsthafte Zweifel, ob oder inwieweit die Parteien einen regelungsbedürftigen Punkt des Versorgungswerks geklärt haben, obliegt die Beseitigung dieser Lücke den Parteien.
- Anwendungsvorrang genießt die Fortbildung im Kollektivarbeitsrecht – ebenso wie die ergänzende Vertragsauslegung im Individualarbeitsrecht – vor dem Rechtsinstitut der Störung der Geschäftsgrundlage, § 313 BGB. Es besteht jedoch kein Alternativverhältnis. Vielmehr haben die beiden Instrumente unterschiedliche Anwendungsbereiche, denn während sich die ergänzende Fortbildung dem Inhalt des Versorgungswerks widmet, setzt die Geschäftsgrundlagenprüfung außerhalb des Inhalts an. Das Rechtsinstitut der Störung der Geschäftsgrundlage wird im Betriebsrentenrecht bei Anpassungs- und Widerrufsbestrebungen – häufig vorschnell – angeführt.

III. Die Auslegung von Versorgungsbedingungen externer Versorgungsträger

- Eine Besonderheit des Betriebsrentenrechts ist die Durchführung des Versorgungsverhältnisses unter Einschaltung eines externen Versorgungsträgers, der im Falle des Versorgungsfalls die Leistungen der betrieblichen Altersversorgung an die Versorgungsberechtigten zu erbringen hat. Kennzeichnend für die dadurch entstehende Dreiecksbeziehung ist die Einstandspflicht des Arbeitgebers nach § 1 Abs. 1 Satz 3 BetrAVG. Diese macht es erforderlich methodisch zwischen den einzelnen Rechtsverhältnissen zu differenzieren.

- Bei der Durchführung der betrieblichen Altersversorgung durch den Abschluss einer Direktversicherung zugunsten der Versorgungsberechtigten ist trotz der strikten Trennung zwischen den Rechtsverhältnissen methodisch zu beachten, dass die Interessenlage der Versorgungsberechtigten bei der Auslegung der vorformulierten AVB der Versicherer stets zu berücksichtigen wird. Dies darf aber nicht dazu führen, dass die betriebsrentenrechtlichen Wertungen konterkariert werden. Entsprechendes gilt für die Versicherungsbedingungen einer deregulierten Pensionskasse.
- Bei der Durchführung der betrieblichen Altersversorgung unter Einschaltung einer regulierten Pensionskasse ist die strikte Trennung zwischen den einzelnen Rechtsverhältnissen beizubehalten, da eine unmittelbare rechtliche Verknüpfung zwischen den einzelnen Rechtsverhältnissen nicht erfolgt. Es obliegt insoweit den Vertragsparteien auf vertraglicher Ebene einen Gleichlauf zwischen der arbeitsrechtlichen Grundverpflichtung und dem Bezugsverhältnis herzustellen. Eine abstrakte arbeitsvertragliche Bezugnahme auf die Versorgungsbedingung einer regulierten Pensionskasse reicht für einen umfassenden Gleichlauf regelmäßig nicht aus.

IV. Fazit

Die vorstehende Untersuchung zeigt, dass der Richter im Betriebsrentenrecht im wahrsten Sinne der Umschreibung „Herr der Auslegung“ ist. Wesentliche Fragen des Betriebsrentenrechts, wie etwa die Auswirkungen der Anhebung der Altersgrenze in der gesetzlichen Rentenversicherung oder die Auswirkungen der außerplanmäßigen Anhebung der Beitragsbemessungsgrenze, hat der „Betriebsrentensenat“ unter Anwendung der anerkannten Grundsätze der juristischen Methodik überzeugend entschieden und damit für Rechtssicherheit gesorgt. Aber auch bei der tatrichterlichen Auslegung des Einzelfalls führen die dargelegten Grundsätze zu nachvollziehbaren Ergebnissen. Dabei differenziert die Rechtsprechung zu Recht hinsichtlich der individual- und kollektivrechtlichen Rechtsbegründungsakte zwischen den geltenden Auslegungsgrundsätzen für Rechtsgeschäfte und Gesetze. Die Notwendigkeit einer Differenzierung rührt daher, dass die Wirkungsweise von Gesetzen nicht in dem Maße durch Vertrauensschutzgesichtspunkte gekennzeichnet sein kann wie das im Grundsatz für die schuldrechtliche Beziehung zwischen zwei autonomen Privatrechtssubjekten gilt.

Insoweit gilt jedoch, dass für ausgehandelte Individualzusagen keine elementaren Abweichungen zur erläuternden und ergänzenden Auslegung von allgemeinen Individualverträgen gelten. Demgegenüber hat die Öffnung des AGB-Rechts für das Arbeits- und Betriebsrentenrecht erhebliche Auswirkungen auf den methodischen Umgang mit einseitig vorformulierten Versorgungsbedingungen. Wie sich zeigt, liegt der Teufel hier im Detail.

Kritischer ist die methodische Herangehensweise des BAG an Versorgungswerke im Kollektivarbeitsrecht zu bewerten. In seinen Entscheidungen zur Auslegung von kollektivrechtlichen Versorgungswerken geht die Rechtsprechung aufgrund des normativen Charakters der Kollektivvereinbarungen im Grundsatz von einem verobjektivierten Auslegungsgrundsatz aus. Dies kann jedoch nicht vollends überzeugen. Vor dem Hintergrund der methodischen und verfassungsrechtlichen Implikationen sowie dem weiten Einschätzungsspielraum der Tarif- und Sozialpartner im Bereich der Arbeits- und Wirtschaftsbedingungen muss die Auslegung von Kollektivvereinbarungen von einem subjektiven Auslegungsansatz her erfolgen. Dies kann insbesondere bei einem auf den ersten Blick eindeutigen Wortlaut zu unterschiedlichen Auslegungsergebnissen führen. Begrüßenswert ist, dass das BAG in jüngster Zeit dazu tendiert, den eigenen Auslegungsansatz im Rahmen der Auslegungskriterien wieder zu relativieren und insbesondere vermehrt historische Erwägungen in die Auslegung miteinzubeziehen.

Zugleich ist jedoch zu konstatieren, dass es im Anwendungsbereich des Betriebsrentenrechts eine Vielzahl von methodischen Überschneidungen zwischen der Auslegung von individualrechtlichen und kollektivrechtlichen Vereinbarungen gibt. Insbesondere die für die einzelnen Auslegungskriterien geltenden betriebsrentenrechtlichen Auslegungsregeln für den Zweifelsfall können aufgrund der dahinterstehenden allgemeingültigen Wertungen sowohl im Anwendungsbereich von individualvertraglichen als auch kollektivrechtlichen Versorgungswerken herangezogen werden.

Auch die Durchführung der betrieblichen Altersversorgung modifiziert das jeweilige Versorgungsverhältnis und muss aufgrund der Einstandspflicht des § 1 Abs. 1 Satz 3 BetrAVG bei der Auslegung berücksichtigt werden. Das allgemeine Harmonisierungsbestreben des Arbeitgebers kann die strikte Trennung der Rechtsverhältnisse im Rahmen der Auslegung jedoch nicht per se aushebeln. Es sind insoweit stets die Besonderheiten des jeweiligen Durchführungsweges zu berücksichtigen, wobei es den Beteiligten obliegt, durch eine gewissenhafte Vertragsgestaltung einen Gleichlauf herbeizuführen.

Bonner Schriften zum deutschen und europäischen Recht der Arbeit und der Sozialen Sicherheit

Herausgegeben von Gregor Thüsing und Raimund Waltermann

Band 1 Sven Kürvers: Betriebliche Altersversorgung in Deutschland und den USA im Rechtsvergleich. Unverfallbarkeit, Portabilität und Unisex-Tarife. 2008.

Band 2 Alexandra Geißler: Der Lohnanspruch des Arbeitnehmers bei Nichterbringung der Arbeit. Ein Vergleich des deutschen und polnischen Arbeitsrechts. 2008.

Band 3 Daniela Fink-Jamann: Das Antidiskriminierungsrecht und seine Folgen für die kirchliche Dienstgemeinschaft. Eine Bestandsaufnahme nach Erlass der Richtlinie 2000/78/EG und ihrer Umsetzung durch das deutsche Allgemeine Gleichbehandlungsgesetz (AGG) unter besonderer Berücksichtigung der Loyalitätsobliegenheiten im kirchlichen Dienst. 2009.

Band 4 Jens Sebastian Groh: Einstellungs- und Kündigungskriterien kirchlicher Arbeitgeber vor dem Hintergrund des § 9 AGG. 2009.

Band 5 Thomas Gerdom: Gemeinschaftsrechtliche Unterrichtungs- und Anhörungspflichten und ihre Auswirkungen auf das Betriebsverfassungs-, Personalvertretungs- und Mitarbeitervertretungsrecht. Zum Umsetzungsbedarf der Richtlinie 2002/14/EG. 2009.

Band 6 Daniel Stolz: Der beurlaubte Beamte im Angestelltenverhältnis. Eine Darstellung der Doppelrechtsstellung am Beispiel der Postnachfolgeunternehmen. 2010.

Band 7 Kristina Ruch: Dreiseitige Vereinbarungen. Vereinbarungen zwischen Arbeitgeber, Gewerkschaft und Betriebsrat. 2010.

Band 8 Manuel Schwering: Das Allgemeine Gleichbehandlungsgesetz als Aufgabe und Instrument des Betriebsrates. 2010.

Band 9 Julia Bietmann: Gesetzliche Wege zu einem systemkonformen Mindestlohn. 2010.

Band 10 Wolfgang Schorn: Die Unklarheitenregel des § 305c Abs. 2 BGB - insbesondere im Arbeitsrecht. 2011.

Band 11 Jan Kraus: Regulierung von Pensionsfonds. Eine rechtsvergleichende Untersuchung einer neuen Einrichtung der betrieblichen Altersversorgung in Deutschland. 2011.

Band 12 Gregor Thüsing: Scheinselbständigkeit im internationalen Vergleich. 2011.

Band 13 Marc Tobias Rosenau: Die Koalitionsbetätigungsfreiheit im gewandelten Kontext. 2013.

Band 14 Martin Kalf: Die Änderungskündigung im Lichte des Verhältnismäßigkeitsprinzips. Tatsächliches Potential und rechtliche Grenzen. 2013.

Band 15 Franz Josef Düwell / Manfred Löwisch / Raimund Waltermann / Rolf Wank (Hrsg.): Das Verhältnis von Arbeitsrecht und Zivilrecht in Japan und Deutschland. 2013.

Ab Band 16 läuft die Reihe unter einem neuen Reihentitel

Schriften zum deutschen und europäischen Recht der Arbeit und der Sozialen Sicherheit

Herausgegeben von Stefan Greiner, Gregor Thüsing und Raimund Waltermann

Band 16 Luca Rawe: Auslegung von Zusagen der betrieblichen Altersversorgung. Zugleich ein Beitrag zu den Entwicklungen im Betriebsrentenrecht anhand einer Rechtsprechungsanalyse. 2017.

www.peterlang.de

www.ingramcontent.com/pod-product-compliance
Ingram Content Group UK Ltd.
Pitfield, Milton Keynes, MK11 3LW, UK
UKHW021846290926
8980IPUK00005B/675

9 783631 728840